中国社会科学院 学者文选
李崇富集
中国社会科学院科研局组织编选

中国社会科学出版社

图书在版编目(CIP)数据

李崇富集/中国社会科学院科研局组织编选. —北京：中国社会科学出版社，2013.6（2018.8 重印）
（中国社会科学院学者文选）
ISBN 978-7-5161-2176-4

Ⅰ.①李… Ⅱ.①中… Ⅲ.①社会科学—文集 Ⅳ.①C53

中国版本图书馆 CIP 数据核字（2013）第 044652 号

出 版 人	赵剑英
责任编辑	赵　丽
责任校对	王雪梅
责任印制	王　超

出　　版	中国社会科学出版社
社　　址	北京鼓楼西大街甲 158 号
邮　　编	100720
网　　址	http://www.csspw.cn
发 行 部	010-84083685
门 市 部	010-84029450
经　　销	新华书店及其他书店
印刷装订	北京市十月印刷有限公司
版　　次	2013 年 6 月第 1 版
印　　次	2018 年 8 月第 2 次印刷
开　　本	880×1230　1/32
印　　张	16.5
字　　数	413 千字
定　　价	99.00 元

凡购买中国社会科学出版社图书，如有质量问题请与本社营销中心联系调换
电话：010-84083683
版权所有　侵权必究

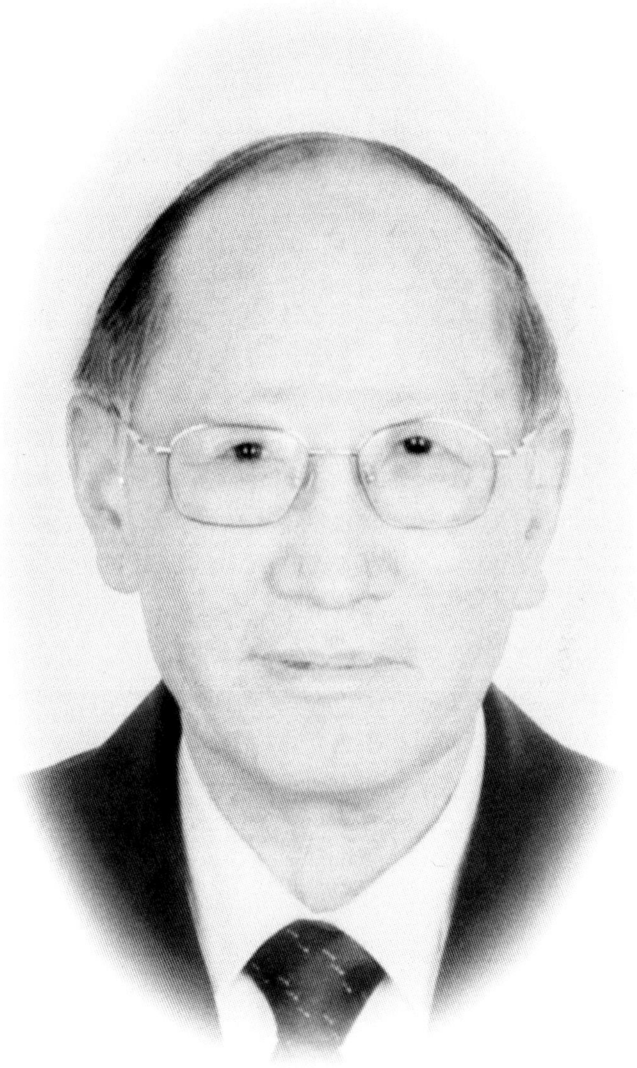

出版说明

一、《中国社会科学院学者文选》是根据李铁映院长的倡议和院务会议的决定，由科研局组织编选的大型学术性丛书。它的出版，旨在积累本院学者的重要学术成果，展示他们具有代表性的学术成就。

二、《文选》的作者都是中国社会科学院具有正高级专业技术职称的资深专家、学者。他们在长期的学术生涯中，对于人文社会科学的发展做出了贡献。

三、《文选》中所收学术论文，以作者在社科院工作期间的作品为主，同时也兼顾了作者在院外工作期间的代表作；对少数在建国前成名的学者，文章选收的时间范围更宽。

中国社会科学院
科研局
1999年11月14日

目　录

列宁提出一切物质都具有反映特性的思想渊源 ……… （1）
"共产主义渺茫论"的方法论剖析……………………… （10）
论真理的本质规定
　　——兼论真理的阶级性问题………………………… （25）
反映范畴与信息的本质…………………………………… （40）
全民所有制的经济结构分析和新型经济体制的理论基础
　　……………………………………………………… （52）
评"真理多元论"…………………………………………… （68）
评"超越哲学"
　　——评所谓"对唯物论和唯心论对立的超越"……… （75）
"公有制为主体"不能动摇………………………………… （92）
实践唯物主义与"实践本体论"…………………………… （99）
认识的主体性与"思维图式"……………………………… （106）
跳出周期率 ………………………………………………（113）
学习邓小平"两个飞跃"思想推进农业产业化 …………（135）
始终代表中国先进社会生产力发展要求是立党之本 …（152）
经济全球化与劳动阶级的解放 …………………………（159）

"三个代表"重要思想与历史唯物主义 …………………（168）
在坚持中发展　在发展中坚持 ………………………（186）
论全面实践"三个代表"与"全面建设小康社会"的内在
　一致性 …………………………………………………（193）
"三个代表"：全党全国人民团结奋斗的共同思想基础……（203）
毛泽东对建设中国特色社会主义道路的先行探索 ………（211）
论邓小平理论的历史地位 …………………………………（225）
正确理解共产党的先进性 …………………………………（241）
论科学发展观的哲学基础 …………………………………（245）
建设社会主义核心价值体系的哲学思考 …………………（262）
关于构建社会主义和谐社会的若干方法论问题 …………（269）
论科学地理解科学社会主义 ………………………………（283）
推进社会主义改革开放必须始终做到"三个坚定不移"…（301）
在改革开放的伟大实践中创造性运用、发展与深化
　历史唯物主义 …………………………………………（311）
要自觉划清马克思主义同反马克思主义的界限 …………（331）
正确理解马克思主义经典作家关于阶级和阶级斗争、
　无产阶级革命和无产阶级专政的思想 ………………（343）
关于"普世价值"的追问和思考 …………………………（425）
唯物史观及其社会形态理论在当代的重大意义 …………（445）

著者编后话 …………………………………………………（521）

列宁提出一切物质都具有反映特性的思想渊源

20世纪初,列宁在《唯物主义和经验批判主义》一书中,提出了"一切物质都具有在本质上同感觉相近的特性、反映的特性"这一合乎逻辑的"假定"[①]。列宁这一著名的科学假说,包括了两条有内在联系的原理:一切物质都具有在本质上跟感觉相近的反映特性;物质的这一特性是一种和感觉相似的能力[②]。

列宁关于一切物质都具有反映特性的思想不是偶然提出来的。它既是对思想史上有关观念中的合理成分的继承和发展,也是对当时有关的自然科学材料的概括和总结。

在人类从动物界分化出来的早期阶段,由于生产力极端低下,原始人"对一种完全异己的、有无限威力和不可制服的"自然界,只能"象牲畜一样服从它的权力"[③]。原始人因其对于自然现象无能为力、不理解和恐惧,必然要对之产生一种敬畏心

---

① 《列宁选集》第2卷,人民出版社1972年版,第89页。
② 同上书,第40页。
③ 《马克思恩格斯选集》第1卷,人民出版社1972年版,第35页。

理。因此，在原始人的意识中，除有凭经验获得的唯物主义的成分之外，还包含有原始的灵物崇拜观念。这种观念的存在，是当时的人类作为认识主体而与自然物不能明确区分开来的表现。然而，正如西方的一些人种志学专家所认为的那样，这毕竟是"素朴的逻辑运算"①，或抽象思维的开端。后来，生产力的某种发展和思维能力的一定提高，促使原始的灵物崇拜观念朝着唯心和唯物两个方向分化与发展。向唯心主义方向的发展，形成了人类原始的宗教世界观，向着唯物主义方向的发展，形成了"万物有灵"的物活论。原始物活论的思想观念，是一切物质都具有感受性观念的思想来源。

早期的物活论的出现，既是人类智力发展幼稚阶段的标志，也是人类思维能力的一定进步之产物。这是因为，这时的物活论，不仅能从混沌的现实世界中抽象出物质和精神（即物体与"灵魂"）这两种观念，它还把"灵魂"归结为物质，而不是把物质归结为"灵魂"。

在古希腊的哲学家中，泰利士就认为磁石和琥珀具有灵魂②，阿那克萨戈拉也认为"灵魂既在动物中，也在整个自然中"③。即便如此，他们仍不失为人类早期的杰出的唯物主义者。我国先秦宋尹学派的"精气说"，乃至汉代王充的哲学学说，也有类似的"物活论"的成分。一般说来，人类早期的唯物主义者，都在不同程度上具有物活论的倾向。

在文艺复兴时代，资产阶级的思想家们在恢复和发展古代的唯物主义学说的同时，也在机械的自然观中，复活和发展了古代

---

① 参见［法］列维－布留尔：《原始思维》，商务印书馆1981年版，第11页。
② 参见《古希腊罗马哲学》，生活·读书·新知三联书店1957年版，第2—5页。
③ 同上书，第67页。

的物活论观念。

文艺复兴时代的物活论,就其世界观的基本倾向而言,它继承了过去的唯物主义传统,企图从自然科学和哲学两方面来论证意识的自然发生,以贯彻和发展中世纪唯名论的哲学家邓斯·司各脱的唯物主义倾向,并从哲学上回答他提出的"**物质是否不能思维**"①的问题。但是,这种论证是不科学的。因为它往往把只有高级物质形态才具有的反映能力或反映形式,赋予了一切物质(实体)。不过这时的物活论思想,是尔后的关于物质的普遍感受性思想的理论先声。

17世纪,英国的生理学家费·格里申最初尝试论证生物属性的自然发生。他首先提出了一切生物机体都具有作为内在能力的反映性的思想。费·格里申这一思想的逻辑继续,就产生了对于无机物相应能力的机械的理解。他认为,物质是能动的本源。在《论实体的能量之本性》(1672)的论文中,他基于对物质的动力学的理解,提出了感应性是物质的普遍属性的思想。

几乎与此同时,荷兰的哲学家斯宾诺莎也从哲学上得出了与此大体一致的结论。斯宾诺莎为了反对笛卡儿关于存在着两种独立实体——具有广延的物质实体和能思维的精神实体——的二元论的世界观,提出了思维和广袤是统一的神圣的实体(物质)的两种属性的观点。他在《伦理学》(1675)中写道:"实体是唯一的","实体所具有的一切属性都始终同在实体内,一个属性不能产生另一个属性"②,而"思想实体与广袤实体,乃是同一实体有时从这个属性去了解,有时从那个属性去了解的"③。

---

① 转引自恩格斯《反杜林论》,人民出版社1970年版,第325页。
② 《十六—十八世纪西欧各国哲学》,生活·读书·新知三联书店1958年版,第169页。
③ 同上书,第200页。

斯宾诺莎还一再强调,"思想"、"理智"作为实体的一个属性,如同实体的其他属性一样,是永远存在的,它表现着实体的"永恒无限的本质"①。斯宾诺莎力图从物质(实体)和它的属性中,去寻求意识、思维或精神现象的源泉和本质,这体现了他在哲学基本问题上的唯物主义立场。但是,他不是把物质(实体)的思维能力看作物质反映特性长期历史发展的产物,而是看作永恒存在的东西,这就陷入了形而上学。因此,在斯宾诺莎的哲学中,物活论的倾向更甚于费·格里申。然而,我们对于斯宾诺莎哲学中的物活论的思想,不能当作为一种粗糙的哲学断语来加以理解。因为斯宾诺莎力图通过论证"实体……在自身内并通过自身而被认识"②和"属性"也是"通过自身而被认识"③这两条原理,来建立世界是可知的本体论的基础。因此,物活论的思想,不是斯宾诺莎的出发点,而是这一体系在唯物地解决哲学基本问题时的消极的"副产品"。

斯宾诺莎的物活论思想,在18世纪法国唯物主义学说中得到了一定程度的改造。而拉美特里和狄德罗用哲学的"物质"范畴,来取代斯宾诺莎的"实体"范畴,则是实现这一改造的理论前提。正是在这个基础上,才形成了18世纪法国唯物主义哲学中关于物质的普遍感受性的思想。

拉美特里是第一个提出需要论证一切物质都具有感受性的哲学家。在《心灵的自然史》中,拉美特里写道:"我们已经谈到过物质的两种本质的属性,即广袤和运动力,它的大部分特性都是依靠这两种本质属性的。我们现在需要只是为第三种属性作出

---

① 《十六—十八世纪西欧各国哲学》,生活·读书·新知三联书店1958年版,第169页。
② 同上书,第164页。
③ 同上书,第169页。

证明；我的意思是指感觉能力……"他还推测说，这种能力"也是和我们提到过的其他能力一样，只是潜在于物质之中"[1]。从拉美特里的整个思想倾向看来，物质具有感受性是一个事实，问题仅仅在于，这种感受性是物质的普遍特性，抑或这种特性是物质的组织化的产物呢？他把问题提出来了，但未能作出明确的回答。

狄德罗向前跨进了一步。他摒弃了拉美特里的暧昧态度，明确地用物质具有普遍的感受性或潜在的感觉能力的"假定"，代替了斯宾诺莎关于实体具有思维属性的哲学结论。

还在1754年，狄德罗就谴责莫柏都依（包曼博士）把"欲求、厌恶、感觉和思想归给有机分子，因而陷入那种最具有煽惑性的唯物论"。狄德罗写道："应该满足于只假定有机分子具有一种微末的感受性，比全能的神赐给那些最接近死物的动物的感受性要小一千倍。"在狄德罗看来，这种"有机分子"还不是生命物质；而这类非生命物质所具有的这种"小一千倍的"、"微末的"和"迟钝的"感受性，是高度有组织生命体活跃的感受性的基础和潜在形态[2]。事实上，这也是他关于物质普遍的感受性思想之最初表述。

后来，狄德罗在《达兰贝和狄德罗的谈话》一文中，力图进一步阐明物质由"迟钝的感受性"向"活跃的感受性"的"过渡"或发展。他利用鸡蛋在一定的温度（运动）作用下孵出小鸡这一例子，阐述了伴随着从一种"呆板的、粗糙的液体"过渡到"另一种组织"（鸡雏）而从"迟钝的感受性"中产生出"记忆、意识、欲望、思想"的过程。狄德罗由此得出结论

---

[1] 《十八世纪法国哲学》，商务印书馆1979年版，第203、205页。
[2] 同上书，第336页。

说，在理论上只有这样的选择，"要是不接受一个可以说明一切的简单假定，不接受感受性这一物质的一般特性或机体组织的产物，你就是抛弃常识，就是跳进神秘的、矛盾的和荒谬的深渊"。

狄德罗在关于物质反映特性的思想发展史上，比前人高明之处就在于：(1) 他只假定一切物质都具有作为一般特性的感受性；(2) 这种感受性有"迟钝"和"活跃"之分；(3) 由"迟钝的感受性"向"活跃的感受性"的"过渡"，是在某种运动（有的如温度）的作用下，而使物质从一种"呆板的"状态过渡到"另一种组织"而实现的。

不难看出，狄德罗在假定物质具有普遍的感受性的时候，其本意是力图克服对于物质普遍感受性的机械的理解，力图找出无生命物质与有生命的个体在感受性上的某种区别，以克服过去在这个问题上的物活论倾向。但是，由于受历史条件和科学发展水平的限制，他的哲学思想还未能达到辩证唯物主义的高度，因而他认为物质从潜在的感觉能力到现实的感受性的过渡，其差别仅仅表现在量的方面，似乎没有本质之别，只有"迟钝"与"活跃"之分。这样，就使得他终究摆脱不了物活论的羁绊。所以我们认为，狄德罗的错误，不在于他以"假定"的形式，而把那种可能在以后的发展中转变为感觉能力的普遍的反映特性赋予一切物质，而在于他把这种属性归结为只有在生命物质的组织水平上，甚至是高等动物才具有的较高级的反映形式。尽管如此，列宁还是高度地评价了狄德罗的这一思想，并把它作为自己关于物质普遍的反映特性思想的理论来源。

列宁关于物质普遍的反映特性的思想，不仅有其理论来源，同时也是对当时有关科学材料的概括与总结。我们知道，达尔文所创立的生物进化论，特别是他晚年对于生物感应性问题所进行的长达二十余年的研究，为阐明人类意识的起源提供了某种科学的基础。恩·海克尔继承了达尔文的事业。他在《宇宙之谜》一书中，对从无生命物质到生物和从生物到人的反映能力的历史发展的状况，作出了在自己的时代所可能达到的研究与阐述。海克尔在这方面的成就，为列宁得出物质普遍的反映特性的科学假说，提供了一定的科学依据。列宁就明确指出他的"假定"是来自著名的德国自然科学家海克尔、英国生物学家劳·摩尔根和法国哲学家狄德罗等人的有关思想的[1]。但是，列宁的这一思想与其说是来自海克尔，不如说它更接近于狄德罗。因为海克尔并没有从18世纪法国哲学唯物主义在坚持物质普遍的感受性学说的同时，又试图克服物活论的努力中得到启发，而是直接去求助于斯宾诺莎的理论。

恩·海克尔说："我们坚持斯宾诺莎的纯粹的明白无误的一元论……物质和精神是包罗万象的神圣的世界本体（或宇宙实体）的两个基本属性或基本特性。"[2] 他又说："我同歌德一样认为，这是一切时代中至高至上的基本概念、最深刻最真实的思想之一。"[3] 正是因为海克尔对于斯宾诺莎的包括物活论成分在内的整个哲学学说，都抱着深信不疑的敬意，所以他在自己的著作中，一方面提供了不少的科学材料与启发后人的思想，另一方面也夹杂一些诸如"细胞的灵魂"和"植物的灵魂"等不当的观念，他甚至还说，"即使是原子也已具有最简单形式的感觉与意志"[4]。因此，海克尔关于物质反映特性的研究，从实证科学的角度而论，是一种历史的进步，但从哲学世界观与方法论的观点

---

[1] 参阅《列宁选集》第2卷，人民出版社1972年版，第40页。
[2] 海克尔：《宇宙之谜》，上海人民出版社1974年版，第19页。
[3] 同上书，第201页。
[4] 同上书，第209页。

看来,又从狄德罗退回了斯宾诺莎。唯其如是,就使得他较之于狄德罗更深地陷入了物活论的泥淖。

思想史上的事实告诉我们,在辩证唯物主义产生之前,人们关于物质普遍的感受性的思想观念的发展,确实包含着某种合理的因素,即从物质和物质的属性本身的发展来探索意识的发生及其本质。但是,由于时代的限制,由于缺少唯物辩证的思维方法,这种探索终究避免不了物活论的侵袭。只有列宁站在唯物辩证法的思想高度,既看到了物质普遍的反映特性与有机物的感觉能力具有质的区别,又看到了它们之间在本质上具有相近的或相似的地方亦即它们之间在进化上的历史联系。从而,列宁才有可能第一次在哲学史上,指出解决从"似乎完全没有感觉的物质"向"具有明显的感觉能力的物质"①,即从一切物质所具有的反映特性的低级表现形式,向特殊的有组织的物质的高级反映形式转变问题的方向。列宁关于一切物质都具有在本质上跟感觉相近的反映特性的思想,是人类几千年来思想史的结晶,是直接对带有不同程度的物活论色彩的、关于物质的普遍感受性学说的辩证扬弃。

当然,列宁关于物质普遍反映特性的思想,并不是最终结论,而是新的研究起点。列宁指出:"对于那种似乎完全没有感觉的物质如何跟那种由同样原子(或电子)构成但却具有明显的感觉能力的物质发生联系的问题,我们还需要研究再研究。唯物主义明确地把这个尚未解决的问题提出来,从而促进了这一问题的解决,推动人们去作进一步的实验研究。"②

① 见《列宁选集》第2卷,人民出版社1972年版,第41页。
② 本段引文直接从原文译出,它与中文版《列宁全集》第2卷第41页译文略有出入:笔者认为,将俄文单词"якобы"译为"似乎"比译为"看来"更符合列宁的意愿。

显然，彻底解决列宁提出的这一问题，主要靠的是相应的自然科学的实验和研究，而马克思主义哲学则应从世界观和方法论上，总结和概括这些研究成果，以发挥自己的"推动"和"促进"作用。自从20世纪30年代以来，由于现代科学技术的发展，特别是在信息论、控制论、人工智能和神经生理学的成就的推动下，关于物质的反映特性问题的研究，已成为哲学研究中的基本课题之一。因为这个问题的研究，有助于马克思主义关于意识起源学说的进一步完善与深化，也关系到对于信息和信息过程的普遍本质的揭示，具有深远的哲学意义和对于自然科学的方法论意义。因此，我们马克思主义哲学工作者应该"同现代自然科学家结成联盟"①，进一步致力于这项研究工作，以实现列宁给我们提出的任务和回答现代自然科学的发展向马克思主义提出的有关问题。

（原载中国社会科学院研究生院学报《学习与思考》
1982年第2期）

---

　　① 见《列宁选集》第4卷，人民出版社1972年版，第608页。

"共产主义渺茫论"的方法论剖析

科学共产主义，本来是经过了一百多年的实践检验的客观真理，为何有人却说它没有经过实践检验？与此相关，有人又认为共产主义是"渺茫的空想"呢？这种极端错误的思想观点的产生，除了其他原因之外，尚有一个方法论上的问题。本文试图用马克思主义哲学的全面、发展和辩证的观点，剖析"渺茫论"在方法论上的荒谬，并阐明我们的有关看法。

一

共产主义从完整的意义上讲，是指将来要实现的一种社会制度和阐明这种制度实现的必然性与条件的学说，以及对这种学说的实践，即共产主义运动。换言之，共产主义是运动、学说和制度的统一。断言共产主义未经过实践检验的人、共产主义"渺茫论"者，在思想方法上失足之处，首先是看问题的片面性。持有这种观点的人，将共产主义的完整内容加以形而上学的肢解、割裂和片面化，即仅仅将其视为在理想中确立的一种未来社会的状况。这样，就从根本上失去了正确地观察问题的出发点。

按照科学共产主义创始人的观点，在共产主义作为运动、学说和制度的统一中，强调的是共产主义运动。马克思和恩格斯曾明确指出："我们所称为共产主义的是那种消灭现存状况的**现实的**运动。"①

强调共产主义是"消灭现存状况的**现实的**运动"，是一切真正的共产主义者的基本观点。这是因为，无产阶级及其政党的根本目的，是要推翻资本主义旧世界，创造共产主义的新世界。而作为这个旧世界立足基础的，是资本主义的私有财产制度和现实的经济力量，企图维护这种经济关系不至崩溃的上层建筑的核心，又主要是通过其"物质的附属物"②来实施的暴力镇压。在这种情况下，"对**实践**的唯物主义者，即**共产主义者**说来，全部问题都在于使现存世界革命化，实际地反对和改变事物的现状"。③诚然，对旧世界的思想批判无疑是重要的。但是，批判的武器当然不能代替武器的批判，物质力量只能用物质力量来摧毁。马克思说得好："要消灭私有财产制度的**思想**，有共产主义**思想**就完全够了。而要消灭现实的私有财产，则必须有**现实**的共产主义行动。"④因此，只有现实的共产主义运动，才是实现共产主义制度的必由之路和唯一现实的手段。强调共产主义是"消灭现存状况的**现实的**运动"，集中地体现了科学共产主义的实践性质和彻底革命的精神。

既然共产主义运动是一种"消灭现存状况的**现实的**运动"，那么它就可能包括无产阶级领导的不同革命阶段上的性质不同的运动。各国无产阶级及其政党，从其所处的"现存状况"出发，

---

① 《马克思恩格斯全集》第 3 卷，人民出版社 1960 年版，第 40 页。
② 《马克思恩格斯选集》第 4 卷，人民出版社 1972 年版，第 167 页。
③ 《马克思恩格斯全集》第 3 卷，人民出版社 1960 年版，第 48 页。
④ 《马克思恩格斯全集》第 42 卷，人民出版社 1979 年版，第 140 页。

开展共产主义运动的起点也就不尽相同。发达的资本主义国家是从社会主义革命开始的。未完成反封建任务的国家,则可能是从以"某种再版的农民战争"①为主要形式的新型的民主革命开始的。共产主义运动的这两种不同的起点,是由该国的和世界的历史过程所造成的历史条件决定的。共产党人只有积极地参与、推动和领导这种民主革命,才能锻炼和壮大自己,才能动员和组织革命力量,争取民主革命的胜利,并为尔后转变到社会主义的革命和建设,创造历史的前提和条件。恩格斯在总结他和马克思一起领导欧洲无产阶级投身于1848年革命的经验时指出,当时"我们的旗帜""只能是民主派的旗帜,但这个民主派到处,在各个具体场合,都强调了自己的特殊的无产阶级性质,这种性质是它还不能一下子就写在自己旗帜上的。如果我们当时不愿意这样做,不愿意站在已经存在的、最先进的、实际上是无产阶级的那一端去参加运动并推动运动前进,那我们就只好在某一偏僻地方的小报上宣传共产主义,只好创立一个小小的宗派而不是创立一个大型的行动党了"②。科学共产主义创始人关于无产阶级必须积极参加、推动和争取领导民主革命运动,并力图把这一运动纳入共产主义运动的光辉思想,教育了全世界的特别是东方的无产阶级。以毛泽东同志为代表的中国无产阶级和中国共产党人,创造性地实践了马克思和恩格斯提出的并为列宁发展了的这个伟大的思想,从而完成了我国的新民主主义革命,并胜利地转变到社会主义的革命和建设。因此,在我国以及同我国具有大体相似的历史条件的国家中,共产主义运动是包括新型的资产阶级民主革命、无产阶级社会主义革命和社会主义建设,直至最终实现共

---

① 《马克思恩格斯选集》第4卷,人民出版社1972年版,第334页。
② 同上书,第178页。

产主义的完整的历史过程。

为何像中国这样的新型的民主革命,能够成为共产主义运动的一个组成部分呢?这是因为判断一个运动属不属于共产主义运动,不仅取决于革命的动力、领导集团的阶级性质和直接的目标,而且取决于这一运动是否追求共产主义的最终目的,并且这一最终目的是否能在指导运动的思想、纲领和路线的贯彻中通过实际步骤历史地体现出来。质言之,共产主义运动之为共产主义运动,就在于它是代表无产阶级根本利益的科学共产主义学说的实践。科学共产主义是关于"无产阶级所进行的斗争的性质、条件以及由此产生的一般目的"[①]的学说。离开了科学共产主义的指导,离开了共产主义这个"一般"的也是最终的目的,任何以无产阶级名义进行的运动,或者是自发的运动,或者是投降叛卖活动。机会主义鼻祖伯恩施坦曾经提出了一个臭名昭著的口号"最终目的算不了什么,运动就是一切"。由于伯恩施坦和第二国际后期的其他首领们,背叛了科学共产主义,放弃了共产主义的"最终目的",因而他们所从事的和操纵的活动,就不是共产主义运动,而是机会主义的叛卖活动。所以,科学共产主义学说,就作为共产主义运动的一个内在的规定,包括在共产主义的范畴之中。

至于共产主义的社会制度,它是共产主义运动的必然结果和最终的归宿。运动和制度总是具有某种不可分割的联系。运动的成果要通过新制度的建立来巩固、来体现。共产主义运动在破坏旧制度的同时,总是要建立某种与运动的发展水平相一致的制度。共产主义运动、学说与制度的统一,既表现为这种运动总是以共产主义制度的完全实现作为根本的出发点和最终目的,而且

---

① 《马克思恩格斯选集》第4卷,人民出版社1972年版,第193页。

在运动的每一发展中，总是为共产主义的最终实现开辟着道路和创造、增添、积累着物质的与精神的因素。因而，这种统一是历史的和具体的。关于共产主义这个未来社会的状况，马克思和恩格斯只是通过对社会经济关系的不容置疑的科学分析，预言了它的一些最基本的特征。有关未来社会组织的具体情形，他们从来不愿作出根据不足的猜测。恩格斯当年在回答法国《费加罗报》记者提问时说过："我们**是不断发展论者**，我们不打算把什么最终规律强加给人类。关于未来社会组织方面的详细情况的预定看法吗？您在我们这里连它们的影子也找不到。当我们把生产资料转交到整个社会的手里时，我们就会心满意足了。"[①]这就是说，科学共产主义创始人，在指明了未来社会的主要特征的同时，把共产主义运动、学说与制度统一的具体的历史形式，留给将来的实践去解决。

一百多年来，国际共产主义运动在这方面积累了丰富的经验，取得了丰硕的成果。法国工人阶级创建"巴黎公社"的伟大尝试，列宁领导下的俄国无产阶级建立"苏维埃"国家的经验和中国工人阶级建立"人民民主专政"的社会主义国家的伟大胜利，都是寻求这种统一的具体和历史的形式，而取得的伟大成果。现在，中国和其他社会主义国家不仅在以社会主义公有制代替私有制方面，已在逐步实现科学共产主义创始人的基本思想，而且在社会生活的广泛领域内正在建立和发展着适合自己国家和民族特点的新型的社会主义关系。共产主义运动、学说和制度，正在实现着自己的具体的历史的统一。我们说这种统一是"具体的"和"历史的"，就意味着，这种统一是在一定水平上，是在社会发展的一定阶段上实现的有差别的统一。这种统一必然

---

① 《马克思恩格斯全集》第22卷，人民出版社1965年版，第628—629页。

要经历一个由低级向高级发展的历史过程。正是在这种具体的历史的统一中，共产主义运动的水平不断提高，社会不断进步，科学共产主义也不断受到检验、得到发展。

因此，只有尊重历史发展的辩证法，如实地全面地把握共产主义作为运动、学说和制度的统一，才是我们正确理解共产主义学说和这一学说的实践的内在联系，以及后者对前者检验的理论前提。对共产主义作任何片面的理解和人为地割裂，都只能导致自己陷入荒谬的境地，并且必然会引出荒谬的结论。

二

有人说，尽管共产主义运动是现实的，但共产主义制度的实现是遥远无期的，因而是"渺茫"的。把共产主义制度看做是"渺茫"的，不仅仅立论的前提是把共产主义制度和共产主义运动相割裂，而且是用孤立、静止的眼光来看待共产主义制度的形成。在"渺茫论"者的眼中，共产主义制度的出现只能是一种没有过程、没有历史的连续性和凭空产生的"奇迹"。这就从根本上违反了马克思主义哲学的基本的思想原则。

辩证唯物主义的发展观认为，任何事物的存在和发展都是作为历史过程来展开的。同样，人类社会的发展，特别是社会经济形态的发展也是一种"自然历史过程"[①]。在历史上，一种新的剥削制度的出现，它的经济关系和反映这种关系的社会意识，总是在旧社会的母体中孕育、产生和发展起来的，后来才借助于思想的和政治的革命而使自己取得对整个社会的支配地位。虽然崭新的共产主义制度，特别是它的经济关系，不可能在剥削制度的

---

① 参见《资本论》第1卷，人民出版社1975年版，第12页。

母体中自发地产生。但是，通过无产阶级政治革命建立的、作为资本主义对立物而出现的这种没有阶级剥削的新制度，其自身的发展，照样要经历一个从低级到高级、从不成熟到逐渐成熟的历史过程。共产主义制度自身的这种历史发展，是历史的阶段性与连续性的统一。社会主义社会和共产主义社会的科学划分，所表征的正是这种辩证的统一。

从理论和实际的情形来分析，社会主义社会并不是一个独立的社会形态。它只是共产主义的社会形态的低级阶段，或第一阶段。

第一，社会主义和共产主义作为社会制度的理论的概括，是用以表征同一社会形态或同一社会形态之不同发展阶段的范畴。马克思和恩格斯在创立和阐明自己的科学共产主义理论时，常常交替地使用这两个概念，来概括那种以生产资料公有制来代替资本主义雇佣奴隶制的未来社会，并未对这两个概念加以明确的区分。只是到了1875年马克思为了"考察未来共产主义的未来发展问题"，才在《哥达纲领批判》中提出了区分"共产主义社会第一阶段"和"共产主义社会高级阶段"的学说。马克思的这一学说，应用唯物辩证法分析了"共产主义在经济上成熟程度的两个阶段"[①]，科学地预言了共产主义经济关系从低级向高级的发展。尔后，列宁继承和发展了马克思的这一理论。列宁在用这两个概念来表征社会制度时，"社会主义"专称共产主义社会的"第一阶段"，而"共产主义"在一般的意义上指的则是它的高级发展阶段。但是，无论是马克思还是列宁，都没有把社会主义社会看做是独立于共产主义的社会形态，都认为它仍然属于共产主义范畴，但还不是完全的共产主义。

---

① 参见《马克思恩格斯选集》第3卷，人民出版社1972年版，第10—13页。

第二，社会主义社会不是一个独立的社会形态的现实依据，是以物质生产力为基础的社会生产关系。历史唯物主义认为，社会形态"划分的客观标准"是生产关系这种物质的社会关系。列宁说："一分析物质的社会关系，立刻就有可能看出重复性和常规性，把各国制度概括为一个基本概念，即**社会形态**。"① 用物质的社会关系这个"客观标准"来衡量，社会主义社会在社会形态的划分上的归属就显而易见了。因为社会主义社会和共产主义社会都是以生产资料的公有制为基础的。尽管社会主义社会的公有制还是低级和不完全的，它的物质生产和精神生产还不能充分满足整个社会的需要，因而在这里必须采取一系列有别于共产主义社会高级阶段的经济、政治和思想文化的制度与政策。混淆这种区别，刮"共产风"、搞"穷过渡"，无疑会受到历史规律的惩罚。但是，社会主义公有制并不是以巩固自身为目的，它所追求和向往的是共产主义成分和因素的生长，并且伴随这种历史过程的推移，未来的共产主义公有制，就会从社会主义公有制的内部逐渐地生长和成熟起来。社会主义的和共产主义的公有制，是同一范畴和同一发展过程的前后相继的经济关系。社会经济关系的作为历史过程的这种统一，就决定了社会主义社会不是独立于共产主义之外的社会形态。诚如列宁所言："既然生产资料已成为**公有**财产，那么'共产主义'这个名词在这里也是可以用的，只要不忘记这还**不是**完全的共产主义。"②

第三，基于这种同一范畴的经济关系的历史发展，社会主义社会向共产主义社会转变的特点，也表明社会主义社会不是独立的社会形态。我们知道，由于经济发展上的阶段性，社会主义社

---

① 《列宁选集》第1卷，人民出版社1972年版，第8页。
② 《列宁选集》第3卷，人民出版社1972年版，第255页。

会和共产主义社会，在社会生活和精神生活上的差别是明显的。但是，组织这种社会生活和精神生活的社会主义制度、思想原则和道德规范，在向共产主义转变时，是通过两种途径来实现的：在精神生活领域，是通过无产阶级的思想、道德和风尚的充分发展和全面普及来丧失其阶级性质的，即把"无产阶级身上的东西提升为**社会的原则**"①；在政治领域，包括国家、政党、军队、警察、法庭和监狱等，其最终的前途则是"自行消亡"。列宁指出："'**国家消亡**'，这句话说得非常恰当，它既表明了过程的渐进性，又表明了过程的自发性。"②其实，"过程的渐进性"和"过程的自发性"，是社会主义社会向共产主义社会转变的特点。这种特点表明，它们之间的转变，不是两个利益对立的社会形态间的更替，而是同一社会形态在不同发展阶段上的自然和前进性的推移。

既然社会主义社会不是独立于共产主义之外的社会形态，而是包括于其中并向完全的共产主义日益渐近的初级阶段，既然共产主义作为一个初生的发展中的社会形态在我国已经是活生生的事实，那么从一定的意义上讲，我们已经生活在共产主义之中了。至于共产主义的完全实现，尽管还需要经过若干代人的艰苦奋斗，但绝不是遥远无期的，而是社会主义高度发展的必然结果，是一种自然的历史过程。"渺茫论"者夸大共产主义最终实现的长期性，无视共产主义的社会形态已经初生和正在发展的现实性，否认共产主义社会最终实现的必然性，是完全错误的。从思想方法上分析，这种错误的实质，就是孤立、静止地看待共产主义社会的生成，抹杀共产主义社会形态的发展是历史的连续性

---

① 《马克思恩格斯选集》第1卷，人民出版社1972年版，第15页。
② 《列宁选集》第3卷，人民出版社1972年版，第247—248页。

与阶段性的统一，而不是把它理解为一个有自己的产生、发展和成熟的历史过程。

三

"渺茫论"者断言共产主义未经过实践检验，在思想方法上还有一个突出的问题，这就是形而上学地理解真理和真理的检验，并且自觉不自觉地陷入了不可知论。在这些人的思想深处，总觉得真理是某种僵死的、一成不变的思维模式，而实践对真理的检验则是"一锤定音"、一次完成的。这种形而上学的真理观，表现在对共产主义学说及其实践关系的看法上，就荒谬地认为，一百多年的共产主义运动对其学说的检验不算检验，非要等到共产主义完全实现以后，让理论和历史的最终结局简单地"挂钩"、机械地"对号"，再对它作出是否具有真理性的"一次"性的评判。这种观点貌似有理，其实和马克思主义关于真理和真理标准的学说毫无共同之处。

辩证唯物主义的真理观认为，"真理是过程"[①]；实践对真理的检验也是一个过程。不言而喻，科学共产主义学说和实践对它的检验，当然也具有"过程"的辩证本性。百余年来，共产主义学说在国际共产主义运动的血与火的考验中，在实质上是在为属于共产主义社会形态的社会主义社会的复杂斗争中，一次次地受到了检验，一步步地得到了发展。实践已经证明并将继续证明，科学共产主义是伟大的颠扑不破的客观真理。

当然，同任何真理的情形一样，科学共产主义的真理及其被检验过程，也是具体的。我们所说的这种真理，是指它对人类社

---

① 《列宁全集》第38卷，人民出版社1959年版，第215页。

会"一连串互相衔接的阶段的那种发展过程的阐明"[①]。也就是它关于社会发展的一般规律、关于资本主义必然被共产主义所代替以及关于共产主义这一崭新的社会形态,从低级阶段向高级阶段发展的历史趋势的科学阐明。共产主义学说的科学性和真理性就表现在,它不是如同空想社会主义那样,仅从抽象的"理性"、"平等"、"正义"和"博爱"等伦理要求出发,去构想一个未来社会的理想蓝图,而是从社会经济关系的矛盾运动的确切分析中,合乎规律地引出资本主义必然灭亡和共产主义必然胜利的科学结论。我们坚信科学共产主义是客观真理,就因为它已经受到了实践的反复的和多方面的检验。

我们知道,事物发展的必然性,包括社会历史的必然性,乃是它们自身作为过程和趋势出现的内在的本质规定。现实的某一环节,或单个的历史事件本身,虽然要受到内在的必然性的支配,但往往也要受到偶然因素的影响,因而往往无法表现和证明过程的必然性。过程的必然性要取决于现实的各个环节的整体、总和,现实在展开中表现为必然性。因此,对任何必然性的证明,尤其是对社会历史过程的必然性的证明,绝不能只经过单一的实践的一次检验就完成,而必须经过实践的反复的和多方面的检验。在多次的实践的成功的检验中,在由其多次实践所形成的实践结果的有机组合和系列组合中,内在的必然性才能得到证明,才能以事物发展的趋势表现出来。以过去历史的整个过程,作为前提的科学共产主义,在揭示历史发展之必然性的意义上,已经经受了实践多方面和反复的检验。首先,作为它的哲学基础的辩证唯物主义和历史唯物主义,受到了迄今为止的整个人类实践之总和的检验。其次,作为它赖以立足的经济理论,特别是剩

---

① 《马克思恩格斯选集》第4卷,人民出版社1972年版,第459页。

余价值理论，经受了几个世纪的整个资本主义世界的生产活动和经济活动的历史和现实的验证。再次，科学共产主义本身也经受了一百多年的无产阶级的各种形式的实践斗争的检验，其中包括各国的工人运动、许多国家无产阶级领导的武装斗争以及该国的经济关系和上层建筑各个领域的变革，即许多国家创建、巩固和发展作为初生的共产主义社会形态的社会主义制度的总体性的实践检验。

上述这些历时久远、形式多样，即几乎包括人类社会生活的一切领域的无数单一实践的单一的检验，构成了对科学共产主义学说的相当完整的总体性的检验。在所有这些检验中，科学共产主义所阐明的人类社会发展的一般规律和共产主义代替资本主义的历史必然性，已经得到了充分的和确定不移的证明。而由上述实践结果之总和所造成的历史变化的事实，特别是一系列社会主义国家的建立、巩固和发展事实本身，已经无可辩驳地显示出，共产主义实现的历史必然性，已经不仅仅是马克思和恩格斯在其学说中所阐明的历史发展的逻辑的必然性，而且这种必然性已经在历史过程的本身中，现实地展现了出来。

毋庸置疑，科学共产主义在揭示历史发展的必然性时，"这种理论和任何理论一样，至多只能指出基本的和一般的东西，只能大体上概括实际生活中的复杂情况"[①]，因而它只能指出通向共产主义的"这条道路的方向"，"至于具体情况，实际情况，那只有千百万人的实践经验才能表明"[②]。许多国家的特别是中国近三十年的社会主义的实践经验表明，科学共产主义关于在从资本主义过渡到共产主义的历史时期，必须实行无产阶级专政的学

[①] 《列宁全集》第24卷，人民出版社1957年版，第25页。
[②] 《列宁全集》第25卷，人民出版社1958年版，第273页。

说；关于建立生产资料公有制和对社会主义经济实行计划管理的理论；关于在共产主义社会第一阶段必须坚持各尽所能、按劳分配的理论和关于逐步消灭三大差别、实现人的全面发展的学说；等等，都被实践证明是正确的、是客观的真理。

然而，这些普遍的真理，在付诸实践的时候，还"必须考虑生动的实际生活，必须考虑现实的确切事实"①。也就是说，在其实践的每一具体表现中，都必须具有生动的民族形式和特色。科学共产主义真理的力量，就在于它同具体实践相结合，并在这种结合中不断得到丰富，获得活力。与此同时，实际生活也纠正和发展了马克思、恩格斯关于未来社会的某些论断或设想。例如，他们曾从经济发达的资本主义国家的无产阶级可能首先夺取政权的前提出发，设想在共产主义社会第一阶段建立的将是单一的生产资料的全民所有制，在这种所有制下将不再存在商品生产和货币交换。然而，后来社会主义在实践中表明，社会主义开始需要采用的，是以全民所有制为基干的多种所有制并存的形式，然后才能随着生产力的发展逐步过渡到单一的全民所有制。在这种情况下，还不能立即取消而是首先要发展社会主义的商品生产和商品经济。社会主义经济发展的事实，从一个侧面深化和发展了科学共产主义理论。但是，科学共产主义在实践中不断获得活力、不断得到丰富、深化和发展的事实，并不意味着它不是真理，而是表明了它作为真理具有"过程"的辩证本性。科学共产主义并不是一个封闭的、自满自足的体系。它并没有穷尽一切真理，而"只是给一种科学奠定了基础"②和提供了"继续发

---

① 《列宁全集》第24卷，人民出版社1957年版，第25页。
② 《列宁选集》第1卷，人民出版社1972年版，第203页。

展的前提"①。科学共产主义的真理，还要在共产主义运动中继续得到丰富、深化、发展和检验。怀疑和否定以往检验的可靠性和确定性是荒谬的，否认它还有继续检验和发展的必要性，也是不对的。如果把共产主义真理，视为万古不易的教条或只需一次检验就能完成的终极体系，那就会把它变成"一种片面的、畸形的、僵死的东西，就会阉割马克思主义的活的灵魂，破坏它的根本的理论基础——辩证法"②。

必须指出，否认科学共产主义的真理和对它的检验是"过程"的观点，不仅在思想方法上抛弃了唯物辩证法，而且实际上陷入了否认任何真实地发挥作用的真理的存在和宣扬盲目实践的不可知论的境地。"渺茫论"者既然认为，在长期的历史过程中只有最终的历史结局才算是对相关理论之真理性的第一次，也是最终的检验，那么这种理论受到检验之时，也正是它发挥作用的终止之日。这样，指导任何历史活动的作用，就根本不属于真理。试问，真理的这种检验和被检验的真理，还有什么必要，还有何意义呢？按照这种逻辑，世界上根本就没有任何有意义的真理存在，人们只能按照还不能判明是真理还是谬误的学说去行动，只能在黑暗的世界中去侥幸地摸索，去听凭命运的摆布、捉弄。难道这不是一种典型的不可知论吗？由是观之，否认科学共产主义的真理是过程，把对共产主义学说的最终检验唯一化、绝对化，貌似强调历史过程的最终结果的权威性，反而走向了自己的反面：否认真理，否认检验真理的必要性和意义，陷入了形而上学和不可知论。

共产党人对共产主义的正确认识和坚定信念的哲学基础，是

---

① 《马克思恩格斯全集》第1卷，人民出版社1956年版，第642页。
② 《列宁选集》第2卷，人民出版社1972年版，第398页。

唯物辩证法。"渺茫论"者用以观察和思考问题的方法论违反了唯物辩证法，而陷入了片面性地、孤立静止地看问题的形而上学和不可知论。坚持唯物辩证的发展观和真理观，把共产主义如实地视为运动、学说和制度的统一，把共产主义社会形态的发展和对共产主义学说的检验看作一个历史过程，就能从世界观和方法论上洞悉"渺茫论"的底蕴，肃清"渺茫论"思想影响，并帮助人们坚定为共产主义奋斗的信念。

（原载《学习与思考》1983年第3期）

论真理的本质规定
——兼论真理的阶级性问题

目前,关于真理有无阶级性问题争论的焦点,是阶级社会中社会科学的真理(语言和逻辑等学科的除外)有无阶级性的问题。或者说,是否一切真理都没有阶级性?笔者赞同凡真理都无所谓阶级性的观点,但同时也认为,迄今人们对这个观点的论证,还不足以说服持有不同见解的同志。许多同志,仅仅根据真理是对客观事物及其规律的正确认识或反映的定义,把客观性视为真理的基础、本质或根本的属性,以论证真理并无阶级性。但是,持反对意见的同志,也同样承认真理的客观性,甚至承认客观性是真理的主要的属性,并且力图阐明真理的客观性和阶级性的关系。仅从逻辑上讲,某种事物具有客观性,并不排斥它还具有另外的某种属性。因此,仅以真理的客观性来批驳真理的阶级性,论据是不充分的。

相反,认为社会科学的真理有阶级性的同志,也从真理的同一定义出发,以"马克思主义是真理"和"马克思主义具有阶级性"为前提,推论出了"有的真理具有阶级性"的结论。笔者认为,就形式逻辑的推理规则而言,这个三段式是无可指责的。但是,从辩证逻辑看,它的结论是不正确的。从这个矛盾的事实中,可以得到这样的启示:只要我们把真理仅仅理解为一种正确的认识或科学理论本身,就不能充分阐明凡真理都没有阶级性的论点。因而笔者认为,应该根据马克思主义真理论的精神实质,吸取思想史的合理的成分,对于真理概念的本质规定精确地加以阐明,这是解决社会科学真理有无阶级性问题的关键所在,也是为马克思主义真理论的深化所必需的。

一

真理是一切哲学的一个基本概念,也是马克思主义认识论的一个重要范畴。可是,马克思主义经典作家对于真理的概念,却未曾作过明确的界说或规定。相反,在真理概念的形成史上,不仅唯心主义哲学赋予真理一词以种种不同的、神秘的含义,就是在唯物主义的文献中,其用法也不尽一致,即在马克思主义经典著作中,真理一词也不是一义的。所以,从真理一词平常用法的多义性中,探寻和阐明作为马克思主义真理论的真理概念的本质规定是很有必要的。

在唯物主义历史文献中,真理一词的传统用法,较常见、较有影响的,有以下两种:

第一,真理(客观真理)所表征的就是作为认识对象的外部世界,真理性的意义相同于感性、现实性。例如,在费尔巴哈看来,"真理性、现实性、感性的意义是相同的"。他认为:"将'真理性'从'现实性'分离开来,将'现实性'从'真理性'分离开来,是一件多么矛盾的事情。"费尔巴哈还讲过,"感性(sinnlichen)世界,即无可争辩的(ausgemacht)客观真理","客观真理是自在(an sicli)世界,即离开我们而存在的世界"①。又如，约·狄慈根也说过："我们可以看到、听到、嗅到、触到绝对真理，无疑地也可以**认识**绝对真理，但它并不全部进入（gehtnicht auf）认识中。"②

第二，真理的意义指的是人们对于事物的本质或规律的正确认识。从赫拉克利特的"智慧就在于说出真理"，斯宾诺莎的"真观念"，直到列宁说"马克思的理论是客观真理"③，都是把真理看做是与"谬误"相对立的正确认识或科学的理论。目前我国哲学界一般把真理定义为对客观事物及其规律的正确认识或反映，大概就是以此为据的。

在笔者看来，关于真理的第一种词义，揭示的是外部世界的真实性和认识论的前提，还不是纯粹作为真理论的真理概念。从哲学史上看，费尔巴哈等人在这个意义上使用"真理"一词，主要是针对哲学唯心主义和宗教神学。因为后者认为，"上帝是一个由一切现实性所组成的实体"④，上帝是世界的根源、本质，是真理的化身，具有最大的真实性；而物质世界和世俗生活反倒是虚幻不实的。同样，在哲学唯心主义者眼中，只有精神的东西才是物质世界的根源，而物质世界万事万物的"实在性符合于它的概念"，因为"惟有概念才是世界上事物之所以保持其存的原则，或者用宗教上的语言来说，事物之所以是事物仅由于内在于事物的神圣的思想"。⑤ 费尔巴哈把神学和哲学唯心主义的这种荒诞的颠倒又颠倒了过来。他用"客观真理是自在世界"这

---

① 《费尔巴哈哲学著作选集》上卷，商务印书馆1984年版，第166、151、523页。
② 《列宁选集》第2卷，人民出版社1972年版，第134页。
③ 同上。
④ 《费尔巴哈哲学著作选集》下卷，商务印书馆1984年版，第420页。
⑤ 黑格尔：《小逻辑》，贺麟译，商务印书馆1980年版，第399页。

个命题,有力地论证了上帝和"绝对观念"的虚幻性,肯定了外部世界的现实性和真实性,恢复了感性的权威,弘扬了"感性的真理"①。列宁在《唯物主义和经验批判主义》一书中论证外部世界的第一性时,以赞赏的态度引证了费尔巴哈著作中的"客观真理是自在世界"这一著名命题,指出费尔巴哈主张一条十分鲜明的哲学路线,感觉给人们揭示客观真理。但是,关于真理的这种用法,在日常生活和文学表述中,许多人并没有进行严格的区分。例如,我们常说的"认识真理"、"反映真理"、"揭示真理"和"发现真理"等,就是自觉不自觉地赋予它这种意义。列宁在《哲学笔记》中写道:"真理就是由现象、现实的一切方面的总和以及它们的(相互)关系构成的。"②也是从此种意义上,来强调真理的全面性。

但是,在充分肯定作为认识对象的真理词义的唯物主义特色和认识论的功能的基础上,也不能不指出这样的逻辑的必然性:如果我们把真理相当于外部世界(当然包括其中的规律性)的含义,作为真理概念的本质规定,那么势必要取消马克思主义真理论。因为,真理概念的这种规定,根本无法展开自己的理论结构或理论体系。既然客观真理就是外部的客观世界,那么也就不存在意识中的真理与谬误的对立;不存在有相对真理向着绝对真理无限接近的辩证运动;也不存在运用实践检验真理的必要性。所以,关于真理的第一种词义,只是生活中和理论上的传统用语,不是作为马克思主义真理论的真理概念。

关于真理的第二种词义,它作为真理概念的本质规定在原则上是正确的。因而由这种词义推论出来的上述关于真理的定义,

---

① 《费尔巴哈哲学著作选集》下卷,商务印书馆1984年版,第589页。
② 《列宁全集》第38卷,人民出版社1959年版,第210页。

大体上也是可行的。但是它不精确、不彻底，具有逻辑上的"跳跃性"，容易产生误解。因为，当我们只讲真理是对客观事物以及规律的正确认识或反映的时候，其一，"正确"一词究竟是何意，这是需要进一步加以规定的东西。在一般的哲学中是以现实性和确定性来保证的。其实，实践标准的直接现实性和确定性所直接保证的，不是认识上的正确或不正确的问题，而是主观形态的认识与客观现实一致或不一致，相符或不相符的问题。换言之，如果不想逻辑上"跳跃"的话，那么这里的"正确"概念，需要用"一致"或"相符"概念来规定。其二，如果"正确"的本来意义是主观和客观、认识和对象的"一致"或"相符"，那么真理究竟是指（正确的）认识或科学的理论本身，还是这种认识在参与认识活动的主客观两方面的关系中所获得的一种规定性呢？笔者认为，流行的真理定义，并没明确地回答这两个问题，故而显现出：初看起来，真理的意义和定义似乎是不言自明和完满的，但是深入地推论下去，又不是自洽的。这在一定的意义上类似于牛顿的力学体系。这一体系在宏观低速领域是自洽和完满的，但是深入到像黑体辐射这样微观高速领域，就暴露出其中的矛盾。上述得出"有的真理具有阶级性"结论的那个三段式，就是真理论中的一个"黑体"。所不同的是，牛顿力学体系的不能自洽来自于自身的局限；而真理论中的这个问题，在哲学史上和在马克思主义经典著作中，却早就为解决这个问题奠定了理论基础，只不过不为人们所重视罢了。

二

在哲学史上，第一个试图给真理概念做出本质规定的是亚里士多德。亚里士多德在《工具篇》中反复论证了这样的观点，一个判断或推论的真假,就在于它是否与"第一性的"前提相"切合","完满的科学知识的真正的对象,乃是那不能异于它本来的样子的东西"①。在《形而上学》一书中,他更明确地指出:"每一事物之真理与各事物之实是相符合。"[卷(a)二,993b]显然,在亚里士多德的理论体系中,真理被规定为思想与现实的符合。正是凭借这种唯物主义真理观作基石,亚里士多德所创立的形式逻辑的体系,在该学科中居于统治地位长达两千多年,直到今天他所揭示的一些思维规律仍然是我们应当遵循的。

康德的批判哲学,尽管承认真理的定义"即真理乃知识与其对象一致",但又责怪它过于"普泛"而不能顾及"认识与其特殊对象之关系",因而认为它伪辩、无知、空虚和悖理②。实际上,康德是企图通过抹杀真理的本质规定,而论证"自在之物"不可知,认识和认识的对象在本质上不可能相符合的先验唯心主义。黑格尔尖锐地嘲笑和有力地批判了康德所采取的揶揄真理的本质规定的不严肃态度,而从唯心主义角度进一步阐发了关于真理的本质规定。

黑格尔指出:"当康德在《纯粹理性批判》83页关于逻辑谈到'**什么是真理**',这一古老而又著名的问题时,他**首先把真理是认识与其对象一致**——这一具有伟大的、甚至最高价值的定义——当作某种无足轻重的名词解释**奉献**出来。"黑格尔进而揭露了康德在理论上的自相矛盾,指出:"假如对**理性认识**没有本领来把握**自在之物**,**实在又全然在概念之外**——这一先验唯心主义的根本主张,提醒一下上述的名词解释,那就立刻明了:这样一个不能够建立自身与其对象——自在之物的**一致**的**理性**,不与

---

① 《古希腊罗马哲学》,生活·读书·新知三联书店1957年版,第293页。
② 康德:《纯粹理性批判》,蓝公武译,商务印书馆1960年版,第74—75页。

理性概念一致的自在之物，不与实在一致的概念，不与概念一致的实在，都是**不真的观念**。"① 在黑格尔看来，"人们最初把真理了解为：我知道某物是如何存在的"，这是"形式的真理"，只是"正确"而已。而"按照较深的意义来说，真理就在于客观性和概念的同一"或"相符合"②。我们知道，黑格尔这里所指的，"不是指外界事物符合我的观念"③，而是"符合"作为客观事物之本质的"绝对观念"。

应该说，黑格尔用真理概念的本质规定来批判康德的不可知论，是精彩的。但同样不言而喻的是，在黑格尔那里，真理的"符合"关系是头足倒置的。按照辩证唯物主义的观点应该理解为，是人的主观形态的认识（概念）与其客观的认识对象的"符合"或"同一"，而不是什么"客观性与概念的同一"或"符合"。不过，黑格尔以颠倒的形式继承和发挥了亚里士多德的思想，把真理的本质理解为上述那种"符合"，思想还是深刻的。列宁非常珍视黑格尔的这一思想，在《哲学笔记》中把"真理就是客观性跟概念相符合"（或"同一"、"一致"）这句名言，重复摘抄了六次。其中一处还写道：黑格尔说，"真理是对象和认识的一致" = "真理的有名的规定"④。

马克思主义经典作家继承和批判地改造了哲学史上关于真理观的合理的思想成分，创立了以实践标准为基础的唯物辩证的真理论。当经典作家在驳斥不可知论和谈到真理的本质规定或理论的正确性时，总是指出其根本特征就是认识"同存在于我们之

---

① 黑格尔：《逻辑学》下卷，杨一之译，商务印书馆1981年版，第258—259页。
② 黑格尔：《小逻辑》，贺麟译，商务印书馆1980年版，第397、398、399页。
③ 同上书，第397页。
④ 《列宁全集》第38卷，人民出版社1959年版，第322页。

外的现实相符合"①,与"自然相符合"②,即马克思主义总是认为,作为真理的"理论符合于现实是理论的唯一标准"③。因此,根据马克思主义真理论的精神实质和哲学史上关于真理观的合理的思想因素,是否可以把真理概念的本质规定表述如下:真理是认识与作为认识对象的客观事物及其规律的一致或符合。

借鉴黑格尔所说的真理的本质规定,可以说,真理不是指某种(正确的)认识或科学的理论本身,而是指它与其认识对象两者的"一致"或"符合"④。真理是一个用以表征认识与认识对象的关系范畴。真理概念表明,作为认识对象的客观事物及其规律是第一性的;而作为一种属性,在真理论中人们常把这种属性叫做认识的"真理性",而在习惯的表述中,哲学家们干脆把具有"真理性"的认识,称之为"真理"。

早在古希腊哲学中,德谟克利特就把认识划分为"真理性的认识和暗昧的认识"两类。此后,"真理性"概念和"真理"概念作为同义语,被人们所沿用。马克思在《费尔巴哈论纲》中,也是把思维(认识)的"客观的真理性"视为"真理"的同义语的。究其实,"认识的真理性"或"真理性的认识"概念,所表征的是"真理"概念的本来意义。

在现代的马克思主义反映论的研究中,人们又引入了一个与"真理性"大体类似的"相符性"的概念。有区别的,只是相符性概念,适用反映的一切水平和一切反映形式,而真理性概念则只适用于人的认识活动及其认识成果。在用相符性概念,来研究作为最高级的反映形式的人的意识或认识的时候,"相符性"与

---

① 《马克思恩格斯选集》第3卷,人民出版社1972年版,第387页。
② 见《列宁选集》第2卷,人民出版社1972年版,第135页。
③ 见《列宁选集》第1卷,人民出版社1972年版,第30页
④ 黑格尔:《逻辑学》下卷,杨一之译,商务印书馆1981年版,第259页。

"真理性"大体上是同义的、等价的。苏联《大百科全书》第一卷俄文版第 24 页中，说："相符性的认识是正确地反映了客观世界对象的本质属性和关系的认识。"

"相符性"来自于拉丁文"adaequatus"一词，原意是"相同的"、"相等的"或"等量齐观的"意思。十年前，才引入对"反映"①范畴的研究。如今，"相符性"概念，用于表征反映的成果与反映的原型的适应关系。按照一般反映论研究的成果，在反映形式的历史演进中，反映的相符性，依进化的序列，依次表现为参量的相符、结构的相符、模态的相符、语义和语用的相符。② 而其中人的意识的语义相符所阐明的，就是人的反映的内容与被反映事物的内部联系、内在本质或规律的一致，以及这种一致所达到的精确程度和本质深度，以揭示人的反映与被反映对象本性的一致关系。它可以被认为是反映相符性的最高表现。可见，我们通常所讲的认识的"真理性"，就是现代反映论所讲的"语义的相符性"。

因此，我们关于真理概念的本质规定，不仅有思想史上的渊源，符合马克思主义真理论的精神实质，而且也充分考虑到了基于现代科学成果的反映论研究的最新进展。而目前流行的关于真理的理解，只从人们关于真理概念的习惯用法出发，从认识或理论可能具有的一种属性（真理性），"跳跃"到这种认识或理论本身，因而不能引导人们从真理的本来意义上，即主客观的相符关系上去把握真理。笔者认为，只有如实地把真理理解为人的认识的真理性或相符性，才能正确地把握真理概念，并以此为基

---

① 参见乌克兰采夫《非生物界的反映》，1969 年俄文版"相符性"一节。
② 参阅苏联丘赫金《反映与信息》、《反映、映像、模型、符号和信息》。载苏联《哲学问题》1967 年第 3 期；保加利亚托多尔·巴甫洛夫主编：《列宁的反映论与现时代》，1969 年，索菲亚俄文版。

础，正确地阐明马克思主义真理论体系以及它的逻辑展开。

三

我们关于真理概念的本质规定的正确性，还表现在它使真理论体系的后续范畴，如真理的客观性、真理的相对性和绝对性，以及真理的实践标准等，获得了坚实的逻辑基础，真理论体系的逻辑发展，包含着内在的逻辑的必然性。

客观性，是真理性认识的基本属性。真理的客观性和作为它的认识对象的外部事物的客观性，在不以人的意志或愿望为转移这个基本点上，是共同的。但推究起来，二者也是有区别的。因为作为认识对象的外部世界的客观性，是一种自在的、直接的现实性。而任何真理或相符性的认识，总是一种观念形态或知识形态的东西，用马克思的话说，同样"不外是移入人的头脑并在人的头脑中改造过的物质的东西而已"①。这种被头脑改造过的观念形态的东西，是否客观、是否可靠和是否有确实的逻辑内容，就是它与外部世界的认识对象是否"符合"或"一致"。因此，真理的客观性需要反映的相符性来做逻辑的确认。真理的客观性，是真理的本质规定的同义的逻辑展示。

真理的相对性和绝对性，或相对真理和绝对真理，是表征认识对于认识对象的符合程度的哲学范畴。真理的相对性或相对真理，是指认识对于认识对象的有条件的、近似的、不完全的和历史的符合；而真理的绝对性或绝对真理，则是认识对于认识对象的无条件的、完全的和绝对的符合。不过，真理的绝对性和绝对真理，意义上略有不同。真理的绝对性刻画的是具体认识对其认

---

① 马克思：《资本论》第1卷，人民出版社1975年版，第224页。

识对象及其个别方面或若干方面、因素的符合关系,而绝对真理则刻画的是总体性的认识对于总体性的认识对象的全面的和无遗漏的符合关系。由于人们的具体认识,乃至某种时代的人类的认识,对于认识对象的符合关系,总是具体的、历史的和有矛盾的,并且随着实践和认识活动的发展与深入,也总是由片面到全面、由局部到整体、由浅层结构到深层结构的永无止境的过程,所以从相对真理趋向绝对真理的辩证的矛盾运动,也是一个永无止境的历史过程。

列宁在《哲学笔记》中,正是在摘抄了黑格尔关于真理的本质规定即"客观性与概念的一致"或"符合"之后,指出"思想和客体的一致是一个过程:思想(=人)不应该认为真理是僵死的静止,是象精灵、数目或抽象的思想那样没有趋向的、没有运动的、惨淡的(灰暗的)简单图画(形象)"。接下他又指出:"认识是思维对客体的永远的、没有止境的接近。自然界在人的思想中的反映……处在矛盾的产生和解决的永恒的过程之中。"① 尽管,列宁在这里没有直接提及真理的本质规定和相对真理及绝对真理的关系,但是十分明显,列宁是在对黑格尔关于真理的本质规定做过唯物主义改造的基础上,来阐明思想和客体的一致的过程,即真理的矛盾运动的过程,是从相对真理趋向绝对真理的过程。而这种过程的理论阐明和真理的本质规定,具有内在的逻辑联系。相对真理和绝对真理这对范畴,揭示了真理的本质规定的内在矛盾以及这种矛盾的不断的和永恒的解决。

但是,真理本质规定中的内在矛盾的揭示和永恒的不断的解决,这里只限于逻辑的领域和精神的王国。因此,还不具有直接的现实性的意义。马克思主义真理论的革命性的标志,是确立了

---

① 《列宁全集》第38卷,人民出版社1959年版,第208页。

以实践作为检验认识的真理性的唯一标准。自从亚里士多德以来,哲学家们讲认识与现实的一致或符合,讲了两千多年。但是在马克思主义问世以前,只停留在思辨的领域。因此不仅反驳不了形形色色的怀疑论和不可知论,而且也根本不知道这种"符合"或"一致"为何物。甚至,当唯心主义和不可知论把"现实"和"符合"加以曲解以后,也可以接受关于真理的这种规定。只有马克思主义关于实践标准的理论,才使真理的本质规定的内在矛盾的揭示和解决,超出了思辨的范围和获得了直接现实性的意义。从此,各种怀疑论和不可知论在理论上彻底破产了,真理的本质规定,它的现实性和力量,在物质形态上获得了显示与验证。

恩格斯在谈到真理的实践标准时说过,在实践中"如果我们达到了我们的目的,如果我们发现事物符合我们关于它的观念,并且产生我们所预期的目的,那末这就肯定地证明,在这一范围内我们关于事物及其特性的知觉是同存在于我们之外的现实相符合的。……我们的行动的结果证明我们的知觉是和知觉到的事物的客观本性相符合的"①。过去,马赫主义者攻击恩格斯在这里作了"从理论到实践的跳跃"。列宁严正地批驳了这种观点,他指出:"对于恩格斯说来,整个活生生的人类实践是深入到认识论本身之中的,它提供真理的客观标准。"在列宁看来,马克思主义理论之所以具有客观的真理性,就在于"这个理论和实践的符合"②。理论对于实践的符合,就是对实践所涉及的那部分外部世界及其规律的符合。在这里不存在所谓的"发生"的"跳跃"。

---

① 《马克思恩格斯选集》第 3 卷,人民出版社 1972 年版,第 387 页。
② 《列宁选集》第 2 卷,人民出版社 1972 年版,第 191—192、143 页。

恩格斯和列宁这些论述有力地表明,实践对于认识的真理性的证明和检验的直接意义,就是验证主观与客观、认识与对象、理论与实践是否相一致,是否相符合。被验证过的认识或理论的正确性,在本来的意义上,就是认识的真理性,就是认识对作为认识对象的客观事物及其规律的相符性。由于人们的实践和在实践中对于外部世界的认识总是表现为一种由低级向高级发展的过程,因此,人们的认识对于认识对象的符合程度的提高,对于真理的检验和把握,也是一种历史的过程。真理是具体的,真理是过程,也要以人们的主观形态的认识在具体的实践活动中逐渐地获取、不断地提高和反复地验证其符合程度来解释,要以表征这种符合程度的相对真理和绝对真理的永无止境的矛盾运动来解释。马克思主义真理论展开的逻辑进程表明,真理的本质规定把它的范畴序列连成了一个有机的整体。

四

我们关于真理概念的本质规定的正确性还在于,如果人们离开了人的反映的相符性的观点来观察真理问题,就会招致难以解决的理论困难,而如果坚持反映的相符性的观点,关于真理的许多理论困难就会迎刃而解。

自50年代以来,我国哲学界关于真理有无阶级性的问题,众说纷纭,莫衷一是。其中一个主要原因,就是争论双方的绝大多数同志,把真理直视为某种理论、原理、原则或认识的本身,而不明了真理在本质上是一个关系范畴。因而不明了:真理论就是以人的认识作为考察对象,以确定该认识与它所反映的对象是否具有相符关系,以及力求使这种相符关系达到的程度,从而引导人们更有成效地去认识世界和改造世界的哲学学说。归根到底，真理所研究的也就是认识在语义上与它所反映的对象及其规律的相符性，亦即人们常说的"真理性"。例如，马克思主义作为一种科学的理论体系，我们鉴于它同它反映的现实具有被实践反复验证过的相符关系，就说它具有真理性，乃称之为真理。至于马克思主义的阶级性，那是它的与真理性所同时具有的另一种属性。这种属性，不属于真理论的范畴，而属于社会政治学的范畴。正因为马克思主义理论同时具有这两种属性，所以我们从其相符性的角度称之为真理，而从阶级性的角度称为无产阶级的意识形态或无产阶级的世界观。根据这样的观点，本文在篇首所提及的那个三段论的理论困难，就易于解决了。既然真理性（亦即真理的本义性）和阶级性是马克思主义的两种属性，那么上述那个三段式就可以写成：

马克思主义理论是真理（即具有真理性），

马克思主义理论具有有阶级性，

所以，有的真理具有阶级性。

很显然，这个三段式的大前提和小前提是正确的，而结论是不能成立的。固然，马克思主义理论的真理性和阶级性是统一的，但它们之间的关系却不是蕴含的。因此，根本不能推论出真理性与阶级性有蕴含的或从属的关系。

笔者还注意到，早在数年以前，齐振海等同志就曾正确地指出过这一点。齐文说："真理性和阶级性是马克思主义的两种属性，我们不能从马克思主义具有真理性，又是阶级性很强的科学，推论出真理有阶级性的结论。正如不能从雅梨既是脆的、又是甜的，推出脆有甜性的结论一样。否则，就违背了形式逻辑的推理规则。"①

---

① 齐振海：《阶级与客观真理》，1978年12月14日《光明日报》。

但是，由于齐文在真理的定义上还是沿用了流行的说法，没有立足于关于真理概念的精确的本质规定，没有论证"真理"在本来的意义上与"真理性"概念的同义性，似乎"真理性"与"真理"是载体与属性的关系。因此齐文在逻辑上也是有矛盾的，其正确的观点就显得有点脆弱无力了。

如今，我们根据真理概念的本质规定，可以得出这样一个更为彻底的结论：从人的反映的相符性的观点来观察真理问题，不是"真理有无阶级性"的问题，而是"真理有无阶级性"的提法本身，就是对真理本来意义的一种误解。

(原载中共上海市委党校《学习动态》1984年第7期)

反映范畴与信息的本质

王振武同志认为,"反映概念不能揭示人类认识的真实情况","人工智能已经完全、彻底地否定了反映概念",而把信息的选择作为认识的本质特征(《认识定义新探》,载《哲学研究》1986年第4期)。对此,笔者不敢苟同。本文想仅就反映范畴的科学证明,以及它与信息的内在联系等问题谈点看法,以作为对王文贬斥反映概念的一种基础性的回答。

一 反映范畴的现代科学证明

列宁时代,关于物质普遍的反映特性问题,还只能采取科学假说的理论形态。现代科学的发展,尤其是信息论、控制论、电子计算机和人工智能,以及神经生理学等科学成果,所提供的日益丰富的材料,使对它的验证和阐明成为可能。自50年代以来,苏联、东欧的许多学者基于现代科学的成就,对反映范畴作了大量的研究。近几年,国内也有不少同志致力于这方面的探索。现在,多数马克思主义哲学的研究者认为,反映范畴既是对基于实践活动的人类意识的本质揭示,也是对一切不同质的反映形式之"反映一般"的最高概括。反映范畴不只具有认识论的意义,也带有本体论的性质。

在笔者看来,反映特性是物质的一种普遍属性。所谓"反映特性",无非是物质在不同组织水平上的一种再现或复制他物某些特征的能力。这种能力以物质世界普遍的相互作用为基础,而成为现实的反映。反映所表征的,是两个物质系统相互作用的过程和结果的特殊产物,即一个物质系统以其在他物作用下的内部状态的变化,来再现或复制对方的相关特征。反映在本质上是相互作用产生的物质系统间的关系状态,或状态关系。或者说,反映是原型被相互作用引渡到他物身上的非实体性的表征或"异在"。因此,反映对于原型具有依赖性、派生性和异己性。这些性质,在非生命物质或低级生命的反映水平上,表现为反映的选择性、相符性、初始的能动性和线性的或非线性的因果性;而在思维的头脑中,则表现为意识对原型的对象性、选择性、可能的相符性和自觉的能动性①。

在自然界,基于物理和化学的相互作用,引起了物体间相应的态变和反应,形成了其间同构或同态的对应关系。这是物质反映特性之最原初的表现形式。各种生物的生理的和心理的反映形式,直至人类的意识和思维,都是以此为基础,并随着物质系统的组织程度和相互作用水平的提高、升级,渐次从中发展、飞跃和演化出来。

在人类社会实践中,从利用物质的物理、化学和能量的特性,发展到利用其"反映的特性"。诸如指南针、温度计、各种

---

① 参阅李崇富《反映的三个本质特征》,载《辩证唯物主义论丛》第2辑,福建人民出版社1983年版。

通讯设备、仪器仪表、传感器、遥测遥控设备，以及电子计算机等等，都是利用反映特性的物质系统。简单的系统所能实现的，只是单一的反映功能，而复杂的系统则能把各种反映组成一个复杂的反映序列，有的甚至能把反映用于系统的控制，即实现收集、传输、存取、加工和利用信息的功能。

控制论的奠基人之一的艾什比认为，人工控制系统与反映过程有密切的联系。只不过，他把被反映者称为"作用素"，反映者被称为"原象"，而反映的结果被称为"映象"①。根据这种观点，他制成了第一台模拟有机体对环境能作出"适应性"反应的"稳态机"。申农也曾制造过能在"迷宫"中"学习"的"电子老鼠"。然而，最能集中体现无机物反映特性的，是以电子计算机为主要手段的人工智能技术。

电子计算机实际上是一种人工的高度有序的反映系统。它接收、传输、存取、加工和利用信息，都是借助于物质的反映特性，而实现其功能的。构成这种机器的主要的逻辑电路（如加法器、乘法器、控制器等）的双稳态触发器，具有两种可能的稳定态（用以代表0和1或是与否）。在电脉冲刺激下，它可以由其中一种状态翻转为另一种状态，并能保存下来。因此，若干个触发器有规律的联结，既能加工，又能"记忆"信息代码。冯·诺伊曼把触发器类比于神经元，说它也是通过"相互刺激"来构成"记忆"②的。实际上，这里所谓通过"相互刺激"来构成"记忆"，就是指触发器具有反映外部刺激，并把反映的结果保存下来的能力。控制论学者А.Я.列尔涅尔甚至提出，一个

---

① 参阅 А.Я.列尔涅尔《控制论基础》，科学出版社1980年版，第197—199页。

② 冯·诺伊曼：《计算机和人脑》，商务印书馆1979年版，第48页。

普通的触发器，可以实现对于"介质"（即环境）的一定意义上的适应性反映，或能"适宜地行动"[①]。可见，电子计算机中的信息过程，是凭借物质的反映特性来进行的。

据此可以认为，不论机器今后如何智能化，物质的反映特性终究还是思维模拟和控制的基础。尽管自然界并没有演化出能够模拟思维的无机的物质系统；天然的无机物的反映，也不具有控制和模拟思维的功能。但是，这些功能是以可能的形式存在着。一旦人类利用这样的物质，制成了某种系统结构并供给必要的条件，这种可能性就变成了现实性。如果物质客体根本不具备作成某事的可能性，人们就根本不可能有所作为。说"电子计算机把人的整个精神结构外化为自然"，这当然包括其逻辑电路类似于脑的神经的结构；计算程序所包含的内容、推理规则和推理过程有相应的物化形态。这是否意味着，是人将类似思维的功能赋予了机器，而与机器本身的物质特性和规律无关呢？回答应该是否定的。因为，机器在运转时，人的一切创造，都物化或形式化为机器内的种种物质状态。而其中的信息过程，就是凭借这些（作为事物、属性和关系的模型的）物质状态之间的及其与外部环境之间的有序的相互作用、相互反映，即通过对负载于这些物质状态上的信息之接收、传输、存取、加工和利用，来实现思维模拟和控制的。计算机的整体功能，固然依凭人的智力之物化，同时也依赖于它的元件和元件系统的反映特性。人只是其中诸反映形式的组织者，而不是反映特性的"创造者"。电子计算机模拟思维和控制的功能，包括以此为主要手段发展出的人工智能技术及智能机器人，是无机物的反映特性之最高表现。

人工智能，凭借物质的反映特性与物化智力的结合，来模拟

[①] A. Я. 列尔涅尔:《控制论基础》，科学出版社1980年版，第197—199页。

和放大思维活动的事实本身，就证明了人脑的思维反映与能模拟思维机器之反映，具有存在于"物质大厦本身的基础中"的同源性。说"人工智能完全、彻底地否定了反映概念"，是没有科学根据的。关于这一点，我们将从揭示信息与反映的内在联系上，进一步被证明。

二　信息与反映的内在联系

信息和反映，作为刻画物质世界普遍的相互作用的两个重要范畴，具有不可分割的内在联系。

第一，信息与反映，都是物质的同类的普遍属性。

事物的属性是在与他物关系中表现出来的本质。就本体论的意义而言，世界上除了运动着的物质以外，就什么也没有。而运动着的物质则表现为物质实体、属性和能量。物质的属性是物质实体内在本质的显露。只有将实体、能量和属性从思维上加以区别和把握，我们才能认识事物。维纳在谈到信息的特征时说过："信息就是信息，不是物质也不是能量。"[①] 这种见解，是富有启发性的。它至少起了一种"划界"的作用。信息与反映的产物一样，的确不同于物质实体和物质的运动。我们无法从中找到一个实物粒子。信息在传输时，"从线路的一端到另一端之间根本不需要任何一点物质的运动"[②]。当信息和反映从载体上瓦解、消失时，物质实体和能量只有形态的变化，而不会失去任何东西。因而，信息和反映，根本就不遵循物质不灭律和能量守恒（转化）定律。这是一个根本性的区别。

---

① N. 维纳：《控制论》，科学出版社 1962 年版，第 133 页。
② 《维纳著作选》，上海译文出版社 1978 年版，第 85 页。

但是，我们不能因此认为，信息是独立于物质和意识之外的第三者。信息和反映一样，都是物质的一种普遍属性，它是物质世界普遍联系的一种特殊形式，是物质系统间通过反映过程所形成的联系形式。离开了物质和物质的能量，离开物质载体，反映和信息既不能产生，也不能存在。反映和信息作为物质的同类属性，就在于，它们可以脱离原型（或信源），并带有原型（或信源）的特征而合乎规律地、无限地和非实体性地分有、再现和瓦解、消逝。

第二，信息过程和反映过程，是以物质系统间相互作用为基础的同一过程。

所有的科学都证明，相互作用是"事物的真正的终极原因"[1]。无论自然界、生物界还是人类社会，其反映过程和信息过程，都依赖于相应性质的相互作用。它们分别以物理与化学的、机体与环境的、人与自然和社会的相互作用为基础。社会实践，是物质世界的相互作用的最高形式。因此，社会的反映过程和信息过程，也是它们的最高级的形式。

相关的信息过程与反映过程的同一性，最深刻的根源就在于，它们是同一个相互作用过程的特殊产物，并发生依存关系。信息的产生和传输，是信宿对信源反映的结果。申农说，"通信的基本问题是在通信的一端精确地或近似地复现另一端所挑选的消息"[2]。这里所讲的"复现"，其实质就是指信宿对信源的反映。无机的自然界中，反映过程和信息过程没有调节控制功能，其内容也无法译解和利用。而在生命系统（包括人类）和人工控制系统中，反映和信息起了质变，有了调控功能。它们在实现

---

[1] 《马克思恩格斯全集》第20卷，人民出版社1971年版，第574页。
[2] C. E. 申农：《通信的数学理论》，见《信息论理论基础》，第1页。

这种功能时，就是凭借系统的反映能力，获取外界信息；并与原有信息加以比较、演算和选择，形成指令，交由"效应器官"去执行；还通过反映器官，获得反馈信息，校正或调整自己的行为，对环境作出适应性反应，实现控制目的，以保存和发展自己质的规定性、有序性。其间，无论是信息的加工、选择，还是作出合目的性的反应，都是以反映的选择性、相符性和能动性（当然水平不同）作为根据的。控制系统中的信息过程，是一种有序的、有选择性和合目的性的反映过程。

第三，信息和反映的内容，都具有异己性和表征性。

信息和反映，都是物质系统的关系属性，而不是一种实体性的因素。当反映和信息，被相互作用从原型（或信源）"引渡"到他物身上之后，就是原型（或信源）特征的非实体性的"异化"。反映者和信息载体，都是纳他物特征于自身的矛盾统一体。因而，反映和信息对于反映者或载体，也具有异己性和表征性①。反映和信息，在内容上并不表征它们的载体状态或获得者，而是表征原型（或信源）的特征。这种"是己而非己"的矛盾，体现了反映和信息的双重的依赖性而形成的双重的相对独立性。于是，信息才能离开信源，被传输、复制和再现，反映的产物才能在一定条件下，从反映者内部活跃起来，产生反映的能动性，并获得加工、选择信息，实现调节控制的功能。

由是观之，信息与反映的密切联系，是客观和内在的。它们根源于物质的本性之中，并具有共同的本质特征和类似的现象形态。

---

① 参阅张宁刚、刘海波《人工智能的认识论问题》，人民出版社1984年版，第260—272页。

三 信息具有反映的本质

信息和反映的内在联系,即本质上的同一性,表明信息过程实质上是一反映过程。信息过程依存于反映过程。没有反映,也就没有信息。那么,信息和反映发生联系的机制是什么?为何是信息依存于反映,而不是相反呢?

由于物质和能量在时—空中分布的不均匀性,由于物质世界合乎规律的运动、发展、飞跃和演化,造成了世界的组织性、有序性,以及多样性。它们既有向上的演进和发展,又有向下的退化和循环。有序和无序,组织性和紊乱性,多样性和均匀性,是互为条件、互相依存的。耗散结构理论、协同学和超循环理论都证明,"无序是有序之源"。它们的转化带有必然性。物质世界从低级向高级、从简单向复杂的发展,是占主导的和基本的趋势。因而世界的组织性、有序性,即多样性,是不断向前发展的。

物质世界的多样性(包括形态、性质、关系和过程等)是产生信息的基础和泉源[①]。但是物质世界自在的多样性本身,还不是信息。信息的产生,要以反映和反映的选择性作为中介。信息是对多样性的限制和反映。任何具体事物都是多样性的统一。事物自在的多样性,包含着不确定性、差异性和变动性。它们只是信息的基础和源泉。它们要经过反映和反映的选择性的筛选、过滤和映射,才能转化为信息,即在他物身上转化为多样性中的一种或若干种特征之非实体性的"异在"、分有和表征。如果我

[①] 艾什比最先把"信息"与"多样性"联系起来考察,他把信息的基础归结为"一组有区别的元素"(参见《控制论导论》,科学出版社1980年版,第124页)。

们把反映对象的自在的多样性本身,视为信息,那么信息与多样性就没有分化、没有筛选和过滤。这仍旧是对象本身,也就根本不能区分信源和信息。所以究其实,任何信息都是对被反映对象(即信源)的多样性的限制和反映的统一。

信息就其功能而言,可分为非控制的自然信息和控制信息两类。自然信息是非生物自然界反映的产物。在这里,自然物的多样性,被物理与化学形式的反映和反映的选择性所过滤、筛选及映射,成为在宇宙空间中飘逸和消散着的自然信息。控制信息中的生物遗传信息,形式上是四种核苷酸之有序组合。但是其可能的组合具有无限多样的不确定性。只是通过机体对环境的反映,并通过自然选择,使组合的多样性受到限制,造成一些无序的或不合理的组合(即对应的物种和个体)被淘汰,才使一些体现生物进化方向之有序的组合(即对应的物种和个体)得以保存和发展。同样,生物和人工控制系统从外界获得的信息,也是借助于"感觉器官"的反映能力和选择功能,从对环境对象的多样性之限制和反映中产生的。然后,它们被传输到中枢部分,经过存取、比较和演算,即进行再反映和再选择,才成为控制信息的。所不同的是,由于系统组织水平和反映能力的差异,它们分别取物理的、生理的、心理的和观念的形态。

例如,人的视觉信息,是凭借视网膜和视觉中枢的反映能力与选择机制,从周围电磁波的多样性中,大约只析取了千万分之一的成分,经过逐级反映和加工而成的。而其余绝大部分,则被过滤、限制和遗弃了。人的感觉映象中的信息,是感官和大脑对外部对象的多样性所作的第一级的限制和反映。而思维活动,则是大脑运用语言工具,对原型的多样性所作的第二级的限制和反映。在这里,抽象思维能力扬弃和限制了感觉映象中的丰富性和直观性(多样性),使认识"贫乏化"、"粗糙化"和"简单化"，以便让隐匿其中的内在的关系、属性和本质显现出来，变现象联系为逻辑联系，从而才可能上升为理性认识。大脑的反映能力、原有的知识结构和社会的倾向性，使信息获得了观念的形态和社会的属性。

由此表明，反映和反映的选择机制，是由物质世界自在的多样性向信息转化的中介。高级的信息类型的出现，要取决于系统组织结构和反映能力的历史性的飞跃和发展。一切类型的信息，都具有反映的本质。

信息与反映有着本质上的同一性。但这并不意味着它们完全是同一的东西。我们不能用信息来取代、贬斥反映，也不能把信息与反映混为一谈。它们在内容上是有差别的。

其一，转化为信息的并不是任何反映，而是反映过程的某些环节上的产物。在信息产生、传输和存取等过程中，表现为信源和信宿的两极对立。在接近信源一端，受反映机制限制和反映了的信源多样性的某些成分，可以转化为信息。而在信宿一端，信息通过相应的反映形式重现出来。但在介于这两者之间的信道中，反映过程则只传递而不转化为信息。其中，反映的相符性，保障着信号形态的同构变换。因此，信息在由一种质态的编码信号转换与另一种质态的编码信号时，除去增熵趋势造成的信号畸变以外，信息的"质—量"不会有损。

其二，转化为信息的也不是反映所包括的全部内容，而只是其中被限制和反映了的多样性和差异性。诚然，反映的全部内容也是对原型多样性的限制和选择。但是，信息在内容上还包含着对信宿的相对性。凡是已为信宿或反映的主体所预知的东西，其信息量都等于零，因而不成其为信息。信息是体现于反映结果中的有差别的、非同一的和新颖的东西。

反映和信息内容上的这种差异，表现为理论形态上的差异。

正因为信息表征的是被反映过程限制和反映了信源的多样性，相对于信宿或主体"知识状态"的差异性，所以它把对象的随机性或不确定性，提到了首位。据此，信息论把事件的不确定性抽象为数学模式，作定量的描述和形式化的处理。因此，信息概念是对反映过程中一个可量化的侧面的概括。而一切反映过程，是对原型的现象和本质、必然性和偶然性、差别性和同一性的整体性的再现，所以难于量化。这是只有"信息量"而无"反映量"的原因所在。信息概念，从一个侧面深化了反映范畴。运用信息的观点和方法，可以对反映过程作定量的描述。

必须指出，反映范畴也具有信息概念所不可替代的理论内容。首先，反映范畴鲜明地显示了反映的产物相对原型的派生性，物质相对于意识的根源性。而信息概念并没有明显地显示出其内容的表征性。尽管经过信息加工，可以在人脑中产生观念信息。但信息论中没有恰当的概念，用以表征信息的这种质上的飞跃。其次，反映范畴包含着发展的思想。它可以借助诸如"反映形式"的概念（如非生物界初级的反映形式、生物的生理的反映形式，以及感觉、知觉、表象和意识形态等），来阐述反映发展的历史过程。这在信息科学的理论体系中，并无对应物。再次，反映范畴还包含着能力的表征。它可以凭借"物质普遍的反映特性"、"刺激感应性"、"感受性"和抽象思维能力等种种概念，来表征处于进化阶梯中的反映能力的发展，并通过对贯串其中的反映的选择性、相符性、能动性，以及对生物活动方式之历史发展的阐明，以揭示各种不同质的系统何以有不同的反映能力。虽然在信息论和控制论中，也讲信息的加工、存取、组合、选择和利用，可是，它们的理论重点，是将机器类比于人和生物，揭示其中信息过程和控制过程的同一性，从而为技术设计和应用奠定理论基础。至于不同组织水平的控制系统何以具有不同质的控制调节功能，信息因何能被加工为不同质的类型，并没有也不能期望它们作出回答。

因此，反映范畴和信息概念，并不是互不相容、互相排斥和截然对立的。它们在理论上各有重点，各有取舍，并且互相印证，互为补充，相得益彰。反映范畴在内容上更带根本性和普遍性。它为理解信息的普遍本质提供了哲学方法论的基础。而信息概念因其同自然科学的密切联系，并有较精确的数学描述，就更带有实用性。将信息观点和信息方法用于分析反映过程，可以使反映论现代化和精确化。

综上所述，信息和反映，在物质系统的一切结构水平上，都有对应和依存关系。如果试图对认识定义进行哲学反思，就只能努力寻找反映与信息辩证结合的途径。企图轻率地摒弃反映范畴，另辟蹊径，并不是一种有科学根据的明智的选择。

（原载《哲学研究》1986年第8期）

全民所有制的经济结构分析和新型经济体制的理论基础

党的十二届三中全会通过的《关于经济体制改革的决定》（以下简称为《决定》），为经济体制改革和具有中国特色的社会主义新型经济体制的建立，制定了宏伟的蓝图。按照笔者的学习体会，《决定》对新型经济体制的总体结构的设计，就是要将中央集权型的产品生产和商品生产并存的计划经济体制，改造为国家和企业适当分权的有计划的商品经济体制，以促进社会生产力的发展。

全民所有制的结构分析

社会主义的一定的经济体制，作为一种静态关系，它是社会主义生产关系的具体形式；作为一种动态关系，它又是社会主义的生产、交换、消费和分配过程的运行机制。因此，社会主义社会的一定的经济体制的选择和变革的客观必然性，存在于社会生产力的发展要求以及它同生产关系的矛盾运动之中。历史唯物主义关于社会基本矛盾的理论，无疑地能够为社会主义一定的经济体制的选择和变革，提供方法论的指导和哲学上的说明。但是，社会主义一定的经济体制的理论基础，仅有哲学上的一般说明是不够的，它更直接地依赖于基于这一理论对社会主义所有制关系所作的结构分析。

大家知道，中央集权型的产品生产和商品生产并存的计划经济体制，有其理论基础。这就是，斯大林依据马克思和列宁的若干论述，所提出的关于社会主义社会生产资料的所有制结构及其内部结构的理论。马克思曾经设想，未来社会的生产资料应是单一的全民所有制的结构。① 进而，列宁在《国家与革命》中，把这种单一的全民所有制的内部结构，设想为似乎只有一个经营管理层次和一个分配层次的、没有商品生产和商品交换的国家"辛迪加"。此后，斯大林把这种国家"辛迪加"的模式，与当时苏联社会业已成为现实的两种所有制（国家所有制和集体所有制）并存的经济结构加以综合，衍生出了商品生产与商品"外壳"（即与产品生产并存）的理论。

很显然，我们正在改革中探索建立的社会主义新型的经济体制，不能从斯大林的这种理论中获得充分的理论立足点，但是能够从中得到方法论上的启迪。在新的情况下，必须遵循马克思的基本原理，依据改革的实践经验，作出新的理论概括。如果说，当年斯大林根据两种所有制的结构分析，论证了商品生产在社会主义社会的一定范围内存在的必要性，从而发展了马克思主义的话，那么，我们由此得到一种启示：有计划商品

---

① 马克思和恩格斯虽然提出过，当时"在西欧大陆各国那样农民甚至多少还占据多数的地方"，无产阶级革命"一开始就应当促进土地私有制向集体所有制过渡"；他们也"从来没有怀疑过"，"在向完全的共产主义经济过渡时……必须大规模地采取合作生产作为中间环节"。但是，据笔者理解，前者是指建立未来社会的经济关系的"过渡"形式；后者则仍然要求"社会（即首先是国家）保持对生产资料的所有权"。[参阅《马克思恩格斯选集》第 2 卷，人民出版社 1972 年版，第 634—635 页；《马克思恩格斯全集》第 36 卷，人民出版社中文第一版，第 416 页。]

经济体制的理论基础，还应该立足于社会主义全民所有制的内部结构关系之中。

《决定》指出，"增强企业的活力，特别是增强全民所有制的大、中型企业的活力，是以城市为重点的整个经济体制改革的中心环节"。而"围绕这个中心环节"，"确立国家和企业、企业和职工这两方面的正确关系，是以城市为重点的整个经济体制改革的本质内容和基本要求"。确立国家和企业的正确关系，就是"要使企业真正成为相对独立的经济实体，成为自主经营、自负盈亏的社会主义商品生产者和经营者，具有自我改造和自我发展的能力，成为具有一定权利和义务的法人"；确立企业和职工的正确关系，就是要从体制上"保证劳动者在企业中的主人翁地位"，"劳动者的积极性、智慧和创造力就能充分地发挥出来"。

笔者认为，《决定》对企业，特别是对全民所有制企业作为"相对独立的经济实体"，作为"自主经营、自负盈亏的社会主义商品生产者和经营者"地位之确认，以及它对劳动者在企业中主人翁地位的阐述，是基于对社会主义所有制关系的内部结构的辩证理解，而作出的科学论断。这是群众性的改革的实践经验的理论结晶，也包含着对斯大林关于社会主义全民所有制内部结构的理论的新发展。

事实上，社会主义社会中占主导地位的经济关系，即全民所有制的经济关系本身，有着比国家"辛迪加"远为复杂的结构。马克思在《资本论》中，对资本主义私有制的发生、发展和灭亡的辩证过程，对取代它的社会主义公有制的结构特征，作过精辟的概括。马克思写道："从资本主义生产方式产生的资本主义占有方式，从而资本主义私有制，是对个人的、以自己劳动为基础的私有制的第一个否定。但资本主义生产由于过程的必然性，造成了对自身的否定。这是否定的否定。这种否定不是重新建立私有制，而是在资本主义时代的成就的基础上，也就是说，在协作和对土地及靠劳动本身生产的生产资料的共同占有的基础上，重新建立个人所有制。"① 关于马克思讲的"重新建立个人所有制"，历来学术界都把它解释为生活消费品的个人私有。近几年来，有些同志对这种传统的解释，提出了异议和作了新的理论探讨。认为这里所谓的"个人所有制"应"是对生产资料而言的"，这和"对土地及靠劳动本身生产的生产资料的共同占有"一样，说的"同是生产资料所有制。综合起来就是一种公有制基础上的个人所有制"②。笔者认为，这种新的解释是有理由的。

其实，在未来社会（包括社会主义和共产主义社会）中，由联合起来的劳动者个人占有生产资料，是马克思主义创始人的一贯思想。在《共产党宣言》中，马克思和恩格斯主张，"把资本变为社会全体成员的财产"，把"全部生产集中在联合起来的个人手里"③。在《法兰西内战》一书中，马克思赞赏巴黎公社"曾想把现在主要用作奴役和剥削劳动的工具的生产资料、土地和资本变成自由集体劳动的工具，以实现个人的所有权"④。马克思这里讲的"把全部生产集中在联合起来的个人手里"和把生产资料变成"自由集体劳动的工具，以实现个人的所有权"，与在《资本论》中讲的在生产资料"共同占有的基础上，重新建立个人所有制"，是同一个意思。这就是说，他所认为的未来社会的公有制，是全民（"自由集体"）所有和个人所有的辩证

---

① 马克思：《资本论》第1卷，人民出版社1975版，第832页。
② 《经济理论和经济管理》1983年第6期。
③ 《马克思恩格斯选集》第1卷，人民出版社1972年版，第266、273页。
④ 《马克思恩格斯选集》第2卷，人民出版社1972年版，第378页。

联结。作为资本主义私有制的扬弃和对立物的公有制的这种结构特征，不能仅仅看做是马克思合乎逻辑的理论预言，而是有其深刻的现实根源的。

众所周知，社会主义公有制取代资本主义私有制，是社会化大生产的客观的必然要求。生产的社会化，要求剥夺资本家对生产资料的私人占有，而由全社会"共同占有"，由此造成社会对生产和流通过程进行自觉的宏观调节的前提，以克服资本主义生产方式内不可调和的矛盾及其对社会生产力的破坏作用，生产的社会化还要求改变劳动者被奴役、被剥削的地位和与生产资料相分离的状况，实现劳动者和劳动条件的直接的结合，使联合起来的劳动者个人成为积极的和能动的主体。质言之，资本家的对于劳动者"**异己的所有制**，只有通过他的所有制改造为非孤立的单独个人的所有制，也就是改造为**联合起来的社会个人**的所有制，才可能被消灭"①。马克思关于未来的公有制的结构特征的科学预言，正好满足了上述要求：对于生产资料的全民所有或"共同占有"，满足了第一条要求，并包含着实现第二条要求的现实前提；而在这种"共同占有的基础上"的"重新建立个人所有制"或"**联合起来的社会个人**的所有制"，则保障了第二条要求的真正实现。

我国社会主义公有制，特别是生产资料的全民所有制的建立，是马克思上述思想的伟大实践。在这里，对生产资料的全民所有制的"共同占有"和"个人所有"，是统一和完整的社会主义公有制在属性结构上的辩证统一。"共同占有"（或全民所有）与"个人所有"，似乎是互斥和矛盾的，实则它们二者是相辅相成的。我们不能把属性上的剖析，理解为对生产资料作数量上和

---

① 《马克思恩格斯全集》第48卷，人民出版社1985年版，第21页。

空间上的分割。当然，社会主义全民所有制的这种所有关系上的二重性，不是一种亦此亦彼，平行折中的关系，而是绝对和相对，基础和派生，服从和被服从的关系。在它们的关系结构中，"共同占有"或全民所有是其基础和本质，因而是绝对的，而全民企业的每个职工对于与之直接结合的生产资料的"个人所有"，则是前者派生的形式，因而是相对的。没有绝对的全民所有这个基础，就根本不存在劳动者相对的"个人所有"。然而，绝对的全民所有，并不是一种抽象的、虚幻的存在，它规定和制约着具体的和相对的"个人所有"。只有当全民的绝对所有，体现为劳动者个人的相对所有，才能使劳动者与一定的生产资料实现直接的结合，从而使劳动者以一位主人的身份，去直接占有、支配和使用一定的生产资料。毛泽东曾经说过："我们不能把人民的权利问题了解为人民只能在某些人的管理的下面享受劳动……的权利。劳动人民对生产资料以全民绝对所有为基础的个人的相对所有，是劳动者享有具体的劳动权利和管理权利的基本依据。"

不过，这种相对的所有权，要受到社会的基础性的和普遍性的经济关系及生产力发展水平的双重制约。一方面，相对于全民所有或"共同占有"的普遍的经济关系，它处于依存和服从的地位；另一方面，它要以社会生产力一定发展阶段的分工规律为依据。依据社会生产过程分工的需要，这种相对的所有权是流动的、可变的。目前，由于社会分工而作为集体经济的主体的劳动者，尽管他们可能享有，但实际上并不现实地享有对于某个具体全民所有制企业的这种相对的所有权。他们的相对所有权，在他们活动于其中的集体经济中得到相应的规定。因此，劳动者个人对于一定的生产资料的相对所有权，是由一定的劳动方式，即由分工的规律划界的。一旦作为劳动方式的旧式分工消失了，相对所有权的这种界限也就随着消失了。

一定的劳动方式决定了一定的权利结构，而一定的权利结构又是一定的劳动方式的保障。全体劳动者对全民财产的绝对所有，和个人对一定的生产资料的相对所有的权利，是实现其"自主的联合劳动"的保障。自主的或自由的劳动之本质规定，是劳动者和劳动者集体对生产资料的某种所有权和使用权的统一，从而使劳动、劳动的产品为劳动者和劳动者集体，以及整个社会的目的服务。社会主义的自主劳动，是联合起来的劳动者个人对于生产资料的绝对所有权和相对所有权的转化形式。它能够充分发挥劳动者个人的积极性、创造性和主动性。只有这样"自主活动才同物质生活一致起来"①，社会化生产的必然结果，是生产力和交往方式的普遍性。社会主义社会的劳动者的自主活动，要"适应生产力和交往的普遍性"，"个人必须占有生产力的总和"。而要实现这种占有，孤立的个人活动是无法实现的，"只有通过联合才能得到实现"，即自主活动必须是通过集体的具体的联合劳动。这里讲的集体，即马克思所说的那种"自由的集体"，也是有结构的。它是由若干行业、经济组织和企业组成的社会结构系统。其中，国家"辛迪加"和从事具体生产经营的企业，是两层基本的结构。社会主义企业，是自主劳动和联合劳动的枢纽和统一体。它是具有对外代表国家利益，对内代表劳动者个人的集体利益的双重身份的相对独立的经济实体。

斯大林关于社会主义全民所有制内部结构的理论，突出了全民所有的绝对性一面，而忽视了联合起来的劳动者个人相对所有的一面。把全民经济视为国家"辛迪加"，可以加强社会

---

① 《马克思恩格斯选集》第1卷，人民出版社1972年版，第75页。

统一的组织管理和宏观的计划调节，这无疑是正确的和必要的。但是，如果因此忽视了劳动者个人及其企业作为自主的联合劳动的能动的主体地位的话，那样在事实上，也就不可能真正尊重劳动者个人及其企业在公共利益基础上的相对独立的利益。于是就容易产生一种错觉，似乎社会主义公有制不是实现联合起来的劳动者个人所有权的根本前提，而是超越每个成员之上的一种抽象，因而使一些人怀有一种变态的心理："大家都是主人，大家也都不是主人。"这种变态心理，是产生经营管理上的不负责任的官僚主义，以权谋私，和生产上消极怠工，不讲效率的一种思想根源。

笔者认为，关于社会主义全民所有制的二重性的结构分析的观点，能够克服上述的片面性。它既强调了全体社会成员对生产资料共同所有的绝对性的一面，又承认联合起来的劳动者个人对于直接所使用的生产资料有相对所有的一面。既强调了社会主义经济所必需的集中统一，又承认劳动者个人及其企业对于所属的生产资料的相对独立的占有权、支配权和使用权，承认企业作为国家和劳动者集体的利益的代表的二重身份，并指明后者对前者，局部对全局的服从关系。这样，既在全体上保证了整个国民经济的统一性，又在局部上保证了各个企业生产经营的多样性、灵活性和进取性，不但不会削弱而且只会巩固和完善社会主义的全民所有制。因此，关于全民所有制的属性结构的分析，不仅不会给那些置国家、全局和长远利益于不顾，而一味地片面地强调本地区、本部门和本单位的狭隘利益的所谓"地区所有制"，"部门所有制"和"单位所有制"的人，提供任何理论根据，相反地，它能够为正确地处理国家、集体和劳动者个人三者的利益关系，提供理论的解释，能够对于目前经济体制的改革，给予一定的进一步的理论上的说明。

内在联系的探索

全民所有制的二重性、企业的二重身份与其经营管理的两层结构，企业间的商品交换和贯彻"按劳分配"的两级体制，具有内在的联系。

（一）全民所有制的二重性和经营管理的两层结构

我国从农村开始的经济体制改革，是实践上的一项重大创造，是对所有制关系和经营管理方式的正确处理。如何说明所有权和经营管理权的辩证联结，是阐明体制改革的一个理论上的难点。《决定》在这个问题上有了理论上的突破和发展。它明确地肯定："根据马克思主义的理论和社会主义的实践，所有权和经营权是可以适当分开的。"这是完全正确的，它是对经济体制改革的实践经验的科学的总结。可是我们有些同志在总结这方面的经验时，似乎走得远了点。例如，有的同志说："农村改革的基本经验就在于把所有权和经营权分开，这是辩证唯物主义在经济关系上的具体运用。完全适用于城市和工商业各部门的改革。"[①]还有同志认为，"全民所有制生产资料的所有权和支配权、使用权的分离，使企业享有相对独立的经济权力和负有一定的经济责任"[②]。《决定》在这个问题上的提法，较之于有些同志的有关观点，虽然只在"分开"之前加了"适当"二字，但这决不仅是提法的分寸问题，而是关系到对所有权和经营管理权的内在联系的理解问题。因为这些同志用所有权和经营权之不加限制的

---

① 1984年7月31日《人民日报》。
② 《财贸经济》1984年第1期。

"分开"或"分离",来论证企业,特别是全民所有制企业扩权的根据,容易造成理论上的混乱和实践上的偏差。

笔者认为,生产资料的所有权和经营管理权(包括其占有权、支配权和使用权),是财产的所有关系及其实现的法律确认。严格说来,生产资料的所有权和经营管理权的完全分离,或不加限制地分开,只适用于私有者之间(如封建社会的个体农户和马尔克之间,资本主义大土地所有者和租地农场主之间),而不适用或不完全适用社会主义公有制的经济关系。社会主义公有制经济关系的基本特征就在于:在社会(即国家)的范围内,要逐步实现生产资料的所有权与占有权、支配权和使用权的统一或结合,以造成和完善对社会生产、分配和消费进行宏观的计划调节的直接的现实前提。有些同志把经济体制改革的基本经验,归结为所有权和经营权不加限制的"分离",其良好的愿望是企图说明我国改革了经营方式并非没有损害公有制,但是却从理论上否认了公有制存在的必然性和合理性。因此也就否认了社会主义国家从宏观上管理经济和组织社会生产的必要性,否认了社会主义公有制的所有权和经营管理权的内在联系,即前者向后者转化的辩证法。

在我国,全民所有制的全民的绝对所有权,是国家在宏观上实行统一的经济管理和计划调节的内在根据,而劳动者及其联合体(企业)对于自己所属的生产资料的相对所有权,则是企业扩大自主权和从事具体经营的内在根据。在这里,正确的提法只能如《决定》所言,"所有权和经营权是可以适当分开的"。因为企业相对于社会的局部的和微观的自主经营,就其财产的全民所有的性质而论,自然是一种"适当"的分离。但是这种适当的分离,基本上不是借助于私有意义上的租赁关系实现的,而是依据自身的内在联系的转化形式。由于社会生产过程和社会分工的经济必然性，社会主义全民企业的生产资料之所有权的二重性，分别转化为宏观的和微观的经营管理权。微观的经营管理，即企业在服从国家计划和管理的前提下，相对独立地对其经济活动的指挥、监督、运筹和决策，能够赋予企业以活力、生机、灵活性和应变能力，能够充分和有效地利用其生产资料和资金，不断提高企业的经济效益；而宏观的计划和管理，即国家对社会生产、流通、分配和消费所进行的组织、指导、控制和调节，又能把整个社会生产和其他的经济活动，连成一个统一的有机的整体。国家管理和企业经营的结合，统一的管理和分散经营的结合，既能驾驭社会生产和扩大再生产运行机制，做到宏观上重大比例的协调和综合的平衡，又能实现微观上的科学的管理，做到活劳动和物化劳动的节约；既能克服资本主义经济的无政府状态，实现统一的经济目标，又能充分地发挥企业和劳动者个人的主人翁的作用，调动其积极性、主动性和创造性。因此，两层的经营管理结构，根植于全民所有制内在的关系结构，是《决定》所设计的实现"自主联合劳动"的最佳的经营管理模式。

实际情况也正是这样。过去我们所实现的主要是一个层次的经营管理，国家对企业统得过多过死，使企业成了国家行政机关的附属物。以国家为主体的一层经营，抹杀了全民所有制的二重性，不利于"自主联合劳动"的真正实现。在经济体制改革中，适应生产力发展的客观要求和根据所有制内在的关系结构，变经营管理的一层结构为两层结构，使企业和劳动者个人明确了自己的责任和权利，因而使生产已经发生了并将继续发生奇迹般的变化。农村的专业承包、联产计酬责任制，发挥了家庭分散经营的优势。但是，它并不排斥集体经济的统一经营管理，而是以集体经济为依托的。社员个人和集体签订的承包合同，不是私有制下转让占有权和使用权的租佃关系，而是公有制下联系局部和整体、生产和分配的新型关系。并且随着生产力的发展和商品经济的繁荣，家庭的分散经营势必要逐步发展到各种不同形式的经济联合。目前大量集体的乡镇企业和农村其他经济联合体的出现与发展，就预示了这一点。同样，城市企业扩大自主权，实行政企职责分开，使企业实行相对独立的自主经营，企业因此获得了自我改造和自我发展的活力。然而，它绝对不排斥国家在宏观上的统一管理和计划调节，反而是以此为前提的。在实行利改税的第二步改革之后，国家对企业的税收关系，在本质上不同于剥削阶级国家对社会征收赋税的行政职能，而主要是国家作为全民所有制的代表，所实行的积累和分配的经济职能。这就是说，在经济体制改革中，我们既要坚决地实行政企职责分开，国家应力图少用行政干预的办法，而要多用经济杠杆来组织生产和管理经济。但是它不是要取消而是要改善国家的经济职能，即国家要集中主要精力去从事符合经济规律和全局利益的宏观的经济决策、计划调节、价值管理、效益考核和协调服务，等等。

总之，无论是从宏观还从微观着眼，无论是就全民所有制的全民的绝对所有，还是就劳动者个人及其集体的相对所有而言，经济体制改革不是要实行所有权和经营权的不加限制的分离，而是它们的适当的分离，即全民所有制的二重所有向两层经营管理结构的转化。

（二）全民所有制的二重性和它的企业间的商品交换

全民所有制企业，作为只有相对所有权的劳动者个人的集体，作为经营管理的一个层次的主体，形成了它的相对独立的商品生产者和经营者的地位。而斯大林关于商品生产和商品外壳并存的理论，作为全民所有制之一重所有和一层经营的逻辑归宿，对于社会主义商品经济的态度，必然是矛盾的：既要利用又要限制商品生产，既要利用又要限制价值规律的作用，并且总要把社会主义计划经济和社会主义商品经济作对立的理解。所以，它在实践中总是无视企业作为相对独立的商品生产者和经营者的地位，总是力图使国民经济尽快地转向产品经济的，而在生产力不发达的情况下实际上是要恢复到封闭的自然经济的轨道。这样，就势必要阻滞商品生产的发展，妨碍社会主义生产方式优越性的发挥和人民生活的较快改善。

《决定》在这个问题上，也突破和发展了斯大林的理论。它突破了把计划经济和商品经济对立起来的传统观念，确认"社会主义计划经济必须自觉地依据和运用价值规律，是在公有制基础上的有计划的商品经济"。按照笔者的理解，社会主义的商品生产，不是作为生产关系而是作为劳动方式的商品生产。这种商品生产和商品经济的充分发展，是社会的不可逾越的阶段。在这里不存在需要"限制"的问题。这种有计划的商品经济和资本主义商品经济的区别，不在于价值规律是否存在和是否发挥作用的问题，而在于所有制的不同，在于剥削阶级是否存在，在于劳动人民是否当家做主，在于为什么生产目的服务，在于能否在全社会的规模上自觉地运用价值规律，还在于商品关系范围的不同。在我国社会主义条件下，劳动力不是商品，土地、矿山、银行、铁路等一切国有企业和资源也都不是商品。社会主义商品生产、商品交换在所有权上基本的经济依据，既取决于两种公有制（全民的和集体的所有制）的区别，而且也取决于同一种公有制内部基于生产力发展水平的关系结构。

例如，在目前全民所有制内部，由于不同质的劳动（如简单劳动和复杂劳动）和相对所有权的存在，由于劳动仍然是谋生的手段，所以要实行等量劳动和等量劳动相交换的原则，就不能借助于产品交换来实现。因为单凭经验无法确定这两种劳动的比例关系,只能通过特殊形态的商品交换,即由企业劳动转化为社会劳动来实现。这种商品交换的特殊性,不只在于劳动力不是商品,因为在小商品生产中劳动力同样也不是商品;而尤其在于国有企业的劳动产品作为商品在它们之间交换时,不是完整意义上的权利转让。在全民的绝对所有权和宏观的计划调节和经营管理权的意义上,这种交换行为不发生实质的权利转让,而在相对所有权和微观的经营管理权的意义上,企业间则让渡了相应的权利。这种权利的不完全的出让,能够保证生产资料在企业间合理地配置和必要的流动,能够有助于生产资料的充分利用和节约。它既维护了国家的即全民的利益,符合当前生产力发展的水平,又维护了劳动者个人及其劳动集体(企业)应得的利益。仅仅有经营管理权(包括占有权,支配权和使用权),而没有某种意义上的所有权的转让,谈论商品交换是不可思议的。这样只能求助于商品外壳的理论。在笔者看来,绝对所有权和相对所有权的划分,旧式分工即不同质的劳动的存在和等量劳动与等量劳动相交换的原则这三个因素的结合,是社会主义国有企业之间存在商品交换的内在根据。将来,我们的社会生产力极大地发展了,旧式的社会分工消失了,劳动产品直接实行按劳或按需分配了,才无须凭借任何意义上的所有权来支配劳动的产品,因而商品生产和商品交换也就失去了存在的经济必然性。

(三) 全民所有制的二重性和贯彻"按劳分配"的两级体制

生产决定分配,生活消费品的任何一种分配,都取决于劳动条件的分配。既然我们的全民所有制企业具有二重的所有关系,需要实行两层结构的经营管理,那么它的分配体制,也应该是两级的。过去,我们实施的关于生活消费品的分配体制,它的弊端就是只有一个分配层次,即主要是用八级工资制这个固定模式,来硬套不同企业和不同的劳动者的千差万别的情况,平均主义严重,吃"大锅饭",挫伤了企业和劳动者生产经营的积极性。

众所周知,社会主义的分配原则是"各尽所能,按劳分配",即等量劳动领取等量的生活消费品。由于作为生活消费品的分配根据的劳动,不是一个恒量,而是一个因人因时而异的变量,所以分配的方式也应该是灵活的、可变的,而不能是僵死不变的。否则所谓"按劳分配",就是一句空话。恩格斯曾经指出过:"分配方式本质上毕竟要取决于可分配的产品的**数量**,而这个数量当然随着生产和社会组织的进步而改变,从而分配的方式也应该改变。"① 按照我们今天的理解,可用于分配的劳动产品的数量,应该是指社会产品的数量。由于生产的经营管理的两层结构,由于我们的社会主义经济仍然是一种商品经济,所以劳动者个人的劳动产品向社会产品的转化,要经过两个环节。即由个人劳动转化为企业劳动,再由企业劳动转化为社会劳动。国家所能计量和考核的,只能是企业劳动所提供的社会劳动。这是国家确定用于积累和分配的比例,实行消费品分配的宏观管理的基础。国家无法直接和具体地计量和考核劳动者个人所提供的企业劳动。因此,国家无法将"按劳分配"落实到劳动者个人。故而国家所能实现的分配层次,就只能主要根据对企业的价值管理,根据综合的经济平衡,在对企业劳动已转化为社会劳动的数额,作了社会扣除后,进而采用经济的或行政的手段来决定或控制调节企业的留利水平和工资奖励的总额。

诚然,国家对企业的分配关系,属于更为广泛的国民收入的分配范畴。但是国家对职工的生活消费品的分配,仍然必须实行必要的宏观的管理和调节的职能。国家对于分配方面的宏观的管

---

① 《马克思恩格斯选集》第4卷,人民出版社1972年版,第475页。

理调节和政策指导，是企业正确执行"按劳分配"原则的必要前提。然而，只有企业作为主体的第二个层次的分配，在正确地确定了企业的发展基金、福利基金与用于个人分配的数额比例之后，根据劳动者为企业提供的劳动的数量和质量，采取灵活的形式，把"按劳分配"落实到劳动者个人。《决定》指出，企业在服从国家计划和管理的前提下，"有权自行决定用工办法和工资奖励方式"。指的就是这个意思。考虑到，无论是在农业还是在工业劳动中，一切级差收益和其他非劳动收益，是由生产的客观条件，或由社会和集体的物化劳动所决定的。因此，它们不是由相应的企业及劳动者个人所独享，而应该按照"国家得大头，集体得中头，个人得小头"的原则来分配。只有这样，才能兼顾国家、企业和劳动者个人三者的利益，才能兼顾眼前和长远、局部和全局的利益。

总之，对职工分配生活消费品时贯彻"按劳分配"的两级体制，是全民所有制的二重所有在物质利益上的客观要求，是社会生产的经营管理的两层结构在分配上的继续，也是通过作为劳动方式的商品生产和商品交换，来实现劳动报酬上的等量劳动和等量劳动相交换的较好的方式。有计划的商品经济体制的理论基础，理应在社会主义全民所有制的二重性之结构分析中，得到自己的理论说明。

（原载《信息社会述评及其他》，中国政法大学
出版社 1987 年版）

评"真理多元论"[①]

"政治多元化"是近几年来颇为时髦的术语。一些所谓"社会精英"把它作为一面理论旗帜到处挥舞，简直成了他们向社会主义制度、向马克思主义理论挑战的法宝。而作为其认识论基础的，就是所谓"真理多元论"。

在我国理论界，"真理多元论"是打着"发展"马克思主义哲学的旗号，来肆意歪曲和攻击马克思主义哲学的。"真理多元论"者把辩证唯物主义物质观和能动的反映论，说成是"抽象的物质观"和"直观的、机械的、被动的反映论"；说其中的物质概念是"毫无规定性的"、机械论者的"上帝"；把能动的反映论中的"反映"概念，歪曲为只是"从经典光学那儿借用来的拟物式的比附"，并说"在这个基础上输入'能动性'概念，只是把主体作用的能动性降为不同曲率"。由此，他们要"扬弃"马克思主义哲学，要"改造真理一元论"，重构真理的"多重化"，即"真理多元论"。

"真理多元论"，在本质上是一种主观唯心主义的真理论。

[①] 以笔名吴戈、李征发表。

其矛头所向，直指真理的客观性。毛泽东在《新民主主义论》一文中曾指出："真理只有一个，而究竟谁发现了真理，不依照主观的夸张，而依靠客观的实践。只有千百万人民的革命实践，才是检验真理的尺度。"只要不抱偏见，就不难看出，这里所讲的绝不是真理的数目问题，而是强调真理的客观性及其实践检验。可是"真理多元论"者，却对马克思主义真理观加以曲解，说它是"以为科学能终极地、唯一地反映世界的幼稚观念"，并给它戴上"独断论一元真理观"的帽子。而他们则主张"真理多重化"，即"真理并非唯一，真理允许多重"，并要用"真理多元论"来取代"真理一元论"。

众所周知，马克思主义哲学是现代科学形态的辩证唯物主义的一元论。因而，它的真理观当然也是唯物辩证的一元论。这里的关键之点是对"元"如何理解。稍有哲学常识的人都知道，哲学上的"一元论"或"多元论"中的"元"，是指世界的本质、本原，即包罗万象的大千世界，其本质、本原究竟是什么，是最终统一于物质，还是统一于精神？也就是物质和精神何者为第一性的问题。不同的哲学家和哲学学派，其哲学的根本分野，最终不是唯物主义一元论，就是唯心主义一元论，而其他一些派别总要向上述两极倾斜，并以其为归宿。

辩证唯物主义认为，包括人类社会和精神现象在内的整个世界的统一性，就在于它们的物质性，因而是最彻底的唯物主义一元论。而它在其认识论中的贯彻和具体化，必然合乎逻辑地表现为唯物辩证的真理一元论。

在我们看来，这种真理一元论的基本含义，就是强调真理来源的唯一性，认识真理根本途径的唯一性，检验真理标准的唯一性。它们从各个侧面保证和体现为真理内容的客观性。即是说，真理作为人类认识中不依赖于主体的客观内容，只能来源于作为实践和认识对象的客体，只能通过社会实践才能够发现和认识。也只有在社会实践中才能验证和发展。由于认识对象的历史性变化，也由于主体人的实践水平和主体能力的不断提高，所以主体对客体本质和规律的能动反映与自觉把握，会不断扩展和深化，不断从相对真理趋近于绝对真理。因此，这种真理一元论，在实践的基础上，内在地确认真理的客观性与其反映性、能动性、历史性的具体统一。"真理多元论"者，之所以把这说成"独断论"，其要害就在于他们要千方百计地抹杀真理的客观性。

现在，就让我们剖析一下"真理多元论"赖以支撑的几条论据吧。

其一曰："没有真理本体"。它的宣扬者说，"客观事物本身无所谓真与假、对与错"，无论在真理来源还是在真理表述的意义上，谁也没有见过"真理本体"。这无非是说，真理并不存在本体论意义上的被反映的原型。

说"客观事物本身无所谓真与假、对与错"，这一点无可指责。然而关于客观事物及其规律的认识，难道也没有真假之别、对错之分吗？在这里，对错及对错程度的区别，就在于主体是否如实地，或是否在一定程度上反映了认识的对象，就在于作为观念形态的认识成果是否与客体相一致，也就是说，这里必须承认"本体"、"原型"的存在。如果抹杀了真理"本体"和"原型"的存在，那就无异于把真理当成单纯思维操作的产物。

借口"真理的内容与形式不可分割"，来否认真理内容的客观性，否认"本体"的存在，这也是站不住脚的。在这里，我们的"真理多元论"者可以说是对理性思维的特点一无所知。理性思维的基本特点之一，就是把现实中不可分割的东西，从观念上加以分解和综合。在现实中，虽然任何具体真理的内容和形式都是不可分割的，但是这并不妨碍真理本身是内容上的客观性

（即一元性）与其形式上的多样性的统一。尽管科学理论的结构和形态千差万别，但其中只要是揭示了事物本质联系的真理，最终都要统一在它的客观性上。也就是说，作为真理的唯一的本质规定性，就是它与自己的对象、与"本体"的某种一致或符合。正是在这一点上，真理是唯一的。

其二曰："任何真理都具有假设、构造的因素。"这条论据是前一条论据的自然引申。既然真理没有客观来源，不受已有的经验材料的限制，那它当然也就只能由认识主体凭借头脑中观念的旋转，来随意地加以"假设"和"构造"了。然而，真理毕竟不是任意雕刻的大理石，也不是供人随意捏搓的面团。即使是构造一种科学假说，也需要必要的经验材料和理论前提。没有直接或间接地来自客观世界的经验材料，任何假说都是构造不出来的。例如，关于基本粒子的坂田模型、八重态模式、夸克模型、层子模型及"弦"模型等，都是在总结一系列实验材料的基础上，而提出来的科学假说。更何况，假说就是假说，并不等于真理。只有经受住实践反复验证过的假说，才能称得上真理。例如，沃森和克里克提出的关于遗传基因的双螺旋结构模型，只有当它在分子遗传学的实验和生物工程中经受住检验之后，才被确认为是科学真理的。

其三曰："真理多元论"或"真理多重性的渊源之一在于它的价值因素"。我们的"真理多元论"者，表面上承认真理有两个评判原则，即"符合原则"和"效用原则"。但是，他们又说："由于概括经验现象的科学理论不能同本体相比较，所以所谓'与本体符合程度'无意义。在实际运用时，符合原则转换为效用原则。"两个原则，一个"无意义"，另一个主宰一切，这就是问题的要害之所在。显而易见，这种用利害关系来确认、取舍真理的主张，也就是实用主义的"有用即真理"所要表达的全部内容。"真理多元论"在这里变成了不折不扣的实用主义真理论,亦即主观唯心主义的真理论。

在马克思主义真理论看来,凡真理终归是有用的,但有用的不一定就是真理。真理的价值因素不是真理的本质规定,而是真理的认识论的和社会的功能。一种思想理论有无或有多大价值,首先取决于它是否具有真理性。而且,真理和价值在内容上有不同的指向,不能混为一谈。价值可以说是客体化了的主体性内容,而真理则是主体化了的客体性内容。因此,真理之为真理的本质规定,只能是主体认识与其认识对象的某种一致或符合。据此,用社会实践检验认识是否具有真理性,也就只能适用符合原则。而只有在真理的取舍、应用上,才适用效用原则。与此不同,实用主义却用作为真理的取舍、运用上的效用原则,来偷换确认真理的符合原则,并使之绝对化和唯一化。这就必然导致唯我论,导致把个人的好恶或主观愿望的满足与否,即把"实践"的成功与否,视为个人所需要的一切。列宁说得好:"在唯物主义者看来,人类实践的'成功'证明我们的表象和我们所感知的事物的客观本性的符合。在唯我论者看来,'成功'是**我在实践中**所需要的一切……"① 在这一点上,也充分体现了实用主义"真理多元论"与辩证唯物主义的真理一元论的深刻区别和根本对立。

不仅如此,"真理多元论"的失足,还由于它割裂了真理的绝对性与相对性的统一,把真理绝对化,从而根本抛弃了真理的辩证法。抱有这种论调者说,"在这里,我们不引入'绝对真理'这一概念。……若穷究'绝对真理'的底蕴,我们遇到的只是对它的信仰,正如康德的'自在之物'"。说"'任何真理既

---

① 《列宁选集》第2卷,人民出版社1972年版,第139页。

是绝对的,又是相对的'就是这类信息量等于零的命题"。惟其真理纯然是相对的,才能说成是多元的。"真理多元论"者,就是这样露骨地宣扬相对主义,肆意糟蹋真理的辩证法。

众所周知,"绝对真理"是马克思主义真理论中的一个重要概念。把绝对真理视为认识对客观世界及其多级本质之完全的、无条件的和绝对正确的反映,是人类理性思维的最高目标。虽然,思维的这种至上性只能在人类无穷的世代延续的序列中逐步趋于实现,但是,它绝不是与现实人类的认识活动无涉的。在任何具体的相对真理中,都包含有绝对真理的颗粒或成分,包含有永远推翻不了的客观内容。即使是为"真理多元论"者所津津乐道的"对应原理",也表明被取代的旧理论会作为新理论,而包容于新体系之中。这种情况,不是推翻了而是进一步证明了列宁在《唯物主义和经验批判主义》一书中所作出的这样的论断:"当一个唯物主义者,就要承认感官给我们揭示的客观真理。承认客观的即不依赖于人和人类的真理,也就是这样或那样地承认绝对真理。"[①]

人类的思维发展史表明,从相对真理不断趋向绝对真理,是人类在认识大道上行进的现实过程。如果从真理论中排除了"绝对真理"这种概念,不仅人类世代不断发展和深化的理性思维失去了由以趋赴的理性目标,也无法阐明人类认识不断上升和前进的矛盾运动,即无法阐明真理的辩证发展。相对真理与绝对真理、真理的相对性与绝对性的关系,是真理的辩证法的基本内容和精髓。说这种辩证关系的"信息量等于零"的人,大概他们的对真理辩证法的知识也等于零。而否认绝对真理的存在,否认相对真理中包含有绝对性,并把真理的相对性作绝对化的吹

[①] 《列宁选集》第2卷,人民出版社1972年版,第132页。

胀,则是典型的相对主义。在这一点上,也充分暴露出"真理多元论"不过是西方认识论中的相对主义思潮在中国的反映而已。

总之,"真理多元论"在世界观和方法论上既背弃了唯物主义——归宗于实用主义和唯我论,又通过相对主义歪曲了真理的辩证法,而与形而上学合流。"真理多元论"与辩证唯物主义的"真理一元论",是两种根本对立的真理观。

(原载 1989 年 10 月 2 日《光明日报》)

评"超越哲学"
——评所谓"对唯物论和唯心论对立的超越"[①]

在马克思主义哲学体系中,实践观无疑地占有极其重要的地位。这些年来,我国哲学界关于"实践"范畴的研讨和阐发,有助于哲学理论的深化和发展。这些应予充分肯定。然而,近年来在"实践热"中,也出现了一种极端倾向,这就是把实践范畴片面地、夸大地、过分地吹胀为"脱离了物质,脱离了自然的、神化了的绝对"(列宁语)。于是从中引申出了什么"实践一元论"、"实践本体论"和"实践的人本主义"等名目。更有甚者,有的学者甚至断言:"马克思主义哲学再也不能被容纳于传统的唯物论与唯心论派别对立的模式,既不能从唯心论观点去理解它,也不能从唯物论观点去理解它,马克思主义哲学诞生的秘密、变革的实质,恰恰就在于对唯物论和唯心论对立的超越。"[②] 还有学者说,把马克思主义哲学称为"实践的、辩证的、历史的唯物主义都不符合马克思的真实思想"。因为,据说马克

[①] 此文原用笔名李征发表。
[②] 见《哲学动态》1989年第1期,第4页;《时代论评》创刊号:《重新评价唯物论唯心论的对立》一文。

思主义哲学"不能归结为唯物主义的一种形态"①。

诚然,这些观点是作者的一种探索,但是上述观点显然失之偏颇。笔者认为,这些论者与其说是在寻觅马克思主义哲学失落了的"实质",毋宁说,他们是在恢复马克思哲学"本来面目"的掩饰下,通过把实践范畴"中性化",来构造自己的、企图凌驾于唯物主义和唯心主义之上的"超越哲学"。如同形形色色的实证主义和其他"中派"哲学一样,它的归宿只能是哲学唯心主义。

一

从"思想自由"的意义上说,每位哲学家都可以有自己的哲学见解或哲学体系。但是,一个研究马克思主义哲学的学者,却无权曲解马克思主义。说"马克思主义哲学诞生的秘密、变革的实质,恰恰就在于对唯物论和唯心论对立的超越",这恰恰是对马克思主义哲学的严重曲解。

事实上,马克思主义哲学诞生的秘密,变革的实质,并不是超越唯物论和唯心论的对立,而是以科学的实践观为理论支点,实现了彻底的唯物主义与"革命的"辩证法、辩证唯物主义与历史唯物主义的内在统一,从而"发展了唯物主义,向前推进了哲学上的一个基本派别"②。

应该承认,马克思也不是天生的唯物主义者。马克思主义哲学体系的创立,也有一个过程。马克思、恩格斯哲学思想发展的

---

① 见《对马克思主义哲学中唯物主义问题的重新考察》,《天津社会科学》1989年第3期。
② 《列宁选集》第2卷,人民出版社1972年版,第343页。

起点，是黑格尔唯心主义辩证法。他们从黑格尔出发走向费尔巴哈的唯物主义，然后进一步从费尔巴哈走向历史（和辩证）唯物主义。

马克思写于1844年的《经济学哲学手稿》，是他向历史（和辩证）唯物主义转变过程中的著作。其中阐述的"异化劳动"理论和其他哲学思想，是在创立其学说过程中所取得的重大成就，同时也表现了某些局限。当时，马克思甚至仍沿用费尔巴哈式的表述，把自己的哲学思想称为"彻底的自然主义或人道主义，既不同于唯心主义，也不同于唯物主义，同时又是把这二者结合的真理"，并且断定，"只有自然主义能够理解世界历史的行动"①。

只要通观《手稿》就可发现，马克思当时尽管没有称自己的哲学思想是"唯物主义"，还说它不同于"唯物主义"。但是，这只是对前费尔巴哈唯物主义缺陷的否定，而不是对唯物主义基本理论原则的抛弃。因为在同一《手稿》中，马克思还把他当时推崇备至的费尔巴哈的"自然主义"或"人道主义"哲学，称为"**真正的唯物主义和现实的科学**"②。可见即使在这个手稿中，马克思也无意超越唯物主义和唯心主义的对立，来阐述自己的哲学思想，而是推崇和向往一种"能够理解世界历史的行动"的"**真正的唯物主义**"。我们的"超越"论者，总喜欢援引马克思那段"两个不同于"的话，来证明马克思哲学的所谓"超越性"，其实是抓住了片言只语，而忽视了它的精神实质。马克思其后的思想发展和崭新世界观的阐明，更证实了这一点。

几个月后，马克思写就的《关于费尔巴哈的提纲》，作为

---

① 《马克思恩格斯全集》第42卷，人民出版社1979年版，第167页。
② 同上书，第158页。

"包含着新世界观的天才萌芽的第一个文件"①，是马克思主义哲学变革的里程碑。它也是"超越"论者引以为据的重点文献。在这里，马克思在批判包括费尔巴哈在内的一切旧唯物主义的"直观性"和唯心主义抽象的"能动性"的同时，第一次科学地和全面地阐明了自己的实践观。"超越"论者据此以为，马克思哲学及其实践观点，具有"超越性本质"，说这种新的世界观继承了唯心主义和唯物主义双方的优点，又克服了双方的缺陷，因而超越了双方的对立而达于统一，所以它"再也不能被容纳于传统的唯物论与唯心论派别对立的模式"。这种说法，是强加给马克思的曲解。

诚然，马克思主义实践观及其整个哲学，对以往的唯物主义和唯心主义双方，既有所继承和吸收，也有所批判和克服。但是，这是在唯物主义的基点上，克服了唯物主义的直观性和不彻底性，扬弃和改造了唯心主义的"**能动**的方面"，而把"感性看作**实践的**、人类感性活动"，从而奠定了新世界观的理论基础。因此，马克思把自己的哲学称为"把感性解为实践活动的唯物主义"和"**新唯物主义**"②。

马克思、恩格斯创立的这种"新唯物主义"，是一个完整的科学体系。在构建体系中，他们吸取了费尔巴哈唯物主义的"基本内核"和黑格尔哲学中辩证法的"合理内核"，并克服了前者的直观性和不彻底性，又抛弃了后者的唯心主义神秘"外壳"，实现了彻底的唯物主义与"革命的"辩证法的内在统一和结合。这正如列宁所说：马克思加深和发展了唯物主义，使它成为完备的唯物主义哲学。把唯物主义对自然界的认识推广到**人类**

---

① 《马克思恩格斯选集》第 4 卷，人民出版社 1972 年版，第 208—209 页。
② 同上书，第 16—19 页。

社会的认识，马克思的**历史唯物主义**是科学思想中的最大成果。① 在这里，马克思的哲学既超过了费尔巴哈，又超过黑格尔，它向前推进了哲学的一个基本派别，即现代唯物主义派别，创立了崭新形态的唯物主义，即"实践的唯物主义"或历史的和辩证的唯物主义。

马克思主义哲学这一博大精深的思想体系，作为世界观和方法论的统一，贯穿于其全部科学著作中，并得到了深刻的阐发和应用。例如在《资本论》中，马克思把唯物主义的和辩证的方法作了完美的结合和淋漓尽致的发挥。在该书中，马克思称自己使用的方法是"唯一唯物主义的方法，因而也是唯一科学的方法"②；而对他应用的辩证方法，也与黑格尔的唯心主义辩证法从根本上加以区别。他在书中严正申明，"我的辩证法，从根本上说，不仅与黑格尔的辩证方法不同，而且和它截然相反"③。他强调说："我的阐述方法和黑格尔的不同，因为我是唯物主义者，黑格尔是唯心主义者。"④

马克思称自己的哲学是"新唯物主义"，这是我们的"超越"论者最难超越的证据。于是，他们又提出了一种离奇的解释。他们声称，马克思的"新唯物主义"之所以不能算作唯物主义的一种形态，"是因为反对德国唯心主义的迫切斗争需要，使马克思不能不充分强调他的哲学的唯物主义方面"。这是什么逻辑？设若如此，既然马克思在与唯心主义斗争中可以称其哲学为"新唯物主义"，称自己为"唯物主义者"，那么，当他与旧唯物主义斗争时，照理应自称为"新唯心主义"或"唯心主

---

① 《列宁选集》第2卷，人民出版社1972年版，第443页。
② 马克思：《资本论》第1卷，人民出版社1975年版，第410页。
③ 同上书，第24页。
④ 《马克思恩格斯选集》第4卷，人民出版社1972年版，第366页。

者"了。但是，即使"超越"论者查遍马克思的所有科学著作，也不会找到这样的证据。由此可见，关于马克思主义哲学的"超越本性"云云，完全是一种曲解和武断。

二

我们的"超越"者，既然从马克思著作中找不到根据，于是就要弄起"语源学上的把戏"。他们说，作为唯物主义理论基石的"物质"概念，包括恩格斯在《费尔巴哈论》中所讲的"物质"，"指的是自然界、自然物这个意义上的物质"。因为"在拉丁文和英语中的物质（material），这个词原指自然事物或用自然材料做成的事物（如房子）的质料，也可以直指用自然的质料构成的一切事物"。所以，尽管列宁"为物质下了一个明确的定义"，但它仍然说明不了和"社会存在"不可分离的人类的实践活动。"因此用列宁的物质概念去说明精神的产生，仍然不能明白地表达出马克思认为精神是由人对自然物质的实践改造所产生……这一重要思想。"所以"把马克思的哲学看做是唯物主义的一种特殊形态，不能准确地揭示马克思哲学的实质、特征"[1]。

从这里可以看出，"超越"论者试图制造恩格斯、列宁与马克思的对立的神话，通过否定恩格斯和列宁的唯物主义理论，来否定马克思主义的唯物主义哲学。但是，他们这种观点是难以成立的。因为在其所引用的恩格斯的《费尔巴哈论》中，就曾揭穿过类似的词源上的把戏。当费尔巴哈在批判神的宗教中企图创建"爱的宗教"时，就称"宗教一词是从 religre 一词来的，本

---

[1] 《天津社会科学》1989 年第 5 期，第 29—33 页。

来是联系的意思"。对此，恩格斯揭露说，"这种词源上的把戏是唯心主义的最后一着"，它的谬误之处，就是否定概念的含义是"通过它的实际使用的历史发展得到的"①。与"宗教"这个概念相类似，哲学中的"物质"概念，与其词源学上的本义相去甚远。"物质"作为一个具有最大包容性的哲学范畴，不仅包括自然物质，而且也表征着人类的物质性活动和社会存在，以及物质的社会关系，等等。这是马克思主义哲学常识。怎么能说哲学上的"物质"概念，仅指自然界或自然物质呢？

与"物质"概念相关联，"唯物主义"也不能理解为"唯自然物质主义"。哲学唯物主义也有其确定的含义。诚如恩格斯所言，哲学家依照他们如何回答哲学基本问题而分成了两大阵营，"凡是断定精神对自然界说来是本原的，从而归根到底以某种方式承认创世说的人，……组成唯心主义阵营。凡是认为自然界是本原的，则属于唯物主义各学派"。恩格斯强调说："除此之外，唯心主义和唯物主义这两个词本来没有任何别的意思，它们在这里也不能在别的意义上被使用。"②

正因为"唯物主义"只对哲学基本问题，即思维对存在的关系问题的某种回答相关，所以"超越"论者就改而提出哲学基本问题也"过时"了，并以此来证明马克思主义哲学不是唯物主义的新形态。

众所周知，承认"物质是第一性的，精神是第二位的"，是一切唯物主义哲学在哲学基本问题高度上的共同的理论立场。但是，"超越"论者，却说这个论断"在科学上很不准确"，断言"现代哲学的发展已经打破了""追求世界原始根据"的这种

---

① 《马克思恩格斯选集》第4卷，人民出版社1972年版，第230页。
② 同上书，第220页。

"本体论化"的思维方式。他们说,"物质通过进化产生了精神,精神就不能完全用产生它的本原的那个物质原有的本性来解释了",说"这个道理就和孙子从爷爷那儿来,但不能用爷爷那一代的本质来解释孙子一辈的所有活动和规律一样"。他们还说,"这个论断还包含着这样的意思,即认为物质是比精神更为根本、更为重要的东西","很容易导致对精神作用的轻视",如此等等。

不难看出,"超越"论者的这些理由,不论如何振振有词,然而却在逻辑上存在一个根本性的混乱。这就是,他们把哲学基本问题上唯物主义与唯心主义的对立,与唯物主义阵营中对这个问题的历史和具体阐明的科学水平混为一谈;把物质与精神的派生和被派生的关系,与它们在认识过程中的具体作用混为一谈。不论旧唯物主义有多少局限性和缺陷,但它们作为与宗教神学、与唯心主义哲学相对立的思想体系,认定物质世界的先在性和它对精神现象的根源性,并无什么过错。虽然,它们还不能科学地阐明从物质到精神的转化理论,也不能辩证地看待和解决思维与存在的相互关系,但是它们为这种阐明和解决提供了本体论的前提。辩证唯物主义或实践的唯物主义,继承、贯彻和发展了这种基本的理论立场,并与形形色色的唯心主义相对立。

因此,哲学基本问题只是划分唯物主义和唯心主义两大基本哲学派别的标准,而不是区分唯物主义各种理论形态及其科学水平的依据。随着人类实践和认识水平的演进,对哲学基本问题做唯物主义回答更趋于科学和完善。而受此制约的哲学发展的基本规律和基本趋势,总会包括以下两个方面:其一是,不论各种哲学派别在哪种思维高度上相互对立和互相渗透,然而唯物论和唯心论、辩证法与形而上学的论争,毕竟是它们的永恒主题;其二是,唯物论与辩证法总是要随着科学和思维方式上划时代的变革,而不断被更高级的发展形态所取代。

与此相反,"超越"论者却认为:"唯物论和唯心论只是哲学发展的一定阶段上形成的对立派别,它们并不代表哲学论争的永恒本质,唯物和唯心的分野也不意味着是要决定一切观点的认识路线。"① 在他们看来,一切唯物主义和唯心主义,是思维方式的两个极端。二者都有片面性,从而未能使物质和精神两者达到"真正的统一"。他们声称:"在历史上,唯物主义和唯心主义的对立,是以物质(自然)和精神、存在与思维的对立为前提的。表面看来,唯物主义与唯心主义都企图克服这种对立,但它们采取的办法或者把精神归结为物质的表现,或者把物质归结为精神的表现,因而并未达到物质与精神的真正统一。"而"马克思主义哲学则不然,它不坚持和维护在唯物主义与唯心主义对立中所表现出来的物质与精神、存在与思维的对立,相反,马克思的哲学恰恰要消灭这种对立,以达到这两者的真正统一。"马克思的哲学"是物质与精神、存在与思维的分裂和对立的解决"②。

其实,要结束物质与精神、存在与思维的"分裂与对立"的,并不是马克思主义哲学,而是"超越"论者杜撰的"超越哲学"。在物质与精神、存在与思维的关系上,马克思主义哲学是在承认外部物质世界的"优先地位"的前提下,以实践为其理论支点,从对立中把握统一,又在统一中把握对立。这是辩证思维的基本常识。如果否认、消灭和终结了物质与精神、存在与思维、客观与主观的对立,而要达于这种对立的一劳永逸的"解决",即达于所谓的"真正的统一",那就不仅消灭了任何哲

---

① 《哲学动态》1989 年第 1 期。
② 《天津社会科学》1989 年第 3 期。

学,也终止了人类的任何认识活动。

哲学上的物质与精神、存在与思维的对立与统一关系的恒久性和历史性,根植于人类实践和认识的本性之中。人类的实践和认识活动,是一个不断上升、扩展和深化的历史过程,永远不会完结。而贯串于其中的,是已知和未知、主观和客观、思维的至上性和非至上性的矛盾。正是这些矛盾所体现的物质与精神、存在与思维的对立与统一关系及其历史性的部分解决,推动着人类思维的发展。恩格斯说过,"这种矛盾不仅存在于世界和人这两个因素的本性中,而且是所有智力因素进步的杠杆,它在人类的无限的前进发展中每天地、不断地得到解决",但是"永远不能完全解决"。"换句话说,思维的至上性是在一系列非常不至上地思维着的人们中实现的;拥有无条件的真理权的那种认识是在一系列相对谬误中实现的;二者都只有通过人类生活的无限延续才能完全实现"①。如果说,在人类认识的某个阶段上,或在某种哲学中,一劳永逸地结束和解决这种矛盾,使之达于无矛盾的统一,那就意味着人们在实践和认识关系上,通晓了绝对真理,实现了思维的至上性,使人类成为无所不知、无所不能的上帝。这样,实践和认识的任务终结了,历史的发展中断了,人类的认识被封闭、凝固起来了。把马克思主义哲学曲解成这样的"超越哲学",是荒唐的。

这种"超越哲学"会受到实际生活的驳斥。第一,现代人类认识,还处在童年时代。目前,摆在人类面前的,还有许多未被认识的必然王国,这无论是对自然界还是对人类社会和思维活动本身来说,都是如此。第二,目前,哲学上唯物论与唯心论、辩证法与形而上学的论争,都正在广泛而深刻地进行

---

① 《马克思恩格斯选集》第3卷,人民出版社1972年版,第76、125—126页。

着。形形色色的唯心论、形而上学的思想和理论，都在同马克思主义的唯物论和辩证法进行较量。尽管真理在马克思主义哲学一边，但由于历史和社会的原因，也由于思想斗争的复杂性，因而在今日世界上，唯心论、形而上学和宗教神学，还具有广泛和深刻的影响。自觉的唯物主义者尚处于少数。自觉或不自觉地受唯心主义，形而上学支配、影响和信仰有神论的人，却多得多。据《大英百科年鉴》统计，目前世界上11种主要宗教就拥有25亿多信徒。① 在这种情况下，抹杀唯物论与唯心论的对立，把马克思主义曲解为"超越哲学"这个事实本身，只能是一厢情愿。所谓"超越哲学"，其实质和归宿，只能是为哲学唯心主义张目。

三

"超越哲学"的所谓论据，不管有多少条，但归根结底就是一条，这就是实践具有什么"超越性的性质"。"超越"论者借口实践具有"超越形态"，而从中引申出哲学要"超越唯物论与唯心论的对立"的基本主张。

实际上，如同哲学中的"经验"概念一样，从基于不同的本体论前提的"实践"概念中，也可以引出两条根本对立的认识路线。这就是实践唯物主义和实践唯心主义。

马克思主义实践观点，之所以是科学的实践观；以此为理论支点的哲学，之所以可以称为"实践的唯物主义"，就在于它具有彻底的唯物主义一元论这个本体论的前提。马克思在其著作

---

① 参见尹思·罗伯逊《现代西方社会学》，浙江人民出版社1988年版，第54页。

中，无论怎样强调社会实践、生产劳动的基础性的作用，但他丝毫不怀疑外部自然的"优先地位"，并把这个根本观点体现在整个思想体系中。马克思把人类基本的实践活动即生产劳动，理解为一种"人与自然之间的物质变换过程"；把社会生产力和生产关系分别理解为"物质生产力"和"物质的"社会关系；他还把"观念的东西"视为移入人的头脑并在"人的头脑中改造过的物质的东西"；如此等等。总之，马克思是用"物质"范畴作为自己哲学的第一块基石，并用它来规定和理解那些在历史的和逻辑的演进中后继的、更具发展形态的范畴，其中包括"实践"范畴。

反之，如果使"实践"范畴离开了这个本体论的基础，而把它理解为脱离了物质、脱离了自然的，即把它视为不受相应的物质条件，不受客观规律制约的人的任意行为，就会导致实践唯心主义。例如实用主义就是一种唯心主义的"实践哲学"。作为该学派"中心学术人物"的詹姆士，千方百计地寻找实用主义与"实践"的亲缘关系。他说道："实用主义这个词是从希腊的一个词（πραγμα）派生的，意思是行动。'实践'（Practice）和'实践的'（Practical）这两个词就是从这个词来的。"因此，他把实用主义关于"实在"的原理归结为"实践"，说它"除了实践的意义以外，并无别的意义可言"[①]。但是，由于实用主义不承认实践活动要受物质条件和客观规律的制约，只把它理解为机体对环境刺激的一种"有选择"的"反应"，相应地，把实在和真理的意义，说成只是被经验证实的有用性和功效性，只是对主观利益和需要的满足。因此，实用主义是以唯心主义实践观和经验论为中介的主观唯心主义。由于对上帝的信仰，也是一些人

---

① 詹姆士：《实用主义》，商务印书馆1979年版，第26—27页。

的"实践"需要,所以,它会导致信仰主义。对此,列宁曾揭露说,"实用主义既嘲笑唯物主义的形而上学,也嘲笑唯心主义的形而上学,它宣扬经验而且仅仅宣扬经验;认为实践是唯一标准,并且极其顺利地从这一切推演出上帝,这是为了实践的目的,而且仅仅为了实践。"①

我们的"超越"论者所说的"超越哲学",与实用主义有许多相通之处。他们所说的"实践观点的超越性本质"或"实践的超越形态",就是要否定唯物主义一元论的本体论基础。他们把实践视为物质与精神相统一的"中性"范畴和最高范畴;并借以高扬所谓人的主体性。而把实践说成是哲学的唯一的最高范畴,这实际上是把实践看成是没有前提,没有来源,不受物质条件和客观规律制约的"神化了的绝对"。从表面上看,"超越"论者也不否定物质世界的存在及其优先地位。实际上,这种申明如果不作为本体论的基础而加以贯彻,那就只是一种逃避唯心主义厄运的遁词。因为在这些人看来,物质世界是为人而存在的,而且仅仅是因为有人和人的实践它才存在。如果离开了人,物质世界就是抽象的、消极的、没有任何规定性的"无",至多只是一种"潜在"。这种观点,与实证主义把物质世界是否存在视为一种"形而上学"而加以抛弃,与存在主义把它视为荒诞的、偶然的、是令人作呕的"自在世界"等观点,并无二致。由此可见,抽象地承认外部世界存在的哲学,并不一定就是哲学唯物主义,而要看在其哲学体系中居于何种地位。只有把唯物主义一元论的根本观点作为第一块基石,来规定和理解包括实践在内的一切相关范畴,并对自然界、人类社会和思维过程作唯物的与辩证的分析和阐发,才是

---

① 《列宁选集》第2卷,人民出版社1972年版,第349页。

彻底的唯物主义。

正是在这个根本问题上，"超越哲学"背离了马克思主义，而滑向了哲学唯心主义。

第一，这种哲学借口实践的"超越形态"，而把实践视为唯一的和最高的哲学范畴。必然会通过二元论而导致唯心主义的实践一元论。"超越"论者说，"自然对人、精神的本原关系只有在初始的意义上才具有不可逆转的性质，当着它们产生以后，就处在相互作用中"。"人、精神转过来也可以成为本原，处于优先地位。"因为在属人的世界里，人、精神"是自己生存条件的创造者，为什么还不能看作'本原'"。无论针对任何历史时代，把"精神"视为哲学上与自然或物质并列的"本原"，是典型的"二元论"。由于在这种哲学中，物质只赋予了消极、被动的意义，而强调人及其精神因素的"优先地位"。这样，由于过分弘扬人的所谓主体性，而把精神视为真正能动的"本原"，于是这种"二元论"，也就转化成为以"实践一元论"为特征的唯心主义哲学了。诚然，在属人世界里，人是"自己生存条件的创造者"。但人不能凭空地、任意地进行创造活动。人创造生存条件时还需要物质条件。因此，马克思反对给创造生存条件的劳动实践"加上一种**超自然的创造力**"①。更何况，包括人及其实践活动在内，都是物质世界长期发展演化的结果，是整个物质世界的一部分。尽管人在创造生存条件时，通过精神因素与物质因素的相互作用，能够充分体现人的主体性和能动性。然而，人的创造活动不是随意的，他们仍然要受客观条件和客观规律的制约。他们只能在既定的历史条件的限定下，能动地表现自己，创造自己的生存条件。因此，人类及其精神因素，任何时候都不是哲学意

---

① 《马克思恩格斯全集》第19卷，人民出版社1963年版，第15页。

义上的"本原"。

第二,"超越哲学"否定列宁所说的"世界的图景就是物质运动和'**物质思维**'的图景"的论断①,就必然导致神秘主义。"超越"论者说,列宁的"这句经常被引用的话是不正确的",因为它把思维着的人"归结为不过是物质运动的一种表现而已",因而据此所讲的"唯物主义是一种以物质为主体的唯物主义,物质凌驾于人之上,成为世界的主宰,实践上带来了对人的'主体性'的漠视以致取消"②。

"超越"论者把唯物主义与人的主体性对立起来,这是他们的一个基本观点。众所周知,只有旧唯物主义、机械唯物主义才否认人的主体性。与此相反,马克思主义的实践的唯物主义,则十分重视主体的能动性。但马克思主义哲学所重视的主体性,是根植于历史的和辩证的唯物主义或实践的唯物主义基础上的主体性,而不是与唯物主义对立的主体性。否则就成了马克思所批评的唯心主义的主体性了。至于列宁这里所讲的"世界图景",则是哲学本体论上的高度概括。从大千世界着眼,从思维着的人脑是物质世界演变的最高产物的意义上说,整个世界当然就是"物质运动和'**物质思维**'的图景",难道还存在某种非物质的运动和非物质的思维吗?非物质的运动和非物质的思维,是唯心主义的神秘观念。当然,要科学地阐明从物质到思维的转化,还要研究生命、主体人和实践等许多中心环节。然而,一旦离开了物质演化的这个本原性的前提,它们是得不到正确的说明的。就人及其思维的根源性而言,从实践是一种"人与自然之间物质变换过程"的意义上说,把

---

① 《列宁选集》第2卷,人民出版社1972年版,第361页。
② 《天津社会科学》1986年第3期。

"人归结为物质运动的一种表现"并无不可。只不过这是一种高级的、有精神因素参与的物质运动而已。"超越"论者把辩证唯物主义指斥为"以物质为主体的唯物主义",我们对此既不能简单地认同,也不简单地予以否定。因为如果把实践和认识的主体偷换成一般物质运动的主体,这种说法就是一种曲解;如果把物质视为整个世界一切变化的主体,那么这正是唯物主义的根本观点。辩证唯物主义历来认为,从本体论的高度言,物质是整个"世界图景"及其变化的主体。

第三,"超越"论者把"超越哲学"称为"以物质自然界为基础的实践的人本主义",并不能掩饰其唯心主义实质。不难看出,这个提法本身就是自相矛盾、难以自洽的。因为,哲学"以物质自然界为基础",就是以其为"本",而以实践的人为"本";也就是以其为"基础"。从物质世界对人的本原关系和历史的统一看,在本体论上以人为本的提法是多余的。况且,"人本主义"在费尔巴哈哲学中,不过是唯物主义的一种不彻底、不确切的表述;它在历史观上是唯心主义的。说到底,"超越哲学"宣扬"实践的人本主义",实质上是对"以物质自然界为基础"的一种否定。因为"超越"论者既然认定,在人和精神产生之前,自然界是本原,而在人和精神现象产生之后,人和精神更具有"优先地位",是能动的本原,因而要以人、精神为"本原",那么自然界的基础地位,也就不复存在了。在"超越哲学"中,以人为本体、以人的实践为本体,实际就是要以人的精神、以人的主体性和能动性为"本体"。可见,"超越"论者虽然标榜自己超越唯物论与唯心论,其实是地地道道的实践唯心主义。

总之,"超越哲学"的归宿和实质,犹如一个人手拔其发而要离开地球一样,它的初衷是要从哲学两大阵营间的派别论争的尘世，飞升到"超越唯物论与唯心论"的王国。其结果非但没有飞升起来，反而陷入唯心主义的泥坑之中。这种归宿，大概是一切所谓"中派哲学"发展的必然逻辑。

（原载《人文杂志》1990年第2期）

"公有制为主体"不能动摇[①]

在改革开放和发展社会主义市场经济中,坚持公有制的主体地位,是邓小平同志有中国特色社会主义理论的重要内容,也是党的十四大的基本精神之一。江泽民同志在党的十四大报告中论述这个问题时指出:"经济体制改革的目标,是在坚持公有制和按劳分配为主体、其他经济成分和分配方式为补充的基础上,建立和完善社会主义市场经济体制。"他还指出:"社会主义市场经济体制是同社会主义基本制度结合在一起的。"不以公有制经济为主体,社会主义基本制度就要受到严重损害,以致蜕化变质,这是不言而喻的。

据此,在经济体制改革和发展市场经济中,坚持以公有制为主体和以非公有制为补充这一条,应该成为全国的共识和统一的行动指导。然而,有些人认为,在坚持公有制为主体与建立市场经济体制和发展生产力之间,似乎存在着不相容的对立,因而总是主张要尽量缩小和削弱公有制的经济。有一报纸刊载,前不久,一些经济学家曾集会研讨"所有制是手段还是目的"问题。会上

[①] 以笔名黎平石发表。

有人提出，要纠正对"公有制为主体的片面理解"，"要重新认识公有制为主体"，认为"公有制为主体不一定要在数量上占绝对优势，主要应体现在质量上"。会后有位经济学家还著文主张，公有制的比重"不一定要占 50% 以上"，否则就不利于市场经济和生产力的发展。有人甚至认为，公有制大体上只要保持 20% 左右的比重，能控制住关键的产业部门和极少数大企业就行了。

我们以为，在坚持以公有制为主体的前提下，各种经济成分到底各占多大比重为宜，是需要继续研究和把握的重大问题。但是，如果人为地把公有制的比重降低到 50% 以下，那么在其他经济享受目前已有的政策优惠的情况下，公有制的主体地位必然会受到削弱，甚至是难以保住的。持有这种主张的人，连"任何质量都表现为一定的数量"这一起码的常识也忘掉了，是令人惊奇的。且不管他们的主观动机如何，其实质就是要削弱和动摇公有制的主体地位。

我们确实应该从理论和实践上，来探讨在社会主义制度下，坚持公有制的主体地位的必要性。

第一，究竟是公有制还是私有制，更适合现代社会化生产力发展的客观要求？

这个问题，马克思和恩格斯早已科学地解决了，只是由于有些人往往无视这一点，所以还得费点笔墨。马克思主义告诉我们，资本主义生产方式所固有的基本矛盾运动的历史展开，必然会导致"社会化生产和资本主义占有的不相容性"。这种矛盾包含着现代资本主义社会的"一切冲突的萌芽"，并"迫使资本家阶级本身在资本关系内部一切可能的限度内，愈来愈把生产力当做社会生产力看待"[1]。要真正从根本上解决这种矛盾，"只能是

---

[1]《马克思恩格斯选集》第 3 卷，人民出版社 1972 年版，第 311、317 页。

在事实上承认现代生产力的社会本性,因而也就是使生产、占有和交换的方式同生产资料的社会性相适应。而要实现这一点,只有由社会公开地和直接地占有已经发展到除了社会管理不适于任何其他管理的生产力"①。即用社会主义取代资本主义、用社会主义公有制取代资本主义私有制。社会主义制度产生和发展的客观必然性和历史正当性,正根源于此。从实践上看,社会主义公有制较之于私有制更能适应和推动现代社会化的生产力的发展。苏联只用10年多一点时间,就快速实现了国家工业化;新中国40多年,特别是近10年来现代化建设的巨大成就都证明,只有社会主义公有制的经济关系,才是适合和推动现代社会化生产力发展的有生命力的经济制度,也是一切马克思主义者应有的科学信念和实践准则。

第二,坚持公有制的主体地位必须言行一致,不能口头上抽象地承认"公有制为主体",而在实际行动上却动摇和损害它的主体地位。

我国是社会主义国家,必须实行以生产资料公有为主体的经济制度,没有公有制,就不能保障工人阶级(通过共产党)对国家的领导,这种领导权就失去了经济基础。所以,要坚持社会主义制度,就必须巩固和发展公有制经济,而绝不能损害公有制。现在,某些人的思想深处,总把公有制看做是发展市场经济和生产力的障碍,他们千方百计贬低公有制,想方设法削弱和蚕食公有制,使国有资产大量流失。有估计说,目前国有资产正以每天一亿元以上的巨大数额在流失,在被"化公为私"。一些干部和经济学家以目前一批国有企业由于不平等竞争等原因形成的经济效益不高,亏损严重为由,就认为国有企

---

① 《马克思恩格斯选集》第3卷,人民出版社1972年版,第318—319页。

业是累赘和包袱，想尽量抛弃它们，急于降低它们的比重。所谓让公有制降至50%以下的说法，就是以此为背景的。这些同志不具体分析国有企业亏损的复杂原因，不认真研究对策，不在转换经营机制、创建现代化的公有制企业制度上下真功夫，实际上是把企业亏损简单地归结为公有制本身不好，而把希望和兴奋点集中在私有制企业身上。于是出现了这样的情况，一些经济学家和负责干部竞相主张以大量拍卖国有企业来显示自己"思想解放"和"大胆改革"。去年4月间，某大城市的市长公开宣布，"除了国家必须控制的以外，多数企业都可以卖"。而该市的体改委主任则说，在拍卖企业"这个问题上要解放思想，不仅亏损企业可以卖，效益好的企业也可以卖，不仅小企业可以卖，国营大企业也可以卖"。而且"只要有人买，不管是外商还是内资，不管是法人还是自然人，都可以干"。其拍卖国有企业的"气魄"可谓大矣！当然，对于一部分效益差、规模小和适于分散经营的国有企业，是可以通过租赁、承包和产权拍卖等方式，来转换经营机制的。但是，公然说可把大多数国有企业，甚至包括"效益好"的国有大型企业都卖掉，则难于苟同。我们要问，到底他们有什么权力可以随意动摇和损害公有制的主体地位？

我们必须看到，如果将公有制经济的比重降至50%以下，就会使我国整个经济发生质变。不仅公有制的主体地位将难以保住，而且经济的社会主义性质，也会出现变化。如果在社会总资产和社会总产值中，私有企业占据一半以上，那就是说，社会剩余劳动的大部分将被私人占有。在这种情况下，我们还能说劳动人民已从雇佣劳动制度下解放出来了吗？还能说中国已经消灭剥削制度了吗？还谈得上什么消除两极分化，达到共同富裕吗？而且，如果私有经济拥有全社会总资本的一半以上的私人资本，将势必在价值规律的自发作用下发生分化和集中，因而势必会产生出一个具有巨大经济实力的私营企业家集团。在这种情况下，国家能有什么样的行政和法律的规范，足以制止一个剥削阶级的出现呢？人民的政权还能保持在人民的手里吗？显而易见，如果一个社会主义国家允许其私有经济超过公有制经济的实力，由此所产生的经济的、政治的和社会的后果，是不堪设想的。

因此，从数量和质量的统一上坚持公有制为主体的地位，是有中国特色的社会主义的经济根基和主要骨架。可以说，没有公有制的主体地位，就没有社会主义市场经济，也就没有社会主义。在这个问题上，不能有任何的动摇和退让。一切削弱和动摇公有制主体地位的言行，都必须坚决反对。

第三，坚持"公有制为主体"与确认和保持非公有制经济的"补充"地位，是保障我国社会经济结构之合理性的相互关联的两个方面。

近十多年来，我国改革开放和经济结构的调整，使个体经济、私营经济、外资经济都有了相当的发展，并且也发挥了必要的和有益的"补充"作用。可以预见，今后一个时期这些非公有制经济还会有较大的发展。据有关部门预测，按照目前非公有制经济发展趋势，到2000年，个体工商户、私营企业将发展到2500至3000万户，就业者将达5000万人左右，自有资金可达2000亿元；年工业产值可达3500亿元以上，占工业总产值的20%以上；年社会商品零售额可达6000亿元以上，占全社会总零售额的30%以上。由此可见，我国非公有制经济的发展势头是很迅猛，而大有可为的。

与此同时，我们也应该看到，非公有制经济除了具有积极的和必要的补充作用之外，还具有自发倾向的另一面。非公有制经济，特别是羽毛日益丰满的少数大型私营企业集团，要求尽量扩张自己的经济实力，不安于相对公于有制经济主体的"补充"地位，而想"越位"；作为这种经济要求的理论反映，就是有些人总喜欢在报刊上用"经济结构的多元化"、"投资的多元化"和"利益主体的多元化"等说法，来描绘我国现有经济生活的现状。其实，这类说法就是要求各种非公有制经济同公有制经济平起平坐。这是对公有制主体地位的隐晦的挑战。而我们的一些经济学家则把这种"挑战"内容定量化，以至于主张非公有制经济的比重应占 50% 以上。非公有制的"越位"，就意味着公有制主体的"失位"。试问：当非公有制经济的实力超过了整个经济的一半以上，你还能认为它仍然是社会主义经济的"补充"吗？当私有制经济占据整个国家生产经营的大头，公有制经济还有什么"主体"地位可言？

第四，公有制企业要在质量和功能上在整个国民经济中发挥主体和主导作用。国有大中型企业应该掌握国民经济的要害部门和高新技术产业及基础产业，要在技术开发和应用上发挥领先的和带头的作用，要有先进的企业制度和科学的管理，要具有更高的劳动生产率和良好的经济效益。国有大中型企业因一般都具有规模宏大、实力雄厚、设备先进、人才集中等优势，理应能在国民经济中发挥骨干作用和示范效应。当然这种主导作用，只能在平等的市场竞争中来实现。目前，由于复杂的原因，主要是由于体制僵化和不平等竞争的经济环境，使得部分国有大中型企业处于经济效益下降、人才流失、销售不畅、资金短缺的困境中。所有这些问题，只能通过加快转换经营机制、创建适合市场经济要求的现代化的、公有制的企业制度和营造公平的竞争环境等措施，来逐步改变这种被动状况。即只有通过深化改革，面向市场，加强科学管理，促进科技进步，来使公有制企业焕发出应有的青春和活力。

（原载《真理的追求》1994 年第 4 期）

实践唯物主义与"实践本体论"

马克思主义哲学有个显著的特点,就是它的实践性。这种哲学作为现代形态的唯物主义的问世,因其把科学的实践观和自觉的辩证法,贯穿于自己的世界观、认识论、社会历史观,而实现了一场哲学革命。

科学的实践观,是实现这场哲学革命的突破口和关键。这也是它包括区别于旧唯物主义在内的一切其他哲学的重要标志。而结合于这一现代唯物主义中的自觉的辩证法,则是它的精髓和活的灵魂。鉴于辩证观点和实践观点的极端重要性,因此可以把马克思主义的哲学世界观称为"辩证唯物主义",也可以称之为"实践唯物主义"。前者是自狄慈根、普列汉诺夫和列宁以来的传统称谓,后者是近几年时兴的说法。这两者各从一个侧面突出强调了马克思主义哲学的本质特征。特别是在当代的历史条件下,人类运用现代科学技术,并用以驾驭多种自然力来改造世界、建设新生活中显示出了日益强大的本质力量与主体能动性。因此,用"实践唯物主义"来概括马克思主义哲学与现实生活的内在联系及其指导功能,具有不可估量的理论意义和实践意义。

应该指出，如同"辩证唯物主义"这个称谓一样，马克思和恩格斯并没有把自己创立的新哲学称为"实践唯物主义"。但他们阐述过这种思想，并有过相近的提法。在由恩格斯整理发表的并被他称为"包含着新世界观的天才萌芽的第一个文件"①，即《关于费尔巴哈的提纲》中，马克思把自己所主张的哲学，称为"把感性理解为实践活动的唯物主义"。并指出："哲学家们只是用不同的方式解释世界，而问题在于改变世界。"② 稍后，马克思和恩格斯在其奠基性的哲学著作——《德意志意识形态》中，再次指出："实际上和对实践的唯物主义者，即共产主义者说来，全部问题都在于使现存世界革命化，实际地反对和改变事物的现状。"③ 后来，恩格斯还把对人类之基本实践形式——生产劳动史的考察，视为"理解全部社会史的锁钥"④。惟其如此，把马克思主义哲学称为"实践唯物主义"，比较好地体现了这种哲学之实践性的特征。它有助于我们理解、把握和应用马克思主义，也有利于依据实践和各门具体科学之最新发展，来进一步阐明人类实践和认识活动的主体性。

在我们看来，无论是就其精神实质，还是就这一哲学的方法论功能而言，把马克思主义哲学称为"实践唯物主义"和称为"辩证唯物主义"，是并行不悖的。前者强调其实践性，后者强调其辩证性。同一个理论体系，两种称谓，互容互补，相得益彰。即是说，所谓"实践唯物主义"内在地包含着辩证法，而所谓"辩证唯物主义"也内在地包含着实践观。我们不应也不能把它们对立和割裂开来，用一个否定或贬斥另一个。这样才比

---

① 《马克思恩格斯选集》第4卷，人民出版社1972年版，第208—209页。
② 《马克思恩格斯选集》第1卷，人民出版社1972年版，第18—19页。
③ 同上书，第48页。
④ 《马克思恩格斯选集》第4卷，人民出版社1972年版，第254页。

较切合实际。

　　一个时期以来，国内外哲学界有一种说法，认为辩证唯物主义"见物不见人"，是"唯客体主义"、"物本主义"，没有体现马克思主义哲学的"实质"；或认为"实践唯物主义"较之于"辩证唯物主义"，更深刻、更准确地体现了马克思主义哲学的实质，因而主张用前者取代后者。甚至有学者，由此走向极端，把"实践"范畴片面地、夸大地、过分地吹胀为"脱离了物质、脱离了自然的、神化了的绝对"①，从中引出并把马克思主义哲学归结为"实践本体论"或"实践一元论"。在现代唯物主义的理论构架内，无论怎样强调实践的重要性都不过分。然而，脱离了现代唯物主义来谈论"实践哲学"，就会走向自己的反面。

　　最早提倡"实践一元论"即"实践本体论"的是葛兰西。安东尼奥·葛兰西（1891—1937）是意大利共产党的创始人和领袖之一，1924年担任意共总书记，1926年被墨索里尼逮捕入狱，至1937年4月病逝前几天才出狱。在狱中，他坚贞不屈，克服困难，坚持理论研究。他在后来被定名为《狱中札记》的著作中，把马克思主义哲学称为"实践哲学"，并提出了"实践一元论"的思想。其中写道："'一元论'这一术语将表达什么意思呢？当然不是唯物主义的，也不是唯心主义的。……这是行动（实践、发展）的哲学，但不是'纯粹'行动的哲学，即'非纯粹的'、实在的（在最简单的和最通俗的意义上的）行动的哲学。"② 持有类似观点的，还有匈牙利哲学家卢卡奇（1885—1971）提出的"人类学本体论"，波兰哲学家沙夫的"人学"理论，南斯拉夫"实践派"，法国存在主义哲学家萨特

---

① 《列宁全集》第55卷，人民出版社1990年版，第311页。
② 安东尼奥·葛兰西：《狱中札记》，人民出版社1983年版，第58页。

尔（1905—1980）的"人学辩证法"，以及法兰克福学派的某些学者（如弗洛姆）的主张，等等。特别应当指出，自1932年由德国右翼社会民主党人朗兹胡特和迈尔，把马克思早年的手稿之一——《1844年经济学哲学手稿》全文发表，并撰文称该手稿代表了马克思理论"成就的顶点"，是"真正马克思主义启示录"后，在西方马克思主义和所谓"马克思学"的研究者中间，以人本主义思潮为特征的"实践一元论"或"实践本体论"，就被说成是马克思主义的"标准概念"，而大肆传播开来，并影响到社会主义国家的思想界。

从80年代初开始，我国哲学界有少数学者也循着西方某些学者的思路，把马克思主义哲学归结为"实践一元论"或"实践本体论"。在这些学者看来，一切形态的唯心主义和唯物主义都有"片面性"。因为它们一个强调精神，用精神统一物质；另一个强调物质，用物质统一精神。说马克思主义哲学再也不能容纳于传统的唯物论与唯心论派别对立的模式，既不能从唯心论，也不能从唯物论的观点去理解它，"马克思主义哲学诞生的秘密、变革的实质，恰恰在于对唯物论和唯心论对立的超越"。还有学者说，把马克思主义称为"实践的、辩证的、历史的唯物主义"，都不符合马克思的"真实思想"，因为马克思主义哲学"不能归结为唯物主义的一种形态"，即便是现代唯物主义的形态。据说，把马克思主义哲学称为辩证唯物主义和历史唯物主义，是沿袭了"斯大林的思维模式"。

于是，有的学者把马克思主义哲学称为"实践哲学"，有的称"主体实践哲学"，有的则称为"实践的人本主义"，还有的说它是"实践本体论"或"实践一元论"，等等。虽然叫法略有不同，但主张大体一致，就是用他们所理解的非心非物，又亦心亦物的，具有所谓"超越本性"（即"中性"的）"实践"，作

为整个世界的本体、本原或世界统一性的基础。大体上说来,他们提出了一些论据,而这些论据都值得商榷:

其一是说,"一切存在只是在实践中存在,世界的本体只是物质实践的本体",认为"脱离实践的'物质',只不过是形而上学抽象思辨的东西",因而只是潜在的、没有意义的"空无"。据此,有的学者只把物质视为实践的一个方面或构成要素,并把物质定义为"标志人类主体的活动对象的感性客观实在的世界观范畴"。

其二是说,物质自然界的本原地位,在人类、实践和精神产生以后,发生了根本性的转折,即物质派生的精神"转过来"成为"本原",占据"优先地位"。

其三是说,唯物主义关于"物质第一性,精神第二性"的原理已经"过时"了。说这条原理"在科学上很不准确",认为"现代哲学的发展已经打破了""追求世界原始根据"的这种物质本体论的思维方式。断言"物质通过进化产生了精神,精神就不能完全用产生它的本原的物质的原有本性来解释了"。说"这个道理就和孙子从爷爷那儿来,但不能用爷爷那一代的本质来解释孙子一辈的所有活动和规律一样"。论者还认为,"这个论断还包含着这样的意思即认为物质是比精神更为根本、更为重要的东西","很容易导致对精神作用的轻视",也就是让"物质凌驾于人之上,成为世界的主宰,实践上带来了对人的主体性的漠视以致取消",等等。

上述几条论据,不能说完全没有道理。其中这些学者可能有一个共同的初衷:就是主张应高度重视实践在改造世界、认识世界中的极为重要的作用。这是一切马克思主义学者所赞同的。但是,这些说法在理论上的偏颇之处,是把实践视为与物质范畴相对立的东西,并把实践拔高为世界的本原、本体。说"一切存在只是在实践中存在,世界的本体只是物质实践的本体"。这就违背了一个基本事实:是实践在世界中,世界并不全在实践中。人类的活动和社会实践无论在时间和空间中,都只是局部的现象。实践不是从来就有的,它是物质世界发展到一定阶段的产物;实践并没有扩展到整个物质世界,它只是在地球及其附近的狭小范围内才存在和发展着的历史性现象。

因此,把物质仅仅定义为实践的"对象",那就无法说明实践的主体,也无法说明实践的实质,更无法说明实践界限的不断扩展和实践之外的绝大部分世界的存在。无论我们怎样颂扬人的主体性和实践改造世界的功能,但是,物质世界走着自己的路,物质世界是人类存在和实践发展的大背景和先决条件。在人类通过实践确证自己的本质力量的时候,虽然实践高于自然界的变化,但自然界的优先地位仍保持着。人们不能违背,也不能取消自然界变化的客观规律,只能承认、顺应、认识和利用这些规律。不能把实践和实践发展的规律与物质世界及其发展规律对立起来,更不能用其中的一个来否定另一个。人类通过实践可以改造物质世界,来创造人类生存和发展的条件,但却不能创造出一丁点儿物质。相反地,连物质实践活动本身,也只能从物质世界的长期的自然演进和社会发展的历史过程中,来获得说明和解释。

实际上,犹如哲学中的"经验"概念一样,从基于不同的本体论前提的"实践"概念中,也可以引出两种对立的认识路线,即实践唯物主义与实践唯心主义。

马克思主义的实践观点,之所以是科学的实践观,以此为理论支点的哲学体系之所以是"实践唯物主义",就在于它具有彻底的唯物主义一元论这个本体论的前提。马克思主义经典作家,在他们的学说中无论怎样强调社会实践、生产劳动的基础性作用,但丝毫不怀疑外部自然界的"优先地位"①,并把这个根本观点体现在整个思想体系中。马克思把人类最基本的实践活动即生产劳动理解为一种"人和自然之间的物质变换的过程"②;把社会生产力和生产关系,分别理解为"物质生产力"和"物质的生产关系"③,他还把"观念的东西"视为移入人的头脑并在"人的头脑中改造过的物质的东西"④,如此等等。

总之,马克思是用科学的"物质"范畴,作为自己哲学的第一块基石,并用它来规定和理解那些在历史的和逻辑的演进中产生的、更高发展形态的范畴,其中包括"实践"范畴。相反地,如果把从物质世界发展出的高级形态的事物或物质运动形式,如"实践"或在实践基础上产生的精神,作为世界的"本原"、"本体",那就是一种颠倒,一种因果颠倒。而如果把实践夸大地、过分地视为一种脱离自然、脱离物质的神化了的绝对,就势必导致实践唯心主义。"实践本体论"或"实践一元论",就是这样走向自己反面的。

(原载《现代哲学思维的智慧》,清华大学出版社1996年版)

---

① 《马克思恩格斯选集》第1卷,人民出版社1972年版,第50页。
② 马克思:《资本论》第1卷,人民出版社1975年版,第202页。
③ 《马克思恩格斯全集》第2卷,人民出版社1972年版,第82—83页。
④ 马克思:《资本论》第1卷,人民出版社1975年版,第24页。

认识的主体性与"思维图式"

马克思在论及认识与主体的相关性时,曾指出:"从主体方面来看:只有音乐才能激起人的音乐感;对于没有音乐感的耳朵说来,最美的音乐也毫无意义……忧心忡忡的穷人甚至对最美丽的景色都没有什么感觉;贩卖矿物的商人只看到矿物的商业价值,而看不到矿物的美和特性;他没有矿物学的感觉。"① 这里内蕴着马克思对认识的主体性的理解,也与近些年关于"思维图式"问题的研究和论争有关。要弄清这个问题,还得从一场由来已久的哲学争论谈起。

在哲学史上,关于认识本质的争论中历来存在着经验论与先验论、"白板说"与"天赋观念"的对立和争鸣。在近代哲学史上,经验论认识论的重要代表人物是英国哲学家洛克,他提出了"白板说"。认为"心灵像我们所说的那样,是一张白纸,上边没有任何记号,没有任何观念"。那么心灵中的观念,人的理性和知识的全部材料是从哪里来的呢?他说:"我用一句话来答复这个问题:是从经验得来。我们的全部知识是建立在经验上面

---

① 《马克思恩格斯全集》第42卷.人民出版社1979年版,第125—126页。

的；知识归根到底都是导源于经验的。"① 洛克所讲的心灵像"一张白纸"，亦即人们常说的一块"白板"（Tabula rase），源于亚里士多德的"蜡块说"。亚氏在《论灵魂》中认为，人的灵魂"正如蜡块一样，它接受的只是带印章的金戒指的印记，而不是金本身，——只是单纯的黄金的形式"②。因为蜂蜡是白色的，所以"蜡块"、"蜡版"和"白板"，在词源学上是一个意思。

与经验论和"白板说"相对立的，是自柏拉图、笛卡儿到莱布尼茨的先验论和"天赋观念"。洛克写了一本书《人类理智论》，宣传自己的经验论；而莱布尼茨则针锋相对地写了《人类理智新论》来阐述自己的先验论和"天赋观念"。他认为人的心灵就像"一块有条纹的大理石"，人的观念、真理本来就"天赋"于其中。他说："如果在这块石头上本来有些纹路，表明刻赫尔库勒的像更好，这块石头就会更加被决定（用来刻这个像），而赫尔库勒的像就可以说是以某种方式天赋在这块石头里了，虽然也必须要加工使这些纹路显出来，和加以琢磨，使它清晰，把那些妨碍其显现的东西去掉。"换句话说，"观念和真理就是作为倾向、禀赋、习性或自然的潜能天赋在我们的心中"③。

显然，洛克的经验论坚持了唯物主义立场和反映论的基本原则，这是正确的。而他把思维着的头脑比作"一张白纸"和一块"白板"，看不到知识由感觉经验向理性思维的飞跃，也否认主体的头脑状态对当下认识的影响和制约，因而具有直观的、机械的反映论和形而上学的缺陷。而莱布尼茨等人主张先验论和

---

① 洛克：《人类理智论》，《西方哲学原著选读》上卷，商务印书馆1981年版，第450页。
② 转引自《列宁全集》第55卷，人民出版社1990年版，第248页。
③ 莱布尼茨：《人类理智新论》，商务印书馆1980年版，第6—7页。

"天赋观念"，否认认识的源泉是来自客体和经验，认为观念和真理本来就为人脑所固有，这无疑是唯心主义的，在总体上是错误的，应予否定。但他们强调认识的主体性，认为主体的、现有的主观状态，对认识活动有影响，这又有某些合理因素。

马克思对此曾作过有名的历史总结。他指出，从前的一切旧唯物主义的主要缺点是："对事物、现实、感性，只是从**客体**或**直观**的形式去理解，而不是它们当作**人的感性的活动**，当作实践去理解，不是从主观方面去理解。所以，结果竟是这样，和唯物主义相反，唯心主义却发展了**能动的**方面，但只是抽象地发展了，因为唯心主义当然是不知道真正现实的、感性的活动本身的。"① 辩证唯物主义认识论克服和超越了旧唯物主义直观反映论，以及唯心主义先验论的片面性，同时又吸收了这两者中的正确成分，在实践的基础上，建立了认识论的科学形态。我们还注意到，现代心理学家皮亚杰，也试图克服这两种片面性，提出"认识既不起因于一个有自我意识的主体，也不是起因于业已形成的（从认识起因的角度来看）、会把自己烙印在主体上的客体"，而认为"认识起因于主客体之间的相互作用，这种作用发生在主体和客体之间的中途，因而同时既包含着主体又包含着客体"②。从个体认识发生的角度讲，这就是儿童的"活动"。而且，他还从康德哲学中借用来"图式"（Schema）概念，想以此阐明儿童认识的个体发生，并反对"白板说"和"天赋观念"。

我们知道，康德的认识论的基本倾向，是企图调和唯物主义和唯心主义、经验论和唯理论、"白板说"和"天赋观念"，最后又使自己陷入先验论和不可知论。他认为，认识的质料来自于

---

① 《马克思恩格斯选集》第1卷，人民出版社1972年版，第16页。
② 皮亚杰：《发生认识论原理》，商务印书馆1981年版，第21页。

客体("物自体")对感官的作用和刺激,但又与物自体在内容上无关。在认识的感性水平上,人用先天的直观形式(时间和空间)作为获得感性经验的前提;进而在知性水平上,用先验的知性范畴来整理感性材料,并赋予它们以结构、秩序、因果性和必然性,从而获得知识。当认识不满足于知性而企图达于理性时,因认识能力的局限而产生自相矛盾,即"二律背反"。为了解释与经验无涉的十二对知性范畴是如何与感性相连接的机制,他提出这个"第三者"或媒介,就是"先验图式"。他说:"此必有第三者,一方与范畴同质,一方又与现象无殊……此中间媒介之表象,必须为纯粹的,即无一切经验内容,同时又必须在一方为智性的,在它方为感性的。此一表象即先验的图式。"他认为,有了这种先验图式,也就为他把感性材料与知性范畴联结起来的"建构术"提供了统一的"基础"[①]。

显而易见,康德的认识论最终陷入了不可知论和先验论,但是他强调认识的主体条件,认为"范畴"和"图式"在整理认识材料中发挥能动性的功能,其中包含有合理的成分。皮亚杰也看重这一点,所以他把"图式"概念移植过来,用以阐发儿童认识之个体发生的过程。在皮亚杰那里,其"活动"概念和"图式"概念,尽管具有某种程度的生物学倾向和结构主义色彩,但是他批评"白板说",还是颇有启发的。只要我们抹去蒙在"图式"概念上的先验论的尘垢,就能阐发出其中所包含着的思维的主体性之精华。

这是因为,人脑并不是空无所有的"蜡块"或"白板"。它具有两层结构。第一层,是生理的、有解剖结构的建构。人脑的

---

① 康德:《纯粹理性批判》,蓝公武译,商务印书馆1960年版,第142—143、566页。

复杂和高度有序的神经网络和奇妙功能,不仅是自然进化和生理发育的结果,也是人类世代通过劳动实践和社会文化对脑作用的产物,是在生理形态上的一种历史性的积淀。这是认识获得的生理基础。第二层,是人脑文化的或观念构架的建构。这种观念构架既不是像莱布尼茨所断言的,是一块潜藏着"观念和真理"的"有条纹的大理石",也不像康德所说那样"先天的直观形式"和先验的"知性范畴"。把观念、真理或认识"形式"(基本范畴),说成是人类先验的"天赋观念"或认识能力,是没有根据的唯心主义臆测。但是,这绝不意味着人类作为认识主体,即历史地走向成熟的认识群体和个体,特别是正常的成年人的思维活动中,没有主观因素、主体条件在其中发挥作用。这种主观的因素和条件是存在的。它包括人的情感意志、理性思维能力、语言符号、知识结构和价值取向,等等。这些认识的主观因素及其整体的结构方式,综合的运用能力,是通过社会积累和社会遗传承续下来的一种文化的或观念构架的功能建构,一种功能状态。这种观念构架或脑的功能状态,既具有时代特征、群体性特征,又具有个体特征,因而使每个社会集团和每个人总是运用某种模式思维,总是按某种"图式"思维。

思维的图式,亦即"观念构架"的功能状态,集中地表现为思维定势(主体势)。群体性的或个体性的思维定势,是原有主体状态和知识结构对当下认识的影响和制约。这种影响和制约主要表现为思维定势的同化和选择机制、导引和规范机制、保守和创造机制等。

同化和选择。人的认识及其思维活动,作为信息—反映过程,是在原有的知识基础上进行的。在这个过程中,关于客体的信息被逐级反映、加工、制作、译解和同化。经过思维中的译码、解码和再编码,原有的知识结构和价值取向也就作为知识库和模版，参与了对新信息的解释，并使被析解出来的"意义"，按照某种逻辑联系，被添加和同化于原有的知识结构之中，从而导致主体知识结构的变化。不过，这种同化是有选择性的。其中伴随着对信息及其意义的层层过滤、筛选、矫正和取舍。原有的思维图式，只能同化与之相容、一致和非根本对立的东西。否则，或者被排斥，或者被曲解。

导引和规范。思维图式或思维定势对认识过程的导引和规范，主要是由观念构架中的动力机制（即主体的价值取向、情感意志及主体的情趣等）和深蕴于语言符号中的逻辑规范来实现的。换言之，人的思维方法和主体的功利关系及审美情趣，决定着思维的进程和方向。思维的动力机制作为目的、动机和意图，往往会决定认识的目标、角度、方法、手段的选用，以及产生认识结果的倾向性；而思维的逻辑联系和逻辑规则，则是认识建构的基本骨架和基本手段。人们只有遵循逻辑规范去思维，才不至于胡思乱想，才能确定思维的合理方向，并有可能达于真理。由于在思维的导引和规范机制中，存在动力学和逻辑学的二重规定，因而其中可能发生矛盾。在这里，动力机制的导引因根植于主体的功利关系而带有主观性，而逻辑规范则具有较强的客观制约性。所以当动力学的导引机制偏离认识规律和合理性时，逻辑学的规范有时能够发挥某种矫正作用，而得到一定程度的抵消。而当功利关系一旦压过对真理的追求时，有些人就会牺牲思维的逻辑，而歪曲事物的本来面目。所以，只有当功利关系与逻辑关系达到某种统一时，其思维定势和思维图式才能促进认识过程的顺利发展。

保守和创造。处于功能状态的观念构架或思维图式，往往具有保守机制。这是因为，在通常的认识活动中，人们总是力图利用原有的知识结构和思维定势，作为一种模式、范型，去解释、整理、同化、吸纳新的信息和知识，并充实到旧有的知识结构之中。在许多情况下，认识上的这种保守性是必要的、有积极的意义。如果认识活动没有一定之规、无章可循，一切都变动不居，那么就会无所适从，不知所措。因此，这种保守性有利于知识进化的稳定性和历史的连续性，是知识构成和积累的基本条件。当然，这种保守性也可能成为人类思维的"惰性"。在一定条件下，它又可能导致思维僵化和教条主义。为了克服这种可能的消极影响，就需要依据变化了的情况，突破原有的思维图式，更新思维图式，提倡创造性的思维。其实，在正常情况下，一种思维定势和思维图式，本身就包含着矛盾，即包含自己的否定因素，包含着更新和创造性的内在冲动。随着新知识的接纳，使得原有的观念构架和知识体系处于变动和调整之中。这种量的积累，达到了一个关节点，就会发生质变。从本质上看，人类认识和理性思维活动本身，就是一种创造性的精神过程。思维的保守性和创造性是辩证统一的。这种创造性根植于实践的发展和推动。实践发展了，前进了，思维活动和思维图式也会慢慢发生变化。思维图式作为主体状态是基于实践的认识活动的积淀和升华。其使命就是把人从已知引向未知，从现在引向未来。所以创造性的内在搏动，是它的生命力之所在。

（原载《现代哲学思维的智慧》，清华大学出版社 1996 年版）

跳出周期率[1]

"改革是中国的第二次革命。"

改革,已经并将继续使中国社会发生深刻的变革,并因此将对人类历史的进程,产生不可估量的深远影响。

改革,要重构社会主义中国的新型经济体制,以及改革与之相适应的各方面的体制,使新中国更充满生机和活力,促进社会生产力的发展和整个现代化的历史进程。

在这种改革中,经济体制的改革,虽有难点和起伏,但在总体上,搞得有声有色,成就卓著,举世瞩目;政治体制改革,紧随其后,不露声色,稳扎稳打,审慎稳妥,以致有些人误视为"滞后"。

鉴于"政治是经济的集中表现",事关全局,牵一发而动全身。因而审慎和稳健一点,实属明智之举。

但政治体制改革,大头在后,任重道远,更为关键和困难,同样不言而喻。

在政改的战略设计及其在整个体制的功能构架中,目的在于

---

[1] 原署笔名:李黎。

为整个社会改革,提供更为坚强有效的政治保障、力量凝聚和方向导引,以求国家长治久安,繁荣富强,全面进步。而其实质则在于,更充分地发扬社会主义民主,加强工人阶级和共产党领导的人民民主专政,为巩固和发展其经济基础服务。

毛泽东"破题"党和人民作答

说到政改与民主的关系,自然使人想到50多年前,毛泽东主席与黄炎培(字任之,人称"黄任老")先生关于"跳出周期率"的一段发人深省的对话。

1945年7月初,以"国民参政会参政员"身份访问延安的黄任老,看到生机勃发的延安,也担心肯定将要得天下的共产党,以及其领导下的中国的未来。当他回答毛泽东问其访问延安的"感想怎样"时,不无忧虑地说:

"我生六十多年,耳闻的不说,所亲眼看到的,真所谓'其兴也勃焉','其亡也忽焉',一人、一家、一团体、一地方,乃至一国,不少不少单位都没有能跳出这周期率的支配力。……中共诸君从过去到现在,我略略了解的了。就是希望找出一条新路,来跳出这周期率的支配。"

对此,毛泽东回答道:"我们已经找到新路,我们能跳出这周期率。这条新路,就是民主。只有让人民来监督政府,政府才不敢松懈。只有人人起来负责,才不会人亡政息。"[1]

毛泽东,不愧为伟大的无产阶级的理论家和战略家。他对黄任老的这番回答,以及他领导党和人民,经过浴血奋战,打下江

---

[1] 黄炎培:《延安归来》,转引自薄一波《若干重大决策与事件的回顾》上卷,中共中央党校出版社1991年版,第156—157页。

山，建立了人民民主专政的社会主义政权，算是已经跳出"其兴也悖焉"、"其亡也忽焉"这个在历史上屡屡出现过的"周期率"，已经"破题"。

不仅如此，毛泽东在这方面，还力图作进一步的发挥和尝试。

然而，其间既有成功，也有失误。其成功是辉煌的，足以光耀万代；其失误也是严重的，足以鉴戒后人。

新中国成立前后，毛主席及在他领导党和人民奋斗的一段时间里，为加强党和政权的建设，为建立和推进社会主义民主政治，在理论和实践上，有许多值得称道、继承、发扬、遵循和泽被后世的杰出建树。

新中国成立前夕，毛主席在党的七届二中全会上发出的关于共产党人要警惕敌人的"糖衣炮弹"袭击的预见，关于共产党人务必继续保持不骄不躁、谦虚谨慎的作风，务必保持艰苦奋斗的作风，以及还要继续进行"万里长征"的期望；还有，在党中央由西柏坡赴北平的途中，毛主席和周恩来同志关于"决不当李自成"的对话，都应成为共产党人跳出这种"周期率"的座右铭。

在新中国成立中和新中国成立后的一段时间，党和毛泽东同志关于新中国的基本政治构架的设计、实践和操作，实际上开创了新中国的民主政治，有了一个好的历史起点。例如，关于国体的设计和确立——工人阶级领导（通过共产党）的、以工农联盟为基础的人民民主专政，即有中国特色的无产阶级专政；关于政体的设计和确立——以全国人民代表大会制度为根本的政治制度、以共产党领导的多党合作和政治协商作为有中国特色的社会主义政党制度；关于党和国家机关的组织和工作制度的确立和运作——民主集中制，即实行在民主基础上的集中，在集中指导下的民主的制度；以及党政机关及其工作人员的工作作风的论述和规定，即以为人民服务为根本宗旨，密切联系群众，做人民的公仆，反对官僚主义；等等。这些都较好地贯彻和实施了社会主义国家的人民当家做主的民主原则，也为以后进一步推进社会主义民主政治，提供了广阔的政治空间。

在60年代中期以前，新中国的民主政治，根植和服务于社会主义公有制经济关系的确立和发展，在总体上，有了一个良好的开端，使新中国的政治面貌为之一新。

随后，由于复杂的国际和国内的原因，毛泽东同志在晚年犯了严重的和长时间的"左"的错误。这集中地表现在他所发动的"文化大革命"。这十年动乱，名曰要搞"大民主"，实际上，最粗暴地践踏了社会主义民主；名曰要巩固无产阶级专政，实际上，严重地削弱和曲解了无产阶级专政，尤其是在林彪、"四人帮"一伙的干扰和破坏下，变成了对党员、干部和人民群众的所谓"全面专政"；名曰要"依靠群众"和"相信群众"，实际上，最严重地脱离了广大人民群众。十年动乱，完全违背了毛泽东同志的初衷，走向了发扬社会主义民主和无产阶级专政的反面，几乎把国家引向了政治混乱，经济停滞，社会倒退的边缘。

只是由于粉碎了"四人帮"，特别是由于党的十一届三中全会，实行拨乱反正，否定"文化大革命"，才实现了向改革开放、集中力量建设有中国特色社会主义的历史性的转折。

因此，在毛泽东时代，关于建立和推进社会主义民主政治，实现国家的社会主义现代化，跳出政权兴亡的"周期率"，只是破了题，开了篇。它留下了宝贵的政治基础和思想遗产，也留下了不少遗憾和严重的教训。

继承毛泽东开创的事业和科学的思想，在为社会主义和共产主义事业的奋斗中，在振兴中华，建设有中国特色的社会主义的伟大探索中，我们既要进行经济体制改革和经济建设方面的深刻变革，也要进行政治体制改革和其他相关体制的改革，实现体制转型和国家的现代化。

仅就政治体制改革而言，它同样也是一篇大文章。这是党和人民的事业，需要党和人民通过长期的、坚韧不拔的奋斗，来作出回答。

因为，中国无产阶级上升为统治阶级，要巩固自己的政权，要实现社会主义现代化，并跳出政权兴亡的"周期率"，这是一桩前无古人的、创造性的功业。从历史尺度看，这个阶级还缺乏统治经验，社会主义民主也无成功的先例；加之，旧中国缺乏民主传统，封建等级制和家长制延续的时间长，影响广泛。因此，搞社会主义民主政治，需要在实践中探索前进，积累经验，形成制度，养成习惯，自觉规范。在这种过程中，出现一些失误和曲折，也就不足为怪了。我们总结了这方面的经验教训，就能更自觉、更有效地推进这方面的改革，以期进一步完善和发展社会主义的民主政治。

"阿特拉斯之头"与"阿克琉斯之足"

社会主义政治体制改革，只能依据其自身的特点和规律来进行。

认清了它的本质特征和规律，才能正确制定和执行这种政改的战略和策略原则，并追求和达于其远景目标。

社会主义政治体制，作为其基本政治制度之具体实现形式，即它的权力结构和运作机制，是剥削阶级国家，尤其是资产阶级国家的对立物。

这是新型的、高于资本主义民主的社会民主形态，也是走向无阶级社会的过渡形态，或中介形态。这种被列宁称为"半国家"①的民主政治，以服务于巩固社会主义公有制经济关系，服务于社会向共产主义方向的历史演进，因而也服务于人的个性之自由而全面的发展，作为自己最终归宿。

它借鉴资产阶级民主的积极因素，并同它较量；

它要扫除封建主义的残余陋习；

它要有解放工人阶级、劳动人民和全人类的伟大胸怀。

暂时还弱小、稚嫩的社会主义民主制，要在整个地球上战胜和取代资产阶级民主制，则是确定不移的历史趋势和客观逻辑。

如同一切新生事物一样，社会主义民主制也具有二重性的本质特征：

一方面，即本质的方面，社会主义的民主政治，根植于社会主义公有制的经济沃土，代表和维护绝大多数人的长远和根本的利益，因而具有最广泛的群众性，代表着人类的未来，有无限的生命力和无穷的力量源泉。这犹如古希腊的神话人物——阿特拉斯（Atlas）之头，其力可以顶天。换言之，这种民主政治，以人民群众为主体，让人民群众当家做主，管理自己的国家，监督自己的党和政府，因而能享受到充分、实在的经济权利、政治权利和其他社会权利，因此具有胜过资本主义民主制的优越性和现实力量。

另一方面，社会主义的民主政治，还初生不久，因而稚嫩、羸弱，极不完善，显得有些粗糙和刚硬。其稚嫩、羸弱，有待进一步成长锻炼；其建制不完善，显得漏洞空隙很多，容易产生弊端；其机制粗糙刚硬，使得有些人，一下子难以适应，且容易适得其反。所有这些，使得一定时期的社会主义民主制，在同精致

---

① 《列宁选集》第 3 卷，人民出版社 1995 年第 3 版，第 124 页。

的、老奸巨猾的资产阶级民主制的较量中，暂时还处于劣势，有其弱点。这犹如古希腊神话人物——阿克琉斯（Achilleus）之足，如不注意防护其"脚踵"，容易被对手击中。

社会主义民主制产生的历史必然性，以及其正义性、优越性，是基本的、长期起作用的本质因素。这应该是我们进行政治体制改革的战略出发点。由此产生我们的坚定信念。

社会主义民主制的稚嫩、弱点和不足，正显示了政治体制改革的必要，又为这种改革增添了难度。因此在其改革中，既要有坚定正确的战略，又要有灵活机动和策略。因而，必须有领导地、分步骤地、审慎地从事。

需要清醒对待的是，社会主义民主制的优点和弱点，有时表现为它的本质特征的正反两面。

在无产阶级与资产阶级的两种思想体系、社会主义与资本主义的两种制度的对立、并存和较量中，社会主义的思想和制度是新生事物，它有生命力，但稚嫩弱小，还处于劣势；但资本主义思想和制度，虽则没落腐朽，但成熟老到，尚处于优势。

几千年的剥削制度和利己主义思想的延续与传播，几百年的资本主义的财富和经验的积累，使得资本主义的私有观念，浸透于社会生活的各个层面，并以其支配的巨额的物质财富、完备的资本主义法制和精致的国家机器为依托，形成了一种习惯势力和历史惰性。

资本主义民主制、资产阶级国家，在其成熟的典型形态中，仅以其掌握的大量金钱的自发力量，就能使资本主义的社会秩序和政治运作，沿着资本主义轨道滑行。

故此，资产阶级国家在实施其民主制的权力分配和再分配的运作中，能够实行：

"多党制"（或两党制，或一党多派制）；

议会民主制和立法、行政和司法的三权分立和制衡；

搞总统和各层政务长官、议员的"民选"；

让一些舆论工具（如广播、电视、报刊、出版业等）的"民营"……

这些使得资产阶级专政及其政治体制，罩上了一层所谓"民主"、"自由"和"民选"的光环，造成了其国体和政体被说成是"超阶级"的假象。

资产阶级，特别是垄断资产阶级的"金元政治"，以其金钱派生的种种自发的、间接的、柔性的政治效应，就能牢牢地控制着仅具有"民主制"外观的资产阶级国家机器，用以维护统治阶级的经济利益和社会秩序。

这是当代西方垄断资产阶级的狡猾的统治手段、统治技巧和"政治优势"。

相比之下，无产阶级的、新生的社会主义民主制，则要诚实得多，坦率得多，也稚嫩得多，刚硬得多。

社会主义民主制及其无产阶级专政，诚实地抛弃了"超阶级"的虚伪的假托，公然申明了自己的阶级属性，正是它的本质力量和正义性的显示。但是，正因为其无私的和自觉性的要求，又带来了实施的困难和艰巨。

其中的道理也很简单：因为无产阶级的、社会主义的自觉的政治意识，本质上是无私为公的集体主义思想体系。这种思想体系及其现实基础——社会主义公有制经济，因其历史短促，一时还难以成为占优势的、不可动摇的、不可逆转的社会支配力量。因为"资产阶级思想体系的渊源比社会主义思想体系久远得多，它经过了更加全面的加工，它拥有的传播工具也多得**不能相比**"。即使在社会主义制度下，"最流行的（而且时刻以各种各样的形式复活起来的）资产阶级思想体系，却能自发地而又猖狂地迫使工人接受它"。工人运动和劳动群众的经济地位,不能自发地产生社会主义的自觉的政治意识。这种"阶级的政治意识只能从外面灌输给工人"①。由于资本主义思想还占有优势,所以社会主义民主制就需要更多一些集中,就需要共产党用科学社会主义的思想,对工人阶级和其他劳动群众进行强有力的思想和政治引导,以克服自发倾向和习惯势力的影响。

正因为如此,在社会主义民主制中,就必须在发展民主的同时,坚持共产党的领导,坚持无产阶级专政(我国称为人民民主专政),坚持马克思主义的思想指导,而不能搞西方式的"多党制"、议会民主和"三权分立"的政体模式。在一定历史阶段,社会主义国家尚不具备条件,也不宜于通过公民"直选",产生国家领导人。

前苏联,戈尔巴乔夫当政时,推行所谓"公开性"、"民主化",并主张通过"政治多元化"、多党"竞选",来争取苏共的执政党地位,而招致败亡的事例,就是前车之鉴。企图把资产阶级的"民主模式",引进社会主义民主制,如果不是幼稚者的天真,就是对社会主义民主制的背叛。

社会主义民主制,需要有在民主基础上的必要的集中和集权,这本身就是一种两难的选择。社会主义的民主与集中、分权与集权之间,有其不同于资本主义的特点、规律和权力结构,也难于达到一种最佳的结合与平衡。弄得不好,还可能走向反面。

社会主义民主制的这种必要的集中和集权的实施,既需要从历史规律的高度上作充分自觉的理解,又需要领袖人物和领导集

---

① 《列宁选集》第1卷,人民出版社1995年版,第317—328页。

团的谨慎。缺乏这种自觉性，就会感到"压抑"和不"自由"。而缺乏必要的谨慎，则会导致权力的滥用。这种广泛民主基础上的高度集中，本来是用以防范自发势力或自发倾向的。但是，如果超过了一定的限度，如果领导人滥用了这种集中，尤其是当领导人的思想指导或路线指导出了问题，又可能使社会主义的民主集中制被破坏，而走向反面。斯大林和毛泽东同志晚年的失误，就是这方面的严重教训。

更应警惕和防范的是，社会主义事业的背叛者，往往会利用社会主义这种权力机制，来危害社会主义。戈尔巴乔夫及其领导集团的所作所为，就显示了这一点。当年这个集团的"第二号"人物雅科夫列夫，在谈到他们在苏联搞"和平演变"的策略时，说过："极权主义制度应通过极权主义的党来摧毁它，没有别的办法……因为，只有利用这个党的那种表现为组织性和纪律的极权主义性质，才可以摧毁极权主义制度。"[①]

显然，斯大林和毛泽东同志晚年的失误，同戈氏和雅氏们"自觉"地搞"和平演变"，在动机和性质上，有根本的不同，不能相提并论。但有一点是相同的，那就是：在社会主义制度或社会主义名义下的"集中"、"集权"和"纪律"，作为社会主义民主制的"优点"，也可以转化为弱点。社会主义国家的党和国家的领导人，一旦出现了某种性质严重的问题，它造成的损害也就特别大，而且难以防范和阻挡。

总之，我们应该根据社会主义民主制的这种二重性的本质特征，来设计和实施我们的政治体制改革。

---

① 转引自张捷《雅科夫列夫其人及其对苏联解体所起的作用》，《当代思潮》1996年第5期。

巩固国体,完善政体,推进民主

改革是社会主义社会发展的重要动力。

任何改革的首要问题,是确立正确的改革目标。党的十四大已经明确,我国经济体制改革的目标模式,是建立和完善社会主义市场经济体制。这为经济改革指明了方向。

同样,政治体制改革也应该有其目标模式。对此我们以为,巩固我国工人阶级领导(通过共产党)的、以工农联盟为基础的人民民主专政的国体,完善全国人民代表大会为根本制度的政体,推进社会主义民主政治,可以作为我国政治体制改革的目标模式。

我国的政治体制改革,是社会主义政治制度的自我完善与发展。

故而,在国家消亡的历史条件具备以前,绝对不能动摇和改掉我国的现有国体,只能通过改革,巩固我国人民民主专政的国体。而国家的消亡,在短期内还不可能。

所谓"国体"问题,是国家的阶级属性问题,即哪个阶级是国家的统治阶级,是其实行政治专政的主体力量。这直接决定一个国家的社会性质。

我国是社会主义国家,实行人民民主专政。在我国,工人阶级是领导阶级。工人阶级的先锋队——中国共产党,作为执政党,代表工人阶级对国家和整个社会主义事业,实行政治领导。由于中国农民这个劳动阶级,占有人口的大多数,而且最容易站在工人阶级一边,拥护社会主义,因此工农联盟,理所当然地是人民民主专政的基础和主体。

工人阶级和共产党的领导,包括政治领导(纲领、路线和政策的领导）、组织领导（共产党作为执政党）和思想领导，是中国作为社会主义国家的政治灵魂和政治脊梁。因此，只能坚持和巩固，决不能削弱和动摇。

所谓"政体"问题，则是政治权力的结构和实施的方式问题。

全国人民代表大会制，是我国政体方面的一项根本制度，是我国国体的具体实现形式。

按照这一制度，我国的一切权力属于人民。全国人民代表大会是国家的最高权力机关。人民代表大会产生人民政府，代表人民和组织人民来管理国家。

在这里，一个重要的问题是，处理好党和党的政治机关与国家权力机关的关系问题。党的领导，主要是政治领导。这种政治领导是管战略全局和政治方向的。共产党不是权力机关，而是执政党。执政党的纲领、路线、方针和政策，要转化为国家的集体意志，即转化为国家的法律、法令和决定，才能成为法制规范和行政规范。

因此，绝不能以党代政。而要在职能上实行党政分开、政企分开。

我们要巩固国体，就要坚持四项基本原则，使之成为立国之本。其中最重要的，是坚持社会主义道路和共产党的领导。

要完善、改进和加强共产党的领导，包括要坚持和完善共产党领导的多党合作和政治协商制度；要坚持和完善民族区域自治制度；要坚持和完善人民群众基层自治制度等基本制度，以便更好地团结和领导全国各族人民，坚持和发展社会主义事业。

我们要完善政体，除了要加强和完善党对国家政治生活的领导之外，最重要的是加强人民代表大会制及其常设机构的建设。为此，要加强人民代表大会的立法职能；

要加强人民代表大会的对执法和行政的监督职能；

要加强人民代表大会对国家工作人员的考稽和监督；

要加强人民代表大会本身的建设，使其成为国家的真正的"权力机关"，而不是什么"橡皮图章"。

完善我国政体的关键，是要加强和完善行政和司法机关的建设。因为各级政府和司法部门，是国家和人民意志的最直接的体现者和执行者。改革和加强这些机关的组织建设、施政能力和执法的实践行为，是改善政体的最为关键、最为重要的方面。人民的政府和其他执法机关，要接受党和人民（包括人民代表大会）的监督，要向人民负责。

巩固我国国体，完善我国政体的核心和实质，是大力推进和发扬社会主义的民主政治。

我国的立法、行政和司法机关对治国方略的制定和实践，以及对此发挥政治领导作用的共产党的纲领、路线、方针和政策，要代表人民的根本利益，要体现和集中人民的真实意愿。

要采取有效的制度、途径、措施和方式，引导和组织人民，参与对国家、社会和企业的管理，使人民成为国家和企业的真正主人。

要倾听群众的呼声，关心群众的疾苦，全心全意地为人民服务。

要接受群众的监督，接受群众的合理的建议，听取群众的批评，坚持群众路线。

要逐步创造条件，根据需要和可能，扩大人民群众参政和议政的活动，使职业的政治家、国务活动家与人民群众的政治参与相结合。要进一步完善和加强"普选制"，逐步扩大对民意代表和政务首长的"直选"的范围，直至条件具备时，"直选"国家的最高领导人。

在我国社会主义制度下，工人阶级是国家的领导阶级，工人、农民和知识分子是国家的主人和主体，也是经济改革、政治改革和其他社会改革的根本动力和依靠对象。通过政治改革，来巩固我国国体，完善我国政体，最为重要的，就是要在社会主义制度下，形成一种党政分工科学、合理、精干、高效的政治体制，以便更好地动员和组织群众，致力于国家的社会主义现代化建设，使我们的人民，享有与社会经济和文化的发展相匹配的、更为真实和广泛的民主权利。

从人民群众最关注的政治热点切入

人民群众最为关注的政治热点，往往是社会政治矛盾的焦点，也往往是我们政治体制的缺陷和弊端的集中体现。

就目下的情况而言，人民群众最为关注的政治热点问题，我们以为，主要有：

1. 腐败现象在一些党政机关蔓延问题；
2. 一些基层党组织和基层政权（特别是农村）的涣散和弱化问题；
3. 社会主义精神文明，特别是思想道德状况和思想政治工作状况在一些地方滑坡问题，致使拜金主义、享乐主义和利己主义很是盛行；
4. 社会治安在一些地方比较混乱的问题；
5. 有不少党员和干部，共产主义理想淡化，社会主义信念动摇问题；等等。

所有这些问题，集中到一点，就是党员和干部队伍的思想政治素质及其有关的干部制度（包括选拔、培养、教育、运用、升降、考核、监督、弹劾等制度）问题。

政权建设和政治体制改革的问题，说到底，就是两个相关问题：一个是人的问题即干部问题，我们要教育和选拔什么样的人，来执掌和具体行使国家的各级权力；另一个是具体制度问题，即我们运用什么样的组织形式、运行机制和规范约束机制，来维系国家权力机关的正常运转，使之更好地体现党的路线、方针、政策，更有效地执行化为国家法律和法令的人民的意愿。

例如，屡禁不止，而且有日益蔓延之势的腐败现象，从人来讲（即从干部素质来讲），是我们选人不当或教育不力，监督不严，约束软化的问题，致使有些党员干部，忘记了为人民服务的根本宗旨，忘记了国法党纪，而不择手段地以权谋私，搞钱权交易，以致腐化变质；从具体制度来讲，是缺乏有效的监督制度和制约机制，以致贪污浪费、行贿受贿、以权谋私行为，以及官僚主义作风，不能及时制止和揭露。腐败现象的滋生和蔓延，固然是剥削制度和剥削阶级的产物，但也是目前政治体制弊端的一个集中的暴露。

从类似的群众关注的政治热点问题着眼，我们通过分析，就会发现现行政治体制的弱点、缺陷和漏洞，从而更有针对性地、更有实效地进行政治体制改革。这应成为政改的切入点。

当然，这类问题的产生，其原因是复杂的。但是，如果一种较为严重的政治问题得不到及时的制止和解决，那么，毫无疑问，它与政治体制不能说完全没有关联。弄清了这种关联，我们就知道，我国的政治体制，要坚持什么，要改什么，如何去改，以及改革的轻重缓急等。从现实的政治问题切入，就能看准问题，顺乎民意，提高改革的实效，克服改革的盲目性。

制度化、法治化、规范化

我国的政治体制改革,在操作取向上,是要适应社会主义基本政治制度的要求,服务于经济体制改革和生产力发展的客观趋势,确立和完善一套关于党和国家的具体的干部制度和领导制度,并使之法治化、规范化。

历史和现实的经验显示:"我们过去发生的各种错误,固然与领导人的思想、作风有关,但是组织制度、工作制度方面的问题更重要。这方面的制度好可以使坏人无法任意横行,制度不好可以使好人无法充分做好事,甚至走向反面。即使像毛泽东同志这样伟大的人物,也受到了一些不好制度的严重影响,以至对党对国家对他个人都造成了很大的不幸。"因为"领导制度问题更带有根本性、全局性、稳定性和长期性"[①]。

根据这种认识,我们以为,中国在政治体制改革中,迫切需要形成、确立和完善以下的几项具体制度:

1. 中央与地方之间的必要的集权和分权的制度;

2. 规范党政之间、政企之间的权限、分工、职责和协同工作的制度;

3. 各级领导干部的培养、选拔、考稽、升降、弹劾、回避、离休、退休、奖罚、待遇等制度;正在试行的公务员制度,要逐步完善;

4. 对党政机关的权力约束、权力制衡和权力监督的制度,特别是对党政机关、党政领导干部的各方面的监督机制,要形成制度、惯例和准则,其中最重要的是人民的监督、群众的监督;

---

① 《邓小平文选》第2卷,人民出版社1994年版,第333页。

5. 领导干部和企业负责人的收入申报、财产申报公示与核查制度；

6. 人民群众参政、议政、评政的制度，如人民代表向选民、党的代表会议代表向自己所代表的党员和党员集体汇报工作的制度，以及党政机关、党政干部在一定范围内向自己工作对象报告工作的制度，并由听取者对这类工作报告进行评议；

7. 对极为重要的国事问题，如有必要和可能，也可考虑依法进行"人民公决"的制度；

8. 关于党和国家机关实行民主集中制的具体工作制度；

9. 在党内和各级领导集体内坚持召开民主生活会，开展及时和正确的批评与自我批评；

10. 高级领导机关和领导人对基层工作的巡视制度；

11. 基层干部参加生产劳动的制度；

12. 在司法审判中，实行"人民陪审员"制度；如此，等等。

我们国家，有一套完整的、具有可操作的具体的组织和领导制度，就可以使社会主义的民主，趋于制度化、法治化、规范化，使领导干部和领导机关，正常运作，不偏向，不越轨。

要达到这点，就要使这些具体制度获得立法上的依据，依照法律和法律程序办事，人人都得遵循，不得有例外。

首先，要树立法律的权威和尊严，特别是宪法的权威与尊严。宪法至上，宪法高于一切。

宪法是我国的根本大法。宪法和宪法所确定的基本原则，既要慎重确立，又要严肃对待。宪法不能随便更改。特别是宪法对我国国体和政体之重大问题的规定，更是不能改易。我们建议：对于宪法，不能动辄改订。一部比较成熟和定型的宪法，以及其所确定的宪制，应具有长久的法律效力。这是国家稳定和长治久安的法律保障。从原则上讲，一般不要更改宪法，只能根据立法程序，在有充分的必要性的情况下，对宪法的某些确系过时的条款，可颁布"修正案"，以维护宪法的尊严。

宪法是我国法律体系的核心。国家的其他具体的法律和法规，要以宪法为指导，为依据，而不能与之相抵触、相矛盾。

根据宪法，按照立法程序，对我国各方面的社会生活，其中包括社会主义民主的政治生活，在总结实践经验的基础上，颁布法律，形成制度，加以法制的规范，是社会主义民主政治的重要保障，也是政治体制改革的操作取向。当然，这要有一个过程。要有一个实践探索和经验积累的过程。只要我们看准了的改革成果，就要以制度和立法的形式，予以巩固和推广。

"在法律面前，人人平等。"在我国政治生活和其他社会生活方面，法律是最为有效、最为权威的行为规范。在政治和人格上，公民一律平等，没有特殊的公民。公民要依法行事；干部要依法从政；法律没有例外。即使是各个政党，包括执政的共产党，也要在宪法和法律的范围内行动。

为此，我们的法律，就必须尽可能地公正、严密，要有可操作性。法律还要尽可能具体，不能有过大的弹性。我国有些具体法律，一种偏颇和不足，就是过于笼统和一般。因而在执法中，容易产生任意性，容易受形势和人事的影响和干扰。法律就是要有刚性、强制性，不能使之像个面团，随人捏弄；也不是一块橡皮，可压缩和拉长。我们认为，流行的"依法从重、从严或从宽、从快"等语言，虽有策略意义，但都是不规范的。应该说，依法该如何对待就如何对待，依法该如何处置，就如何处置。任何人也不能例外。

应该指出的是，法律规范是社会的起码的行为规范。一旦越过了法律界限，就是违法。因此，法律规范是基本的规范。与此同时，对于社会生活和政治生活的不同层次，还需要一些社会规范作为法律规范的补充。在共产党内及党政领导干部中，当然还要有高于一般公民要求的行为规范。这些规范，如纪律、制度和思想道德原则等，要以宪法和法律为基础，但又有更为严格的要求。在社会主义国家的组织和领导制度的改革中，在推进社会主义民主政治的建设中，这些更高要求的规范，既与现有立法的基本精神相一致，又代表着立法进程的未来。因此，这与政治体制改革的运作取向，即规范化、法治化和制度化，是统一的。

总而言之，我国政治体制改革的成果，要有稳定性和长期性，就必须使之逐渐形成制度，有法制保障，有规范化的行为规章和规则。使全体公民、全体党员、全体干部和党政领导机关，都依法办事，按制度办事，按规范化的规则办事。我国的政治生活和民主政治，因此才能逐步定型化和法治化，以克服在一些地方尚存的"人情大于王法"、"权大于法"的弊端。

政治体制改革的政治原则与基础性的方法论原则

我国的政治体制改革，是社会主义体制改革的一个重要方面，一个重要的组成部分。如同整个改革一样，政治体制改革也要遵循一系列的政治原则和基础性的方法论原则。

我们认为，政治体制改革所要遵循的主要的政治原则是：

第一，政治体制改革，必须以党的基本理论和现阶段的基本路线为指导，以保证改革的社会主义方向。

其中，尤其要以四项基本原则为指导，这是我们的立国之本，是推进社会主义民主政治的政治基础。

第二，政治体制改革，必须有利于加强和改善共产党的政治领导，这是社会主义民主政治的最根本的组织保证。共产党代表工人阶级所实施的政治领导,是我国政治权力构架的核心和脊梁。没有共产党的正确领导,就没有人民民主专政,就没有社会主义民主,就没有社会主义事业和改革开放的胜利和成功。

第三,政治体制改革,必须有利于进一步坚持和落实工人阶级的主人翁地位,必须有利于人民群众参与对国家和社会政治生活的民主管理,推进社会主义的民主政治,把"中华人民共和国的一切权力属于人民",进一步落到实处。

第四,政治体制改革,必须有利于全国各民族人民的团结和平等,必须有利于国家的统一、富强和繁荣。

上述这四条政治原则,是我们搞政治体制改革所必须贯彻和遵循的。否认或违背了其中任何一条原则,改革就会违背初衷而走上邪路。

为了搞好政治体制改革,还必须遵循一些基础性的方法论的原则。这主要有:

其一,解放思想,实事求是的原则。这既是党的思想路线,也是政治体制改革的思想指导。我们在政治体制改革中,既要克服因袭守旧,不思进取的保守观念,要敢于探索,又要坚持一切从实际出发,按照中国的国情,按照群众的觉悟程度,来加以设计和推进。

其二,政治为经济服务的原则。要根据唯物史观,根据经济与政治的辩证关系,使政治体制改革,为发展生产力,为巩固社会主义经济基础,即为坚持和巩固现阶段以公有制为主体、多种所有制经济共同发展的基本经济制度服务。在整个体制改革中,要使政治体制改革适应确立和完善社会主义市场经济体制的要求,并与之相配套,为它开辟道路和提供坚强的政治保障。

其三,循序渐进,审慎稳妥的原则。政治是经济的集中表现。一些重大、较深刻的政治变动,事关全局。因此,政治体制改革的设计，要周密稳妥，由易到难；在实施中，要有步骤、有领导地进行。切不可好高骛远，企图一步到位，而不顾客观条件的制约。

其四，继承与创新相统一的原则。应该说，我国的现行政治制度，与社会主义的基本经济制度，是基本相适应的。我国的国体和政体的现状，通过几十年的实践和考验，在总体上是站得住的。我国的政权建设，我国的社会主义民主，是基本符合历史规律和人民群众的根本利益和根本要求的。对于这些基本方面，我们要肯定，要坚持，要继承。至于我国政治体制上的缺陷、弊端，以及历史上的经验教训，我们要在总结经验的基础上，大胆地进行改革和创新。该改的，我们要坚决地改；该继承和坚持的，我们要理直气壮地继承和坚持，并使两者有机地结合和统一起来。

社会主义体制改革，包括政治体制的改革，是创造性的艰难事业。而时代和历史发展的要求，又呼唤我们必须把这种改革坚持进行下去。

展望21世纪，环顾"一球两制"的战略态势，面对国际间的激烈竞争，我们既面临着严峻的挑战，又有不可多得的历史机遇。中国共产党人面对历史赋予的伟大使命，要有高度自觉的责任感和使命感，只能义无反顾，一往无前，把改革事业，不断推向前进。历史的未来，人类的希望，在一定的意义上说，将在很大程度上取决于社会主义改革事业，尤其是中国的改革和现代化建设事业。其中，如果说我国的经济体制改革和经济建设是基础的话，那么，我国的政治体制改革和社会主义民主政治建设，则是关键环节。通过我国经济体制、政治体制和其他相关体制的配套改革，在未来二三十年，"在各方面形成一套更加成熟、更加定型的制度，在这个制度下的方针、政策，也将更加定型化"①，并与我国"三步走"的现代化建设的战略目标相协调。我们就能逐步争得与资本主义相比较的制度优势，使社会主义焕发出更强大的优越性和生命力。相应地，我们就能把一个经济繁荣、科教昌明的新中国带入21世纪，并使社会主义中国继续朝着富强、文明、民主的方向迈进，朝着最终实现共产主义的远大目标迈进。

包括政治体制改革在内的中国社会主义体制改革，任重而道远，历久而弥坚。要言之，这种政治体制改革，目的在于为整个改革开放和现代化建设，提供政治保障和政治动力；实质在于推进社会主义民主进程，更充分地实现人民的民主权利；关键在于干部制度和领导制度的进一步确立和完善，使党和国家的权力构架和运作，牢牢地掌握在马克思主义者手中，更好地遵循社会历史发展的客观规律；改革的切入点在于，紧紧抓住人民群众关注的政治热点问题，使改革体现人民群众的根本利益，反映人民群众的本质愿望；而改革的操作取向，则在于把改革的成果以立法的形式肯定和巩固下来，使之制度化、法治化、规范化。而要力求达于这些战略要求，这种政治体制改革，就必须遵循一些既定的政治原则和基础性的方法论的原则，使改革沿着正确的战略设计，逐步有领导有步骤地实施和展开。

中国的社会主义体制改革，将在世纪之交和伴随第三个千年的历史起步，绽开出光彩夺目的、光耀世界的社会主义民主之花！

(原载《关键时刻——当代中国亟待解决的27个问题》，
今日中国出版社1997年版)

---

① 《邓小平文选》第3卷，人民出版社1993年版，第372页。

学习邓小平"两个飞跃"思想推进农业产业化[①]

以1978年底召开的党的十一届三中全会为转折点,此后我国农村普遍推行以土地家庭联产承包为主的责任制,赋予了中国农村新的活力和发展契机。这种改革调动了广大农民的生产积极性,使中国农村经济发展取得了巨大成就,这是有目共睹的。但是,中国农村经济的改革和发展,要走的路程还很长,还远远不能适应整个国家建立和完善社会主义市场经济体制的要求。展望即将到来的21世纪,中国农村发展所面临的主要机遇和挑战,就是如何根据整个国民经济发展要求,有步骤地、循序渐进地推进农业发展的现代化进程,推进传统小农经济向现代市场农业、规模农业的根本性转变,使农村经济与社会协调发展,真正适应社会主义市场经济的发展要求。而完成传统农业向现代农业的历史性转变,就要深化农村经济改革,实现中国农业"第二个飞跃"。这也是社会全面进步的历史必然。

---

① 本人执笔撰写,有一署名合作者。

一 "第二个飞跃"是中国农业深化改革与持续发展的必然选择

农业问题一直是困扰我国国民经济发展和社会稳定的焦点问题，是关系到国计民生的重大问题。农业是国民经济发展的基础。没有农村的现代化，就没有中国的现代化。

因此，邓小平同志反复强调："农业是根本，不要忘掉。"① 并就中国农业的长远发展战略提出了"两个飞跃"思想。他指出："中国社会主义农业的改革和发展，从长远的观点看，要有两个飞跃。第一个飞跃，是废除人民公社，实行家庭联产承包为主的责任制。这是一个很大的前进，要长期坚持不变。第二个飞跃，是适应科学种田和生产社会化的需要，发展适度规模经营，发展集体经济。这是又一个很大的前进，当然这是很长的过程。"② 这里，邓小平同志以他深刻的哲学思想和战略家的高瞻远瞩，为我国农业经济长远发展和深化农村改革指明了一条光明大道。

从整体上看，"两个飞跃"有着内在的客观联系，"第一个飞跃"是"第二个飞跃"的基础和准备，"第二个飞跃"是"第一个飞跃"的纵深发展。目前，在广大农村，以家庭联产承包为主的责任制还处在继续深化和完善之中，还有现实的生命力。也就是说，在我国广大农村，当务之急还是要继续坚持和完善以家庭联产承包为主的责任制，实行双层经营，要坚持长期不变。因为它适合当前我国广大农村社会生产力的发展水平。但

---

① 《邓小平文选》第3卷，人民出版社1993年版，第23页。
② 同上书，第355页。

是，随着农业生产和农村经济的发展，首先从一些经济和社会发展较快的村镇开始，就会逐步使农业的"第二个飞跃"提上议事日程。因为"第二个飞跃"本质上是在"第一个飞跃"的基础上，进一步解放生产力和发展生产力的内在要求。它代表了中国农村的未来。因此，在当前，研究和鼓励一些先进地区试行"第二个飞跃"，还是有必要的。

"第二个飞跃"的核心，是引导农业实现适度的规模经营，发展集体经济。而"农业产业一体化"，是实现农业规模经济和发展集体经济的有效途径。在传统小农经济体制下，农村的各项产业被割裂，农业再生产各环节的内在联系被截断，而"农业产业化"意在把截断的农工商和产供销各环节重新联结起来，构成涵盖农业扩大再生产全过程的完整体系，也就是"农工商、产供销一体化的经营系统"，以此来引导分散的农户小生产转变为社会化大生产的组织形式。

农业产业化是市场经济体制的必然产物。它本质上要求农业与市场紧密结合。农业作为一门社会效益大、经济效益低的弱质产业，为提高农业的比较效益，增强农业发展动力，只有从扩大农业经营规模，扩大生产内涵，而实现规模效益，并通过市场优化生产要素配置，提高资源投入产出率和发挥农业产业的整体效益上找出路，而别无选择。农业产业化、市场化必然要求打破行业、地域和所有制界限，使生产要素在更大范围内按市场导向进行配置，从而扩大农业经济发展的空间，使农业生产布局和农村产业结构逐步得到调整和优化。因此，农业产业化的最终目的，就是要变革传统农业经济增长方式，并从农业生产内部建构起农业自我积累，自我发展的机制，通过农村的工业化、城镇化和科学种田来实现农村的现代化。

发达国家农业发展的历史过程充分证明，农业产业化是农业经济全面发展的必然趋势。农业作为社会有机整体的基础产业，一方面要创造自己持续发展的条件，另一方面也要与工业和科学技术的进步相适应。从发达国家工业、科技与农业经济发展的联系来看，工业结构的演进和科技进步，对农业发展产生过巨大影响，都是通过对传统农业不断进行技术改造而实现的。发达国家在工业结构上经历了由劳动密集型为主，转向资本密集型为主，直至技术密集型为主的三个演进阶段。在第一阶段，劳动密集型工业在城市的集中布局，引发了农业劳动力大规模地向城市非农化转移，同时也带动了大量农村人口城市转化。随着劳动密集型工业的扩张，对农产品的需求量也急剧扩大，为农业发展注入了强大推进力。这一时期，农业主要依靠扩大生产规模，改进生产工具以满足工业发展的需要。此时，工业只是对传统农业进行了初步改造。第二阶段，资本密集型工业使农业初步实现工业化、产业化，农业经济市场化程度普遍提高。资本密集型工业具有组织规模大、集中化程度高的特点，导致农业劳动力又一次大规模向城市非农化转移。在劳动力不足的情况下，农业只有依靠机械化和规模经营才能满足自身发展和工业发展的双重需要。农业发展开始初步走上工业化、专业化的道路。第三阶段，技术密集型工业使农业比较利益继续变小。经营农业要增加利润，必须扩大再生产，增加农业投入。尤其是在市场经济条件下，要求农业向"农工商、产供销一体化经营"方向发展，建立高效的、多元化的农业生产体系，从而促使农户和农业生产基地进行专业化、区域化、社会化大生产。

可见，正是在与工业和科技发展相适应的过程中，发达国家才在资本主义生产方式下实现了农业机械化、产业化，完成了对传统农业的现代化改造。发达国家农业发展的现代化过程向我们显示，随着社会工业、科学技术和市场经济的全面发展，为适应科学种田和农业生产机械化、社会化的要求,传统农业的现代化必将经历三个层次的深刻变化:(1) 结构转型—工业化;(2) 体制转轨—产业化;(3) 经济开放—市场化。从农业发展的技术形态和产业结构上看,农业生产技术和生产工具的进步,必然要求农业生产规模不断扩大,走上专业化、机械化、产业化、市场化、社会化的发展道路。这是世界也是中国农业发展的历史必然趋势。

中国是一个农业大国,自然资源丰富,农业经济发展潜力很大。然而,就我国农业的生产条件和产业结构来说,与发达国家还存在很大差距。虽然,农村改革废除了"人民公社"体制,代之以家庭联产承包责任制为主的多种农业生产责任制,革新了土地经营方式和劳动形式,重塑了农村微观经营主体,产生和在一定程度上发展了社会服务体系,改变了农业生产的激励机制,刺激了农民的积极性,促进了农村生产力的发展,从而在短期内创造了世界农业发展史上农村经济增长的奇迹。

但是,家庭联产承包责任制的实施,其目的是克服计划经济体制下"干好干坏一个样"、"出工不出力"以及分配上平均主义严重的弊端,而非从根本上改造传统农业。这种体制从其诞生之日起,就存在着固有的缺陷:

第一,家庭联产承包责任制难以克服它与现代社会化大生产要求的矛盾。这种体制的一个显著特点,是农业生产主体的个体性与分散化,农民还主要是自给自足的小农生产者,而非面向社会和市场的大宗商品的生产者。因此,这种体制在很大程度上是对传统农业小农生产方式的恢复,只能容纳较低的生产力,与社会化大生产和市场经济的要求难以适应。

第二,家庭联产承包责任制这种分散、封闭的生产方式,其本身蕴含的发展能量是有限的。农村改革以后,由小块土地和分散小农户构成的农业生产,具有不言而喻的局限性。广大农户所从事的主要是单纯的原料性生产,生产经营范围都过于狭小,是一种半自给自足的半自然经济和简单再生产,难以进入社会化大市场。在这种情况下,农业生产缺乏自我积累和扩大再生产的内在驱动机制,劳动生产率难以持续增长,农业内部的产业结构难以分化和协调发展。

第三,家庭联产承包责任制吸纳先进科学技术的能力十分有限。长期以来,农民单家独户的从事生产,对区域种植、机械作业、生物工程以及水利化、电气化和化学化等现代农业科技的实施无能为力,甚至于有某种排斥力。这种情况,极大地阻碍了科技兴农战略的具体实施。

第四,家庭联产承包责任制使农业的可持续发展难以为继。家庭联产承包责任制实施以后,昔日强制性的一些制约因素随之消失,于是在比较利益的驱使下,出现了抛荒土地、非法出售耕地等现象。更大量的情况是,农民劳动和对土地投入的积极性下降,维系农业生产不可缺少的水利灌溉等基本设施,不仅没有发展,反而遭到不同程度的破坏和闲置。小农经济助长了一些农民急功近利和目光短视的狭隘性,在眼前利益驱使下,许多农民以一种近于"竭泽而渔"的掠夺性方式进行生产,结果导致水土流失、土壤退化和肥力递减,使农业依赖的自然资源可持续利用性难以维护。

第五,家庭联产承包责任制无力引导农民参与市场竞争,也难以承担自然灾害的损失。由于家庭生产的经济实力脆弱,一家一户的农民难以及时、全面、准确地掌握与预测市场行情,在激烈的市场竞争中处于极不利的地位。同时,面对自然灾害也无力自救。

总之,家庭联产承包责任制这种分散、封闭的农业生产组织形式，虽然有与此同时存在的双层经营和社会服务体系的发展，在一定程度上克服了它的缺陷，但仍难以从根本上符合现代农业生产社会化、专业化、机械化、市场化、产业化的要求，不利于科学种田和农业可持续发展，更不能满足社会主义市场经济和实现农民共同富裕的要求。因此，深化我国农村改革终究是势在必行的。而以生产的社会化、适度的规模经营和发展集体经济为依托的"第二个飞跃"，本质上就是要对传统落后的小农经济进行根本变革，就是要变传统一家一户的生产为集体的规模生产。它不仅符合农业经济发展的历史趋势，而且是克服家庭联产承包责任制固有局限，改造我国传统农业，以实现农业社会主义现代化的必然选择。

实现农业"第二个飞跃"，也是我国农村生产力发展的必然结果。无论是工业还是农业，生产力的发展都必然带来生产方式的变革，这是由生产关系一定要适应生产力发展状况的规律决定的。

自70年代末开始，伴随着农村经济体制改革，农村生产力不断从旧体制束缚下解放出来，并获得了良好的发展条件，全国农业生产力平均水平明显提高。但是，随着生产力的日益发展，家庭联产承包责任制这种适应我国传统农业生产力低水平的劳动方式，会逐渐丧失以往对生产力的适应性。面对市场经济和生产社会化的现实要求，它所具有的刺激农业生产力增长的能量是有限度的，并由于自身的缺陷而将逐渐变为农业生产力进一步发展的制约因素，终将成为农业产业化和市场化的障碍。的确，面对广大农民在市场经济条件下追求自我利益的合理冲动，以及市场竞争的强制驱动力，一家一户承包的土地和单一的农业生产变得太狭小了，根本无法满足农户致富的要求。而且小农经济分散、封闭、不可持续性的劳动方式根本不能提供农业经济纵深发展的空间，因而终将导致农村生产力发展与传统落后的劳动方式之间的矛盾加剧。

然而，生产力作为最活跃的因素，必然要冲破束缚，寻找发展的有利空间。这是客观规律。因此，在社会主义市场经济和社会化大生产的外部条件下，农业逐渐走上适度的规模经济，发展集体经济的道路，实现产业化、市场化，正是中国农业生产力发展的客观要求和条件，也是其自我发展的必然途径和结果。同时，农业产业化也为中国农业可持续发展提供了根本保证。

实现农业"第二个飞跃"，也是农村城镇化、现代化的必然要求。任何社会工业化达到一定程度，必然带来社会的城镇化。城镇化作为衡量社会现代化的标准之一，它不仅反映了现代化的一般发展趋势，而且反过来对社会工业、农业的现代化进程，具有巨大的推动作用。广大农村一旦形成城镇化的发展格局，就能以它巨大的经济功能和商业服务中心、精神文明中心的地位推动社会全面发展。因而，一个国家或地区城市的发展水平，往往能标志出其经济、政治、文化、科技、教育等多方面所达到的进步程度。中国作为一个农业大国，农村的工业化、城镇化、现代化建设，已经成为社会主义四化建设的基本环节。而以农业产业一体化为依托的"第二个飞跃"，通过建立高效益的农业体系，将农业生产从种植业、养殖业延伸到加工业、服务业，并把农业生产与工业、建筑业、运输业和商业贸易联系在一起，使农业生产向非农产业扩展，并通过发展乡镇企业，吸收大量农村剩余劳动力，不仅可提高广大农村的工业化水平，而且能推动传统社会的绝大多数农民，演变为现代社会的市民，完成一次更深刻的人的社会角色的变革，从而提高乡镇的城市化水平。与此同时，产业化在促进农村城镇化进程中，又为小城镇农业经济建设积累资金、技术和人才，为农业发展提供更大的拓展空间。总之，农业产业化能带动城镇工业、交通、商业、文化、服务等相关产业的全面发展,加快了乡村现代化的进程。

由此可见,农村经济的"第二个飞跃",不仅为农业全面发展提供了机遇和条件,而且是变传统农业为现代农业,使农业发展适应社会主义市场经济和现代化建设的必由之路和根本保证。

二 "第二个飞跃"的实现应遵循历史发展的辩证法

历史发展的辩证法昭示我们,任何社会的发展变化都是一个辩证的演进过程。而这种历史性的进步,是由自己内部革命性因素的积累和发展所提供根据的。我们不能离开社会生产力发展状况和客观要求,人为地、主观地强调社会发生"变革"。50年代后期的人民公社化运动和十年动乱中所搞的"穷过渡"的严重教训,我们决不能忘记。我们现在讲农业终将实现"第二个飞跃",要坚持从实际出发,要根据客观条件,要遵循农业发展的客观规律。

邓小平关于农业"第二个飞跃"的战略思想,所规划的是中国农业经济长远发展的方向。他指明了农村经济深化改革的远景和具体道路,但是,"第二个飞跃"的实现,不仅是中国农业经济发展的必然趋势,更是一场牵动全社会历史发展的深刻革命。社会历史发展过程是辩证的、曲折的,任何历史性的变革都必定要历经一个艰辛的过程。可以说,改造传统农业经济,促使农业经营方式转变和经济发展的过程,也将是各种矛盾和问题不断凸现的过程。因而"第二个飞跃"的实现是一项复杂、艰巨的事业,不可能一蹴而就。它必然要遵循历史发展的辩证法,呈现出复杂性和曲折性,必将经历一个漫长的过程。

首先,"第二个飞跃"的长期性和过程性,是内在地根源于农业发展复杂的矛盾运动，根源于变革旧生产组织形式和劳动方式的艰巨过程。在我国农业发展复杂的矛盾体系中，最突出的矛盾是我国广大农村传统分散落后的劳动方式，同社会化大生产要求不相适应的矛盾。虽然，农村经济改革普遍实施以家庭联产承包为主的责任制，导致分散经营的小生产与社会化大生产之间的矛盾日益尖锐，变革传统劳动方式终将成为紧迫的现实要求。然而，劳动方式的变革是涉及社会表层及深层各个领域的复杂社会工程。变革劳动方式不仅依赖生产力、科学技术和管理制度的发展，还依赖于政治、思想上层建筑、社会意识和社会主体人的综合素质的发展。而上层建筑、社会意识的演变，以及作为更深层的人们思想观念的转变，都将经历一个漫长的演变过程，绝非一朝一夕就能实现的。以改造落后的劳动方式为目的的"第二个飞跃"，是社会主义市场经济体制下的新生事物。它不仅要求一系列适应农业生产力发展状况的深刻变革，诸如，它要求运用现代工业和科学技术来改造农业，要求用现代市场经济来取代自然经济和半自然经济，要求农业产业化、多元化，要求培育农产品市场，完善农村金融市场，发育劳动力市场，发展第三产业，转变政府的管理职能，等等；更要求人们突破自然经济条件下传统观念的束缚，建立与市场经济相适应的一系列新观念，诸如市场意识、竞争意识、效率意识、科技兴农意识、扩大再生产意识等。因此，"第二个飞跃"所要实现的农业和农村的社会变革，是一个要有长期量的积累过程的根本性质变，必将经历一个漫长过程。

其次，"第二个飞跃"的长期性和过程性，是由我国农村生产力发展水平的不平衡性决定的。虽然，"第一个飞跃"使我国农村改革与发展取得了巨大成就，在一定程度上促进了各地区农业生产力的普遍增长。但是，在我国农业生产中，传统生产要素和技术手段仍然没有根本改变,农民按照世代相传的经验和技能,去从事农业生产活动的现象还大量存在。特别是我国农村各地区之间,生产力发展水平存在着显著差距。东部地区改革开放加速了农村经济发展,乡镇企业星罗棋布,迅速崛起,农业机械化程度获得了提高,并开始探索农业产业一体化的发展方向。不少农民开始进入工厂和商界,越来越多地享受现代物质文明。而在中西部经济发展相对落后地区,农业生产依旧是以人力、畜力为主,扁担、镰刀和犁耙依旧是主要的劳动工具。农民大多过着"日出而作,日落而息,耕田而食,凿井而饮"的古朴生活,甚至还有几千万人的温饱问题没有解决。即使是发展态势良好的东部地区,农业生产条件与发达国家还存在着很大差距,诸如,我国科技进步在农业增长中的贡献份额很低,广大农民对科技的接受能力还非常有限,缺少对科技革新的内在需求,广大农民科技文化素质还没有得到实质性提高,农民就业机会十分有限,农业劳动生产率和商品率水平低下。而就全国总体情况来说,更现实的是,中国人多地少,农民对土地依赖程度很高,种地仍是大多数农民的主要谋生手段,因此使土地规模经营受到极大的限制。我国不同地区农业发展进程的这种不平衡性,正是我国的基本国情之一,这就毫无疑问为农业经济"第二个飞跃"战略的具体实施,增加了艰难性和复杂性。由此可见,在我国实现对传统农业的全面改造,引导农业经济走上现代产业化道路,带领广大农户的生产步入市场经济的运行轨道,实现高科技含量的适度规模经营绝非易事,不可能急于求成。

再次,农业经济"第二个飞跃"的长期性和过程性,也内在地根源于其实现条件的复杂性。对传统农业的封闭性质和小农经济特征进行根本性变革,不仅是一个十分复杂的社会系统工程,而且它所涉及的关系和矛盾是多方面的、复杂的,因而变革所依赖的条件也将是复杂的，多种多样的。虽然，社会主义市场经济已为农业产业化拓展了外部空间，创造了有利发展的外部条件，而且我国工业化、市场化发展已具规模，这也为农业产业化、规模经营提供了必不可少的前提条件。但在现实中，我国不同地区农村经济体制市场化改革并非一致，工业化发展程度各不相同，各地区农业生产又具有各自的特殊性，不同地区的地理环境、生产技术水平、劳动者的综合素质具有很大的差异性，很多地区传统体制仍然在一定程度上起作用，农户缺乏扩大经营规模和积累资产的冲动，农户生产经营活动还经常受到来自基层政府部门的不当干预。因此，不同地区实施"第二个飞跃"的具体条件具有特殊性、复杂性。各地区应因地制宜，坚持具体问题具体分析的原则，决不能一哄而起，搞"一刀切"。

总的来说，在一些先进的、有条件的地区，要根据自身的实际情况，抓住有利条件和发展机遇，有秩序地逐步完成生产工具的革新换代、产业结构的转型、农业科技的广泛推广和应用、社会服务体系的完善等一系列农业劳动方式和经营方式的变革，促使农业和非农产业协调发展，使农民经济收入和农村整体经济实力上升到新的水平，壮大集体经济的力量，不断增加农业本身的积累，在条件具备时，引导农业不失时机地实现"第二个飞跃"；而条件尚不具备的广大农村地区，应该继续稳定和完善家庭联产承包为主的责任制，首先发展种植业和养殖业，同时积极挖掘自身潜力，创办和发展乡镇企业，充分利用自己的优势，发展农副产品的商品生产和产品加工，不断提高非农产业的比重，提高产品的商品率，繁荣农村经济，多渠道多方位地使本地区的农业经济摆脱落后状况，为农业产业化创造条件。

"第二个飞跃"的过程性和条件性，决定了实现对传统农业的变革要讲究方式和方法。在建设社会主义市场经济体制中，解决弱小的千家万户耕种与千变万化大市场之间，家庭分散经营与社会大规模经营之间的矛盾，绝不能简单化、草率行事。农业产业化是社会生产力发展和市场经济条件下的必然产物，随着中国经济和科学技术的发展，农业经营规模势必要扩大。但是，向大规模的集体经济、集约化生产的过渡应该是逐渐的、自愿的，是通过市场力量的吸引而实现的。一个地方、一个村镇的农业，能否和何时采用适度的规模经营，是由农民根据经济因素而不是行政因素来决定的，应该让农民自己选择其经济该采取何种集体经济的组织形式和经营方式。因此，实施农业产业化的策略思想，应坚持引导和鼓励的原则。政府的责任是支持、引导、统筹、协调，但切忌包办代替和过多干预。各地区应根据农业生产者的自身需要，稳妥试点，积极推广，分阶段、有秩序地完成对传统小农经济的逐步改造。总的来说，各地区要在坚持农业发展，实现共同富裕目标的前提下，根据自己的现实情况和条件，采取多种形式、手段和方法，发展适度的规模经营，促使农业向非农产业的拓展。

当前，就农业规模经营应该采取的具体形式问题，存在着两种不同的观点。一种观点认为，农业规模经营应该采取集体经济合作社或股份制合作社的经营方式，通过发展集体经济，达到共同富裕的目的；另一种观点则认为，农业规模经营应该鼓励土地向种田大户集中，发展农业的规模经营。如果抛开中国的具体国情来看，两种思路也许都具有各自的合理性。但是，中国农村的实际情况是人多地少，土地资源相对不足，非农产业并不发达，不能吸收容纳大量农村剩余劳动力。因此，单纯和大量地提倡培育种田大户和兴办家庭农场，并不适合中国国情。因为，这会导致农村大多数农民失去赖以谋生的土地，导致农村贫富两极分化。虽然，我们不反对而是允许少数种田能手多承包一些土地和山林，但不宜普遍推广。因为，这种做法不能代表农业改革和发展的大方向。如果从广大农民的切身利益出发，真正为广大农户着想，就应该引导和提倡逐步发展各种合作形式的集体经济，并以集体经济为依托，使农业和非农产业协调发展，从而使农业经济发展步入良性循环的轨道，逐步为农业实现"第二个飞跃"创造有利的现实条件。

总之，正如邓小平所指出的："农村现在还是联产承包责任制。我以前提出过，在一定条件下走集体化、集约化的道路，还是必要的。但一定要适度，不要勉强，不要'一窝蜂'。如果条件成熟，农民自愿，也不要阻碍。"从长远来说，"农村经济最终还是要实现集体化、集约化。农民现在希望搞联产承包责任制，不想动，但不等于将来永远不能动。科学种田发展了，超过了村的界限，甚至超过区的界限，到那时你不搞集体化、集约化就适应不了了。如果老是仅仅靠双手劳动，仅仅是一家一户地耕作，农业现代化就不可能实现。就是一百年、二百年，还是要走集体化、集约化这条路。现在还是坚持家庭联产承包责任制，切不可以'一股风'，如果农民不提集体化的事，也不要急。总之要条件成熟，农民自愿了再搞"[①]。在这段话里，邓小平把"两个飞跃"的思想阐述得更加明白、具体了。我们应该深刻地理解和全面地把握。

三 21世纪中国农村经济改革与发展瞻望

即将到来的21世纪激发了中国农民美好的希望和向往。随着国家社会主义现代化事业的逐步推进，人们相信农村经济深化

---

① 转引自《农村发展和"两个飞跃"》，《农民日报》1995年11月14日。

改革，"第二个飞跃"战略的逐步实施，必将使 21 世纪成为重塑中国农村形象的世纪。在迎接 21 世纪到来之际，瞻望农村经济未来发展前景，我们可以勾画出中国农村在"第二个飞跃"逐步实现的过程中，将要完成的更加辉煌的转变。

首先，广大中国农村将实现由传统小农经济向现代农业社会化大生产转变。中国农业发展将在社会主义市场经济的召唤下，突破小农户经营限制，形成与现代化大生产相适合的大农业生产。并伴随我国工业化进程，通过建立高效的农业生产体系，使农业生产规模化、产业化、集约化，成为我国农业生产经营的主要组织形式。农业生产专业化、布局区域化、经营一体化、服务社会化、结构产业化，将构成我国农业生产的基本特色。从而，把分散的农户小生产，组织到产业一体化的大生产系列中来，发挥出生产社会化的协同优势。

其次，实现由单一农业生产向农村产业的多样化转变。中国未来农业的规模经营，将打破农业生产的单一性，在"农工商、产供销一体化"生产的全过程中，实施多种产业协调发展，多种经济组织立体交叉、多样化产品并存的生产格局。农业生产的多样化要求，在产业一体化经营条件下，农业经济再生产过程的每个环节，都不能再看做是孤立的存在，而应当从紧密相连的经营一体化上去理解。这里，"农"是指包括种植业、养殖业、微生物开发利用及其他特殊农产品生产在内的"大农业"；"工"是指以农产品为主要原料的加工业，对农产品作深度加工和开发，大大增加其附加值；"商"是指与农产品运销有关的国内贸易和对外贸易的发展，以市场为导向，发展各种农村产业；"产"是指扩大各种初级农产品生产和成品制作；"供"是指以市场交换为纽带，各行各业为农业和农村发展提供物质支持和智力支持，为农村和农业提供各种生产资料和各种社会服务；

"销"是指农产品及其加工品作为商品,能够货畅其流,迅速运销到消费者手中,实现其价值。总之,农业经济将在农产品生产的基础上向多层次、多元化方向全面发展。从而,把农业生产与工业企业、商业贸易、科学技术和社会服务紧密联系起来,完成农村工业化、产业化和市场化的根本转变。

再次,实现由农业发展的不可持续性向农业可持续发展转变。农村和整个农业生产部门,一旦实现了"农工商、产供销一体化"的经营体系,就可以合理和充分地开发利用各种自然资源和人力资源。未来农业将既不是"靠天吃饭"的农业,也不是以生产条件恶化和环境污染为代价的农业,而是名副其实的生态农业和可持续性农业。到那时,生态失衡、环境污染、土地沙化、水土流失、森林减少的状况将有根本性的改变。优质高效、百业兴旺、环境优美、文明富足的新农业和新农村,将展现在人们面前。

最后,实现由贫穷落后的乡村向繁荣文明的现代城镇转变。在农业"第二个飞跃"中,实现农业产业一体化,在发展优质高效农业的同时,实现农村的工业化,必然促进农村剩余劳动力向乡镇工业、服务行业大量转移。农村和农业产业结构的变革,使世世代代"面朝黄土背朝天"的中国农民,走出传统的农业部门,转向工业、商业、建筑业和服务业等非农产业。传统的乡村社会形态在市场农业、乡镇企业、商业贸易等社会多元化发展的格局下,将逐步实现向城镇化生活方式的历史转变。随之而来的将是,农民传统落后的思维方式和思想观念的实质性改变。农业产品的丰富和农村商业贸易系统的发展,不仅繁荣了市场,而且使农民的物质生活和精神生活更加丰富多彩。依靠集体经济、规模经营和科学技术富裕起来的农民,开始了追求和享受现代城市物质文明和精神文明的新生活。现在,人们已经欣喜地看到,在乡镇企业和农业方面走在前列的一些地方,如江阴市的华西村、新乡的刘庄、济南的北园镇等农村,已经出现了城乡一体化、农村城镇化的雏形。沿着这个方向发展下去,在不远的将来,我国会有几亿农民成为亦工亦农的新型市民。

毋庸置疑,中国农村21世纪的辉煌,依赖于对家庭联产承包责任制的超越,依赖于农业经济的"第二个飞跃"。相信随着农村经济改革的推进,乡镇企业的蓬勃发展和农业产业化的全面展开,过去我们所熟悉的农村社会和许许多多乡村旧事物将发生巨大的变化,在广阔的中国大地上,将会涌现更多的类似于"苏南模式"、"温州模式"、"南街村模式"、"窦店模式"等一串串令人振奋的名字。实践证明,在工业文明和社会大变革的冲击下,广大乡村必将今非昔比,旧貌换新颜,在新时代展现出一个全新的景象。

[原载《清华大学学报》(社会科学版) 1997 年第 6 期]

始终代表中国先进社会生产力发展要求是立党之本

最近,江泽民同志谈到加强党的建设时,从唯物史观高度,提出和阐明了我们党应当"始终成为中国先进社会生产力的发展要求、中国先进文化的前进方向、中国最广大人民的根本利益的忠实代表"的科学论断。这个重要论断是对我们党近80年历史经验的科学总结和理论概括,并使马克思主义党建理论得到新的丰富和发展,是在面对新世纪的新形势和党承担着历史重任的条件下,为我们党继续保持和发扬工人阶级先锋队的性质,推进党的建设的新的伟大工程之实现,指明了根本方向。其中,关于生产力发展要求的首要一条,既是其他两条的基础和前提,又以其本身高瞻远瞩、追根溯源,科学地揭示了我们党的立党之本。

一 只有始终代表"中国先进社会生产力的发展要求",才是我们党作为工人阶级先锋队的客观根据和最高的本质体现

历史唯物主义认为,社会生产力不断发展是人类社会进步

的根本基础和终极动力。自从西方社会进入自由资本主义后期时起，资本主义生产方式所固有的基本矛盾，即生产资料私人占有制与生产社会化之间的矛盾，就已经演变到相当尖锐的地步，开始阻滞社会生产力的发展。由此产生社会主义取代资本主义的历史必然性，就指明这样一种客观的历史大趋势，就是必须依据现代社会化生产力的发展要求，推翻资本主义制度，建立和完善社会主义公有制（为主体）的新型生产关系，去解决资本主义生产方式中自己无法解决的对抗性矛盾，解放和发展社会生产力，实现社会变革和历史进步。自近现代开始的社会化大生产中，因为无产阶级是先进生产力及其所要求的新生产关系的代表者，所以世界历史演进的客观逻辑和必然趋势，早已赋予世界无产阶级的伟大历史使命，就是成为资本主义的"掘墓人"、社会主义事业的领导者和革命先驱"遗嘱"的"执行人"。故此，我们应当从世界历史的视野和社会生产力发展的尺度，联系无产阶级（现时中国通称"工人阶级"）的历史地位，来看待和发扬我们党的先进性，更自觉地抓好党的建设。

其一，我们党是中国工人阶级政党，其先进性和革命性源于工人阶级。只能联系党的阶级基础、联系本阶级革命要求的实质，来理解、坚持和发扬党的先进性。党是工人阶级先锋队，是应由工人阶级先进分子所组成的、代表本阶级和全体劳动人民的根本利益的革命政党。其党性、先进性和革命性，是工人阶级之阶级性的集中与本质的体现。而工人阶级的先进性，则是"大工业本身的产物"。马克思主义创始人，总是从其与近现代大工业为代表的社会化大生产的出现和发展相联系，来阐明无产阶级及其政党的革命精神、历史使命、力量源泉的。毛泽东早就指出并一贯认为，中国工人阶级及其政党"是新的生产力的代表者"

和"革命的领导力量"①。他根据中国当年工业状况与半殖民地、半封建的社会经济关系，除了阐明中国工人阶级具有世界无产阶级的共性之外，还论证了这个阶级在旧中国身受"三重压迫"而具有的革命特质与特点。因而，中国工人阶级和中国共产党人"特别能战斗"。

其二，我们党的一切奋斗，归根到底都是为了解放和发展社会生产力。这是我们党代表和维护全国人民的根本利益，推动社会全面进步的根本基础，也是它作为工人阶级先锋队的最高的本质体现。毛泽东曾在党的"七大"上指出："中国一切政党的政策及其实践在中国人民中所表现的作用的好坏、大小，归根到底，看它对于中国人民生产力的发展是否有帮助及其帮助之大小，看它是束缚生产力的，还是解放生产力的。"② 当年，党领导人民闹革命，推倒"三座大山"；以及革命胜利后，新中国走社会主义道路，都是为了解放生产力。在社会主义中国，其"任务很多，但根本一条就是发展生产力"。邓小平还指出："在社会主义国家，一个真正的马克思主义政党在执政以后，一定要致力于发展生产力，并在这个基础上逐步提高人民的生活水平。"③新中国成立50年，尽管其间曾有一段时间，发生过以"阶级斗争为纲"冲击经济建设的失误与教训，然而从总体看，特别是自改革开放以来，我们党领导全国各族人民，在解放和发展社会生产力，改变中国落后面貌方面，取得了举世公认的伟大成就。中国由此发生了翻天覆地的深刻变革和巨大进步。

其三，我们党加强建设、成长壮大和坚强有力与促进中国社

---

① 《毛泽东选集》第1卷，人民出版社1964年版，第8页。
② 《毛泽东选集》第3卷，人民出版社1991年版，第1079页。
③ 《邓小平文选》第3卷，人民出版社1993年版，第137、28页。

会生产力解放和发展的关系,是二重性的辩证关系。一方面,我们党只有始终和实际地代表中国先进社会生产力的发展要求,以自己的政治实践,促进生产力不断解放、发展和社会全面进步,才是使党成为工人阶级先锋队的客观根据和根本标准;另一方面,我们党也只有建设成为工人阶级先锋队,成为指导思想和政治路线正确、团结统一、组织巩固、纪律严明和具有优良作风的革命政党,并与时俱进,不断加强党的建设,才能始终代表中国先进社会生产力的发展要求,并且是党的先进性的最高的本质体现。这在马克思主义党建理论上,前者坚持了历史唯物论,后者体现了历史辩证法。应该坚持这两者的辩证统一。

二 我们党要"始终成为中国先进社会生产力的发展要求"的"忠实代表",是一项伟大的政治使命,并且必然要体现为一系列重大的政治实践

因为,我们党是革命政治集团,是中国工人阶级的阶级组织的最高形式,而不是一种经济组织,或一般社会组织,不承担直接的经济功能。所以,履行这种政治"代表"之使命的实践方式和社会手段,是我们党作为中国工人阶级和全国各族人民的政治领袖及历史引路人,以其革命理论、政治路线、政策方针、政治实践和其他政治方式,来领导人民,改造旧世界、建设新社会,不断解放和发展社会生产力,促进社会全面进步。显然,在中国革命胜利前后,党履行这项历史使命的社会条件和方式是不同的。

政治是经济的集中表现,是为其经济必然性开辟道路的。过去,党领导人民革命,破坏旧世界,是为了解放为旧制度所束缚的生产力,以造就中国生产发展和民族振兴的"历史前提"。

革命胜利后，建立了人民政权和社会主义制度，我们党成为社会主义中国的执政党。这时，党的历史使命，就是团结和领导人民，在社会主义制度下，不断解放和发展生产力，摆脱贫穷落后，为人民谋幸福，为国家求进步，实现现代化，并逐步创造条件（包括在大力发展生产力的基础上，消灭剥削，消除两极分化，消灭一切阶级和阶级差别），向共产主义终极目标前进。因此，党在执政条件下代表生产力的发展要求，就必须从经济基础到上层建筑、从内政到外交等领域，采取一切必要措施，创造一切必须条件，为经济建设这个中心任务服务，并指引正确方向，力促其实现。这包括：领导人民建立社会主义基本制度，设计、选择正确的和切合国情的发展道路、体制模式和发展战略，并经过党和人民的集体奋斗，使马列主义进一步中国化，形成和实施党在现阶段的基本路线、基本纲领和基本政策，用以团结、动员、组织和领导全国各族人民，建设国家，振兴中华。经过建国50年，特别是近20余年的实践探索，我们党才找到建设有中国特色社会主义道路，并采用改革开放这个"决定中国命运的一招"，从而才更好地使"先进社会生产力的发展要求"，真正变成为全党和全国人民的自觉行动。

三 我们党要"始终成为中国先进社会生产力的发展要求"的"忠实代表"意味着，这个历史使命表现为一个连续和动态的历史过程

党要随着时代前进和历史条件变化，始终不渝地坚持以马列主义、毛泽东思想、邓小平理论为指导，在实施自己的根本宗旨，履行自己的历史使命的途程中，不断研究新情况、作出新决策、解决新问题，才能当好这个"代表"。江泽民同志的这种过

程性表述，就是针对现实情况和实践需要作出的科学概括，具有重要的现实指导意义。

第一，江泽民同志提出党要"始终成为中国先进社会生产力的发展要求……的忠实代表"，以代替一般常说"党是中国社会生产力发展要求的代表"的说法，就是要有"忧患意识"，要"忧党忧国"，头脑清醒，兢兢业业，把党的工作做好。其中的深意是：党作为这方面的"代表"，不是主观的自我认定的，也不只是法律所载明的；更重要的，是"实际成为"，而且要"始终成为"，不能一蹴而就、一劳永逸。也就是说，党在任何时候制定和推行的路线方针政策，以及党的整个政治指导，都必须适应当时当地的情况，反映生产力发展的规律和要求，反映劳动群众的意愿，能实际地促进生产力的发展和社会进步。否则，就会变成"不够格"的"代表"，甚至会丧失"代表"资格。

第二，江泽民同志提出党所要代表的是"先进生产力的发展要求"，而不是一般常说的代表"生产力的发展要求"或"新的生产力的发展要求"。显然，前者既包含后者，又高于后者，体现了目前社会生产发展的新情况和新要求。因为，今日中国和当今世界，发展生产力不能只是量的扩张，或生产规模的外延性的扩大；同时，还要注意生产力质量的提高，产业结构的优化，效益的增强。当然，生产力的先进性是相对的。其中，既要以生产力的横向比较，也要以纵向的比较，作为参照。但是，像过去那种盲目投资、重复建设、污染环境、急功近利的短期行为；那种吃子孙饭、不利于可持续发展，并急剧恶化人与自然之间矛盾的那种生产，是不能再重复了。只有鼓励和支持并逐渐普及高新技术产业，并以节能、降耗和高效的先进技术来改造传统产业，才能进一步提高劳动生产率，并增强国际竞争力。

第三，江泽民同志提出党所要代表的是"先进社会生产力的发展要求",而不只是某个地域或某种行业的生产力的发展要求。这里包括指导生产和规划经济发展的全局观点、战略眼光、社会进步尺度和社会价值尺度等多方面的要求。我们中国人口多、国度大、底子薄,情况千差万别。因此,生产力的布局、产业结构的设计和区域发展的规划,既要鼓励先进,讲求效益,重点领先,示范带动,又要注意结构均衡、协调发展,逐步缩小地区和行业差别,以有利于民族团结、社会稳定,最终达到共同富裕。据我们理解,江泽民同志所说的党要"始终成为中国先进社会生产力的发展要求……的忠实代表",实质上是要代表全体劳动者的发展要求。应当把他们现在的发展与未来的发展,做统一考虑、通盘谋划。因此,在"科学技术是第一生产力"的现时代,在科学、知识和信息日益重要的今天,必须尊重知识、尊重人才,鼓励创新,坚持科教兴国,可持续发展;同时,更要尊重和依靠全体劳动者,他们是社会生产力的主体。我们社会,不能因为尊重和鼓励发展科学技术,就轻视创造社会物质财富的劳动。

(原载《马克思主义研究》2000年第4期)

经济全球化与劳动阶级的解放

当今所谓经济全球化,至少涵盖社会生产力、生产关系和国际经济战略三个层面的问题。这三个层面的问题,都与世界各国劳动阶级和劳动人民的切身利益,特别是与他们的解放密切相关。

一 从社会生产力发展的层面看,经济全球化是基于社会技术形态进步的一种必然趋势

经济全球化作为现代生产力之社会化发展的全面展开,能为工人阶级和全体劳动人民的解放提供物质前提。

在当今世界,以计算机、基因工程、纳米技术和全球网络等先进技术作为支持手段的社会化大生产,正在不断扩展和深化国际间的经济联系。也就是说,基于这种现代技术形态的社会化生产力,客观地趋向经济全球化。

显而易见,经济全球化的优势和客观要求,是应当根据现代社会化大生产的发展规律,在国际范围内,寻求生产要素的合理流动、有序组合和优化配置,以期达到资源消耗和劳动时间的最

大节约，促进劳动生产率（包括经济效益、社会效益和生态效益）的不断提高。因此，这样的经济全球化，有利于不断增强人类利用自然、改造自然、保护自然和创造物质财富的能力；有利于为社会发展和劳动阶级的解放创造更加丰厚的物质基础；有利于促进社会文明的全面进步。在当代，任何国家和民族都不应该作经济全球化的旁观者。否则，它就会脱离社会经济主流，而沦为时代的落伍者。一个国家或民族，如果站在经济全球化的对立面，长期自我封闭、自甘落后，就会有被开除"球籍"、被历史淘汰的危险。因此，从社会生产力层面看，无论任何人和任何社会主体，都应当热情欢迎、自觉顺应和积极参与经济全球化的历史进程。

同时，也必须看到，在当今不合理的国际经济秩序中，由现代社会化大生产所要求的经济全球化，会受到多方面的人为的限制，从而在很大程度上被扭曲了。例如，在当今世界，能够较有保障和较为便利的，是货币、自然资源、物质商品、技术设备等生产的物质要素及其他物化要素的跨国流动。但是，最重要的生产资源或生产要素——劳动者，却不能根据经济规律的要求而自由流动、优化配置。除了极少数尖端人才在被激烈争夺外，广大劳动群众是不允许在国家间自由流动，并实现与劳动条件最佳结合的。所以，想凭借经济全球化来实现资源在国际上的优化配置，便受到种种人为的限制。这种"见物不见人"的国际经济秩序，是对劳动者和劳动阶级的一种歧视。

再说，要借助于经济全球化来实现资源在国际间的优化配置，就必须有一个"经济假设"，就是不存在"市场失效"。即市场经济作为配置资源的方式，不论在微观还是宏观，不论在一国还是全球，都能达到理想的和最佳的效果。这显然难以实现。因为，在市场经济条件下，这里所谓的"最优"或"优化"，都是相对资本而言的，是以利润"最大化"作为唯一尺度的。而常见的情形往往是，劳动资源配置在微观（企业）或在某个地区（某个经济发达的地区或个别国家），可能被算作"优"；但在宏观上，在世界上，它就不仅不"优"，而且会造成新的难题和矛盾。因为市场机制的自发作用，并不能在宏观上、在全球形成生产力的合理布局，而是会自发地造成生产的畸形发展和利益分化，产生富者愈富、穷者愈穷的"马太效应"。近50年来，全球生产的物质财富按国民生产总值计算，增长仅6倍；但各占世界人口20%的少数富国与一批穷国，其占有社会财富的比例，则从1960年的30∶1，扩大到1997年的74∶1。联合国《2000年发展报告》曾指出，当今世界3个最大的亿万富豪占有的财富，比48个最贫穷国家一年的国内生产总值的总和还要多。

既然由当今国际经济秩序制约、由市场机制自发导引的"经济全球化"，只能加剧而不能解决南北发展差距和贫富两极分化问题，也就存在不利于劳动阶级解放的消极方面。而这种深刻的经济矛盾，则是当代社会化的生产力及经济全球化的客观要求，受到占统治地位的、不合理的国际经济关系限制和扭曲的结果。因此，劳动阶级的解放与经济全球化，在本质上是完全一致的，但在现实中仍然障碍多多。换句话说，只有全世界劳动阶级和劳动人民彻底解放了，才有真正的、本来意义的经济全球化。

二 从生产关系或社会利益关系的层面看,当今经济全球化主要是国际垄断资本对全球辐射、扩张和控制的过程,它作为劳动异化的极端形式,更接近于劳动阶级的解放

经济全球化，一方面是通过精心建构的经济机制（包括股

票、有价证券和其他衍生金融工具），去驱使产业资本、金融资本及虚拟资本，去追求利润的最大化；另一方面是促进资本流向劳动力最为廉价、资源就地取材、产品就地销售的地方去牟利。当然，这样扩散、辐射到国外特别是发展中国家的跨国垄断企业或其子公司，大多是劳动密集型、工艺技术行将过时和污染严重的产业。至于那些拥有核心技术和生产高精尖产品的高级产业，则大多留在其本国，以巩固并加强技术垄断和对主导产业的控制。这样，西方垄断资本及其大财团就坐收"一石三鸟"之利：既能够更多地榨取当地工人的剩余劳动，又输出了工业污染，还能就近占领国外市场。所以，由国际垄断资本所主导的经济全球化，是资本权力的进一步强化，也是工人劳动的进一步异化。

西方垄断资本及其跨国公司，并不是给落后国家带来现代文明的"天使"。它们向世界各地进行扩张的本质，是力求垄断资本的国际化和全球化。因而，它们势必会以其强大的实力和竞争力，来挤压当地民族工业的生存空间，蚕食民族国家的经济主权。其目的"正像它使农村从属于城市一样，它使未开化和半开化的国家从属于文明的国家，使农民的民族从属于资产阶级的民族，使东方从属于西方"[1]。一般说来，一个尚未建立起独立的、比较完整的工业体系和国民经济体系的发展中国家，就难以避免这种经济上受制于人的命运。

然而，贯穿其中的，还有一种更为根本的历史逻辑：当西方资产阶级把垄断资本主义的企业形式扩散到世界各地，以强化资本对劳动阶级、国际垄断资本对别国劳动阶级的奴役和统治时，就形成了资本主义异化的极端形式。一方面，是整个世界已经并将继续形成少数国际垄断资本集团富可敌国的实力和统治权力；

---

[1] 《马克思恩格斯选集》第1卷，人民出版社1995年版，第277页。

另一方面，是日益增多的劳动力的出卖者，被组织到一个个跨国企业中，并创造出最为社会化的现代生产力。这样，社会化生产力在全球各地的高度发展，一定会积蓄力量，最终会找到这样或那样的斗争形式，去冲破、"扬弃"资本主义生产关系的极端异化。

三 从国际经济战略的层面看,经济全球化被过分张扬和人为地夸大了,要警惕它被扭曲成为西方超级大国谋求霸权的一种手段

经济全球化的趋势，其实由来已久。自近代开始，当资本主义来到世间，它就力求克服封建中世纪的地域分割、地域封锁，努力把封建主义狭隘的地域史，变为资本主义的世界史。资本主义生产方式"首次开创了世界历史，因为它使每个文明国家以及这些国家中的每一个人的需要的满足都依赖于整个世界"[1]，即依赖于世界市场。而"世界市场本身形成这个生产方式的基础"[2]。从那时以来，"18 世纪是商业的世纪"[3]；19 世纪是由自由资本主义开始发展到垄断资本主义的世纪，其中"和商品输出不同的资本输出具有特别重要的意义"[4]；而 20 世纪则是金融垄断资本居于支配地位的经济力量。因此，从商业资本的全球化到产业资本的全球化，再到金融资本的全球化，是资本主义全球化扩张的三个历史阶段。

近些年来，"全球化"的号角被吹得震天响，固然有其一定

---

[1] 《马克思恩格斯选集》第 1 卷，人民出版社 1995 年版，第 114 页。
[2] 马克思：《资本论》第 3 卷，人民出版社 1975 年版，第 372 页。
[3] 《马克思恩格斯选集》第 1 卷，人民出版社 1995 年版，第 112 页。
[4] 《列宁选集》第 2 卷，人民出版社 1995 年版，第 651 页。

的客观依据。这就是当代新的科技革命日新月异,特别是信息科学、信息技术和信息网络的快速发展,使得经济全球化的趋势在增强。但是,其中也夹带有明显的人为成分。因为所谓"经济全球化",不只是一种客观的经济趋势,同时也是西方少数大国的一种对外战略,甚至是一种损人利己的经济政策。德国学者汉斯·彼得·马丁和哈拉尔特·舒曼就指出:全球化绝对不是全球经济发展的"一种自然而然的结果","而是由于有意识推行追求既定目标的政策造成的结果"①。而美国《国际先驱论坛报》记者威廉·普法夫则直言不讳地说:"'全球化'——即在全球推行西方的经济管理、放松对经济的控制以及市场开放等观念,同时帮助跨国公司接管当地的工业和农业——是克林顿政府在它的第一任期中发起的。"它名曰"促进国际经济开放和一体化",而实际上所掩盖的,"完全是实利主义的"② 战略意图。

显而易见,这是以美国为首的少数西方大国,在策动和促成东欧剧变、苏联解体之后,想把这种政治上的得分变成经济上的"和平红利"。换言之,就是企图利用其经济、科技、军事和舆论上的巨大优势作后盾,对自己实行贸易保护主义,对发展中国家推行新自由主义的经济战略,并借助于"舆论轰炸"和新闻炒作,铺天盖地地鼓噪"全球化"或所谓"经济一体化",以期达到不可告人的战略目标。这就是,美国作为唯一的超级大国,企图通过强化其国际垄断资本势力对国际经济的扩张、控制和主导功能,来化解世界的多极化趋势,谋求单极霸权,并梦想建立由美国等少数西方大国支配的经济一体化、政治一体化、文化一

---

① [德]汉斯·彼德·马丁:《全球化陷阱——对民主和福利的进攻》,中央编译出版社 1998 年版,第 11 页。
② [美]威廉·普法夫:《西方推动全球化的努力证明是一次大失败》,[美]《国际先驱论坛报》(2000 年 9 月 29 日)。

体化和军事一体化的所谓"国际政治经济新秩序"。因此,从西方的战略图谋看,所谓"全球化",就是想让整个世界"西方化"和"美国化"。

必须承认,世界终将一体化,实现"世界大同",但这是一个漫长、复杂和分阶段的历史进程。在当代和今后一个相当长的历史时期,我们世界的最重要的社会实体和经济主体,仍将是民族国家。当今一批跨国公司、多国公司及其子公司,还活跃在全球各地,被认为是经济全球化的载体和推动力量。其实,它们都是或主要是受某些国家的垄断财团控制的,是其国内经济的延伸和扩张,并不是真正"无国别"的"世界公民"。在西方私人垄断资本及其跨国公司主导国际经济秩序的前提下,声称并企图实现世界"经济一体化"或其他的"一体化",既是不可能的,也是不真实的。唱这种高调,只是美国等少数发达国家的一种国际经济战略或政策,尤其是新自由主义的政策主张,在本质上是要损害广大发展中国家和广大劳动人民的利益,而有利于西方垄断资本的。它们是以加速推行"全球化"或"一体化"之名,行谋取本国垄断财团及其少数人的私利之实。正是为这种狭隘私利所驱动的国际经济战略或政策,才造成和加剧了近几年全球若干区域性的经济危机和金融危机。所以,对经济全球化的不适当的宣传和不适当的对待,不仅无益而且有害,特别是对广大发展中国家和劳动阶级,尤为有害。

四 综观经济全球化,我们应当权衡利弊、因势利导,为谋求中国经济发展,并促进各国劳动阶级的解放,而做出正确的战略应对

综合地看,当今方兴未艾的经济全球化浪潮,主要是由西方

发达国家的对外经济战略推动和主导的，即主要是其生产力和生产关系相统一的资本主义生产方式向全球扩张的过程。尽管这在很大程度上是国际垄断资产阶级抱着自私的、损人利己的目的，对当代社会化生产力发展要求的扭曲性回应。但在目前的历史条件下，仍然有其一定的客观必然性，因而不应回避。只有这样，才有利于世界和时代的进步，才有利于世界社会主义运动走出低潮，才有利于各国劳动阶级的解放。

资本主义制度，特别是国际垄断资产阶级，由于历史地积累起来的实力优势，在国际政治经济秩序中居于支配地位。它们是当今世界市场和经济全球化的"游戏规则"的主要制定者、解释者和裁决者，并且还要求后进者在认同已有的这一切的前提下，才准许进入其中活动。而处于弱势的、包括社会主义中国在内的广大发展中国家，既然离不开这个唯一的世界市场，既然不能脱离国际经济的"主流"，那么，就应当化被动为主动，积极参与经济全球化的历史进程。与狼共舞，就要学会像狼一样"嚎叫"（列宁语）。因为，只有顺应时代潮流，扩大对外经济合作、科学文化交流和人员往来，大胆吸收人类的包括在资本主义制度下创造的文明成果，努力在参与国际竞争中提高竞争能力，我们中国才能赶超西方发达国家，实现社会主义现代化。中国实现了全面振兴，就会对广大发展中国家的发展，对各国劳动人民谋求自身的解放，具有示范效应。

但是，"与狼共舞"，必须有两个方面的成算：既要防备自己被"狼"吃掉，又不能使自己变成"狼"。这就是说，中国既要扩大对外开放，积极介入经济全球化，抓住机遇加快发展自己，又要敢于迎接挑战，善于化解挑战，从而维护我国的经济主权，坚持我国经济在总体上的社会主义的性质和发展方向。例如，我国积极争取加入WTO，这是必要的和明智的选择。因为,从总体上看,这有利于我国深化改革开放,有利于发展我国社会主义市场经济。因而,对我国而言,这首先是发展的机遇。但同时,也是严峻的挑战。当我国加入 WTO 后,必须按照其规则及双边、多边的有关协议,迅速而全面开放我国市场的时候,我们是否做好了准备,我国处于弱势的农业和工业,如何在同实力悬殊的西方跨国公司的竞争中,求得生存、发展和保持社会主义经济的质的规定性。因此,在加入 WTO 之前后,我们必须做到头脑清醒,预为谋划,正确应对,趋利避害,扬长避短,才能争取主动,并从中较多受益,较少受害。

俗话说:谋事在人,成事在天。不过,这里所讲的"天",既不是指人格化的"神灵",也不是指某种神秘的"自然意志",而是指我们世界发展的客观规律,包括马克思主义所科学揭示的资本主义必然灭亡、社会主义必然胜利的客观规律。因此,我们对经济全球化和劳动阶级解放的前景,是有理由乐观的。在当前和今后一段时间,即使国际垄断资本势力在推动,并借助于经济全球化浪潮而进一步膨胀的话,那同样也是一种"为人作嫁"的自发行为。因为,这既为社会主义、共产主义在全世界的未来胜利准备了更为雄厚的物质技术基础;同时,它也就把资本主义生产所固有的矛盾,以及它们异化的极端形式,抛洒和普及于全世界。设若如此,那离各国劳动阶级的彻底解放,也就为期不远了。

(原载《中国人民大学学报》2001 年第 4 期)

"三个代表"重要思想与历史唯物主义

在这21世纪开元之年,迎来了党的诞辰80周年。对这个庄重节日的最好纪念,就是要认真学习、研究和实践"三个代表"重要思想,全面加强党的建设,永葆工人阶级先锋队的先进性,以期更好地继续领导和推进改革开放、建设中国特色社会主义事业。

江泽民同志在庆祝中国共产党成立80周年大会上,科学地总结和概括了我们党80年建设经验,提出和阐明了我们党应当始终坚持"三个代表"重要思想。本文试图通过揭示其中所蕴含的深刻哲理,从而有助于我们完整准确地理解、把握"三个代表"重要思想的理论内涵与精神实质,正确阐述其对马克思列宁主义、毛泽东思想、邓小平理论的党建学说的坚持、丰富、发展和重大贡献,充分发挥其在21世纪党建工作的纲领性指导作用,提高我们实践"三个代表"重要思想的坚定性和自觉性。

一 坚实的历史唯物论的理论基石

江泽民同志"三个代表"重要思想,是创造性地运用马克思主义哲学世界观和方法论，特别是运用历史唯物主义来思考、总结和指导党的建设的典范。这一重要思想的科学性、现实性和深刻性，不仅在于它正确地把握住了当今我们党所处的历史条件和时代脉搏，根植于党的建设实践和正反两方面经验的丰厚土壤，还在于它立足于历史唯物主义的坚实的理论基石之上。

历史唯物主义，是党的指导思想最切近、最重要的哲学基础。它作为马克思主义哲学的核心内容，发挥着科学的世界观和方法论的功能。江泽民同志"三个代表"重要思想，鲜明而集中地反映了历史唯物论的思想精华。其中，既包含了对马克思主义思想的继承性，又实现了理论上的发展和创新。这至少包括创造性地运用和内在地体现了科学的生产力理论、社会主义利益原则和人民主体论的基本原理。

第一，科学的生产力理论是历史唯物主义的理论根基，当然也是"三个代表"重要思想最根本的理论基石。江泽民同志把党要始终代表中国先进生产力的发展要求，置于"三个代表"的首要一条，是在历史唯物主义范畴内高度至极的哲学概括。这样就抓住了党的先进性最深层的现实根据、最高的本质体现。

历史唯物主义认为，物质生产力不断发展是"整个社会生活以及整个现实历史的基础"[1]，是"一切社会变迁和政治变革的终极原因"[2]。自近代以来，中国革命、改革和建设的根本目的，都是要解放和发展生产力，改变中国积贫积弱的落后面貌，实现民富国强，全面振兴中华。在中国应该这样来看待立党和评价党的政治活动。毛泽东在党的"七大"上，就曾指出："中国一切政党的政策及其实践在中国人民中所表现的作用的好坏、大

---

[1] 马克思：《资本论》第1卷，人民出版社1975年版，第204页。
[2] 《马克思恩格斯选集》第3卷，人民出版社1995年版，第741页。

小，归根到底，看它对于中国人民的生产力是否有帮助及其帮助之大小，看它是束缚生产力的，还是解放生产力的。"① 那么，为什么只有中国共产党才能"始终代表中国先进生产力的发展要求"呢？这是因为，我们党是中国工人阶级的先锋队，其先进性和革命性来源于工人阶级。而工人阶级的先进性，则是"大工业本身的产物"②。从近代以来，只有与社会化大生产相联系的工人阶级，才是先进社会生产力及其发展要求的真正代表者。所以，在由资本主义生产方式的基本矛盾所引起的社会主义革命中，历史把资本主义制度的"掘墓人"、社会主义事业领导者的伟大使命，同时赋予了工人阶级及其政党。正因为这样，邓小平说："在社会主义国家，一个真正的马克思主义政党在执政以后，一定要致力于发展生产力，并在这个基础上逐步提高人民的生活水平。"③ 在中国，我们党只有这样"始终代表中国先进生产力的发展要求"，才是党的先进性的根本标志。

应该强调，其中所说的生产力是具体的、现实的和完整的。其一，这里所讲的"先进社会生产力"，应有双重动态的定位坐标。纵向看，这是指中国今天相对于昨天的生产力的发展与进步；横向看，则要求我们要着眼于赶超当今世界先进的生产力，不过要以先进带后进，而不能脱离中国的现实和大多数。其二，这里既讲"先进社会生产力"，又讲其"发展要求"。生产力无疑是根本，但我们不能离开体现其"发展要求"的生产关系和其他社会条件，来谈生产力发展。其三，这里讲的是"中国先进生产力的发展要求"，而不只是某个地域或行业的生产力发

---

① 《毛泽东选集》第3卷，人民出版社1991年版，第1079页。
② 《马克思恩格斯选集》第1卷，人民出版社1995年版，第282页。
③ 《邓小平文选》第3卷，人民出版社1993年版，第28页。

展。显然，这包含着要求指导生产，协调经济发展的全局观点、战略观点、社会尺度和社会效益，以防范发展的失衡、畸形和浪费。总之，江泽民同志提出我们党要"始终代表中国先进生产力的发展要求"，体现了科学生产力理论的思想光辉，是我们的立党之本。

第二，社会主义的利益原则及其实现，是我国社会生产力发展要求的集中反映，也是"三个代表"重要的历史唯物论的根据。在历史唯物论看来，"人们为之奋斗的一切，都同他们的利益有关"①，而作为生产力发展本质要求的"每一个社会的经济关系首先是作为**利益**表现出来"②。在我国社会主义初级阶段，当然也是这样。在"三个代表"中，党把"始终代表中国最广大人民的根本利益"，作为自己的根本出发点和最终归宿，既是对我们党的根本宗旨的新概括，也是对社会主义利益原则的发挥。这坚持了社会主义事业是"绝大多数人的、为绝大多数人谋利益的独立的运动"③的原理，体现了党同人民的血肉联系，为从根本上发挥人民群众的社会主义积极性、创造性和历史主动性，找到了现实基础。当我们党始终代表着"中国最广大人民的根本利益"，全心全意为人民谋福利，党就会受到人民群众的衷心信赖与拥护，就有坚如磐石的"执政之基"，社会主义就会永远立于不败之地。

为了提高当好这方面"代表"的坚定性和自觉性，我们认为，应当弄懂蕴含于其中的三个维度的利益结构。

（1）利益主体的结构：这包括工人阶级利益、劳动人民利

---

① 《马克思恩格斯选集》第1卷，人民出版社1995年版，第187页。
② 《马克思恩格斯全集》第18卷，人民出版社1965年版，第307页。
③ 《马克思恩格斯选集》第1卷，人民出版社1995年版，第283页。

益、一切公民的合法利益。共产党当然首先要代表工人阶级的根本利益，而"没有同整个无产阶级的利益不同的利益"[①]；其次，我们党由此也代表了全体劳动人民的根本利益，因为工人阶级和全体劳动人民的根本利益是完全一致的；再次，由于工人阶级有"解放全人类"的历史使命，所以作为工人阶级先锋队的共产党，还能够代表和依法维护全体公民的一切正当的利益。

（2）利益的层次结构：这包括经济利益、政治利益和日常福利。其中社会阶级和阶层的经济利益是基础；由制度所保障的政治利益是本质，并且是经济的集中表现；至于群众性的、变动中的日常福利，则是利益的表层结构。我们党作为社会主义中国的执政党，当然要兼顾和代表社会的各个利益层次，但是最重要的、要首先考虑的，则是要代表工人阶级和劳动人民的基本的经济利益和政治利益，而不是无确定立场地、笼统地代表"全民"的利益。

（3）利益的关系结构。各种社会性的利益还表现为局部的、眼前的和全局的、长远的利益。毫无疑问，我们党和政府要重视和并尽可能满足社会各个局部的、群众的眼前利益，但国家的、社会主义事业的利益高于一切。也就是说，在中国社会主义事业"所经历的各个发展阶段上，共产党人始终代表整个运动的利益"[②]。

因此可以说，"三个代表"所讲的"始终代表中国最广大人民的根本利益"，主要是广大劳动群众（同时兼顾一切公民）的经济利益与政治利益、局部利益与全局利益、眼前利益与长远利益的统一。在当前和今后一个长时期，这集中地表现为，根据

[①] 《马克思恩格斯选集》第1卷，人民出版社1995年版，第285页。
[②] 同上。

全国人民的共同理想，走建设中国特色社会主义道路，实现国家现代化，全面振兴中华，并经过长期奋斗，逐步创造条件，最终实现共产主义社会。这是"中国最广大人民的根本利益"之所在。

第三，社会主义利益原则的人格化，是坚持"人民主体论"。这同样是"三个代表"所体现的历史唯物论的基本原理。因为，无论生产力的"发展要求"，还是社会主义利益原则的贯彻，都要通过人的社会活动，落实到人身上，才能得以实现。所以历史唯物论认为，人民群众是历史的创造者，是社会的主体。在我们中国，人民是社会和国家的真正主人与主体。国家的一切权力属于人民，由人民当家做主，管理国家，建设国家，为人民谋利益。这种人民主体论与工人阶级的领导作用并不矛盾。由于工人阶级的先进性、彻底的革命性和利益的无私性，历史才赋予它领导人民走社会主义道路的使命和责任。共产党作为工人阶级先锋队，代表本阶级和广大人民的意愿，具体实现这种领导作用。领导就是服务。我们党的根本宗旨，是全心全意为人民服务。我们党不是独立于人民的社会主体，没有自己的特殊利益。故而，我国人民是社会的主体，是国家的"主人"，而党及其党员则是社会的"公仆"，党是工人阶级和全体人民的忠实代表。"三个代表"中讲，我们党要始终成为最广大人民的根本利益的"忠实代表"，就是要求党员干部始终忠于人民，为人民服务。

当然，这种"代表"就意味着，要拥有和行使必要的职权。但是，我们党和各级干部的权力都是人民赋予的。只能"代表"人民，为人民掌好权、用好权，用权力为人民谋利益和谋福利。如果某个共产党员干部以权谋私、假公济私，那就是对权力的滥用、异化和背叛。必须坚决反对和制止之。因此，坚持从严治党，惩治腐败，廉洁政治，是"人民主体论"的必然要求，同时也是"三个代表"的题中应有之义。进而言之,"三个代表"中所包含的"人民主体论",还同党历来坚持的群众观点和群众路线,是相互贯通、一脉相承的,是理论上的创新与发展。坚持"人民主体论",依靠人民,代表人民和服务人民,与人民休戚与共、鱼水情深,是我们党的"力量之源"。

二 生动的历史辩证法的客观逻辑

稍作分析,就不难看出,"三个代表"中所体现的唯物主义历史观,内在地包含着历史的辩证法。这源于恩格斯所言:"根据唯物史观,历史过程中的决定性因素**归根到底**是现实生活的生产和再生产。无论马克思或我都从来没有肯定过比这更多的东西。如果有人在这里加以歪曲,说经济因素是**唯一**决定性的因素,那么他就是把这个命题变成毫无内容的、抽象的、荒诞无稽的空话。"当然,"经济状况是基础"①。同时,在这个根基上产生的政治的、意识的及其科学文化等各种社会因素,会与之相互作用,并发挥着巨大的能动作用。在"三个代表"重要思想中,就包含并发挥了这种生动的历史辩证法所固有的客观逻辑。

第一是弘扬了哲学上"能动性原理"。例如,"三个代表"第一条的立意,是突出生产力,但不是孤立地讲党要"代表生产力"或"生产力的发展",而是表述为党要"始终代表中国先进生产力的发展要求"。不言而喻,这里的所谓"发展要求",显然是指为社会生产力发展所"要求"的生产关系(包括基本经济制度及其体制)、社会经济政策和其他一切必要的社会条件。这就包含着关于生产关系对生产力,上层建筑对经济基础、并进

---

① 《马克思恩格斯选集》第4卷,人民出版社1995年版,第695—696页。

而对生产力发挥能动性反作用的充分肯定。世界上根本没有离开生产关系的生产力。江泽民同志在庆祝中国共产党成立80周年大会上的讲话中,指出:"无论什么样的生产关系和上层建筑都要随着生产力的发展而发展。如果它们不适应生产力发展的要求,而成为生产力发展的障碍,那就必然要发生调整和变革。"

再如,"三个代表"第二条,党要"始终代表中国先进文化的前进方向",更是凸现了当代"先进文化"对社会进步的巨大能动作用。我们党三代领导集体都历来重视文化建设。在新中国成立前夕,毛泽东就预见到,新中国"随着经济建设高潮的到来,不可避免地将要出现一个文化建设的高潮"[1]。新中国成立后,党和毛泽东同志领导人民为此曾经作出过多方的有效努力。在新时期,邓小平同志更是重视指导文化建设,倡导和推动建设社会主义精神文明,认为只有坚持"两手抓,两手都要硬"的战略方针,物质文明和精神文明协调发展了,"这才是有中国特色的社会主义"[2]。以江泽民同志为核心的第三代中央领导集体继承和发扬了这种传统。江泽民同志在党的十五大报告中,把建设有中国特色社会主义文化,概括为"综合国力的重要标志",并确定为党在社会主义初级阶段"基本纲领"的重要内容。而在"三个代表"中,则把先进文化建设从党所领导的一个重要方面的工作,提高到事关党的性质、宗旨和根本任务,事关社会主义大业兴衰成败,事关中华民族前途命运的本质层次上。这是鉴于科学、教育、文化和思想道德在当代生产力发展以及在社会全面进步中,具有日益重要的地位与作用,而作出的重大的理论提升。这在马克思主义及其哲学发展史上,还是第

---

[1] 《毛泽东文集》第5卷,人民出版社1996年版,第345页。
[2] 《邓小平文选》第3卷,人民出版社1993年版,第378页。

一次。

坚持以经济建设为中心，在高度重视发展社会生产力的同时，又充分重视先进文化建设，从而为经济和社会发展提供思想保证、精神动力和智力支持。这表明，我们党对社会主义发展的辩证法，对社会主义现代化建设规律的认识，达到了一个新的思想高度、新的思想境界。

第二是强调了"先进性"的主导原则。"三个代表"的表述中，讲生产力是"先进生产力"；讲文化是"先进文化"；讲利益是强调"根本利益"，实质上也是指代表体现现实和未来之统一的社会进步利益。"三个代表"归结到一点，是要求我们党永葆工人阶级先锋队的"先进性"。也就是说，"三个代表"重要思想，在世界观和方法论上，是着眼于先进的东西：让它们代表未来，主导事物的发展。在这里，它着眼于先进的即高科技含量的、节约资源、体现经济效益、社会效益和生态效益相统一的社会进步利益的生产力，以先进生产力的发展带动整个社会生产力的发展；它着眼于以马克思主义为指导的先进文化，就是要建设有中国特色的社会主义的新文化，并继承优秀的传统文化，来反映现实，引导和促进我国社会沿着正确方向，大踏步地走向未来；它着眼于先进阶级的利益要求，站在工人阶级立场，去代表和维护最广大人民的根本利益。而要做到这些，就必须全面加强党的建设，提高党组织和全体党员的素质，永葆党的先进性，才能巩固党的执政地位，站在历史潮流前列，在全国各族人民和各项工作中，发挥政治领导作用。所谓永葆党的先进性，是巩固党的执政地位的首要前提。这是哲学上以其"先进性"主导事物发展的原则要求。

这个原则亦称事物的"合理性原则"，是历史辩证法的客观逻辑和重要原则。辩证法大师黑格尔，曾一再强调这样的哲学命题：

"凡是合乎理性的东西都是现实的，凡是现实的东西都是合乎理性的。"

在黑格尔眼中，"理性是世界的灵魂"①。他所讲的"理性"与"现实"的关系，无疑是属于唯心主义辩证法。但后来经过恩格斯的改造，把"合理性"的基础理解为"客观必然性"。这样，"现实性在其展开的过程中表现为必然性"；"合理性的"一定要成为"现实的"；而"不合理性的"，"都一定要灭亡"②。这与本文所讲的"先进性"，具有内在联系。所谓"先进的"东西，就是先行出现的、代表未来的"现实的"东西，或者是某些现实事物中的本质的典型的东西。尽管先进的东西，开始时往往是弱小的、稚嫩的和不完善的，但因为它们具有客观必然性，所以包含有勃勃生机和不可遏制的生命力。世界的未来和希望，属于这类新生事物。"三个代表"重要思想，基于这种历史辩证发展的客观逻辑，故此闪耀着辩证思维的光辉。

第三是突出了"慎终如始"的发展过程论。基于党领导中国革命、建设和改革，以及由社会主义初级阶段走向社会主义更高阶段，直至最终实现共产主义，是一个统一的、不间断的历史过程。所以，江泽民同志要求我们党当好"三个代表"，要一以贯之，慎终如始，不能稍有松懈。江泽民同志是讲党要"始终成为"三个方面的"忠实代表"，而且讲到代表先进文化时，是强调要代表其"前进方向"。在这里，都是表述为动态的、过程性的内涵；所强调的不是一时、一事、一地和一次性的行为，而是过程论、整体论和"不断革命"论。这如实地反映了党的事

---

① 黑格尔：《小逻辑》，商务印书馆1980年版，第43、80页。
② 《马克思恩格斯选集》第4卷，人民出版社1995年版，第216页。

业的连续性、艰难性和长期性。党做"三个代表",不能只代表一阵子,不能有断裂,不能有松懈情绪。过去和现在当好了"三个代表",不等于和不能代替未来。过去已成为历史,现实应从零开始。我们党的执政地位,是人民和历史的必然选择。但是,人民要看现实和未来。如果将来有一天,党没有当好"三个代表",或者由于某种原因而丧失了先进性、凝聚力和战斗力,党和国家就会出现危机,就难逃历史上屡屡出现执政者"其兴也悖焉,其亡也忽焉"的"周期率"①。

当年毛泽东同志对黄炎培先生的这种忧虑,所作的回答是:我们共产党人"能够跳出这种周期率。这条新路,就是民主。只有让人民来监督政府,政府才不敢松懈。只有人人起来负责,才不会人亡政息"②。邓小平同志的回答是,"关键在人",要注意培养人,要按照"革命化、年轻化、知识化、专业化"的标准,选拔德才兼备的人"进班子",认为"党的基本路线要管一百年,要长治久安,就靠这一条"③。而江泽民同志在"三个代表"重要思想中,所作的回答则是对这一回答的继承、拓展和深化。

应该说,在"三个代表"重要思想中,还包含有更为丰富和深刻的历史辩证法的哲理。但仅从以上三个方面就可以看出,我们党是一个需要哲学智慧的马克思主义政党,我们党也富有辩证思维的传统。马克思主义哲学,特别是关于社会历史过程的辩证的思想方法,能够指导我们党自觉地思考一些根本性、全局性和战略性的理论与现实问题,以加强我们工作中的"原则性、

---

① 转引自薄一波《若干重大决策与事件回顾》上卷,中共中央党校出版社1991年版,第156—157页。

② 同上。

③ 《邓小平文选》第3卷,人民出版社1993年版,第380页。

系统性、预见性和创造性"①。

三 哲理的底蕴与方法论的启示

当我们分别就"三个代表"重要思想所体现、所包含的历史唯物论和历史辩证法的哲理基础作了分析之后，就应该综合地体味其中所给予我们的世界观和方法论的启示。

"三个代表"重要思想及其哲理底蕴，既是唯物的，又是辩证的，既是两点论的，又是重点论的，既立足于现实，又着眼于未来。这是对马克思主义哲学特别是历史唯物主义诸原理和原则的综合运用，从而才能言简意赅、精炼准确、全面深刻概括出"三个代表"重要思想。"三个代表"是相互依存、相互联系、相互贯通的一个有机整体。其中，"代表先进生产力的发展要求"是基础和根本；"代表先进文化的前进方向"是灵魂和先导；"代表最广大人民的根本利益"，则是核心和归依。这三者的统一，共同勾勒出在21世纪指导我们党的建设的伟大纲领，进一步科学地回答在执政、改革、社会主义现代化建设的条件下，"建设一个什么样的党、怎样建设党"的问题。我们从哲理上揣摩其中概括出的"三个代表"的科学思维方法，觉得以下三点在方法论上的启示尤为重要：

第一，要坚持历史唯物论与历史辩证法的统一。作为政党活动的社会历史舞台和面对的实际中，最重要和最基本的关系：是社会存在与社会意识（思想文化）、生产力与生产关系、经济与政治、个人和社会等，归结起来，就是建设社会主义的物质方面与精神方面、历史唯物论和历史辩证法的关系。当我们党对这种

---

① 《邓小平文选》第3卷，人民出版社1993年版，第147页。

关系处理得好时，党和人民的事业就兴旺发达、所向披靡；而处理得不好时，党和人民的事业就受挫折、吃苦头。在这方面，"三个代表"的提法很准确和全面——既突出了生产力和经济因素之基础作用的科学生产力论、社会主义利益原则和人民主体论等历史唯物论方面，又包容着充分重视社会精神因素的能动作用、社会本质力量的主导作用等在内的历史辩证法方面，而且使这两方面水乳交融，浑然一体。我们以为，这就从哲学上科学地总结了我们党80多年由搞革命到搞建设、搞改革的经验教训。在十年动乱及以前一段时间，我们党过分看待和倚重了政治和精神因素的作用。从哲学上说，就是轻视了历史唯物论而过于推崇、扭曲了历史辩证法。对此，新时期拨乱反正，确立了一条坚持以经济建设为中心任务的"一个中心、两个基本点"的基本路线。这是完全正确的。据此，才使中国发生了深刻变革，并迅速地在改变经济和文化比较落后的面貌。

但是，在改革开放和社会主义现代化建设的进程中，一些地方和部门又出现了"一手硬一手软"的问题。这就是抓物质文明的一手比较硬（这是应当的），而抓精神文明的一手比较软。致使一些地方社会道德的风气不正，少数党员干部的理想信念发生动摇，有些人已经或正在变质和堕落；如此等等。显然，之所以会发生这类情况，原因当然很复杂。但从思想理论根源上看，我们一些同志，尤其是有些负责干部，把历史唯物论绝对化和机械化，从思想上轻视思想道德的作用，在实际工作中放松了思想道德建设。"三个代表"重要思想，就是反对和克服上述两种偏颇的思想结晶。

第二，要坚持党的先进性和群众性的统一。我们党是工人阶级政党，是领导工人阶级和人民群众破坏旧世界、建设新社会的革命党。因此，党的工人阶级先锋队的先进性是首要的。党没有先进性，就没有资格存在，就没有能力承担起伟大历史使命。同时，党又要有广泛的群众性和代表性。否则，没有群众基础，党组织就会变为孤家寡人，也成就不了革命大业。因此，早在1939年抗日战争时期，当毛泽东同志倡导党的建设"伟大工程"之时，他就提出：要"建设一个全国范围的、广大群众性的、思想上政治上组织上完全巩固的布尔什维克化的中国共产党"①。所谓"布尔什维克化"，用今天的话来说，就是党的"先进性"。可见，这时党的建设要求，就是要达到党的"先进性"与群众性的统一。

实事求是地讲，无论是革命战争年代，还是和平建设时期，达到党的"先进性"和"群众性"的统一都很重要。但从一定的意义上说，自从革命胜利，我们党成为执政党和掌权以后，党的"先进性"与群众性的统一，却更为重要。就其永葆"先进性"而言，由于党的地位发生根本性的变化以后，会面临前所未有的、要经常和反复经受名位、权力、金钱和美色等诱惑和考验。近些年，有少数党员干部甚至有些高级干部，经受不住诱惑和考验，而中箭落马、腐败变质。这意味着，永葆党和党员先进性的难度在增加，应当不断提高拒腐防变的自觉性。就加强党的"群众性"而言，这对执政党也同样更重要、更难得。这不仅因为，即使是工人阶级执政党掌权，走上社会主义道路以后，也难以杜绝做官当老爷、脱离群众等官僚主义现象的发生。而且，党执政需要更广泛的群众基础，要吸引和团结全体人民。否则，国家就搞不好建设，也搞不好改革，难以长治久安。在"三个代表"重要思想中，就包含治党治国中，坚持党的"先进性"与群众性实现有机结合的哲理。于是在有关的表述中，当把本阶级

---

① 《毛泽东选集》第2卷，人民出版社1991年版，第602页。

的长远利益不言而喻地内化于其中，而把"最广大人民的根本利益"突出出来，就包含有这样的深意。因此，在21世纪的党建工作中，应当领会"三个代表"在这方面的深邃意蕴，力求在继续增强党的阶级基础、坚持党的先进性和纯洁性的前提下，扩大和充实党的群众基础，并从思想、组织、制度、政策和作风等方面加以保障，以进一步坚持和实现党的"先进性"与"群众性"的辩证统一。

第三，要坚持社会主义现实政策与追求共产主义远大理想的统一。从80年前建党的第一天开始，我们党就确定了为着解放劳动人民，通过完成民族民主革命转向社会主义革命，通过走社会主义道路，最终实现共产主义的奋斗目标。我们党的名称，就鲜明地体现了这种政治理想。但是，中国正处在并将长期处在社会主义初级阶段，社会主义的巩固发展和共产主义的最终实现，还需要共产党团结和领导人民，进行长期的、一代又一代人的不懈奋斗。在这个过程中，在共产主义完全实现之前，尤其是在社会主义初级阶段，都必须始终坚持社会主义现实政策与共产主义远大理想的辩证统一。这也是"三个代表"重要思想所包容和体现的重要的方法论的真谛。

其实，无论过去还是现在，我们党在方法论上都要求：要正确理解和处理党之所处的历史阶段的纲领及其政策之实践与共产主义理想的联系和区别。早在新民主主义革命时期，毛泽东同志就指出："在现时，毫无疑义，应该扩大共产主义思想的宣传，加紧马克思列宁主义的学习，没有这种宣传和学习，不但不能引导中国革命到将来的社会主义阶段上去，也不能指导中国现时的民主革命达到胜利。"[①] 在这里，他阐明的是民

[①] 《毛泽东选集》第2卷，人民出版社1991年版，第706页。

主革命、社会主义革命和共产主义理想的内在联系的一面。同时，他也强调说："但是我们既应把对于共产主义的思想体系和社会制度的宣传，同对于新民主主义的行动纲领的实践区别开来；又应把作为观察问题、研究学问、处理工作、训练干部的理论和方法，同作为整个国民文化的新民主主义的方针区别开来。把二者混为一谈，无疑是很不适当的。"① 这样，他又讲到了其中相区分的另一面。这里所体现的方法论原则，同样适用于社会主义初级阶段。

在新时期，邓小平同志也指出："社会主义是共产主义的初级阶段，而我们现在处于社会主义初级阶段，就是不发达的阶段。一切工作都要从这个实际出发，根据这个实际来制订规划。"② 这是针对改革前我国所实行指导思想和方针政策中，有过超阶段和脱离实际的失误与教训，而强调要制定和实施社会主义初级阶段的政策与规划。同时，邓小平同志又强调，要坚持不懈地用马克思主义科学理论，来教育党员、干部、青年、群众，提倡共产主义的理想信念，认为"没有这样的信念，就没有一切"③。江泽民同志在十五大报告中，同样指出："我们现在的努力是朝着最终实现共产主义的最高纲领前进的，忘记远大目标，不是合格的共产党员；不为实现党在社会主义初级阶段的纲领努力奋斗，同样是不合格的共产党员。"④ 可见，我们党的三代领导人都强调，一方面，要看到和承认实现共产主义社会制度的理想信念与其先行准备的各个历史阶段的内在联系，坚持用共产主义的思想体系、理想信念和长远目标，来教育党员和人民、训练

---

① 《毛泽东选集》第 2 卷，人民出版社 1991 年版，第 706 页。
② 《邓小平文选》第 3 卷，人民出版社 1993 年版，第 252 页。
③ 同上书，第 190 页。
④ 《十五大以来重要文献选编》（上），人民出版社 2000 年版，第 49 页。

干部和指引现阶段的实践，否则，就可能失去正确的前进方向；另一方面，更重要的是，要实事求是地制定，并坚定地贯彻实行符合现阶段的实践纲领和现行政策，不要犯超阶段和急性病的错误。应当不断地对这两个方面加以辩证和统一的理解与把握。

在"三个代表"重要思想中，这种辩证思维同样是它的方法论的精髓。从"三个代表"的总体实质看，是要求永葆党的工人阶级先锋队的"先进性"。也就是，党要始终站在时代前列，代表和顺应历史潮流，不断推进社会主义大业，坚定地向着共产主义大目标前进。而在这个重要思想的具体贯彻和具体实践上，则要求全党一切从实际出发，实事求是，遵循党在社会主义初级阶段的基本理论、基本路线和基本纲领，去代表和实现"中国先进社会生产力的发展要求"，带动经济全局的发展和综合国力的增强；去代表和引导"中国先进文化的前进方向"，促进两个文明的协调发展和社会全面进步；去代表和维护"中国最广大人民的根本利益"，实现民富国强和中华民族的伟大复兴。所以，坚定不移地实行党在社会主义初级阶段的基本纲领及其现行政策，是"三个代表"的现实立足点。而坚持共产主义的理想信念，则是其必备的精神支柱和社会发展的最终指向。把这两个方面有机地结合、辩证地统一起来，才能做到实干社会主义，向往共产主义。

马克思主义哲学及其历史唯物主义，是科学的世界观和方法论。"它把伟大的认识工具给了人类，特别是给了工人阶级"[①]。江泽民同志运用这个"伟大的认识工具"，来思考21世纪党的使命和建设，并用以指导全党的实践，包含着洞悉历史潮流的哲学睿智。当我们努力从历史唯物主义的思想高度上，来不断加深

---

① 《列宁选集》第2卷，人民出版社1995年版，第311页。

对"三个代表"重要思想领悟的时候,会一次次地证明这个哲学认识工具,对于工人阶级及其政党具有至关重要的意义。

(原载《高中级领导干部学习"三个代表"文集》第1卷,中央文献出版社2002年版,此前已由《马克思主义研究》2001年第4期等多种报刊发表和转载)

在坚持中发展　在发展中坚持

　　江泽民同志在与军队高级干部理论研讨班学员座谈时指出："进行理论创新，必须坚持两个基本要求，一是必须坚持马克思主义的立场、观点和方法，坚持马克思主义的基本原理。这一点，要坚定不移，不能含糊。二是一定要贯彻解放思想、实事求是的思想路线，坚持勇于追求真理和探索真理的革命精神。这一点，也要坚定不移，不能含糊。"这两个"坚定不移、不能含糊"，不仅深刻地揭示了以实践为基础的马克思主义理论与实践的辩证关系，而且也为全党坚持解放思想、实事求是的思想路线，在实践中坚持和发展马克思主义指明了正确的方向。

　　第一，提出两个"坚定不移、不能含糊"的根本目的，是要始终不渝地坚持马克思主义的指导地位。 江泽民同志在"七一"重要讲话中说："马克思主义是我们立党立国的根本指导思想，是全国各族人民团结奋斗的共同理论基础。马克思主义的基本原理任何时候都要坚持，否则我们的事业就会因为没有正确的理论基础和思想灵魂而迷失方向，就会归于失败，这就是我们为什么必须始终坚持马克思主义基本原理的道理所在。"这个"道理"是颠扑不破的真理。

坚持马克思主义在我党我国的指导地位,绝不是中国共产党人的主观偏好和偶然选择,首先因为它是科学。马克思主义是资本主义社会矛盾运动的必然产物。马克思、恩格斯在总结无产阶级反对资产阶级的斗争经验的同时,批判性地汲取前人的思想成果,综合了时代的科学成就,创立了马克思主义的科学体系。其核心内容,是以马克思主义的两大发现——创立唯物史观和剩余价值学说——为前提,使社会主义由空想发展为科学。马克思主义创始人由此揭示了人类社会发展的客观规律,科学地阐明了社会主义制度取代资本主义制度的历史必然性,从而为无产阶级和革命人民提供了认识世界、改造世界和建设新社会的强大思想武器。科学没有国界,马克思主义的科学原理及其世界观和方法论,即它的立场、观点和方法,具有普遍的指导意义。

坚持马克思主义在我党我国的指导地位,更为深刻的根据是中国近代以来的革命、建设和改革的社会要求和客观需要。没有马克思列宁主义传入中国,并与中国国情相结合而发挥指导作用,就没有中国共产党、中国革命的胜利和社会主义建设及改革事业的成功。正如毛泽东同志所指出的那样:"马克思列宁主义来到中国之所以发生这样大的作用,是因为中国的社会条件有了这种需要,是因为同中国人民革命的实践发生了联系,是因为被中国人民所掌握了。"[①] 一句话,中华民族的伟大复兴需要马克思主义。

坚持马克思主义在我党我国的指导地位,最为关键的工作,是坚持用马克思主义科学理论教育和武装全党,以指导全党的思想和行动。江泽民同志说得好:重视理论建设和理论指导,是我们党的一个根本特点。重视在思想上建党,是我们党的一条重要

[①] 《毛泽东选集》第4卷,人民出版社1991年版,第1515页。

的政治经验。以毛泽东、邓小平、江泽民同志为核心的党中央三代领导集体,历来重视用马克思主义的科学理论教育和武装全体党员和干部,以不断提高全党的思想政治素质。中国共产党正是依靠马克思主义的理论武装,才始终保持了工人阶级先锋队的先进性和战斗力,才能够带领广大人民群众团结奋斗,一步步取得中国革命的胜利,进而赢得改革开放和现代化建设的伟大成就。我们党80多年的奋斗历程反复证明,坚持马克思主义在我党我国的指导地位,如同整个四项基本原则一样,是我们立党立国之本。现在江泽民同志提出两个"坚定不移、不能含糊",正是为了维护和巩固这个立党立国之本。

第二,提出两个"坚定不移、不能含糊",旨在坚持解放思想、实事求是的思想路线,力求促进马克思主义基本原理与当代中国具体实际的紧密结合,推进我国改革开放和现代化建设事业。解放思想、实事求是是整个马克思主义科学理论的精髓,也是辩证唯物主义和历史唯物主义的根本要求。江泽民同志在论述两个"坚定不移、不能含糊"时,其首要的着眼点,就是强调坚持党的解放思想、实事求是的思想路线。他强调指出:"我国改革开放的历史进程,就是一个不断解放思想、实事求是的过程。要说改革开放20多年的成功经验,这是很基本的一条。在新世纪里,我们要继续前进,不断有新的作为,仍然要坚持这一条。"这些简练质朴的话语,包含着丰富而深刻的意蕴。

改革开放20多年来的实践证明,我国的社会主义现代化建设只有坚持解放思想、实事求是的思想路线,不断破除僵化思维、习惯势力和主观偏见的束缚,才能科学把握我国社会变革和现代化建设的规律,充分反映人民群众的意愿和根本利益,制定正确的路线、纲领和方针、政策,在实践中创新和发展马克思主义。可以说,我国改革开放的进程就是在当代中国的马克思主义——邓小平理论指导下，不断解放思想，研究新情况，分析新矛盾，解决新问题的过程，就是马克思主义基本原理与当代中国实际相结合的过程。

坚持解放思想、实事求是的思想路线，坚持马克思主义基本原理与中国具体实际的紧密结合，是我们党一贯坚持的思想原则和优良传统。正是依靠这种思想政治优势，我们党才能够团结和带领中国人民，经过80多年的奋斗历程，赢得中国革命、建设和改革的胜利。对此，江泽民同志在"七一"重要讲话中作了科学总结。他指出："八十年的实践启示我们，必须始终坚持马克思主义基本原理同中国具体实际相结合，坚持科学理论的指导，坚定不移地走自己的路。"他强调"这是总结我们党的历史得出的最基本的经验"，因而具有长远的普遍的指导意义。

进入21世纪，世界和中国都正在发生着巨大而深刻的变化。面对难得的发展机遇和种种严峻的挑战，我们必须冷静观察，正确应对。形势的变化和实践的发展，要求我们的思想认识随之不断变化和进步。我们应当像江泽民同志要求的那样，"在党的基本理论指导下，一切从实际出发，自觉地把思想认识从那些不合时宜的观念、做法和体制中解放出来，从对马克思主义的错误的和教条式的理解中解放出来，从主观主义和形而上学的桎梏中解放出来"。只有这样，我们党才能不断深化对于共产党执政规律、社会主义建设规律、人类社会发展规律的认识，才能更好地实现马克思主义基本原理与当代中国实际的紧密结合，并不断有新的作为，不断推进党的事业。

第三，提出两个"坚定不移、不能含糊"，表现了一种正确对待马克思主义，弘扬与时俱进、勇于追求真理的创新精神。江泽民同志强调，我们对马克思主义的基本原理，任何时候都要坚持。我们提出新的观点、新的思想时，都要用马克思主义基本理论来衡量一下，并通过实践加以检验，看它们是否正确，是否站得住。一切否定和放弃马克思主义的言行都是错误的，都必须坚决反对。同时，江泽民同志又强调在坚持马克思主义时，绝不能照抄照搬，用本本去框实践，而只能用实践去发展本本。他提出，全党同志要以马克思、恩格斯、列宁和毛泽东、邓小平同志为光辉榜样，学习他们从不教条，从不僵化，总是与时俱进，总是根据历史条件的变化不断发展和完善理论的宝贵品格。只有采取这种实事求是、与时俱进的科学态度，才能使马克思主义不断随着时代、实践和各门科学的发展而发展。贯彻两个"坚定不移、不能含糊"的基本要求，推进马克思主义理论创新，必须处理好以下几种关系：

其一，坚持与发展的关系。马克思主义具有与时俱进的品质。150多年来，世界的政治、经济、文化和科学发生了重大变化。新中国成立50多年来，特别是改革开放20多年来，我国社会主义建设和社会生活的各个方面，都发生了重大变化。要充分估计这些变化的影响，并如实地反映这些变化的本质与发展趋势。江泽民同志强调，我们要突破前人，后人也必然要突破我们。这是社会前进的基本规律。当然，这也是马克思主义发展的规律。但是，这种发展要以"坚持"为前提。只有学习掌握和始终坚持马克思主义基本原理，始终坚持马克思主义的立场、观点和方法，我们追求真理和探索真理才有正确的方向、科学的方法。当然，我们也只能在发展中坚持，不发展就不能真正坚持。在日新月异的当今世界，"不以新的思想、观点去继承、发展马克思主义，不是真正的马克思主义者"[①]。只有做到两个"坚定不移、不能含糊"，才是真正的马克思主义者。因此，我们必须

---

① 《邓小平文选》第3卷，人民出版社1993年版，第292页。

用发展的观点对待马克思主义。只有在坚持中发展，在发展中坚持，才能正确认识和处理坚持与发展的辩证关系。这是我们对待马克思主义的唯一正确的态度。

其二，继承与创新的关系。江泽民同志极为重视创新，认为创新是一个民族的灵魂，是社会发展的不竭动力。他在"七一"重要讲话中，向全党郑重地提出了通过不断推进理论创新、制度创新和科技创新，来不断夺取建设有中国特色社会主义事业新胜利的任务。当然，这种创新的起点和基础，是继承前人。只有继往才能开来。马克思主义的问世，既是革命性的理论创新的典范，也是继承前人的思想精华的楷模。同样，在马克思主义一脉相承的统一的科学体系内部，也需要不断进行理论创新。毛泽东同志曾指出过，"我们已经进入社会主义时代，出现了一系列的新问题"。因此在遵守马克思老祖宗的基本原理的同时，我们必须"创造新的理论，写出新的著作，产生自己的理论家"，来为当前的实践服务，"单靠老祖宗是不行的"[1]。江泽民同志讲的两个"坚定不移、不能含糊"，同毛泽东同志讲的遵守老祖宗的"基本原理"与"创造新理论"的统一，其精神实质是一致的。实践证明，在党的80年奋斗历程中所产生的毛泽东思想、邓小平理论和"三个代表"重要思想，都是继承和创新之辩证统一的典范。

其三，理论与实践的关系。按照两个"坚定不移、不能含糊"的基本要求，坚持马克思主义的指导地位，并处理好坚持与发展、继承与创新的关系，归根到底，是要正确处理理论与实践的关系。我们重视和珍视马克思主义，就是因为它是科学真理，能够指导我们认识世界、改造世界，推进社会主义事业。马

---

[1] 《毛泽东文集》第8卷，人民出版社1999年版，第109页。

克思主义理论的坚持与发展、继承与创新，都要以实践为基础，为实践服务，以实践作为根本的出发点、动力、归宿和检验的唯一标准。这种"实践第一"的观点，既是马克思主义认识论的基本原理，也是马克思主义产生、存在和发展本身同样要遵循的基本原则。因此，江泽民同志在党的十五大报告中强调，学习和研究马克思主义，"一定要以我国改革开放和现代化建设的实际问题、以我们现在正在做的事情为中心，着眼于马克思主义理论的运用，着眼于对实际问题的理论思考，着眼于新的实践和新的发展"。

（原载《求是》杂志2002年第2期）

论全面实践"三个代表"与"全面建设小康社会"的内在一致性

一

中国共产党第十六次全国代表大会,是在新世纪新阶段召开的一次具有承前启后、继往开来的和具有划时代意义的大会。江泽民同志代表十五届中央委员会向十六大作的报告,深刻阐明了我们党在21世纪坚持举什么旗、走什么路、实现什么目标等重大问题,对我国改革开放和社会主义现代化建设,作出了全面的战略部署,是党在新世纪新阶段执政兴国的政治宣言和行动纲领。

这篇报告,开宗明义,宣示主题。大会的主题是:"高举邓小平理论伟大旗帜,全面贯彻'三个代表'重要思想,继往开来,与时俱进,全面建设小康社会,加快推进社会主义现代化,为开创中国特色社会主义事业新局面而奋斗。"这个主题,顺应时代潮流,切合中国实际,符合党心民意。它以此昭告天下:在新世纪新阶段,中国共产党高举的旗帜,就是马克思列宁主义、毛泽东思想、邓小平理论的旗帜,就是"三个代表"重要思想的旗帜;中国共产党带领全国各族人民所走的道路,就是邓小平同志继毛泽东同志之后开辟的、以江泽民同志为核心的党的第三代领导集体坚持和发展了的中国特色社会主义道路;中国共产党在21世纪要实现的奋斗目标,就是团结和领导全国各族人民,在前20年集中力量,全面建设小康社会,进而到21世纪中叶基本实现现代化,把我国建成富强民主文明的社会主义国家,实现中华民族的伟大复兴。报告为我国新世纪新阶段的改革开放、现代化建设和社会全面进步,描绘了宏伟蓝图,指明了前进方向。它作为科学社会主义原理与当代中国实践相结合的最新产物,体现与时俱进的理论品质,是马克思主义中国化新的光辉篇章。

江泽民同志在十六大报告中,从着眼于总结实践经验和指导新的实践之认识高度,既科学地阐明了一系列重大的理论与实践问题,又适时地提出了许多需要继续探索的重大理论与实践问题。按笔者的初步学习和理解,在江泽民同志报告及其所体现的十六大精神中,最为重大和直接的理论与实践问题,有两个:其一,深刻阐明了"三个代表"重要思想的精神实质、理论地位和指导意义,提出了在党和国家的各项工作中,全面贯彻"三个代表"重要思想的根本要求;其二,深刻阐明和深化发展了中国特色社会主义的"小康社会"概念与理论,制定并提出了"全面建设小康社会"的奋斗目标和实现它的战略部署。据此,应当指出的是,党的十六大同时提出全面贯彻"三个代表"重要思想与"全面建设小康社会",绝不是偶然的外部联系,而是我们党在深刻洞悉和掌握了这两者的内在联系的基础上,及时作出的科学判断和重大决策。因为在这两者之间,蕴含有客观的和内在的一致性,即具有理论和实践上的现实统一性。

人类认识史告诉我们:"一切划时代的体系的真正内容都是

由于产生这个体系的那个时期的需要而形成起来的。"①"三个代表"重要思想之所以在世纪之交的中国问世，其情形也正是这样。因为，江泽民同志近两三年提出和再三阐明的"三个代表"重要思想，固然是他运用马克思主义立场、观点、方法，对我们党八十年的奋斗历程和基本经验，特别是对近十三年的基本经验所作出的理论总结。但其中更为直接的现实源泉，则是根植于我国进入全面建设小康社会、加快推进社会主义现代化新的发展阶段的现实需要，所反映的是当今世界和中国的发展变化对党和国家工作的新要求。这就是说，"三个代表"重要思想直接产生和服务于"全面建设小康社会"的实践需要；而我们党领导全国各族人民"全面建设小康社会"的实践，当然也就离不开"三个代表"重要思想的指导。

因此可以说，"三个代表"重要思想作为中国发展到新世纪新阶段的马克思主义理论，既是在实践中对马克思列宁主义、毛泽东思想、邓小平理论的一脉相承的坚持、运用和发展，体现了科学社会主义的重要的精神实质，因而具有普遍的真理性和长远的指导意义；同时又是中国特色社会主义实践发展到一定阶段的产物，故而它在新世纪新阶段"全面建设小康社会"的实践中，具有更直接、更贴近的指导作用。

二

"全面建设小康社会"，是中国特色社会主义创新精神的生动体现。江泽民同志在十六大报告中，把"全面建设小康社会"确定为全党和全国人民在21世纪前20年的奋斗目标，就是沿着

---

① 《马克思恩格斯全集》第3卷，人民出版社1960年版，第544页。

邓小平理论的思路，对科学社会主义特别是对其现代化理论的重要发展和创新。

这里所说的"小康社会"，首先是邓小平理论中的一个重要概念和范畴，是邓小平吸收和扬弃中国传统文化的思想精华，并使之与中国特色社会主义实践相结合，而得出的思想结晶和理论创造。

众所周知，"小康"与"大同"之说，作为儒家学者的价值目标和社会理想，始见于《礼记·礼运》篇。所谓"大同"社会，被描绘为"大道之行也，天下为公，选贤与能，讲信修睦。故人不独亲其亲，不独子其子；使老有所终，壮有所用，幼有所长，鳏寡孤独废疾者皆有所养"。"货恶其弃于地也，不必藏于己；力恶其不出于身也，不必为己"等社会图景。其实，这是地道的道德性的乌托邦，在封建社会根本没有可行性。与"大同"相对应的则是"小康"，即"天下为家，各亲其亲，各子其子，货力为己"。"禹、汤、文、武、成王、周公，此其选也"等社会主张。也就是说，这些讲究点理性和实际的剥削阶级的政治家、思想家们，认为社会"大同"虽好，但可敬而不可及，只得以"大同为志，小康为事"，转而提倡"天下为家"的"小康"社会。近代学者梁启超认为，是"孔子立小康之义，以治两千年以来之天下"。尽管在封建社会，即便像汉唐盛世，能达到"小康"的，只能是少数的人和家庭。但儒家的"大同"和"小康"的社会理想或道德理想，作为儒家的文化传统和一种价值观念，仍然具有长久的历史影响。

当中国历史行进至20世纪70年代末80年代初的时候，正在筹谋中国改革大计、设计中国发展模式的邓小平，鉴于此前我们党和国家在谋求社会主义事业发展中，有过急于求成，甚至是急于搞社会"大同"，要"跑步进入共产主义"的失误，于是从比较讲求实际的儒家以"小康"治天下的政治谋略中，吸取其政治智慧的启示，进行理论创新。

1979年12月6日，邓小平同志在会见日本首相大平正芳时，第一次把"小康"与中国社会主义建设相联系，用"小康"和"小康之家"，来描述中国式的社会主义现代化。1984年3月25日，邓小平同志在会见日本首相中曾根时，明确提出了"小康社会"概念。他说："我们提出的到本世纪末翻两番……这个目标不会落空。翻两番，国民生产总值人均达到八百美元，就是到本世纪末在中国建立一个小康社会。这个小康社会，叫做中国式的现代化。翻两番、小康社会、中国式的现代化，这些都是我们的新概念。"[①]

在这里，邓小平同志吸收、扬弃和改造了儒家的"小康"之说，提出了属于科学社会主义范畴的"小康社会"概念，用以表征中国式的现代化的阶段性的奋斗目标以及它的发展程度。这与儒家所讲的"小康"，或封建主义所谓"小康社会"，具有本质上的区别，因而是重要的理论创新，意义极为深远。一方面，这是对过去在社会主义建设中存在的急于求成、超阶段的"左"的错误的否定；另一方面，则体现了邓小平理论规划中国社会主义现代化建设的求真务实精神，即既积极进取，又实事求是的科学精神。以"小康社会"作为关键内容的、中国分"三步走"基本实现现代化的战略目标和战略步骤，是邓小平理论的重要组成部分。正因为这样，党的十三大、十四大、十五大报告，都写入了"小康"和"小康社会"的概念，体现了邓小平关于中国式现代化在近期以建设"小康社会"作为奋斗目标的科学思想。

---

① 《邓小平文选》第3卷，人民出版社1993年版，第53—54页。

在邓小平理论指引下，以江泽民同志为核心的党的第三代中央领导集体，带领全党和全国各族人民，坚持改革开放，排除各种干扰，一心一意搞现代化建设，终于在20世纪末，胜利实现了"三步走"战略的第一、第二步的奋斗目标，全国人民生活在基本实现温饱之后，已经在总体上达到小康水平。这在一个有近13亿人口的中国，是了不起的成就。这是社会主义制度的伟大胜利，是中华民族发展史上一个新的里程碑。

在这个基础上，江泽民同志在十六大报告中进而提出，我们要在21世纪头20年这个重要的战略机遇期，集中力量，"全面建设惠及十几亿人口的更高水平的小康社会，使经济更加发展、民主更加健全、科教更加进步、文化更加繁荣、社会更加和谐、人民生活更加殷实"。他强调指出，"这是实现现代化建设第三步战略目标必经的承上启下的发展阶段，也是完善社会主义市场经济体制和扩大对外开放的关键阶段"。他认为，只有经过这个阶段的建设，再继续奋斗几十年，到21世纪中叶，中国才能基本实现现代化，而成为富强民主文明的社会主义国家。

显而易见，江泽民同志这里所阐明的"全面建设小康社会"的奋斗目标，是对邓小平理论的继承、丰富、发展和创新。这两者，就其对中国现代化的发展战略的设计而言，在本质上是相同和一致的，同属于中国特色社会主义的理论和实践范畴。但江泽民同志所讲的"全面建设小康社会"，既本于邓小平理论，又高于邓小平理论的设计，是邓小平理论中的"小康社会"这个"新概念"的新发展，是旨在建设发展水平更高、更全面的"小康社会"。

第一，从中国社会主义现代化的进程看，邓小平同志讲的"小康社会"，是指"三步走"发展战略的"第二步"即到20世纪末，中国发展到"小康"水平；而江泽民同志现在讲的"小康社会",则是指其"第三步"发展历程的前20年,亦即21世纪的前20年,也就是,在人民生活总体达到小康水平之后,进一步"全面建设小康社会"。

第二,从中国现代化发展,特别是经济发展水平看,邓小平同志所讲的"小康社会",是在1980年的经济发展水平上,到20世纪末翻两番,使人均国民生产总值达到800到1000美元;而江泽民同志现在讲的"小康社会",则是在这个基础上,经过21世纪前20年的生产发展,进而使中国国内生产总值在2000年的水平上再翻两番。据测算,届时中国人均国内生产总值可能达3000美元以上。所以,人民生活会更加殷实和富裕。

第三,从"小康社会"内涵的丰富性和全面性看,邓小平同志在当时突出强调经济发展,主要用经济指标来界定"小康社会";而江泽民同志在其"小康社会"的内涵上,则在提出更高经济指标的基础上,进一步强调社会的全面建设和全面进步。江泽民同志在十六大报告中所阐明的"全面建设小康社会的目标",实际上要求在更高水平上使社会主义的物质文明、政治文明、精神文明、生态文明的协调发展和统一。

所以,江泽民同志对"全面建设小康社会"的科学论述,是对邓小平理论的继承和创造性的重大发展。

三

在新世纪新阶段,党领导全国各族人民"全面建设小康社会",之所以必须以"三个代表"重要思想为指导,不仅在于这两者之间存在内在的一致性,更在于这种一致性只有在实践的基础上,才能实现现实的统一。

根据"全面建设小康社会"的要求,江泽民同志在十六大报告中，提出了四大奋斗目标：

——在优化结构和提高效益的基础上，国内生产总值到二〇二〇年比二〇〇〇年翻两番，综合国力和国际竞争明显增强。

——社会主义民主更加完善，社会主义法制更加完备，依法治国基本方略得到全面落实，人民的政治、经济和文化权益得到切实尊重和保障。

——全民族的思想道德素质、科学文化素质和健康素质明显提高，形成比较完善的国民教育体系、科技和文化创新体系、全民健身和医疗卫生体系。

——可持续发展能力不断增强，生态环境得到改善，资源利用效率显著提高，促进人与人和人与自然的和谐，推动整个社会走上生产发展、生活富裕、生态良好的文明发展道路。

显然，"全面建设小康社会"的这些奋斗目标的如期实现，就必须坚持以"三个代表"重要思想为指导，必须有全体党员和干部坚持对"三个代表"的自觉实践。共产党是新中国的执政党，是中国特色社会主义事业的领导核心，是中华民族的主心骨和社会脊梁。我们党现有6600多万名共产党员、会集了一大批中华民族的优秀儿女。只要我们党的各级组织、全体党员和干部能够始终坚持和自觉实践"三个代表"重要思想，那么，"全面建设小康社会"的奋斗目标，就一定能够顺利实现。我们全党自觉实践"三个代表"，与实现"全面建设小康社会"的奋斗目标之间，具有不可分割的现实关联与直接的统一。

第一，我们党坚持"始终代表中国先进生产力的发展要求"，并化为全体党员和干部的自觉实践，从而带动和发挥全体劳动群众的生产积极性，是在21世纪前20年实现国内生产总值，比二〇〇〇年翻两番，使综合国力和国际竞争力明显增强的最重要的保证。而只有社会经济的这种增长，才能为"更高水平的小康社会"提供物质基础；才能为我国工业化的基本实现，城镇人口比例大幅度增加，工农差别、城乡差别和地区差别逐步缩小，以及广大劳动者有比较充分的就业、有更加普遍富足的生活，提供比较充裕的物质条件；才能为社会的全面进步和人的全面发展，提供必要的物质保障和社会前提。

第二，我们党坚持"始终代表中国先进文化的前进方向"，并化为全体党员特别是有关的党员和干部的自觉实践，才能正确贯彻建设中国特色社会主义的路线、方针和政策，使物质文明和精神文明得到协调发展，使人得到全面发展和社会得到全面进步。而在实践上要始终坚持先进文化的前进方向，其基础是要有与社会经济发展相匹配的财力投入；关键是坚持马克思主义的指导地位；动力是提倡并支持科技创新和文化创新。由此不断提高全民族的思想道德水平、科学文化水平，使广大人民享有健康而丰富多彩的精神文化生活，是"全面建设小康社会"不可缺少的条件。

第三，我们党坚持"始终代表中国最广大人民的根本利益"，并化为全体党员和干部的自觉实践，也就是要通过坚持现阶段社会主义基本经济政治制度，坚持党的基本路线和基本纲领，进一步健全社会主义民主和法制，发展政治文明，建设社会主义法治国家，使广大人民的经济利益、政治利益、文化利益，更好地得到维护和实现。其中，人民的经济利益是基础、文化利益是重要的条件，而政治利益则是其经济利益、文化利益的集中体现与保障。所以，在"全面建设小康社会"中要维护和实现好人民的根本利益，应当坚定不移地坚持"一个中心，两个基本点"的基本路线，也就是，最根本的任务是坚持以经济建设为中心，大力发展生产力，特别是要加快发展先进的生产力，为"小康社会"奠定雄厚的物质技术基础，发展社会主义物质文明。同时，又要坚持"两个基本点"的统一，在注重物质文明建设的时候，也要重视社会主义政治文明和精神文明的建设。因为，我们在"全面建设小康社会"的时候，就客观和内在地要求全面建设各方面的社会文明。

第四，我们党在领导全国各族人民为"全面建设小康社会"而奋斗的过程中，坚持全面贯彻和自觉实践"三个代表"的根本要求，不仅有利于解决和调节现实的各种矛盾和利益关系，而且有助我们去认识和解决人与人、人与自然之间的长远的关系或利益协调。例如，当全面贯彻"三个代表"重要思想，要求共产党人去自觉实践"代表中国先进生产力的发展要求"，"代表中国先进文化的前进方向"，"代表中国最广大人民的根本利益"时，就包含着提倡发展和运用现代科学技术，去有效地利用和节约自然资源，减轻环境污染，矫正生态失衡，优化人与自然的关系，维护和提高社会可持续发展的条件与能力。我们生活的时代，在发展社会文明的同时，就必须要求全社会不断提高环保意识，去有效地认识、开发、利用、节约和保护自然资源。这是人类长远发展的必然要求和必具的前提。而发展这种"生态文明"，既是我们共产党人自觉实践"三个代表"的内在要求，体现广大人民的长远和根本利益，也是"全面建设小康社会"的题中应有之义，显示了社会主义制度才真正代表人类未来的发展前程。

（原载《马克思主义研究》2002 年第 6 期）

"三个代表":全党全国人民团结奋斗的共同思想基础[①]

胡锦涛总书记在"三个代表"重要思想理论研讨会上的重要讲话中,强调指出,"三个代表"重要思想是全党全国人民在新世纪新阶段继续团结奋斗的共同思想基础。这个重要论断,深刻揭示了在新世纪新阶段学习贯彻"三个代表"重要思想同全面建设小康社会、开创中国特色社会主义事业新局面的内在联系,阐明了在全党兴起学习贯彻"三个代表"重要思想新高潮的重大现实意义和深远历史意义。我们要深刻领会、全面落实。

"三个代表"重要思想:面向21世纪的中国化的马克思主义

我们党历来以马克思主义作为指导思想的理论基础。不过,马克思主义基本原理的实际运用,必须以当时的历史条件为转

---

① 以"中国社会科学院邓小平理论研究中心"名义发表,执笔:李崇富、吴波。2003年12月获中共中央宣传部精神文明建设第九届"五个一工程奖"中的论文"优秀作品奖"。

移，与中国的具体国情相结合。八十多年来，以毛泽东、邓小平、江泽民为主要代表的中国共产党人，在团结带领全国人民进行革命、建设和改革的伟大实践中，致力于马克思主义基本原理同中国具体实际和时代特征相结合，相继产生了毛泽东思想、邓小平理论和"三个代表"重要思想三大理论成果。

伟大的时代需要伟大的理论，伟大的实践产生伟大的理论。"三个代表"重要思想同毛泽东思想、邓小平理论一样，都是自己时代的产物，都是党领导人民实践经验的科学总结。它们继承前人，又面向未来，以已有的实践为源泉，以时代特征的变化为着眼点。自党的十三届四中全会以来的十三年，整个世界都发生了复杂而深刻的变化。由此，我们党和人民的事业既面临着难得的发展机遇，又面临着严峻的挑战；我国社会主义的改革开放和现代化建设，既取得了举世瞩目的伟大成就，又逐渐显露出许多深层次的矛盾和突出的问题；与此同时，我们党发展的现状和面临的三大历史任务，又迫切要求进一步全面加强和改进党的建设。面对国际国内这种深刻的变化，以江泽民同志为核心的党的第三代中央领导集体，高举邓小平理论伟大旗帜，准确地把握时代特征，科学地判断我们党所处的历史方位，围绕建设中国特色社会主义这个主题，集中全党的智慧，以马克思主义的巨大理论勇气进行理论创新，逐步形成了"三个代表"重要思想的科学体系。

"三个代表"重要思想是坚持马克思主义的典范，又是发展马克思主义的典范。"三个代表"贯穿于十三届四中全会以来党和国家工作的全过程，是这期间治党治国治军经验的积累和科学总结。正如胡锦涛同志指出的："三个代表"重要思想创造性地运用马克思列宁主义、毛泽东思想特别是邓小平理论，紧密结合新的实践，提出了关于建立社会主义市场经济体制的思想，关于公有制为主体、多种所有制经济共同发展是我国社会主义初级阶段的基本经济制度的思想，关于按劳分配为主体、多种分配方式并存的思想，关于实行全方位对外开放战略的思想，关于社会主义物质文明、政治文明和精神文明协调发展的思想，关于正确处理改革发展稳定关系的思想，关于建设社会主义法治国家的思想，关于依法治国和以德治国相结合的思想，关于走中国特色的精兵之路的思想，关于巩固党的阶级基础和扩大党的群众基础的思想，等等。"三个代表"重要思想内容宏富，博大精深，是与马克思列宁主义、毛泽东思想和邓小平理论一脉相承而又与时俱进的科学体系。

"三个代表"重要思想作为中国化的马克思主义，是对马列主义、毛泽东思想特别是邓小平理论的坚持和创造性地运用与发展。"三个代表"重要思想是着眼于"治党"，而拓展为与"治国"和"治军"相统一的系统理论，是面向21世纪的中国化的马克思主义。这一科学理论在建设中国特色社会主义的思想路线、发展道路、发展阶段、发展战略、根本任务、发展动力、依靠力量、国际战略、领导力量和根本目的等重大问题的继续探索上，都取得了丰硕的成果，用一系列紧密联系、相互贯通的新思想、新观点、新论断，进一步回答了"什么是社会主义、怎样建设社会主义"的问题，创造性地回答了"建设什么样的党、怎样建设党"的问题。"三个代表"重要思想，反映了当代世界和中国的发展变化对于党和国家工作的新要求，是面对21世纪前20年中国发展的重要战略机遇期进行战略思考，而得出的最根本的战略应对。它同全党全国人民在新世纪新阶段的实践奋斗，具有更为直接的内在联系和更为切近的现实指导意义，是加强和改进党的建设，推进我国社会主义自我完善和发展的强大理论武器。

"三个代表"重要思想:全面建设小康社会的强大思想武器

"理论在一个国家实现的程度,总是决定于理论满足这个国家需要的程度。"① 党的十六大在对我国 21 世纪头 20 年的宏伟目标作出战略决策和部署的同时,把"三个代表"重要思想同马克思列宁主义、毛泽东思想、邓小平理论一道,确立为我们党必须长期坚持的指导思想,就鲜明地体现了社会实践需要和理论满足这种需要的内在联系。在未来 20 年内,我们要集中力量,全面建设小康社会,这是前无古人的伟大实践。这个历史任务,既具有艰巨性又具有探索性,在前进中会遇到这样那样的新情况、新矛盾、新问题,要应对国际国内出现的各种可以预料和难以预料的风险和挑战。因此,需要全党上下,举国一致,同心同德,开拓进取,艰苦创业,聚精会神搞建设,一心一意谋发展。

团结奋斗,艰苦创业,需要共同的思想基础和强大的精神动力。统一思想是统一行动的前提,是凝聚人心、凝聚力量,调动一切积极因素,为实现全面建设小康社会宏伟目标而奋斗的重要保证。一个国家和民族具有坚强的精神支柱,才能自强不息,兴盛发达;一桩历史性事业具有强大的精神动力,才能知难而上,赢得成功。在当今世界和时代,像我国这样一个有着近 13 亿人口的大国、我们党这样一个拥有 6600 万名党员的大党,如果没有一个面向新世纪、体现时代精神的科学理论作为共同的思想基础和精神支柱,建设社会主义现代化就会落空。全党全国正在兴起的学习贯彻"三个代表"重要思想新高潮,就是要使"三个代表"重要思想成为全党全国各族人民继续团结奋斗的共同思

---

① 《马克思恩格斯选集》第 1 卷,人民出版社 1995 年版,第 11 页。

想基础,成为全党全国各族人民在新世纪新阶段进行伟大实践的"主心骨"。有了这个"主心骨",我们就能任凭风浪起、稳坐钓鱼船,做到抓住机遇而不丧失机遇,开拓进取而不因循守旧,乘势而上而不固步自封。

"三个代表"重要思想创造性地运用和发展了辩证唯物主义、历史唯物主义的世界观和方法论,尤其是以其阐发"与时俱进"的辩证发展观和认识论原理,丰富和发展了党的解放思想、实事求是的思想路线,从而在更高的认识起点上,指导全党全国人民不断在解放思想中统一思想,不断有所发现、有所创造、有所前进。

"三个代表"重要思想深化了对共产党执政规律、社会主义建设规律和社会发展规律的认识,使全党在理论的自觉性和实践的主动性上,都达到了一个新的高度,从而能够更有效地推进全面建设小康社会的伟大实践,通过深化体制改革,促进社会主义物质文明、政治文明、精神文明的协调发展,促进人的全面发展和社会全面进步。

"三个代表"重要思想创造性地把发展先进生产力和先进文化、实现最广大人民的根本利益同坚持党的先进性联系在一起,并上升到党的性质和宗旨的高度,上升到党的指导思想的高度,特别是其对"核心"和"本质"问题的深刻阐发,不仅对推进新世纪新阶段党的建设新的伟大工程提出了根本要求,而且为解决党建工作上的"两个历史性课题"指明了方向。

"三个代表"重要思想所体现的时代精神,它对当今时代特征和时代主题的准确把握,以及对国际局势发展的科学判断,为我国继续奉行独立自主的和平外交政策,实行全方位对外开放的发展战略,为新世纪新阶段的改革开放和现代化建设争取国际和平环境,提供了理论基础和理论指导,以确保在日益激烈的综合国力竞争中牢牢掌握加快我国发展的主动权。

贯彻落实"三个代表",党员干部特别是领导干部是关键

在历史唯物主义看来,理论的力量就在于掌握群众。"理论一经掌握群众,也会变成物质力量"①。马克思主义理论尤其是这样,只有当广大人民群众掌握了它,才能变成强大的物质力量。正因为这样,所以"三个代表"重要思想的本质是立党为公、执政为民,目的在于维护好、实现好、发展好最广大人民的根本利益。

胡锦涛同志在今年"七一"重要讲话中强调,在坚持马克思主义科学态度,学习贯彻好"三个代表"重要思想时,要做到"三个结合",在实践"三个代表"的本质要求,做到立党为公、执政为民时要做到"三个落实",都是兴起学习贯彻"三个代表"重要思想新高潮的指导原则,也是巩固全党全国人民团结奋斗的共同思想基础的根本举措。只有当领导干部在理论学习中真正做到坚持学习理论和指导实践相结合、坚持改造客观世界和改造主观世界相结合、坚持运用理论和发展理论相结合时,才能真正坚持"一个宗旨",牢记"两个务必",实践"三个代表",树立正确的世界观、人生观、价值观和正确的权力观、地位观、利益观,才能真正做到权为民所用、情为民所系、利为民所谋。故而,坚持做到立党为公、执政为民的"三落实",既是全党用"三个代表"重要思想统一认识的重要标志,也是用这一科学理论统一全党全国人民思想的根本途径。这是因为:

---

① 《马克思恩格斯选集》第 1 卷,人民出版社 1995 年版,第 9 页。

其一，把坚持立党为公、执政为民的本质要求，落实到党和国家方针政策的制定和实施当中去，最能体现"三个代表"重要思想的现实力量。党和国家的方针政策，是党的基本理论和基本路线与群众实践的中间环节，是直接指导实践，调控社会利益关系的政治手段。只有当政策的制定和实施体现了立党为公、执政为民的本质要求，而群众又从政策的实施和实践中得到了实实在在的利益的时候，科学理论的巨大力量才会变成直接的社会现实。这样，理论也才有说服力。

其二，把坚持立党为公、执政为民的本质要求，落实到各级领导干部的思想和行动中去，最能体现"三个代表"重要思想的理论吸引力。一个党员领导干部就像一面旗帜，一步实际行动胜过一打纲领。当我们的领导干部从其言行的内在一致上，做到立党为公、执政为民的本质要求，从而显示出他们真心信仰、决心维护、诚心实践"三个代表"重要思想时，就具有了无形的示范作用，并会产生不可遏制的吸引力。

其三，把坚持立党为公、执政为民的本质要求，落实到关心群众生产生活的工作中去，最能体现"三个代表"重要思想的实践威力。人民群众是社会实践的主体。坚持把"三个代表"的科学理论，通过共产党执政的政策实践和政府行为，转化为关心和组织广大人民群众的生产和生活实践，这是把马克思主义理论转化为人民群众的实践力量、转化为社会生产力、转化社会现实的根本方式。这是验证理论之真理性的唯一标准。在这里，实践标准、生产力标准和人民利益标准，达到了直接的统一。

总之，中国特色社会主义是人民群众的事业。从人民群众的伟大实践中产生和升华出来的"三个代表"重要思想，只有回到群众及其实践中去，成为全党全国人民在新世纪新阶段全面建设小康社会、为中华民族的伟大复兴而团结奋斗的共同思想基础,才能体现出马克思主义的理论威力,发挥指导实践、引领当代中国社会发展的功能。

(原载《光明日报》2003 年 7 月 29 日)

毛泽东对建设中国特色社会主义道路的先行探索[①]

社会主义是人类历史上空前艰难而伟大的事业。在经济文化落后的中国进行社会主义革命、建设和改革，实现中华民族的崛起和复兴，就更是前无古人的艰难、伟大和创造性的事业。艰难、探索和创新，贯穿于中国社会主义事业发展过程的始终。

毛泽东同志是新中国的缔造者和中国社会主义事业的奠基人。早在20世纪50年代中期，当党和毛泽东带领全国人民实行"一化三改"，确立社会主义的基本制度，并启动大规模社会主义建设之时，实际上就已经开始了对建设中国特色社会主义道路的先行探索。尽管这种探索有过不少失误和曲折，尚未提出并形成"中国特色社会主义"的科学概念和系统理论，但是，毛泽东在这期间所提出并初步阐明的关于社会主义建设的许多重要观点、见解和闪光的思想，仍然是对毛泽东思想的丰富和发展，是后来在改革开放中创立的邓小平理论和"三个代表"重要思

---

① 本文在《光明日报》发表时编辑把题目改为"毛泽东对中国社会主义道路的探索"，收入文集时恢复原题目，并且按照中央文献出版社同年出版的文集作了补全。

想——开创建设中国特色社会主义道路、形成建设中国特色社会主义理论的探索起点和思想源头。

一 毛泽东的社会基本矛盾理论和两类社会矛盾学说,是开创建设中国特色社会主义道路的重要理论前提

从哲学高度上,正确地认识社会主义社会的矛盾运动及其趋势,是正确认识社会主义社会、探索社会主义发展道路的必不可少的理论准备和前提。倘若对社会主义社会的矛盾和矛盾运动的规律缺乏认识,就不知道如何驾驭社会主义航船向前行进。

在这个根本问题上,列宁有过原则性的提示。在对《布哈林过渡时期经济学》一书所作的批注中,他写道:"对抗和矛盾完全不是一回事。在社会主义下,对抗将会消失,矛盾仍将存在。"[①] 然而,可惜的是,其后继者并没有坚持沿着列宁的这个思路继续前进,而是在经过斯大林时代一阵阵认识摇摆以后,最终导致苏联党和国家在指导思想上完全改向,从而产生否认苏联社会存在矛盾、主张以其"精神上和道义上的一致",视为苏联社会的"发展动力"的认识偏误。这种违背历史唯物主义和历史辩证法的错误认识,不仅无法指引苏联社会主义建设和改革的正确方向,而且为苏共完全蜕化变质埋下了思想理论上的祸根。

正是在这个根本问题上,毛泽东坚持贯彻唯物辩证法,并根据我国社会主义革命和建设的实践经验,继承和发展了马克思、恩格斯和列宁的思想,阐发了社会主义社会基本矛盾理论,创立了两类社会矛盾学说。这些珍贵的思想理论遗产,主要体现在

---

① 《列宁全集》第60卷,人民出版社1990年版,第281—282页。

1957年发表的《关于正确处理人民内部矛盾的问题》这篇重要著作之中。毛泽东的理论贡献，主要体现在以下三个方面或三个理论层次的概括：

其一，他提出了"社会基本矛盾"的科学概念。毛泽东根据马克思主义经典作家多次揭示、反复阐述过的各个社会的生产关系与生产力之间的矛盾，上层建筑与经济基础之间的矛盾，也根据对现实经验的正确总结，概括和提出了适用于一切社会的"社会基本矛盾"的科学概念。这样，从共性上看，它指明了一切社会的矛盾运动的基本结构和基本形态，从而有助于我们认识掌握社会发展演进的基本指导线索；而从其特殊性上看，则使我们根据不同性质和发展水平的社会基本矛盾的运动状况和特点，来更好地认识把握不同社会形态的特殊本质、特殊规律。这种社会历史观上的理论综合和逻辑提升，既符合马克思主义原意，又深化了唯物史观，并为我们正确认识社会主义社会，提供了更为明确的世界观和方法论指导。

其二，他阐发了社会主义社会基本矛盾理论。毛泽东指出："在社会主义社会中，基本的矛盾仍然是生产关系和生产力之间的矛盾，上层建筑和经济基础之间的矛盾。"他认为，社会主义社会的基本矛盾，同旧社会（例如资本主义社会）的基本矛盾"具有根本不同的性质和情况"，即它们不是"对抗性的矛盾"，而是具有"又相适应又相矛盾"的特点。这就是说，当时中国的"社会主义生产关系已经建立起来，它是同生产力的发展相适应的；但是，它又还很不完善，这些不完善的方面和生产力的发展又是相矛盾的。除了生产关系和生产力发展的这种又相适应又相矛盾的情况以外，还有上层建筑和经济基础又相适应又相矛盾的情况"。所谓"又相适应"，是指社会主义的生产关系和上层建筑"能够适合生产力发展的性质"，"能够容许生产力以旧社会所没有的速度迅速发展",从而能够满足人民不断增长的物质文化生活需要。因此,社会主义基本制度具有优越性,必须坚定不移,长期坚持;而所谓"又相矛盾",则是指刚刚建立起的社会主义生产关系和上层建筑,很不成熟和完善,需要不断调整和改进。据此,毛泽东作出一个重要论断,即"社会主义社会的矛盾……不是对抗性的矛盾,它可以经过社会主义制度本身,不断地得到解决"①。这一论断已经成为新时期进行社会主义体制改革、使社会主义不断实现自我完善和发展的重要理论根据。

其三,创立了两类社会矛盾学说。毛泽东对我国社会主义社会的认识,没有停留在社会基本矛盾分析的哲理层次,而是以此为指导,进一步分析和概括了社会的利益关系与政治关系,提出了敌我矛盾和人民内部矛盾这两类社会矛盾的概念,创立了两类社会矛盾的学说。他明确地指出:"在我们的面前有两类社会矛盾,这就是敌我之间的矛盾和人民内部的矛盾。这是性质完全不同的两类矛盾。"在严格、明确地界定敌我矛盾和人民内部矛盾的基础上,毛泽东又深刻地阐明了在我国社会主义制度下严格区分这两类社会矛盾的重大意义,强调要依据它们的不同性质,采用不同的原则和方法,去解决两类不同性质的社会矛盾。两类社会矛盾学说,是他的社会基本矛盾理论的具体化,从而为我们在社会主义制度下认识、调整社会各个阶级、阶层和社会成员之间的利益关系和政治关系,提供了重要的指导思想和政治原则。毛泽东的社会主义社会基本矛盾理论和两类社会矛盾学说,进一步丰富和发展了毛泽东思想,是马克思主义中国化的重要成果。40多年来的实践证明,它的基本观点和基本精神是完全正确的,是我们深化对社会主义社会认识的重要的理论依据和指导原则。而

---

① 《毛泽东文集》第7卷,人民出版社1999年版,第214—218页。

且毛泽东依据这些思想和原则，在当时作出了一些重大的论断。例如，他关于"革命时期的急风暴雨式群众阶级斗争基本结束，但阶级斗争还没有完全结束"的观点，关于"我们的根本任务，已经由解放生产力变为在新的生产关系下保护和发展生产力"的观点，关于团结全国各族人民"向自然界开战，发展我们的经济和文化"①的观点，等等，至今仍有指导和启发意义。

然而，其中最基本的还是社会基本矛盾的理论。对此，邓小平指出："关于基本矛盾，我想还是按照毛泽东同志在《关于正确处理人民内部矛盾的问题》一文中的提法比较好。毛泽东同志说：'在社会主义社会中，基本的矛盾仍然是生产关系和生产力之间的矛盾，上层建筑和经济基础之间的矛盾'。……当然，指出这些基本矛盾，并不完全就解决了问题，还需要就此作深入的具体的研究。但是从二十多年的实践看来，这个提法比其他的一些提法妥当。"②从邓小平作出这一评价时至今，又经历了二十多年的时间和实践检验，依然证明毛泽东的社会主义社会基本矛盾的理论和两类社会矛盾学说，是"妥当"的、正确的。在二十多年的改革中，我们正是通过深入具体地研究我国生产关系与生产力之间、上层建筑与经济基础之间"又相适应又相矛盾"的情况，才坚定了坚持和完善社会主义基本制度、改革和创新社会主义体制的信念与决心；也正是通过坚持以正确处理人民内部矛盾作为国家政治生活的"主题"，以改革的手段打破体制障碍，调整社会利益结构，不断解决人民内部矛盾，以充分调动劳动者的积极性、主动性和创造性，才不断推进了改革开放和社会主义现代化的进程。因此，毛泽东的社会基本矛盾理论和两类社

---

① 《毛泽东文集》第7卷，人民出版社1999年版，第208—218页。
② 《邓小平文选》第2卷，人民出版社1994年版，第181—182页。

会矛盾学说,对于开创和坚持中国特色社会主义道路,已经发挥了并且将继续发挥重要的指导作用。

二 毛泽东关于社会主义划分为"两个阶段"的估计,是社会主义初级阶段理论的重要思想源头

社会主义初级阶段论,是中国特色社会主义的重要理论基石。尽管毛泽东时代后期在对社会主义发展进程的理解以及在一些政策措施上有过失误,但他在总结这些失误、错误和曲折之后,提出:"社会主义这个阶段,又可能分为两个阶段,第一个阶段是不发达的社会主义,第二个阶段是比较发达的社会主义。"① 在这里,毛泽东明确提出了"不发达的社会主义阶段"的思想。可以认为,这一思想是"社会主义初级阶段"理论的一个重要的思想源头。

众所周知,在世界社会主义发展史上,关于经济文化落后的国家走上社会主义道路以后,社会主义发展阶段的历史定位,是一个极为重要的问题。虽然,早在马克思和恩格斯那里,曾经提出过"逐步改造社会"② 的过程论的重要思想,并且在《哥达纲领批判》等著作中,也曾预言未来的共产主义社会有其"第一阶段"和"高级阶段"之分,但对于共产主义第一阶段,即社会主义阶段是否还要进一步划分小的阶段,因为他们尚未面对这样的实践要求,所以也就没有涉及。

列宁在十月革命胜利后,认为苏维埃国家"在剥夺了地主和资本家以后,只获得了建设社会主义最初级形式的可能",也

---

① 《毛泽东文集》第7卷,人民出版社1999年版,第116页。
② 《马克思恩格斯选集》第1卷,人民出版社1995年版,第239页。

说过"社会主义是直接从资本主义生长出来的社会，是新社会的初级形式"①。这里所讲的"社会主义……初级形式"，可能包含有对社会主义的发展过程作出阶段性划分的思想，但并未引起重视。相反，从斯大林到他的后继者，都程度不同地看短、看易了社会主义，看近、看低了共产主义。应当肯定，斯大林在推进苏联社会主义事业中，作出过重大贡献。但是，他在指导苏联确立了社会主义制度，并初步实现了工业化之后，就于1936年宣布建成了社会主义，并进而于1952年在苏共十九大上，提出"要建成无阶级的社会主义社会，逐步向共产主义过渡"的任务。斯大林逝世以后，赫鲁晓夫全盘否定斯大林，但他就是不否定苏联急于要向共产主义过渡的主张。相反，他的调门更高。他在苏共二十一大上提出，苏联在1959年已经进入"一个新的发展时期——全面展开共产主义建设的时期"②。

可以说，"超阶段"和急于求成地建设社会主义，甚至主张迅速过渡到共产主义，是各社会主义国家当时的普遍现象。我国在"大跃进"年代，想"跑步进入共产主义"也是在这种大背景下发生的失误。

然而，毛泽东作为伟大的马克思主义者，以其敏锐的政治眼光看到了我们在"大跃进"中所犯错误是超越了社会主义的发展阶段。他于1959年12月在《读苏联〈政治经济学教科书〉的谈话》中，主张中国应由急于向共产主义过渡，转向社会主义社会的第一阶段，即建设"不发达的社会主义"阶段。很显然，这同邓小平28年后所讲的"社会主义初级阶段，就是不发

---

① 《列宁选集》第4卷，人民出版社1995年版，第91、92页
② 见1959年2月1日《人民日报》关于苏共二十一大的报道。

达阶段"①的论断,不仅在语言表达上极为相似,而且在内容和精神实质上也有相通之处。因为,后者是对前者的继承和发展。

必须指出,从毛泽东的认识转变,到产生社会主义的"两个阶段"的划分,再到新时期提出和形成"社会主义初级阶段"理论,体现了我们党对中国社会主义现代化建设过程和建设规律认识的深化。而这方面正确认识的形成,表现为一种曲折前进的过程。

自新中国成立到20世纪50年代中期,党和毛泽东对我国社会主义建设、对实现社会主义现代化的估计,还是比较谨慎、冷静和客观的。1954年6月,毛泽东在指导我国制定第一部宪法,谈到社会主义建设的目标和发展历程时,指出:"我看,我们要建成一个伟大的社会主义国家,大概要经过五十年即十个五年计划,就差不多,像个样子了,就同现在大不一样了。"②到1955年10月,他在一次座谈会上谈到我国社会主义建设要赶上和超过最发达的资本主义国家美国时,又说:"究竟要几十年,看大家努力,至少是五十年吧,也许七十五年,七十五年就是十五个五年计划。"③到1956年党的八大召开之后,毛泽东在会见出席八大的一个外国代表团时,讲到要使中国变成一个富强的社会主义国家,提出"需要五十年到一百年的时光"④。至此,毛泽东对我国摆脱不发达状态、建成富强的社会主义现代化国家的估计,就这样由50年延长到75年,再延长到100年。这表明,我们党和毛泽东对中国实现社会主义现代化的艰巨性、探索性和长期性的认识,一步步地在深化和前进。

---

① 《邓小平文选》第3卷,人民出版社1993年版,第252页。
② 《毛泽东文集》第6卷,人民出版社1999年版,第329页。
③ 同上书,第500页。
④ 同上书,第124页。

但是，当历史行进至20世纪50年代中后期，由于我国第一个五年计划顺利实现所产生的骄傲情绪，由于1957年在"反右"斗争扩大化中滋生的"左"倾思想，对于我国社会主义现代化建设，也作出了过于乐观、急于求成和脱离实际的估计。这年4月，毛泽东在《介绍一个合作社》一文中，写道："由此看来，我国在工农业生产方面赶上资本主义大国，可能不需要从前所想的那样长的时间了。"他在送出此文时，给中央其他领导同志的信中还写道："十年可以赶上英国，再有十年可以赶上美国，说'二十五年或者更多一点时间赶上英美'，是留了五到七年的余地。'十五年赶上英国的口号仍不变'。"①

但很快地，"大跃进"在实践中的挫折和失败否定了这种估计。这也促使毛泽东在总结经验教训中认识到，"现在看来，搞社会主义建设不要那么十分急。急了办不成事，越急越办不成，不如缓点，波浪式地向前发展"②。到1962年1月召开的七千人大会上，毛泽东总结说："对建设社会主义的规律的认识，必须有一个过程。必须从实践出发，从没有经验到有经验，从有较少的经验，到有较多的经验，从建设社会主义这个未被认识的必然王国，到逐步克服盲目性，认识客观规律，从而获得自由，在认识上出现一个飞跃，到达自由王国。"③ 实践使毛泽东得出了这样一个重要判断："中国的人口多，底子薄，经济落后，要使生产力很大地发展起来，要赶上和超过世界上最先进的资本主义国家，没有一百多年的时间，我看是不行的。"④ 这就意味着，毛

---

① 转引自薄一波《若干重大决策与事件回顾》下卷，中共中央党校出版社1991年版，第695页。
② 《毛泽东文集》第8卷，人民出版社1999年版，第236页。
③ 同上书，第300页。
④ 同上书，第302页。

泽东这时就已经认识到,中国要经历他所说的"不发达的社会主义"阶段,需要一百多年的时间。很显然,多年后所创立的邓小平的社会主义初级阶段理论,也正是出自这个思想源头,是沿着这个思维脉络而提出和形成的。

三 毛泽东的一些"超体制"的闪光思想,是中国特色社会主义体制创新的胚胎和萌芽

毛泽东是新中国创建社会主义制度和体制的主要领导人。应该说,中国在当时建立集中统一的计划经济体制模式,是历史条件的产物,有其客观必然性,也发挥过积极作用,取得过许多重大成就。它使中国在短时期内建立起独立的、比较齐全的工业体系和国民经济体系,并且开始启动了大规模的社会主义建设。同时,毛泽东也是我们党内最早反思、批评在学习苏联中照搬苏联经验的教条主义做法,最早敏锐地触摸、感觉到计划经济体制弊端的主要领导人。早在20世纪50年代中期,当我国社会主义制度和体制刚刚确立不久,毛泽东就提出要"以苏为鉴",走符合自己国情的"中国工业化道路",甚至提出要注意研究解决"社会主义整个经济体制问题"[1]。为此,在大量调查研究的基础上,他发表了《论十大关系》、《关于正确处理人民内部矛盾的问题》等名著,并开始提出了旨在调整、完善计划经济体制的"原则和苏联相同,但方法有所不同,有我们自己的一套内容"的中国"自己的建设路线"[2]。其中,他实际上已经提出一些超越了当时计划经济体制模式

---

[1] 《毛泽东文集》第7卷,人民出版社1999年版,第53页。
[2] 同上书,第369—370页。

的、包含着建设中国特色社会主义理论之胚胎、萌芽的闪光的观点、见解和主张。

例如，毛泽东主张中国也应当实行"新经济政策"。他在我国所有制的社会主义改造基本完成之后，主张再恢复和发展一些私营经济，并幽默地称之为"可以消灭了资本主义，又搞资本主义"。1956年12月7日，在同民建和工商联的负责人谈话中，毛泽东说："上海的地下工厂……要使它成为地上，合法化，可以雇工。"对于为了方便群众生活的一些服务业，他说："最好开私营工厂，同地上的作对，还可以开夫妻店，请工也可以。这叫新经济政策。"他认为："还可以考虑，只要社会需要，地下工厂还可以增加。可以开私营大厂，订个协议，十年、二十年不没收。华侨投资的，二十年、一百年不没收。可以开投资公司，还本付息。可以搞国营，也可以搞私营。可以消灭了资本主义，又搞资本主义。"①

又如，毛泽东主张在社会主义条件下，要大力发展商品生产和商品交换，"让商品生产、商品流通、价值法则等为社会主义服务"②。在"共产风"正在许多地方盛行的时候，他在1958年11月间召开的郑州会议上，反复强调要重视商品生产和商品交换。他说："我国是商品生产很不发达的国家，比印度、巴西还落后。"在毛泽东当时看来，只有当社会"产品充分发达了才能使商品流通趋于消失"，所以我们"扩大商品生产"是"极为必要、极其有用的"。他批评一些人"怕商品生产"，"无非是怕资本主义"，认为"商品生产不能与资本主义混为一谈"。他说："商品生产，要看它同什么经济制度相联系，同资本主义制度相

---

① 《毛泽东文集》第7卷，人民出版社1999年版，第170页。
② 同上书，第434页。

联系就是资本主义的商品生产,同社会主义相联系就是社会主义的商品生产。"① 他说:"价值法则是一所伟大的学校,只有利用它,才有可能教会我们的几千万干部和几万万人民,才有可能建设我们的社会主义和共产主义。"②

再比如,毛泽东主张对我国在很大程度上从苏联照搬、移植过来的国家计划体制和企业管理体制,应该加以调整、改革和完善。他在20世纪50年代的很多著作中,例如在《论十大关系》中,都多次探讨和论述过这方面的设想。从宏观的经济管理上看,他认为"应当在巩固中央统一领导的前提下,扩大地方的权力,给地方更多的独立性,让地方办更多的事情"。他说:"我们国家这样大,人口这样多,情况这样复杂,有中央和地方两个积极性,比只有一个积极性好得多。我们不能像苏联那样,把什么都集中到中央,把地方卡得死死的,一点机动权也没有。"从企业管理体制上看,他认为应当如列宁所说,注意研究解决"企业的独立自主"问题。他指出,"把什么东西统统都集中在中央或省市,不给工厂一点权力,一点机动的余地,一点利益,恐怕不妥"。但"中央、省市和工厂的权益究竟应当各有多大才适当,我们经验不多,还要研究"。不过,从总的倾向和思考的重点看,毛泽东主张在巩固全国必要的集中统一的前提下,要考虑中央向地方、主管部门向企业更多地下放一点权力,使地方和企业有一定的"独立性"或"独立自主"。毛泽东风趣地说,要使企业成为"公开的、合法的'半独立王国'"③。

---

① 《毛泽东文集》第7卷,人民出版社1999年版,第434、440页。
② 《毛泽东文集》第8卷,人民出版社1999年版,第34页。
③ 《毛泽东文集》第7卷,人民出版社1999年版,第31、53、56页。

显然,毛泽东在这期间所提出和发表的珍贵的、闪光的思想,决不仅限于上述方面,而是包含着更为广泛和丰富的内容。例如,他提出的关于"三个世界"划分的理论,关于我国实现"四个现代化"的奋斗目标,关于"以农业为基础",并要按"农轻重"的顺序安排国民经济建设的要求,关于"全国一盘棋"和兼顾国家、集体和个人利益的原则,以及既要虚心学习外国一切长处和先进的经验,又不能盲目、教条式和机械地照搬,既要虚心学习外国的先进的科学技术,又不能走世界各国技术发展的老路,跟在别人后面一步一步地爬行等,都是极为珍贵的思想遗产。

应该说,像一切站在历史前列、带领社会前进的领袖人物一样,毛泽东既对自己的国家、民族和人民作出过伟大贡献,同时也有自己的历史局限性。在现代中国,毛泽东对我国新民主主义革命、社会主义革命和建设的贡献,是无与伦比的。但是,从20世纪50年代后期开始,特别是在其晚年,他对自己曾经提出的一些闪光的观点、见解和主张,并没有都一以贯之地加以坚持下去,没有完整地付诸实践,没有使之变为现实,只能由其继承者来承担继续探索前进的历史使命。在我国和我们党,探索建设中国特色社会主义,从毛泽东思想到邓小平理论,再到"三个代表"重要思想,是一脉相承、与时俱进、不断发展的。在谈到十一届三中全会以来党的理论和实践探索与毛泽东和毛泽东思想的历史联系时,邓小平曾经指出:"三中全会以后,我们就是恢复毛泽东同志的那些正确的东西嘛,就是准确地、完整地学习和运用毛泽东思想嘛。基本点还是那些。从许多方面来说,现在我们还是把毛泽东同志已经提出、但是没有做的事情做起来,把他反对错了的改正过来,把他没有做好的事情做好。今后相当长的时期,还是做这件事。当然，我们也有发展，而且还要继续发展。"① 邓小平这段精辟的理论概括，全面、深刻地揭示了他所开创的建设中国特色社会主义道路，与毛泽东同志在这方面进行过的先行探索之间的内在联系，即继承、发展和创新的关系。

(原载《光明日报》2003年12月9日)

---

① 《邓小平文选》第2卷，人民出版社1994年版，第300页。

论邓小平理论的历史地位[①]

前年党的十六大和今年全国人大十届二次会议,先后在党章和宪法中把"三个代表"重要思想,同马克思列宁主义、毛泽东思想、邓小平理论一道,相继地确定为党和国家必须长期坚持的指导思想,实现了指导思想的与时俱进。现在,我们全党和全国人民在同邓小平同志永别七年后,迎来了他的百年诞辰纪念。这时,我们重温邓小平理论,进一步深化对邓小平理论的历史地位的认识,这对于我们更好地学习、掌握、运用和发展马克思主义中国化的三大理论成果,坚持用发展着的马克思主义指导新的实践,继续推进中国特色社会主义事业,还是颇有意义的。

一 邓小平理论在马克思主义中国化中的历史地位

中国近百年国运发生由衰转盛的历史性转折的关键因素,是与这期间世界和中国的历史条件发生变化、马克思列宁主义在中国的传播和中国共产党的成立密切相关的。中国共产党作为中国

---

① 笔者执笔,与赵智奎同志合作。

工人阶级的先锋队,是马克思主义与中国工人运动相结合的产物,是团结带领全国人民夺取新民主主义革命和社会主义革命胜利、进行社会主义建设和改革的核心领导力量。这期间,中国之所以能够由一个积贫积弱的半殖民地、半封建的旧中国,经过共产党领导的社会革命和社会变革,艰难而逐步地转变为生机勃勃的、走在世界历史前列的社会主义新中国,这当然是国内外多种社会条件和社会因素综合地发挥作用的结果。然而,其中一个最为关键的因素和条件,就是中国共产党从总结自己成功的经验和失败的教训中,找到并坚持实践一条伟大的真理,即努力使马克思主义基本原理与中国的具体实际相结合,不断推进马克思主义中国化。

伟大的实践,呼唤和产生伟大的理论。八十多年来,以毛泽东、邓小平、江泽民同志为主要代表的三代中国共产党人,在带领人民进行长期的实践奋斗中,坚持把马克思主义基本原理同中国的具体实际相结合,产生了毛泽东思想、邓小平理论和"三个代表"重要思想这三大理论成果。在这三大理论成果中,邓小平理论居于承上启下、继往开来的特殊历史地位。

毛泽东作为党的第一代中央领导集体的核心,是"马克思主义中国化"[①]的倡导者。他身体力行,亲自指导和带领全党在革命和建设的长期实践中,推进马克思列宁主义与中国具体实际相结合,创立了具有鲜明的中国特点的科学指导思想,即毛泽东思想。毛泽东思想既是中国革命经验的科学总结,又是指导中国革命的行动指南,并且在新民主主义革命、社会主义革命和建设,在军队建设、军事战略和国防建设,政策和策略,思想政治工作和文化工作,外交工作和党的建设等方面,以独创性的理论

[①] 《毛泽东文集》第2卷,人民出版社1993年版,第374页。

丰富和发展了马克思列宁主义。正因为有了毛泽东思想的正确指导，中国共产党人才找到了有中国特色的无产阶级革命道路、社会主义改造道路，从而领导中国人民夺取了政权，缔造了新中国，建立了社会主义制度，展开了大规模的社会主义建设。没有共产党，就没有新中国；没有毛泽东思想，就没有新中国的社会主义事业。

在新中国刚刚走上社会主义道路的1956年，毛泽东把中国"取得革命的胜利"，归结为把马克思列宁主义的基本原理同我国革命的具体实际成功地实现了结合，并进而提出了要进行"第二次结合"的历史性任务。他指出："现在是社会主义革命和建设时期，我们要进行第二次结合，找出在中国进行社会主义革命和建设的正确道路。"[①] 中国革命取得胜利，当然伟大而不易，但要进而把她建设成为一个富强、民主、文明的社会主义现代化国家，则更艰难、更伟大。毛泽东是探索中国特色社会主义建设道路的先驱。实事求是地说，毛泽东在这种艰辛的探索中，既取得了初步成就，也提出了许多闪光的思想，但从"第二次结合"的实质要求的总体上看，并没有取得成功。指导和带领全党实现这种"第二次结合"的重任，就历史地落在了邓小平的双肩之上。

邓小平同志既是党的第一代中央领导集体的重要成员，又是党的第二代中央领导集体的核心。他的传奇的革命经历、丰富的实践经验、卓越的领导才能和崇高的政治声望，使他当之无愧地成为毛泽东思想和功业的继承人与发扬光大者。在新时期，以邓小平为主要代表的中国共产党人，努力实现马克思主义基本原理

[①] 转引自吴冷西《十年论战》（上），中央文献出版社1999年版，第23—24页

同当代中国实际的"第二次结合",产生了认识上的"第二次历史性飞跃",创立了邓小平理论,开辟了中国特色社会主义的道路。邓小平理论抓住"什么是社会主义、怎样建设社会主义"这个根本问题,深刻揭示了社会主义的本质,系统地回答了中国社会主义建设的一系列基本问题,继承和发展了马列主义、毛泽东思想,把对科学社会主义的认识和实践推进到新境界。邓小平理论是引领中国特色社会主义事业不断前进的思想旗帜。

继邓小平之后,以江泽民同志为主要代表的中国共产党人,面对20世纪90年代和世纪之交的国际国内政治风云的变幻与演进,高举邓小平理论伟大旗帜,总结概括新的实践经验,探索解决中国特色社会主义事业发展中遇到的新情况和新问题,以马克思主义的巨大政治勇气和理论勇气,继续推进理论创新,用一系列紧密联系、相互贯通的新思想、新观点、新论断,进一步回答了"什么是社会主义、怎样建设社会主义"的问题,创造性地回答了在新的历史条件下"建设什么样的党、怎样建设党"的问题,创立了"三个代表"重要思想。"三个代表"重要思想,是在新的实践基础上对马列主义、毛泽东思想、邓小平理论的继承、发展和创新,反映了当代世界和中国的发展变化对党和国家工作的新要求,是面向21世纪的中国化的马克思主义,是新世纪新阶段全党和全国人民团结奋斗、全面建设小康社会的共同的思想基础,是继续推进中国特色社会主义事业的根本指针。

马克思主义中国化和理论创新的三大理论成果——毛泽东思想、邓小平理论、"三个代表"重要思想,虽然形成于我国革命、建设和改革的不同历史时期,面对不同的历史条件和社会任务,但都贯穿了辩证唯物主义、历史唯物主义的科学世界观和方法论,都代表着中国社会发展的方向和最广大人民的根本利益，是依据我们党和人民的长期实践，而形成的既一脉相承，又与时俱进的中国工人阶级的科学思想体系，是全党集体智慧的结晶。在这三大理论成果中，既包含着实践上的历史联系，又包含着思想脉络上的内在逻辑联系，是体现近代、现代和当代中国社会发展规律和历史前进趋势的统一的科学理论。

从马克思主义中国化的发展过程看，其三大理论成果之间的历史联系和逻辑关系是：它们都是以中国工人阶级立场作为根本出发点，以马克思主义基本原理作为理论前提，以中国革命、建设和改革的实践作为现实根据，并且是以其前者的思想范式和原理原则，来指导和规范后者的探索、产生与形成；而后者则只能以前者为起点、以实践为基础，而实现对前者的继承、深化、发展和超越。因此，马克思主义中国化或中国化的马克思主义，就像"由一整块钢铸成的马克思主义哲学"一样，"决不可去掉任何一个基本前提、任何一个重要部分，不然就会离开客观真理"[①]，就会变形走样。其中特别是邓小平理论，它在马克思主义中国化的三大理论成果之中，具有承前启后、继往开来，并处于居间的枢纽地位。也就是说，毛泽东思想、邓小平理论和"三个代表"重要思想之间的历史联系和逻辑关系，需要通过邓小平理论来贯通、解读和整合。尊重和珍视邓小平理论在马克思主义中国化过程中的这种独特的历史地位，才能把中国化的马克思主义，作为一个统一的科学体系，来完整准确地领会其精神实质，掌握其思想精髓，从而比较自觉地运用其立场、观点和方法，研究新情况，形成新认识，解决新问题，夺取新胜利。

---

① 《列宁选集》第2卷，人民出版社1995年版，第221页。

二 邓小平理论在建设中国特色社会主义中的历史地位

马克思主义中国化及其三大理论成果——毛泽东思想、邓小平理论、"三个代表"重要思想，都是适应中国革命、建设和改革的各个不同历史时期的实践需要，应运而生的科学理论。

马克思主义中国化在其发展的各个阶段上的主题，是自己时代的产物，是时代精神的重要体现。毛泽东思想的主题，是结合中国国情和革命的具体实践，创造性地运用马列主义关于无产阶级革命理论，探索和解决了具有中国特色的革命道路和社会主义改造道路，用革命手段改造旧中国，用共产党领导的人民政权取代反动政权、用社会主义制度取代剥削制度。正是在毛泽东思想的指导下，中国在 20 世纪 40 年代到 50 年代发生了翻天覆地的社会变革，使中国由半殖民地半封建社会，转变到社会主义社会，从而为中国实现社会主义现代化、为中华民族的和平崛起和伟大复兴，奠定了社会制度上的根本前提，创造了必要的社会条件。新中国在毛泽东时代，既取得了许多振奋人心的伟大成就，也经历过像"大跃进"和十年动乱那样的严重曲折。这中间既包含有历史性的社会进步，也包含有一定的历史局限性。

继毛泽东思想之后，在新时期改革开放和现代化建设的实践探索中，产生了邓小平理论。其主题，是结合中国国情和具体实践，创造性地运用科学社会主义基本原理，探索和开创了中国特色的社会主义道路。在这里，邓小平理论所要解决的历史性课题，是在毛泽东思想已经成功地解决了的历史性课题的基础上的进步、深化和拓展。因为，毛泽东思想指导中国人民先行解决的，是运用革命手段推翻旧制度，建立社会主义新制度。这为中国社会生产力的解放和发展、为新中国的全面发展和社会进步，消除了政治和经济上的制度障碍，于是才有中国人民的翻身解放、当家做主和新中国欣欣向荣的新景象。但是，后来中外社会主义各国的实践证明：社会主义国家只有在解决了社会主义的基本制度问题之后，进一步通过改革以解决其体制问题，才能充分发挥社会主义制度的优越性，进一步解放和发展生产力，争得社会的较快发展和全面进步；才能在同资本主义制度的竞争和较量中，焕发出生机活力，永远立于不败之地。邓小平理论抓住和推进社会主义改革开放、体制上的改革和创新，来促进社会主义制度的自我完善和发展，这就抓住了问题的最为关键的环节。所以他说："坚持改革开放是决定中国命运的一招。"①

邓小平理论在科学社会主义发展史上的杰出贡献，是围绕"什么是社会主义、怎样建设社会主义"这个根本问题，把发展生产力作为社会主义的根本任务，并以体制改革作为社会发展的强大动力，来进一步解放生产力和加快发展生产力，以促进社会主义事业的全面发展。邓小平认为，"革命是解放生产力，改革也是解放生产力"，并指出，"社会主义基本制度确立以后，还要从根本上改变束缚生产力发展的经济体制，建立起充满生机和活力的社会主义经济体制，促进生产力的发展"②和社会全面进步。这种"充满生机和活力"的经济体制，就是社会主义基本制度与市场经济相结合，就是社会主义市场经济体制。

通过体制改革，使中国由计划经济体制转向社会主义市场经

---

① 《邓小平文选》第3卷，人民出版社1993年版，第368页。
② 同上书，第370页。

济体制，是科学社会主义发展史上的伟大创举，是建设中国特色社会主义所获得的最具标志性的创新和突破。所谓"中国特色社会主义"，也叫"切合中国实际的有中国特色的社会主义"[①]，就是把科学社会主义的基本原理与中国的具体实际结合起来，这就表明中国社会主义是其普遍性与特殊性的内在统一。邓小平理论根据中国实际所阐明的中国特色社会主义，是科学社会主义的一种新形态。它包含一系列重要的、具有内在联系的新观点、新思想和新论断，如社会主义本质论、社会主义初级阶段论、社会主义根本任务论、社会主义改革开放论、社会主义市场经济论、社会主义民主和法治理论、社会主义两个文明建设协调发展的理论和努力运用"一国两制"和平统一祖国的伟大构想等，构成了一个博大精深的理论体系。

邓小平理论认为，中国正处在并将长期处在社会主义初级阶段。这意味着我国现实的社会主义，是由中国原有的经济文化比较落后的国情决定的、在发展水平上不发达和不成熟的，甚至可以说是"事实上不够格"[②]的社会主义。所以，我们建设中国特色的社会主义，只能从建设"初级阶段的社会主义"起步。根据中国现阶段社会生产力的总体不发达的状况，并根据历史唯物主义关于生产关系必须适应生产力发展要求的规律，邓小平理论对中国在社会主义初级阶段的基本经济制度，规定为必须坚持和完善公有制为主体、多种所有制经济共同发展的社会经济结构，相应地，必须实行以按劳分配为主体，并与按生产要素分配相结合的多种分配方式并存的分配制度。在经济改革中，邓小平理论既主张放开搞活，多发展一点个体户、私有企业等非公有制经

---

① 《邓小平文选》第3卷，人民出版社1993年版，第63页。
② 同上书，第225页。

济，鼓励一部分地区、一部分人先富裕起来；同时，它又多次强调要"在改革中，我们始终坚持两条根本原则，一是以社会主义公有制经济为主体，一是共同富裕"①。这样，既鲜明地体现了邓小平理论坚持社会主义方向的原则性和坚定性，又体现了它对非社会主义因素的包容性和整合性。

按照邓小平理论的战略思路，我国在社会主义初级阶段，在坚持公有制为主体、多种所有制经济共同发展的基本经济制度的前提下，既要对内充分利用证券、股市、期货和公平的市场竞争等经济手段，来搞活和发展社会主义经济；还要对外尽可能地多引进一点国外的资金、资源、人才和先进的技术、设备和管理经验，以加快我国社会主义现代化建设的进程。"总之，社会主义要赢得与资本主义相比较的优势，就必须大胆吸收和借鉴人类社会创造的一切文明成果，吸收和借鉴当今世界各国包括资本主义发达国家的一切反映现代社会化生产规律的先进经营方式、管理方法。"②

在我国改革和现代化建设中，必须立足于社会主义初级阶段的基本经济制度及其占主体地位的公有制经济的不断巩固与发展，并运用社会主义上层建筑的主导作用，以坚持国家的社会主义发展方向，维护社会主义社会的质的规定性；与此同时，又要善于调动一切积极因素，包括努力把一切可能的中性的、非社会主义的经济因素包含和整合进社会主义的制度和体制的框架之中，而为我所用，包括利用一些资本主义的经济因素，来为社会主义事业服务。这样，在我国现阶段，社会经济结构中占主体地位的公有制的经济关系，由此就在发挥着支配

---

① 《邓小平文选》第 3 卷，人民出版社 1993 年版，第 142 页。
② 同上书，第 373 页。

作用。这恰如马克思所说:"这是一种普照的光,它掩盖着一切其他色彩,改变着它们的特点。"① 这种情形,既是我国现阶段的一种社会现实图景,也是我们建设中国特色社会主义,尤其是建设初级阶段的社会主义的一种特点、特征和特色。中国特色社会主义在其发展的初级阶段上的这种包容性和整合性,体现了邓小平理论的大智大勇,因而也生动地体现了历史唯物论与历史辩证法的高度统一。

由邓小平理论所开创的中国特色社会主义的发展道路,是中国人民和中华民族的千秋伟业。需要一代代的共产党人,团结和带领全国各族人民长期共同奋斗。邓小平说过:"我们搞社会主义才几十年,还处在初级阶段。巩固和发展社会主义制度,还需要一个很长的历史阶段,需要我们几代人、十几代人,甚至几十代人坚持不懈地努力奋斗,决不能掉以轻心。"② 这就是说,建设中国特色社会主义将是中国社会历史进步中的一项长久性的、包括多个发展阶段的共同主题。对它的探索,始于毛泽东思想,成于邓小平理论,发展于"三个代表"重要思想,而且还要一代代延续和发展下去。这中间,邓小平理论当之无愧地赢得了开创这条切合中国实际的社会主义发展道路的历史光荣。邓小平奠基创立的中国特色社会主义理论,包括它的社会主义初级阶段理论和社会主义市场经济理论等独创性的新篇章,不仅永载科学社会主义史册,而且由其构想设计的建设中国特色社会主义的宏伟蓝图,已经开始并将长久而现实地描绘在中国960多万平方公里的大地上。这才是永远不朽的历史丰碑。

---

① 《马克思恩格斯选集》第2卷,人民出版社1995年版,第24页。
② 《邓小平文选》第3卷,人民出版社1993年版,第379—380页。

三　邓小平理论在世界社会主义运动中的历史地位

自从 1943 年共产国际在完成了历史使命而自行解散以来，国际共产主义运动亦即世界社会主义运动，就改变了自己活动的组织方式和斗争方式。自此，各国社会主义事业也就完全由本国工人阶级及其政党，独立自主地运用马克思列宁主义、科学社会主义，结合本国实际和时代特征，团结和领导本国人民去不断探索、争取本国革命的进展和胜利。在新的历史时期，我们党也据此制定了同各国兄弟共产党、工人阶级政党发展关系所必须遵循的四条原则，即独立自主、完全平等、互相尊重、互不干涉内部事务。国际工人阶级团结奋斗方式的这种改变，是马克思主义得到广泛而深入的传播，各国工人阶级政党在政治上趋于成熟的表现和必然要求。

面对国内外形势的深刻变动，我们全党和全国各族人民根据邓小平提出的"韬光养晦"和"有所作为"的方针，在国际事务中，始终坚持奉行独立自主的和平外交政策，决不当头，不引火烧身。在团结世界人民反对霸权主义、强权政治，维护世界和平，谋求共同发展的同时，既不允许别人干涉中国的内政，我们中国也决不干预别国内政。邓小平说过，"别人的事情我们管不了"，我们要"埋头苦干，做好一件事，我们自己的事"①，也就是要集中精力实行改革开放，搞好现代化建设，不断推进中国特色社会主义事业。但是，这决不意味着，邓小平理论及其开创的中国特色社会主义事业没有国际意义。恰恰相反，随着中国特色社会主义事业不断走向成功，随

---

① 《邓小平文选》第 3 卷，人民出版社 1993 年版，第 320、321 页。

着中国在这条发展道路上实现和平崛起,随着中华民族由此实现伟大复兴,邓小平理论在世界社会主义运动中的地位和影响,也就与日俱增,意义更加深远。

第一,当今中国在建设中国特色社会主义道路上,正在较快地实现国家现代化与和平崛起,并开始真正富强起来。这使中国正在产生示范效应,从而使邓小平理论对广大发展中国家,具有不可遏制的吸引力。

众所周知,世界资本主义如果从 14 世纪西欧文艺复兴运动和 16 世纪尼德兰资产阶级革命算起,已有五六百年的历史。即使从英国资产阶级革命和工业革命算起,也有三四百年的历史。当然,它在给世界各国劳动人民,特别是给被压迫民族和被压迫人民带来种种苦难和浩劫的同时,也开创了近现代资本主义文明,促进了人类社会历史性的进步。但是,在其数百年间的世界历史发展中,只是造就了为数不多的极少数富裕和强盛的国家。在当今世界的 190 多个国家中,其现代化发展得比较充分、物质生活比较富裕的只有 22 个国家[①],而且其核心仅是西方"七国集团"。而其他绝大多数国家,至今仍然位居发展中国家之列。资本主义带给我们世界的,并不是遍地鲜花,而是日趋严重的两极分化、南北差距不断拉大、世界战乱频仍。广大发展中国家在世界资本主义统治体系内,看不到发展和富强的真正希望。

在这种情况下,当中国这个原是半殖民地半封建社会,现在又有近 13 亿人口的经济文化比较落后的大国,能够按照在马克思列宁主义、毛泽东思想的基础上形成的邓小平理论所确定的发

[①] 据世界银行《世界发展指标》提供的数据:2000 年人均国民生产总值(GNP)达到 10000 美元的有 26 国,除去依赖石油的国家和实际处于发展中国家地位的 4 个国家外,只有 22 个国家。(参见《中国现代报告 2003》,北京大学出版社 2003 年版,第 141—142 页。)

展道路和战略步骤，通过全中国人民百年团结奋斗，在建设中国特色社会主义发展道路上，比较快地和平崛起和富强起来。这对广大发展中国家的示范作用、对全世界劳动人民的鼓舞作用、对全世界人类进步的促进作用，是不言自明、难以估量的。邓小平理论由此享有的世界历史地位，也是不言而喻的。

第二，中国人民在建设中国特色社会主义道路上不断前进和成功，是世界社会主义运动处于低潮期间发生的奇迹，是邓小平理论对世界社会主义运动所作出的历史性贡献。

人类社会在 20 世纪最重大的历史事件，是苏联在 20—50 年代的建立、兴盛和在 80 年代末 90 年代初的衰亡。当年，俄国十月革命的胜利和苏联社会主义制度的建立，曾经开辟了人类历史的新纪元。而 74 年后，苏联解体、东欧剧变和苏共败亡给予世界社会主义运动的政治上的冲击，也是极其严重的。然而，就在世界社会主义运动由此步入低潮的时候，却在社会主义中国的大地上出现了奇迹。在由邓小平理论指导的中国改革开放和现代化建设中，中国的社会主义制度神奇地焕发出了生机和活力。中国经济由此连续获得了 20 多年的持续、高速和健康的发展。现在连西方的主流媒体、西方资产阶级战略家，也开始谈论中国是"世界工厂"，是世界经济的"发动机"。社会主义中国欣欣向荣、兴旺发达，使世界社会主义运动复兴看到了曙光、看到了希望！

在苏联解体的前两年，即 1989 年，邓小平同志就预见到苏联要出问题，并从世界社会主义运动的全局，来看待中国改革和建设成功的国际意义。他说："现在的问题不是苏联的旗帜倒不倒，苏联肯定要乱，而是中国的旗帜倒不倒。"他强调，"只要中国不垮"、"旗帜不倒"，"世界上就有五分之一的人口在坚持社会主义"①,"只要中国社会主义不倒,社会主义在世界将始终站得住"②。我们应当站在这种政治高度,来看待邓小平理论和它开辟的中国特色社会主义事业,在世界社会主义运动中的历史地位。

第三,邓小平理论客观而清醒地认识和对待当今社会主义与资本主义两种制度("一球两制")之间的关系。即既看到它们之间存在本质对立和较量的一面,又看到它们可能长期共存和合作的另一面。这种实事求是、高瞻远瞩的战略估计,必将对世界社会主义运动的持久而成功的发展,产生巨大而深远的影响。

在苏联解体、东欧剧变发生前后,邓小平冷静观察"一球两制"的战略态势。他一方面,坚信"马克思主义是科学","世界上赞成马克思主义的人会多起来的",认为社会主义代替资本主义这个社会历史发展的"总趋势",是"不可逆转的",坚信社会主义在苏东"一些国家出现严重曲折"之后,能够使坏事变好事,"将促使社会主义向着更加健康的方向发展"。他针对西方一些反共政客们当时得意忘形地对马克思主义、社会主义的诋毁和攻击,而教导我们说:"不要惊惶失措,不要认为马克思主义就消失了,没用了,失败了。哪有这回事!"③ 另一方面,邓小平认为,社会主义必然会完全代替资本主义,但要"经历一个长过程发展",而且"道路是曲折的"④,不会是一帆风顺的。因此,他指出:"现在世界上真正大的问题,带全球性的战略问题,一个是和平问题,一个是经济问题或者说发展问

---

① 《邓小平文选》第 3 卷,人民出版社 1993 年版,第 320—321 页。
② 同上书,第 346 页。
③ 同上书,第 382—383 页。
④ 同上。

题。"① 他认为，"应当把发展问题提到全人类的高度来认识，要从这个高度去观察问题和解决问题"②。这表明，对于当代世界各国人民来说，当务之急，不是急于准备和致力于世界资本主义各国的革命，而是团结起来，求和平、谋发展、促进步。故而，他强调要从调整和改变当今不合理的国际经济政治秩序着手。他指出："世界上现在有两件事情要同时做，一个是建立国际政治新秩序，一个是建立国际经济新秩序。"③ 显然，这指的是"一球两制"和平共处、南北国家共谋发展的国际新秩序。应该说，这是在世界社会主义运动处于低潮时期，最有利于维护、巩固和发展已有的社会主义阵地和成果的政治谋略，也是最有利于各国工人阶级及其政党总结经验，积蓄力量，团结人民，以切实有效的具体努力，去实际地推动世界社会主义运动长远发展的政治谋略。邓小平理论的这些深谋远虑，是当今无产阶级革命战略家贡献给世界社会主义运动的最宝贵的政治智慧，并将在它发挥作用的范围内，影响社会历史发展的进程。

总之，邓小平理论在作为马克思列宁主义在中国的新发展，即我们党与时俱进的指导思想发展中的一个新阶段和一个重要的组成部分，它前同马克思列宁主义、毛泽东思想，后同"三个代表"重要思想相衔接、相贯通，而成为一脉相承的统一的科学体系，并发挥着长远的指导作用。同时，它作为一个相对独立的思想体系，从而在马克思主义中国化的历史进程中，在中国特色社会主义事业发展的进程中，并在世界社会主义运动的曲折前进中所占有的地位、所发挥的作用和影响，同样是客观存在和意

---

① 《邓小平文选》第3卷，人民出版社1993年版，第105页。
② 同上书，第282页。
③ 同上。

义深远的。随着中国特色社会主义从理论和实践上，不断地给中华大地铸造出与日俱增的成功与辉煌，也就使得邓小平理论所应当享有的历史地位，日益凸现出它的质朴、崇高与伟大。

（原载《光明日报》2004年8月4日和其他多家报刊转载，后全文收入《中国社会科学院 马克思主义研究论丛》，社会科学文献出版社2007年版）

正确理解共产党的先进性

正在全党相继展开的保持共产党员先进性的教育活动,是党的十六届四中全会根据党的十六大精神,所作出的一项重要的决策,是党的执政能力建设的一项重要的基础性工作。正如胡锦涛同志所说,先进性是马克思主义政党的根本特征,也是马克思主义政党的生命所系、力量所在。为了提高我们全体党员人人积极主动地参与和接受这样教育活动的自觉性,必须首先弄清共产党的先进性的源头和底蕴,弄清它的客观根据和现实基础。

马克思主义建党学说告诉我们:共产党是工人阶级政党,是这个阶级的先锋队。共产党的先进性,从根本上说,它源于并取决于工人阶级的先进性。共产党的党性和先进性,是工人阶级之阶级性的集中表现。离开了对工人阶级先进性的依赖,党的先进性就是无源之水、无本之木。

从近代西方开始,伴随机器大工业产生的近现代无产阶级(在社会主义制度下常称为工人阶级),因其是现代化社会化的大工业生产力的代表,因而是最先进、最革命的阶级,也是大公无私的,最有组织性、纪律性和战斗力的,代表人类未来的社会力量。无产阶级是大工业的产物,是资本主义制度的掘墓人。所以，在近现代社会，无产阶级一登上世界政治舞台，就成为无产阶级革命和为社会主义、共产主义事业奋斗的领导阶级和主导力量。

在中国新民主主义革命、社会主义革命和社会主义建设及改革中，都必须始终坚持以共产党作为领导核心。为什么必须坚持共产党的领导呢？因为中国共产党是中国无产阶级政党，是代表中国工人阶级履行本阶级的历史使命的。而中国无产阶级，即工人阶级，不仅具有国际无产阶级的先进性和革命性，而且由于它产生于中国近代半殖民地、半封建社会的特殊环境，深受帝国主义、资产阶级和封建势力的三重压迫，因而具有最为坚决和彻底的革命性，所以中国无产阶级特别能战斗。正因为具有这样的阶级基础，所以中国无产阶级及其政党——中国共产党，能够在马克思列宁主义及中国化的马克思主义指导下，依靠全国人民团结奋斗，使新民主主义革命，社会主义革命、社会主义建设和体制改革，一步步地相继取得成功，使中国无产阶级及其政党带领中国人民，不仅获得了民族解放、国家独立，而且继苏联之后走上社会主义道路，并且致力于社会主义的改革开放和现代化建设的成功探索，获得了走在人类历史前列的光荣。

所以，中国共产党的先进性，具有坚实的阶级基础、群众基础和现实基础。换言之，中国共产党的先进性取决于工人阶级的先进性，还直接地表现为，取决于党的工人阶级先锋队的性质和它所承担的历史使命。

我们知道，工人阶级要由一个自在的阶级，变为一个自为的阶级，就必须在马克思主义科学理论的唤醒和武装下，组成由本阶级的先进分子组成的有组织的部队，即政党，才能作为一个阶级来行动，才能领导农民和其他劳动阶级，组成和统帅浩浩荡荡的革命大军和建设大军，并且依据这个政党的革命纲领（包括共产主义最高纲领与其先行的各个发展阶段最低纲领的统一），来指导中国革命、建设和改革，一步步地相继取得成功。在这里，一个关键的问题，是革命政党的建设，是革命政党的理论武装。按列宁的说法，"只有以先进理论为指南的党，才能实现先进战士的作用"。而在中国，这些先进理论，就是马克思列宁主义理论体系及其中国化，即与中国的具体实际相结合所产生的毛泽东思想、邓小平理论和"三个代表"重要思想。没有这种先进理论的武装，就没有中国无产阶级政党，就没有中国革命的胜利，就没有中国社会主义事业。

这是因为，只有马克思主义科学理论才能揭示人类社会发展的客观规律，才能够指明资本主义必然灭亡、社会主义必然胜利的历史命运，才能够使共产党人确立共产主义理想和社会主义信念。也只有这样，才能够组织起浩浩荡荡的革命大军和社会主义建设大军，去打碎旧世界、建设新社会，自觉地认识世界，能动地改造世界。

这是因为，只有把马克思列宁主义与中国革命和建设的实践相结合，使马克思主义中国化，才能揭示中国革命、建设和改革的规律，为中国人民指明翻身解放和实现社会主义现代化，实现中华民族伟大复兴的正确方向和道路。在这里，马克思主义变成了切合中国实际的马克思主义，社会主义变成了具有中国特色的社会主义；通过中国特色社会主义事业的发展，创造条件，最终实现共产主义。因此，通过马列主义与中国实际密切结合，形成了既反映了人类社会发展的共同规律，也反映了中国社会发展的特殊规律的中国化的马克思主义，才具有真正的生命活力。立足于这种科学基础和现实基础之上的共产主义理想和社会主义信念，是我们共产党人的真正的精神支柱，是取得胜利，克服一切艰难险阻的精神动力。正如邓小平所言："没有这样的信念，就没有一切。"①

当然,我们讲共产党的先进性取决于工人阶级的先进性,取决于党的工人阶级先锋队的性质和历史使命,是从根本上讲的。与此同时,共产党的先进性的形成和实现,还要靠具体的在革命发展上各阶段的全体共产党人的团结奋斗和具体实践。也就是说,共产党的先进性,以及每个共产党员是否保持了党的先进性,在其现实性上,是具体的历史的,而不是抽象的和先验的。这种先进性的形成与实现,是与党在各个历史阶段所承担的使命,所进行战争和革命、社会主义建设和体制改革的实践,即所必须完成的历史任务紧密相关、不可分割的。

(原载《马克思主义研究》2005 年第 2 期)

---

① 《邓小平文选》第 3 卷,人民出版社 1993 年版,第 190 页。

论科学发展观的哲学基础

坚持以人为本，树立全面、协调、可持续的发展观，是以胡锦涛同志为总书记的新一届党中央，以邓小平理论和"三个代表"重要思想为指导，从新世纪新阶段党和国家事业发展全局出发，在十六届三中全会上提出的重大战略思想，对我国全面建设小康社会、加快推进社会主义现代化，具有极为重要的指导意义。这一科学的发展观，作为马克思主义中国化的最新理论成果，既具有丰厚的实践基础和现实根据，是党中央对多年实践经验的科学总结和概括，又具有坚实的哲学基础和理论前提，是对马克思主义世界观和方法论的创造性运用和发展，是指导我国发展的科学世界观和方法论的集中体现。为了有助于自觉地理解、树立和落实科学发展观，本文试图对它所立足和蕴含的哲学基础，作出初步的揭示和阐明。

一 唯物史观是"科学发展观"最切近的哲学基础

坚持以人为本，树立全面、协调、可持续的发展观，之所以称为"科学发展观"，就在于它必须坚持一切从实际出发，力求尊重、认识和运用客观规律，来谋求我国经济社会快速、健康和可持续发展，以造福全体人民。如果撇开实证科学和工艺技术层面的客观规律不谈，那么，用以指导我国改革、建设和发展的客观规律体系，就至少包括关于世界发展的普遍规律、关于人类社会发展的一般规律和关于我国社会主义事业发展的特殊规律，并且被包含在马克思主义的三个层次的发展观之中。

（一）马克思主义世界观，是关于整个世界的既唯物又辩证的科学发展观

正如列宁所说，在各种世界观中，"有两种基本的（或两种可能的？或两种在历史上常见的？）发展（进化）观点：认为发展是减少和增加，是重复；以及认为发展是对立面的统一（统一物之分为两个互相排斥的对立面以及它们之间的相互关系）"。"按第一种运动观点，**自己**运动、它的**动**力、它的泉源、它的动因被忽视了（或者这个泉源被移到**外部**——移到上帝、主体等等那里去了）"，是一种"僵死的、平庸的、枯燥的"唯心论和形而上学的发展观。"按第二种观点，主要的注意力正是放在认识'**自己**'运动的**泉源**上"（黑体字及下有着重点为原文所有——引者注），认为发展既是"对立面的斗争"，又是"对立面的统一"①，是唯物辩证法的发展观。很显然，只有唯物辩证法的发展观，"才提供理解一切现存事物'自己运动'的钥匙，才提供理解'飞跃'、'渐进过程的中断'、'向对立面转化'、旧东西的消灭和新东西的产生的钥匙"②。因为，唯物辩证法所揭示的是"关于自然、人类社会和思维的运动和发展的普遍规

---

① 《列宁选集》第2卷，人民出版社1995年版，第557页。
② 同上。

律的科学"①。

(二) 马克思主义的唯物史观,是关于整个人类社会的科学发展观

人类社会"历史的发展像自然的发展一样,有它自己的内在规律"②。"正像达尔文发现有机界的发展规律一样,马克思发现了人类历史的发展规律"③,形成了以社会生产力的发展作为根本基础、以社会基本矛盾运动作为根本动力、以社会形态的发展和更替作为历史演进过程的社会发展观。马克思由于把现代唯物主义贯彻到底,即把它对自然界的认识,推广到对人类社会的认识而创立的历史唯物主义,是"科学思想中的最大成果"④,是揭示人类社会发展的一般规律和历史总趋势的科学发展观。这种科学发展观中所内蕴和要求的历史唯物论与历史辩证法的统一、历史决定论与历史选择论的统一、社会认识论与社会价值论的统一,对于我们观察、认识、解释和解决各种社会问题,具有广泛的哲学方法论的功能和指导意义。

(三) 马克思主义及其科学社会主义的中国化,即中国特色社会主义,是关于中国社会主义社会(作为一个特殊的社会形态)的科学发展观

在马克思主义经典理论体系中,以其辩证唯物主义、历史唯物主义作为哲学基础创立的政治经济学,所揭示的是"现代资本主义生产方式和它所产生的资产阶级社会的特殊的运动规

---

① 《马克思恩格斯全集》第20卷,人民出版社1971年版,第154页。
② 《马克思恩格斯全集》第21卷,人民出版社1965年版,第389页。
③ 《马克思恩格斯选集》第3卷,人民出版社1995年版,第776页。
④ 《列宁选集》第2卷,人民出版社1995年版,第311页。

律",即主要是对资本运动规律的阐明和"剩余价值的发现"①,从而指明了资本主义社会必然灭亡、社会主义社会必然胜利的历史命运;而其科学社会主义则是关于代替资本主义社会的未来新社会的革命理论和科学预见。由于当时还没有这种社会的直接实践,因而,科学社会主义只是一些原则性和方向性的论断(如运用革命手段夺取政权、实行生产资料公有制、按劳分配和消灭阶级等)。这样,就为后来的社会主义的实践者、建设者留下了实践探索和理论创新的广阔空间。中国共产党人和中国人民在这种探索和创新中,所形成的中国特色社会主义理论,就是力求认识和运用中国社会主义建设的特殊规律的科学发展观。而党的十六届三中全会提出的坚持以人为本,树立全面协调可持续的发展观,也就是关于中国特色社会主义的科学发展观,在新世纪新阶段全面建设小康社会中的展开、丰富和具体化,是对我国多年实践经验和社会发展要求的一种新的概括和总结。

由此看来,马克思主义世界观、历史观和社会形态(这里指的是中国社会主义社会)观所揭示的,分别是世界发展的普遍规律、人类社会发展的一般规律和特定社会发展的特殊规律,因而由以构成了三个层次的发展观。在这里,从其普遍规律、一般规律和特殊规律存在关系看:是普遍必须依存和寓于一般,一般必须依存和寓于特殊;而从其发挥作用的关系看,则是普遍可能支配和指导其一般,普遍和一般能够支配并指导其特殊。其中,唯物史观所揭示人类社会发展的一般规律,是中介环节,是特定社会的、例如中国特色社会主义发展观的最切近的哲学基础。

在当年,马克思正是因为有了唯物史观和剩余价值规律这

---

① 《马克思恩格斯选集》第3卷,人民出版社1995年版,第776页。

"两大发现"的结合，才使社会主义由空想发展到科学。而在当代中国，我们党也只有坚持运用唯物史观，来指导科学社会主义在中国转化为社会革命、社会建设和社会发展的实践，才能真正树立和落实中国特色社会主义的科学发展观。因此，唯物史观依然是我们党提出和实践"科学发展观"的最切近的哲学基础。在这里，科学发展观所直接依据的哲理和规律，与"三个代表"重要思想是一样的，都是要尊重和遵循共产党执政的规律、社会主义建设的规律和人类社会发展的规律。故而，以胡锦涛同志为总书记的新一届党中央提出要树立和落实的科学发展观，是对马列主义、毛泽东思想、邓小平理论、"三个代表"重要思想一脉相承的坚持、发展和创新。

二 站在历史唯物主义的哲学高度理解和坚持"以人为本"

坚持以人为本，是科学发展观的本质和核心。"以人为本"在科学发展观中的这种重要地位，就客观地要求我们，必须科学、准确地理解"以人为本"。但是，"以人为本"在中外思想史上的多义性和不确定性，为我们正确地理解它，增添了理论困难，也留下了学术探索和争鸣的思维空间。

我国古代，就有学者提出了"以人为本"的命题。《管子·霸言》中有言："夫霸王之所始也，以人为本。本理则国固，本乱则国危。"显然，这同《书经·五子之歌》上讲的"民为邦本，本固邦宁"，在意义上是相近的。因为，这里讲的"以人为本"，不是关于人的一种目的性、价值性的命题，而是一种工具性、手段性的命题，是为君王谋求"霸"业服务的，具有"民本"（"人本"）其表，"君本"其里的含义。正因为这样，在我国思想史上时续时断出现的"人为本"、"人为贵"（《孝经·圣治》)和人为域中"四大"(道大、天大、地大、人亦大)之一(《老子·二十五章》)等人的价值论的思想闪光,影响并不大,未能形成人本主义的系统思想;而影响比较大的,则是儒家人文伦理学说中的等级制思想。当然,也有以"民为邦本"和"民贵君轻"为代表的民本思想或民本主义。不过,它依然摆脱不了"民本"其表、"君本"其里的窠臼。当然,在当时君主专制时代,能够公开提出和主张"人本"或"民本"的思想观点,就很了不起,具有历史的进步性,是值得珍视和借鉴吸收的思想遗产。

在西方思想史上,以古希腊普罗塔戈拉的"人是万物的尺度"命题为代表的人本主义、人道主义传统,在近代西欧文艺复兴运动中,得到了弘扬光大,发挥过反封建和思想解放的历史作用,并成为西方资本主义社会中几百年来一直存在,并发展成为一种资产阶级的主流意识形态。当然,其中良莠并存,需要具体分析。例如,费尔巴哈的"人本主义"哲学作为德国古典哲学的一座思想高峰,批判了神学唯心主义,复兴了唯物主义,但又具有直观性和不彻底性。其"人本主义原则……只是关于唯物主义的不确切的、肤浅的表述"①。其后,德国哲学家谢勒和克拉格斯所讲、所发挥的"哲学人本主义",则完全抛弃了唯物主义,转而宣传非理性的唯心主义哲学。尽管如此,马克思主义在其创立和其后150多年发展中,已经并将继续从资产阶级人道主义和人本主义学说中,有分析地借鉴和吸收一切合理的思想成分,来充实和发展自己。这是毫无疑义的。

改革开放之初,我国理论界就已经开始从理论和实践的结合上,从对西方人道主义和人权思想的积极因素的借鉴、吸收中,

---

① 《列宁全集》第55卷,人民出版社1990年版,第58页。

坚持和发展着自己的社会主义人道主义和人权理论。现在，当我们在深入研究和阐发"以人为本"的观点和原则时，有不少学者从与"神本"、"物本"和"官本"相对立的意义上，多方对之作出种种阐释和发挥，有的甚至把马克思主义归结为一种"科学的人本主义"和"科学的唯人主义"，把中国特色社会主义归结为"以人为本的社会主义"。笔者认为，对此需要作深入的研究、辨析和正确的回答。

笔者以为，应当站在思想继承和理论创新相结合的原则高度，从"以人为本"的多义性、不确定性中，找到一义的、确定的和正确的理解与把握。从字面上看，"以人为本"并没有时空和历史条件上的限定，只是对全人类和每个个体作出了最高、无差别的地位和价值肯定。因此，其确定性的含义，只能根据它所在的理论逻辑和概念体系的哲学基础来给出规定，并获得相应的内涵。如果把它纳入马克思主义的话语体系，就必须把它置于历史唯物主义的基础上，并使之获得应有的科学含义。相反地，如果把"以人为本"视为比历史唯物主义还要根本的东西，说它是"历史唯物主义的本质"，那就会使历史唯物主义变为一种不确定的"主义"了。所以，只能从历史唯物主义的哲学高度，来理解和坚持"以人为本"，而不能本末倒置。

在历史唯物主义看来，"以人为本"中的"人"，应当是具体的人、历史的人和社会的人。所谓"具体的人"，其含义有三：一是"有生命的个人"、"有血有肉的人"、"从事实际活动的人"，这是"全部人类历史的第一个前提"[①]；二是作为"社会存在的人"，是处在一定的社会关系，特别是一定的生产关系和社会经济关系中的人，"**人的本质是人的真正的社会联系**"、

---

① 《马克思恩格斯选集》第1卷，人民出版社1995年版，第67页。

"社会本质"①;三是在阶级社会中,人是作为一定阶级和阶层的成员而存在、而活动的。笔者认为,作为科学发展观的本质和核心的"以人为本"中的"人",完全符合历史唯物主义对人的这种规定和理解。

因为,"坚持以人为本,树立全面、协调、可持续的发展观",是一个有机的整体,不能把"以人为本"从中割裂、抽取出来,加以任意的发挥和泛化。否则,就离开了"科学发展观"的原意。既然这个"科学发展观"不是世界观和历史观意义上的发展观,而是中国特色社会主义的发展观,那么这里讲的"以人为本",就只能是当今社会主义制度下的中国人,而不是指一般的人,不是指其他时代、其他国家、其他社会制度下的人。因此,坚持"以人为本"的含义,与江泽民同志在"三个代表"重要思想中所讲的党要始终"代表中国最广大人民的根本利益"中的"人民",以及与"立党为公、执政为民"中的"民",并没有本质上的不同。"以人为本",实质上就是以人民为本。

对此,胡锦涛同志明确指出:"坚持以人为本,就是要以实现人的全面发展为目标,从人民的根本利益出发谋发展、促发展,不断满足人民群众日益增长的物质文化需要,切实保障人民群众的经济、政治、文化权益,让发展的成果惠及全体人民。"②显而易见,这段重要论述可以简要地归结为,坚持"以人为本"在实质上就是"以人民为本",或者说,就是以广大人民的根本利益作为根本的出发点、落脚点。

当然,说它"实质上"如此,并不意味着"人"等同于

---

① 《马克思恩格斯全集》第42卷,人民出版社1979年版,第24页。
② 胡锦涛同志在中央人口资源环境工作座谈会上的讲话(2004年3月10日),2004年3月11日《人民日报》。

"人民"、"以人为本"等同于"以人民为本"。"以人为本"在某种确定的意义上，可以指"一切人"。例如，当我们讲"以人为本，安全第一"和"以人为本，救死扶伤"之类情况时，可以指"一切人"。而且从长远看，随着我国社会主义和共产主义事业的不断发展前进，在社会成员中至今尚存的阶级阶层和经济社会地位上的差别，将逐渐趋于消失和一致。这样，"人民"最终将会包括和涵盖一切社会成员。不过，在当前和今后一段时期，我们坚持以人为本，在实质上，只能坚持"以人民为本"。这是历史唯物主义的人本观。

三 关于"以人为本"科学内涵的历史唯物主义解读

既然我们"坚持以人为本"，在实质上，就是"坚持以人民为本"，那么，它的科学内涵究竟是什么呢？

笔者以为，按照历史唯物主义的应有之义，我们在树立和落实科学发展观时所坚持的以人为"本"，即在实质上，是以人民为"本"，就是在我国经济社会发展中，必须坚持以人民为主体、以人民为动力和以人民为目的。

（一）坚持以人为本，最根本的是要坚持和巩固人民群众在社会主义事业中的主体地位

社会主义本来就是人民群众的事业。人民群众是社会的主体，是新中国的主人。历史唯物主义认为，社会发展的历史首先是社会生产发展的历史，是作为社会生产的主体力量即广大劳动人民的历史。在过去剥削制度下，劳动人民被迫地为他人劳动，处于受剥削受奴役的地位，不能掌握自己的命运，不能支配自己的劳动成果，不能获得做人的权利和尊严，是被迫地、被动地参

与历史活动。在新中国社会主义制度下，劳动人民得到翻身解放，由旧制度的奴隶变为新社会的主人。在共产党领导下，中国人民当家做主，用自己的辛勤劳动和聪明才智，创造自己的幸福生活。坚持、巩固和保障人民群众的这种主体地位，是历史唯物主义的根本要求，是社会主义制度的本质体现。

社会主义制度和共产党的领导，是坚持人民群众主体地位的根本保证。新时期，党主动发起和领导的、作为我国社会主义制度自我完善和发展的体制改革，使社会的利益结构及其阶级阶层关系，已经并将继续作出适应现阶段生产力发展要求的一些必要的调整和优化。这有利于社会主义事业的长远发展，从根本上看，也有利于人民群众主体地位的坚持和巩固。随着我国改革开放和社会主义现代化的不断向前推进，也对完善和强化人民群众的主体地位提出了更高的要求。正因为如此，我们党在进入21世纪前后，相继地把"人的全面发展"和"构建社会主义和谐社会"作为全面建设小康社会的重要任务和条件，这是从主体人自身和人际关系两方面，进一步充实和优化主体素质的重大决策和举措，也是长期坚持和继续巩固人民群众主体地位的必要前提。只有这样，党团结和带领下的广大人民群众，才能更好地承担起中国特色社会主义事业主体的历史使命和责任。

（二）坚持以人为本，最关键的是要重视人民群众的伟大力量，坚持以人民群众作为推进中国特色社会主义事业发展的根本动力

在历史唯物主义看来，"人民，只有人民，才是创造世界历史的动力"①。在革命战争年代，兵民是胜利之本。在和平建设

---

① 《毛泽东选集》第3卷，人民出版社1991年版，第1031页。

和改革开放时期，人民群众是改革和建设事业之本、社会进步的动力之源。人民群众，既是物质生产的主体，也是精神生产的主体，还是推进体制改革的主体。在人民群众中，蕴藏着极大的社会主义积极性和无穷无尽的创造力。无论是物质生产中的技术创新，精神生产中的理论创新，还是社会变革中的制度创新和体制创新，其原动力都是来自人民群众和他们的实践活动。新时期，我国社会主义改革开放和现代化建设事业所取得的巨大成就，都是由于党的正确路线和方针政策，受到了广大人民群众拥护，调动了广大人民群众的社会主义积极性、主动性和创造性的结果。我国的物质生产、精神生产和体制改革中的许多发明、发现和创新，都是全党和全国人民的实践经验和聪明才智的结晶。人民群众的首创精神和伟大实践，是人民群众推进社会主义事业前进的生动体现。我们说，改革开放是中国特色社会主义事业发展的强大动力，正是因为我们党指导改革开放的理论、路线和方针政策，既代表了中国社会生产力的发展要求，又代表了人民群众的根本利益和根本要求，因而转化为广大人民群众推进中国特色社会主义事业不断前进的自觉实践。

一切依靠人民群众，一切为了人民群众，是党领导中国革命、建设和改革不断取得新胜利的力量源泉。只要我们党一如既往，始终坚持一个根本宗旨（全心全意为人民服务）、两个"务必"、"三个代表"，中国特色社会主义事业就具有永不枯竭的前进动力，任何敌对势力都无法改变和阻挡它向前发展的历史进程。

（三）坚持以人为本，最要紧的是要把人民群众的根本利益作为中国特色社会主义事业发展的根本出发点，做到以实现人民群众的根本利益作为经济社会发展的目的

我们党把发展视为"硬道理"、作为执政兴国的第一要务，目的在于"立党为公、执政为民"。根据这样的原则高度提出的、把坚持以人为本作为科学发展观的本质和核心，就是要在解决好因何发展、靠谁发展、如何发展的问题之同时，解决好为谁发展的问题，使发展的成果惠及全体人民。从社会主义的本质和"三个代表"的根本要求看，我国坚持以经济建设为中心，搞社会主义现代化建设的目的是清楚和明确的，就是要以实现人的全面发展为目标，从人民群众的根本利益出发谋发展、促发展，不断满足人民群众日益增长的物质和文化需要，让人民群众分享发展成果和提高生活水平。应该说，我们党和政府在这方面做得比较好，是很有成效的。

但也必须看到，在少数单位和少数干部那里，也存在种种需要提高的认识和需要改进的做法。例如，有少数干部脱离实际，热衷于搞"形象工程"和"政绩工程"；仅仅注重经济增长指标，忽视社会发展指标，甚至有的还存在某种程度的"GDP崇拜"；还有，一些单位和企业为了"赚大钱"、牟"暴利"，热衷于对极少数人讲"豪华"的排场、"超级"的享受和"天价"的消费行为，大力炒作，推波助澜；而对广大人民群众日常的、平凡的和基本的生活需求的满足，则缺乏热情，关注不够，行动不力。所以，科学发展观中提出"坚持以人为本"，就是要进一步明确和突出发展的目的意识和价值取向。我们不是为发展而发展，为生产而生产，为现代化而现代化，而是一切依靠人民、一切为了人民，为了人民群众生活水平的不断提高，为了最终实现全体社会成员的共同富裕和全面发展。

四 坚持运用唯物辩证的科学方法论领会和树立科学发展观

坚持以人为本，树立全面、协调、可持续的发展观，是关于

"科学发展观"的完整表述。其中,坚持以人为本,即在实质上讲,就是坚持以人民为本,其主要含义是表明因何发展、靠谁发展和为谁发展的问题。而讲"全面、协调、可持续的发展"的主要含义,则是指应当"如何发展",即是发展自身的本质特点和指导发展的方法论要求问题。因此,笔者认为,只有坚持运用马克思主义哲学的既唯物又辩证的科学方法论的原则,才能有助于我们正确领会和自觉树立科学发展观,并更好地用以指导我国经济社会发展和全面进步,推进中国特色社会主义事业。

(一) 全面发展的哲学思考

提"全面发展"是针对、防止和克服"片面发展"而言的。所谓"全面发展,就是要以经济建设为中心,全面推进经济、政治、文化建设,实现经济发展和社会全面进步"①。要达到这种发展要求,需要多方面的综合条件。但仅就其方法论而言,笔者认为最为关键的,是要在指导建设中坚持历史唯物论和历史辩证法的统一。在社会主义社会,也同任何其他社会一样,社会生产力的发展、社会经济的发展,是整个社会发展进步的根本条件和根本动力,是"整个社会生活以及整个现实历史的基础"②。而社会的政治、思想、文化和道德,只能在这个基础上发展和繁荣起来。这是历史唯物主义的基本原理和基本观点。

然而,我国在改革开放之前的一段时间,曾试图用"以阶级斗争为纲"、"突出政治"、大搞"政治运动"、施放"精神原子弹"之类的做法,来"抓革命、促生产",来捍卫和发展社

---

① 胡锦涛同志在中央人口资源环境工作座谈会上的讲话(2004年3月10日),2004年3月11日《人民日报》。

② 马克思:《资本论》第1卷,人民出版社1975年版,第204页。

主义的"红色江山"。从哲学方法论看,很显然,这是过分地看重和突出上层建筑的,特别是其中政治因素和精神因素的"反作用",夸大和扭曲了历史辩证法,轻视和违背了历史唯物论。因而,这势必会使社会主义事业的发展遭受挫折和损害。党的十一届三中全会在党的指导路线上所实行的拨乱反正,就首先是在哲学方法论上对辩证唯物主义和历史唯物主义、对"实事求是"的思想路线的回归。

在现阶段,党的"一个中心、两个基本点"的基本路线,是完全正确的。坚持以经济建设为中心,依然是科学发展观的必然要求、是社会全面发展的客观基础和前提。对此,决不能动摇。但是,我们决不能走向另一个极端,即在注重经济发展、重视历史唯物论时,忘记了历史辩证法,忽视社会政治、思想、文化和道德因素的能动作用。这方面的苗头和偏差还是大量存在的。在一些地方和单位,有些干部对抓生产、抓经济发展比较认真得力,这是必要和正确的;但对抓思想政治工作、抓社会发展却不用心、不得力、不到位。这是不利于社会全面发展和全面进步的。就经济抓经济,单打一地抓经济,是方法论上的简单化和片面性。经济社会发展,需要很多社会条件的配合,以过于单一和过于机械的思路抓经济,是抓不好的,即使一时抓上去了,终究还得掉下来。要提高这方面的认识,坚持经济社会全面发展的要求,就需要有全面的战略思维,需要有哲学的头脑和智慧,就必须在工作中体现历史唯物论和历史辩证法的统一。

(二) 协调发展的方法论要求

提"协调发展",是针对、防止和克服地区和行业间的单边独进、反差较大的"畸形发展"而言的。所谓"协调发展,就是要统筹城乡发展、统筹区域发展、统筹经济社会发展、统筹人与自然和谐发展、统筹国内发展和对外开放，推进生产力和生产关系、经济基础和上层建筑相协调，推进经济、政治、文化建设的各个环节、各个方面相协调"①。由此看来，"协调发展"是指在坚持"五个统筹"的基础上，协调好整个社会主义现代化建设全局中各个方面和各个层次的关系。笔者认为，要统筹好这个发展的战略全局，要把握住这种复杂多变的关系结构，就客观地需要借助唯物辩证法这门"普遍联系的科学"，需要全局眼光和哲学思维，需要坚持发展的重点论与发展的均衡论的统一。从哲理和我国现实的结合上看，我们应当争取做到：

第一，要把握好和不断推进我国经济社会发展的战略全局，首先必须抓重点，抓主要矛盾、抓关键环节。在当前和今后一个长时期，我国必须重点抓经济、抓工业化和信息化、抓东部和沿海地区的发展，以带动社会其他方面、其他行业和其他地区的发展。企求全国各地、各方面、各行业同步发展、齐步发展是不可能的。因此，发展应坚持重点论，以重点带动非重点，以促进全局。

第二，现在党中央提出要坚持"协调发展"和坚持"五个统筹"，就是既要坚持发展的重点论，又要坚持发展的均衡论。因为，抓重点还必须兼顾非重点，带动非重点。发展要考虑到方方面面，要考虑到我国发展的战略全局是一个多因素、多变量的大系统。这就要求辩证思维、系统思维。用毛泽东的生动语言来讲，就是要"学会'弹钢琴'"，"弹钢琴要十个指头都动作"，

---

① 胡锦涛同志在中央人口资源环境工作座谈会上的讲话（2004年3月10日），2004年3月11日《人民日报》。

"十个指头的动作要有节奏,要互相配合"①。把握和指导我国经济社会的协调发展,也就是一种"弹钢琴"的协调艺术。

第三,我国经济社会的发展是一个过程,因而它的协调发展,发展的重点论与均衡论的统一,也是一个动态的、具体的、历史的过程。这是因为,在社会大系统中,一切基本的构成要素及其关系结构,都处在发展和变动之中。因而,经济社会发展中的"重点"或"关键"的环节,也是动态的、可变的和可转化的。例如,改革开放20多年来,我国东部和沿海地区,以及人口和工商业比较集中的大城市,大都有了较快的发展。这就使得中西部地区的发展和"三农"问题,变得突出起来。正因为如此,党中央适时地提出"西部大开发战略"和重点解决"三农"问题一系列的政策。这就反映了"五个统筹"的客观要求,是促进全国经济社会协调发展的重大决策。

(三) 可持续发展的哲学意蕴

提出"可持续发展",是针对、防止和克服无视自然条件和生态环境的制约,搞只顾眼前的竭泽而渔、激化人与自然关系的那种难以为继的"跨越式发展"。所谓"可持续发展,就是要促进人与自然的和谐,实现经济发展和人口、资源、环境相协调,坚持走生产发展、生活富裕、生态良好的文明发展道路,保证一代接一代地永续发展"②。可见,可持续发展需要调节的,是一种人与人、人与自然、现实与未来的一种协调发展。它要求我们坚持遵循社会发展规律与自然发展规律、社会辩证法与自然辩证

---

① 《毛泽东选集》第4卷,人民出版社1991年版,第1442页。
② 胡锦涛同志在中央人口资源环境工作座谈会上的讲话(2004年3月10日),2004年3月11日《人民日报》。

的统一。

人与自然的关系，是人类社会的一种永恒的哲学课题。在中国传统哲学中，这叫"天人关系"，有的主张"天人合一"。在马克思主义哲学中，这叫坚持唯物辩证的自然观。它认为，人来自于自然，又依存和反作用于自然。人可以认识、改造和利用自然，以便为人类造福。但有一个哲学前提，就是人们必须遵循和利用自然规律，如果违背了自然规律，那会使"自然界都对我们进行报复"[①]和惩罚。自工业革命以来，人类在"征服"自然方面取得了重大进展，也激化了人与自然的矛盾，并形成一种错觉，似乎自然资源是无限的，人征服自然的能力也是无限的，以为人是宇宙的"中心"和"上帝"。但生态失衡、环境污染和许多种类的自然资源趋于枯竭的事实表明，人类在自然面前并不能为所欲为，更不能搞生态透支，吃子孙饭，自毁地球家园。人类必须不断地认识、遵循和利用自然规律，既让自然界为经济社会发展服务，又与自然界和谐相处，为子孙后代着想，走可持续发展、一代又一代人永续发展的道路。可持续发展的哲学意蕴，就是人在自然界面前，是社会存在与自然存在的统一、能动性与受动性的统一，应当理性地做到知己知彼，有自知之明。

（原载《马克思主义研究》2006年第1期等报刊，后全文收入《中国社会科学院 马克思主义研究论丛》，社会科学文献出版社2007年版）

[①]《马克思恩格斯选集》第4卷，人民出版社1995年版，第383页。

建设社会主义核心价值体系的哲学思考

党的十六届六中全会通过的《中共中央关于构建社会主义和谐社会若干重大问题的决定》，在论述"建设和谐文化，巩固社会和谐的思想道德基础"的时候，在科学社会主义发展史上第一次提出了"社会主义核心价值体系"的科学概念，并且指明了这个核心价值体系的基本内容和建设方向。这同我们党提出的构建社会主义和谐社会的理论和任务一样，都是对科学社会主义的继承、运用、发展和创新，也是对中国特色社会主义理论和实践的坚持、丰富和发展。

对社会主义核心价值体系的界定

十六届六中全会《决定》中提出的"社会主义核心价值体系"，是指主体观念的层面，即社会主义的核心价值观（体系）。其一，《决定》中论述这个问题的小题目，是"建设社会主义核心价值体系，形成全民族奋发向上的精神力量和团结和睦的精神纽带"。很显然，能够焕发出这种"精神力量"和发挥这种"精神纽带"作用的，只能是社会主义的核心价值观念。其二，《决定》中指出的"社会主义核心价值体系"的"基本内容",是由"马克思主义指导思想、中国特色社会主义共同理想、以爱国主义为核心的民族精神和以改革创新为核心的时代精神,以及社会主义荣辱观"构成的。显然,所有这些"基本内容"都是精神形态和观念形态的东西。其三,《决定》中论述到"社会主义核心价值体系"的贯彻问题时,提出要使之"融入到国民教育和精神文明建设的全过程、贯穿到现代化建设各方面"。显然,"建设社会主义核心价值体系"与"建设社会主义精神文明"是有包容关系的,即前者包容在后者之内。换言之,这种核心价值体系作为社会主义的核心价值观,应当是社会主义精神文明建设的核心内容。所以,《决定》提出的"建设社会主义核心价值体系"的任务,也就是要在全社会普遍地建构、培育具有中国特色的社会主义核心价值观(体系)。

既然我们所要建设的"社会主义核心价值体系",是一种社会主义的观念体系,那么这种价值观念的体系,就只能是客观的价值关系或价值事实在人们的主体观念中的反映。因此,我们进行这种价值观念建构和培育的基础,就不在其观念本身,而在于客观的价值关系或价值事实。因为,客观事实是第一性的,观念形态的东西是第二性的,一切价值观念都是对其客观的价值关系或价值事实的能动反映。从根本上说,社会主义核心价值体系是根源于和服务于社会主义建设实践的。当然,社会主义价值观念的产生也有其特殊性。

众所周知,马克思和恩格斯创立的科学社会主义理论,是作为资本主义的对立物而出现的,因而在当时并没有直接和同质的现实基础。马克思和恩格斯只是"在批判旧世界中发现新世界"[①]。这种

---

① 《马克思恩格斯全集》第1卷,人民出版社1956年版,第416页。

社会主义新世界、新社会，还只是一种科学预见而不是现实。也就是说，当时工人阶级拥护社会主义、共产主义是由于迫切地希望摆脱资本主义剥削和压迫，而不是由于直接生活在并受惠于社会主义社会。在革命战争年代，这种尚处于萌生中的社会主义价值观念，连同整个科学社会主义理论一起，曾经发生过巨大的动员和激励作用。但是，在社会主义制度下建构和培育社会主义核心价值观体系，当然需要依靠而不能仅仅依靠对未来社会的预见、希望和理想的支撑，更主要的是要依靠社会主义的直接实践和社会现实。人民群众只有直接和真正地从社会主义制度中获得了实实在在的实惠、利益和幸福，才有助于他们真切地拥护社会主义制度，认同社会主义核心价值观念。列宁在十月革命胜利后说过："对俄国来说，根据书本争论社会主义纲领的时代已经过去了，我深信已经一去不复返了。今天只能根据经验来谈论社会主义。"[①] 这里所说的"根据经验来谈论社会主义"，当然也包括"根据经验来确信社会主义"。所以，我们在构建社会主义和谐社会中加强"社会主义核心价值体系"建设，固然迫切需要进一步加强社会主义核心价值观念的学习、研究、宣传和教育。但更为根本、更为基础的前提，则是要在大力发展社会生产力、坚持社会主义基本经济制度的基础上，不断推进经济建设、政治建设、文化建设和社会建设的协调发展和全面进步，更加注重社会公正和社会公平，让广大人民群众平等地分享社会主义改革和建设的成果。只有当社会主义的价值关系进一步理顺了、社会主义的价值事实进一步丰厚了，社会主义核心价值观体系才能真正地得到普遍确立、巩固和提升。

---

① 《列宁全集》第34卷，人民出版社1985年版，第466页。

社会主义核心价值体系的逻辑基础

马克思主义价值哲学告诉我们，人们作为认识主体从同周围事物的关系和认识中，所获得的价值意识，是他们改造和利用这些事物的直接动机和精神动因，因此，必须以关于该事物的本质即发展规律的认识作为基础。我们在一切主体和客体的关系中，只有知己知彼，才能形成比较客观和比较正确的功利性、评价性的认识。所以，一般说来，主体人的任何价值意识或价值观念，都要以其真理性认识作为它的认识论基础，而任何真理性认识也只有在转化为主体人的价值意识或价值观念之后，才能成为实践的直接动机，并用以掌控实践的精神力量。当然，社会主义核心价值观体系也是这样。我们要进一步理清社会主义核心价值体系与科学社会主义理论体系的关系。

应该说，社会主义核心价值体系是直接产生于，并从属于科学社会主义理论体系的一种观念形态。只有当马克思和恩格斯使社会主义由空想发展为科学，也就是说，当他们科学地揭示了资本主义必然灭亡、社会主义必然胜利的客观规律，并以科学预见的形式，大体上勾勒出社会主义社会的发展远景之时，社会主义核心价值体系才开始产生。继之，在苏联、中国等社会主义国家相继建立之后，社会主义核心价值观体系的存在和发展，就开始有了直接的现实基础，有了直接的事实根据和现实土壤。但这并不意味着，在这个现实土壤上能够自发地产生社会主义核心价值观体系。这种价值观体系和整个科学社会主义理论体系一样，都不可能从工人运动中、不可能从人民群众生活的直接现实中自发地产生出来，而只能产生于工人阶级思想家、理论家对其所进行的科学思维，并自觉地"从外面灌输进去"，因为自发的工人运动"只能形成工联主义意识"①。这种价值观体系的存在和发展还需要科学社会主义实践和理论的坚持、发展和创新。

所以,社会主义核心价值体系的建设必须抓好两个方面的工作。一是要坚持改革开放、发展中国特色社会主义的经济、政治和文化,不断提高人民生活水平,不断发展巩固它的现实基础;二是要注重根据实践发展而进行的理论思维、理论创新和理论武装。从其与建设和谐文化的关系看,后者具有更为直接性和关键性的意义。我们只有加强马克思主义的学习和武装,包括学好和领会好当代中国的马克思主义——毛泽东思想、邓小平理论和"三个代表"重要思想以及科学发展观,才能着手抓好社会主义核心价值体系的建设。其所以如此,是因为只有当人们真正认识到了历史的发展规律,才能有走历史必由之路的自觉。作为生活在社会主义制度下的共产党人,只有当我们不断地深化对人类社会发展规律、社会主义建设规律和共产党执政规律这三大规律体系的认识,才能真正确立和发展社会主义核心价值观体系。

社会主义核心价值体系的结构及其关键

从事关中国特色社会主义事业前途命运的高度来看,社会主义核心价值体系的基本内容,是一个有机的整体。其中,马克思主义指导思想是导向性因素,中国特色社会主义共同理想是目标性因素,民族精神和时代精神是思想支撑性和思想背景性因素,以"八荣八耻"为主要内容的社会主义荣辱观,则是伦理道德上的基础性因素。

建设社会主义核心价值体系,涉及多方面、多层次的内容。

---

① 《列宁选集》第1卷,人民出版社1995年版,第317页。

事有千万件，总得抓关键。应该说，建设社会主义核心价值体系的"核心"和关键，是其中的理想信念问题。这是因为，直接决定社会主义核心价值体系性质的，是它的根本性和关键性的成分和内容，马克思主义指导思想和中国特色社会主义共同理想，决定了它是社会主义性质的而不是其他性质的核心价值体系。从社会性价值意义的角度看，马克思主义作为指导思想是要指导工人阶级和广大劳动人民谋求劳动阶级的解放和追求美好的社会。因此，马克思主义在这里必须集中地转化和表现为一种科学性、政治性、社会性的理想信念。我们所要树立的中国特色社会主义的共同理想和信念，就是马克思主义理想信念与中国国情的具体结合，是以建设中国特色社会主义事业、实现中国社会主义现代化作为奋斗目标的。这是在我国人民中确立理想信念的基本的和普遍的层次，也是"建设社会主义核心价值体系"中的一项基本内容和明确要求。同时，马克思主义作为这个核心价值体系的导向性的基本要素，还蕴含着一个更高的要求，即对工人阶级先进分子、对共产党人，应当要求他们具有共产主义的理想信念。由于社会主义是共产主义的初级阶段，而我国又将长期处于社会主义初级阶段，所以中国特色社会主义的理想信念，也是共产主义的理想信念在中国现阶段的初步要求，而且必须转变为广大人民的最直接、最普遍、最现实的实践形式。因此，中国特色社会主义的共同理想信念，与共产主义的理想信念具有本质上的同一性，也需要接受共产主义理想信念的指导。

社会主义和共产主义的理想信念，在共产党人的价值体系中居于根本性的核心地位，是其主要的精神支柱和精神动力，具有巨大的整合功能和激励功能。例如，我们的民族精神和时代精神——前者在我国产生、发展和存在已有几千年，而后者则适用于当今的全世界——只有被社会主义、共产主义的理想信念所吸纳和整合，才能成为我们社会主义核心价值体系的组成部分。无论是在过去革命战争年代，还是在后来而至今的和平建设时期，社会主义、共产主义理想信念对于共产党人和广大人民的激励作用都是巨大的。这种精神力量可以转化为巨大的物质力量。有了这种力量，不仅可以帮助我们去克服种种困难，而且对于革命的胜利和建设事业的顺利发展都具有极端重要性。对此，邓小平说过："光靠物质条件，我们的革命和建设都不可能胜利。过去我们党无论怎样弱小，无论遇到什么困难，一直有强大的战斗力，因为我们有马克思主义和共产主义的信念。有了共同理想，也就有了铁的纪律。无论过去、现在和将来，这都是我们的真正优势。"① 他在倡导和推进社会主义精神文明建设过程中，总是一再强调要用马克思主义、社会主义思想教育党员、人民和青年，要使他们有"共同的理想和坚定的信念"，他甚至说："没有这样的信念，就没有一切。"② 所以，在广大人民群众特别是在党员干部中，切实抓好理想信念的教育，也就是抓住了"建设社会主义核心价值体系"的关键。只有围绕这个根本开展工作，才能更有效地引导人们确立和培育自己的社会主义核心价值观。

（原载《光明日报》2007年1月23日）

---

① 《邓小平文选》第3卷，人民出版社1993年版，第144页。
② 同上书，第190页。

关于构建社会主义和谐社会的若干方法论问题

在新世纪新阶段，以胡锦涛为总书记的党中央审时度势，为全面建设小康社会，加快推进我国社会主义现代化进程，高瞻远瞩地提出构建社会主义和谐社会的重大战略思想和战略任务，并且由党的十六届六中全会作出了《中共中央关于构建社会主义和谐社会若干重大问题的决定》，对此作出了深刻的阐明和全面的部署。为了更好地学习贯彻落实六中全会《决定》的精神，很有必要思考和研究一下其中的方法论问题。

一 应当从哲学的高度把握"和谐社会"的科学内涵

构建社会主义和谐社会的一个理论前提，是要对"和谐社会"这个概念有准确的理解和领会。这次六中全会的《决定》，从理论和实践的结合上揭示了"和谐社会"与社会主义本质的内在联系，为我们正确地理解"和谐社会"，提供了理论前提。

根据辩证逻辑，一个概念的科学内涵应该从其历史联系和现实根据中获得规定。从思想史上看，古今中外的一些思想家都有过对社会和谐的理想追求。例如，古希腊柏拉图的"理想国"；

中国老子的"小国寡民",以及孔子及其儒家关于社会和人与人之间的"中和"主张,甚至还论及了"天下为公、选贤与能、讲信修睦"的"大同"社会。特别是在近代空想社会主义者那里,"和谐"就是他们主张的未来社会的代名词,并且还分别在《乌托邦》和《太阳城》等著作中,都进行过这方面的具体、生动的设想和描写。空想社会主义者傅立叶最早发表的一篇论述社会改革文章的题目,就是"普遍和谐"。他指出,现存资本主义制度是不合理的,必将被"和谐的制度"所代替。而后,英国欧文在北美印第安纳州搞空想社会主义试验的公社名称,就叫做"新和谐"(New harmony)。据此,马克思和恩格斯在《共产党宣言》中,把空想社会主义"提倡社会和谐",看做是"它们关于未来社会的积极的主张"[①]。所有这些,都是马克思主义的社会和谐思想的渊源。不过,马克思主义关于社会和谐的思想,只是深蕴于他们对未来社会的原则性的科学预见之中,诸如未来社会是"自由人的联合体"、是"由必然王国向自由王国的飞跃"、是"我为人人,人人为我"的社会,等等

应该说,"社会主义和谐社会"的科学概念,是我们党第一次明确提出来的。党的十六届四中全会根据十六大报告中关于"全面建设小康社会"的目标之一,是"社会更加和谐"的要求,根据现实社会实践的需要,提出了"构建社会主义和谐社会"的伟大目标和战略任务。"和谐社会"作为科学社会主义的概念,是我们党运用马克思主义的立场、观点和方法,在总结历史和现实的实践经验的基础上,而对毛泽东思想、邓小平理论和"三个代表"重要思想,即对中国化马克思主义的坚持、丰富和发展。它既吸取了我国传统文化中的思想精华,

---

[①] 《马克思恩格斯选集》第1卷,人民出版社1995年版,第304页。

又与思想史上类似的思想观点具有本质的区别。这是因为，历史上一些剥削阶级思想家、政治家们的社会和谐思想，都旨在调和社会矛盾，维护剥削阶级的统治秩序，他们至多是借以提倡社会改良。例如柏拉图的"理想国"中的"和谐"，就只是奴隶主阶级占有、剥削和统治奴隶的"和谐"；而孔子及其儒家的社会"和谐"，也只是为了维护封建地主阶级的"君君、臣臣、父父、子子"的统治秩序的"和谐"。其所以如此，都是基于剥削阶级社会中基本阶级之间的阶级利益的根本对立，是由阶级矛盾的对抗性和不可调和性所决定的。与此根本不同的是，我们党提出的"社会和谐"或"和谐社会"概念，既是对传统文化精华的一种继承和扬弃，同时又是对马克思主义的理论创新和丰富发展。

从"和谐社会"概念提出的现实根据看，这是在总结实践经验的基础上的理论结晶，是对社会现实认识的深化。以往人们普遍认为，一个完整的社会基本上被划分为经济、政治和文化等三个层面。这次，我们党提出了"四位一体"的理论，即把社会划分为经济、政治、文化和社会等四个层面；而这个"社会"层面，既与其他三个层面相平行，但又与社会的经济、政治、文化等因素紧密相关，不可分割。由此，我们党提出了"社会主义和谐社会"的六个特征和基本要求，这就是实现"民主法治、公平正义、诚信友爱、充满活力、安定有序、人与自然和谐相处的社会"。在这样的社会中，大量的社会矛盾都因其特有的性质而处在平和、可化解的状态。所以，从哲学的高度看，"和谐"是事物矛盾的，而且是非对抗性矛盾的一种平衡状态，即在这类矛盾着的对立面的统一中，是矛盾的同一性占主导地位的一种有序状态。事物的矛盾法则要求我们，应当在同一中把握对立、在对立中把握同一；矛盾的同一性与矛盾的斗争性，是相比较而存在、相辅而相成的。因此，在事物间的和谐关系中，尽管矛盾的同一性占主导地位，但是并不能排斥矛盾，不能排斥与其同一性相联系的对立和斗争。只有通过一定形式的对立和斗争，不断地解决或化解了矛盾，才能达到和谐状态。

在社会历史领域，"社会和谐"或者"和谐社会"，则是人和人之间的一种社会关系，是人们在根本利益一致的条件下，也就是在阶级矛盾已经或趋于消失、社会矛盾丧失对抗性的情况下的一种稳定的、有序的、良性的社会状态。社会和谐需要社会稳定，但稳定不等于和谐；同样，社会和谐需要社会有序，但有序也不等于和谐，只有良性的社会稳定和有序，才是社会和谐。这种社会状态，首先是指人和人之间的一种平等、友爱和合作的社会关系；同时，也表现为人与自然之间密切的、良性的、相互的依存关系。故而可以认为，构建"社会和谐"或"和谐社会"，是社会主义社会的本质要求和本质属性。

很显然，这种和谐社会的构建是要有实际前提和现实根据的。首先，要有比较发达的社会生产力，生产出较为丰富和多样的生活资料，以满足全体社会成员的需要。社会生产力的充分发展，是社会主义和谐社会的物质基础和现实前提。其次，要有社会制度的保障，即要有一个平等占有社会财富、人人劳动、共享劳动成果的社会制度，才有真正的社会和谐。再次，还要有正确的政策环境，具体地协调人们之间利益关系和社会关系，以便把构建和谐社会变为人民群众的社会实践。所有这些，都是构建和谐社会的客观的条件和现实基础，同时也是人的自由而全面发展的客观的条件和现实基础。"社会和谐"和"人的全面发展"都是社会主义、共产主义制度下人的两种发展状态。不过，前者是指人发展的关系状态，后者则是指人发展的个体状态而已。

二　构建社会主义和谐社会与坚持历史唯物论

党的十六届六中全会的《决定》指出:"社会和谐是中国特色社会主义的本质属性。"这为我们构建和谐社会提供了理论根据。目前和今后一个长时期,我国尚处在社会主义初级阶段。虽然,自改革开放以来,我国在已有的社会主义制度和建设成就的基础上,经过近30年的改革和建设,已经在物质文明、政治文明、精神文明和生态文明等方面取得了巨大的成就,发生了深刻的社会变革。我国的社会生活条件和人民的生活水平,都有了很大的提高。中国特色社会主义事业充满了生机和活力。我国构建社会主义和谐社会,已经初步具备了基本条件。当然,这些条件还不够充分。这就要求我们必须一边创造条件,一边开始构建和谐社会。正因为如此,我们构建"和谐社会"就特别需要发挥主观能动性,特别需要思想上的清醒和自觉。因此也就需要马克思主义哲学,特别是历史唯物主义的指导。

第一,构建社会主义和谐社会需要有其物质基础,就必须大力发展社会生产力。历史唯物主义认为,人类的第一个历史活动就是生产满足自己所需要的物质生活资料,即生产物质生活本身。因此,人类社会的发展首先和最根本的,是由物质力量即生产力的发展所决定的;社会生产力的发展是"整个社会生活以及整个现实历史的基础"[1]。社会主义社会的产生、发展和最终取得对资本主义的完全胜利,也必须以社会化的生产力的发展作为根本基础。社会主义社会要实行生产资料公有制(为主体)、消灭阶级、实现共同富裕、形成人与人之间和人与自然之间的和

---

[1] 《马克思恩格斯全集》第23卷,人民出版社1972年版,第204页。

谐关系，都要依靠社会生产力的充分发展。只有社会生产力高度发达、物质产品极大丰富了，才有可靠的物质基础和物质条件，来发展和丰富人们的经济、政治、文化、社会生活，来优化人文环境、发展人们之间的友好合作关系。社会生产力的这种发展，之所以是社会主义社会发展、巩固与和谐社会构建的"绝对必需的实际前提，还因为如果没有这种发展，那就只会有**贫穷**、极端贫困的普遍化；而在**极端贫困**的情况下，必须重新开始争取必需品的斗争，全部陈腐污浊的东西又要死灰复燃"。所以，大力发展社会化的生产力是防止旧制度复辟、巩固社会主义制度、发展社会主义事业的根本前提。而且"还因为：只有随着生产力的这种普遍发展，人们的**普遍**交往才能建立起来"①，才能有人的社会关系的优化和人的全面发展。

目前，我国处在社会主义初级阶段，社会生产力总体上还不发达，人民群众的物质生活水平还不够高，社会主义的物质技术基础还比较薄弱；社会劳动生产率还远远低于西方发达资本主义国家。因此，我国社会主义事业的发展、小康社会的全面建设、和谐社会的构建，都要求我们必须按照现阶段党的基本路线的要求，坚持以经济建设为中心，坚持四项基本原则，坚持改革开放，按照科学发展观，大力发展生产力、大力发展经济，生产出更多更好的物质产品，用以满足社会生产和人民物质文化生活日益增长的需要。只有当国家的经济实力增强了、社会财富丰足了，才有丰厚的物质基础支持构建和谐社会，才有充裕的物质和技术条件支持维护生态平衡，从而才有普遍和充分的社会和谐、才有人与自然的和谐。

第二，构建社会主义和谐社会需要有其经济基础，就必须坚

---

① 《马克思恩格斯选集》第1卷，人民出版社1995年版，第86页。

持社会主义初级阶段的基本经济制度。有些经济学家把发展社会生产力称为"做大蛋糕",但是这块"蛋糕"如何"切"、如何公平地让全体劳动者分享,这就需要以相应的社会经济制度来规范、来保障。社会主义社会最基本的经济基础,是立足于现代化生产力的生产资料的公有制。在这种经济制度下,人人都是主人、人人都参加劳动、按劳分配生活资料,因而人们之间不存在剥削,没有对抗性的社会矛盾,其根本利益是完全一致的,所以能够实现社会的普遍和谐。

然而,在我国现阶段社会生产力不够发达的情况下,还没有条件实行单一的公有制,只能长期实行公有制为主体、多种所有制经济共同发展的基本经济制度。当前和今后一个长时期,我国在坚持公有制经济的主体地位的前提下,还必须鼓励、支持和引导非公有制经济有一个较大的发展,这是由我国国情所决定的。非公有制经济是我国社会主义市场经济的重要组成部分,但它不是也不能是我国经济的主体。我国经济的主体只能是包括国有经济、集体经济,以及股份制等混合经济中的公有成分在内的公有制经济,其中国有经济是主导。生产资料公有制是我国社会主义的经济基础。江泽民指出:"没有国有经济为核心的公有制经济,就没有社会主义的经济基础,也就没有我们共产党执政以及整个社会主义上层建筑的经济基础和强大物质手段。"[1] 当然,这也是构建社会主义和谐社会所必需的经济基础。

因此,"社会主义公有制的主体地位绝不能动摇,否则我们党的执政地位和我们社会主义的国家政权就很难巩固和加强"[2]。这种主体地位是社会主义制度的基石,是劳动人民的命根子。因

---

[1] 《江泽民文选》第3卷,人民出版社2006年版,第71页。
[2] 同上书,第72页。

为，只有这样，劳动人民才能从总体上保持平等的经济地位、平等的社会地位和平等的人格。而如果像某些人主张的那样实行"私有化"，让少数人占有绝大多数生产资料，并让大多数人成为雇佣劳动者，那整个社会的剩余劳动，就会在少数个人那里大量积累，就会产生两极分化。这样，广大人民就没有经济上、社会地位上的平等可言，当然也就没有普遍的社会和谐。所以，坚持和巩固社会主义初级阶段的基本经济制度，并在这个经济条件下大力发展社会生产力，这是构建社会主义和谐社会的根本基础和经济前提。

第三，构建社会主义和谐社会需要有其现实基础，就必须协调好社会的各种利益关系。在我国社会主义初级阶段及其实行的基本经济制度的历史条件下，大体的利益结构是社会主义性质的。但是，同改革开放以前相比，我国社会的经济和利益关系已经并且正在发生深刻的变化。这主要表现为社会经济成分、组织形式、就业方式、利益关系和分配方式的多样化。近二三十年来，由于地缘特点、区位优势、人文传统和政策倾斜等原因，我国在发展社会主义市场经济的过程中，一些地区和一些人先富起来了，多数人的收入虽有提高但增长较慢。这是在纠正过去的平均主义过程中的进步现象、必然现象。不过与此同时，我国的地区发展和城乡发展差距、人们的收入差距和社会各阶层生活水平的差距，拉开得过大过快，存在一定程度的分配不公。按照国家统计局的数据，1978年我国城市、农村居民收入的基尼系数分别是0.16和0.21；到2000年，我国城乡居民收入的基尼系数，就上升到0.417（而据一些学者估算的我国城乡居民收入的基尼系数，甚至早在1994年就达到0.445）。显然，其中的任何一种估算，都超过了所谓国际公认的0.4的分配差异警戒线。在进入21世纪时，我国人民的生活水平在总体上达到了小康。但是，一方面仍然有2300万名农民没有完全解决温饱问题；城镇也有1000多万名下岗失业工人和城市贫民，需要国家扶贫救助。另一方面，又有少数人合法或不合法地迅速暴富起来了，出现了一批百万富翁、千万富翁和亿万富翁。现在，有些"老总"年薪高达几十万元、上百万元，有的甚至高达2000多万元；而工人的最低月薪，在一些大中城市也只有600到700元；最高的和最低的个人工薪收入相差达3000倍以上。所以，从一定的范围看，我国的分配不公和贫富分化现象，还是比较突出的。这不利于和谐社会的建构。

所以，自党的十六大以来，党中央提出和落实科学发展观，实行"五个统筹"，在效率和公平问题上，强调要更加关注社会公平和公正问题。并且，党和政府已经陆续采取一系列政策和措施，以协调各方面的利益关系，包括实行西部大开发战略、完全取消农业税、加大开发式扶贫力度、提高个税起征点、提高工人最低工资标准、从政策上推进解决人民群众的"看病难、买房难、上学难"等切身利益的问题。最近，党的十六届六中全会通过的《决定》，对构建社会主义和谐社会所作的战略部署，其中大量和基础性的措施，就是按照"六个必须坚持"的原则，进一步调整和协调好社会各方面的利益关系。社会主义基本的经济关系、利益关系决定和制约着社会的经济生活、政治生活、精神生活和社会生活，决定和制约着人与人之间的关系，使之能够成为普遍和真实的和谐关系。可见，要在构建社会主义和谐社会的实践过程中坚持历史唯物论，就必须在坚持社会主义初级阶段的基本经济制度，大力发展生产力的前提下，通过党的路线方针政策和国家的法律法规，实行宏观调控，以协调好社会各方的利益关系，从而为普遍的社会和谐奠定其现实基础。让最广大的人民群众在共同劳动、共同奋斗中，共享改革和建设的成果、共谋社会的全面进步和人的全面发展、共创国家和民族的美好未来，这是社会普遍和谐的直接前提和现实基础，也是社会和谐的目的和归宿。

三 构建社会主义和谐社会与坚持历史辩证法

在构建社会主义和谐社会的实践中，必须坚持历史唯物主义的指导，就意味着既要坚持历史唯物论，又要坚持历史辩证法。而坚持历史唯物主义指导的实质，就是要按照社会发展规律、社会主义建设规律和共产党执政规律，来筹划、设计和开展和谐社会建设。我们构建和谐社会，当然，首先要有必要的、与日俱增的物质基础、物质条件和物质前提。但是，它不是一种自发的社会过程，而是一种自觉能动的、多因素协同作用的、充满矛盾的社会过程。这其中充满了历史的辩证法。我们构建和谐社会，既要坚持历史唯物论，又要坚持按辩证法办事。

第一，构建社会主义和谐社会是一种自觉的、能动的社会过程。如果和谐社会的构建与社会制度无关，如果和谐社会是社会经济发展的自发产物，那么，西方资本主义发达国家尤其是美国社会，早就应当是最和谐的了。然而，事实并不是这样。今日的美国，是世界上最富裕、最有实力、最有影响和唯一的"超级大国"，但也是两极分化最严重、最霸道、最不安全的国家，谈不上社会的普遍和谐。社会和谐，是立足经济前提而背靠社会制度的。如果仅仅从经济上着眼，虽然我国"块头大"、经济总量目前位居世界第四。2005年，我国国内生产总值达到182321亿元，相当于2.2万亿美元，但是我国有13亿人口，人均仅达到1700美元左右。而世界年人均国内生产总值，早在2000年就已经达到5000美元。可是，这并不妨碍我国在世界上率先开始构建社会主义和谐社会。在这里,我们既要靠一定的物质条件,更要靠社会主义制度的优越性、靠共产党的领导、靠人的自觉的能动性。

因为,在社会主义制度下,劳动人民已经成为国家和社会的主人、成为自然界的主人,可以自己掌握自己的命运,可以按照自己认识的自然规律和社会规律,来构建和谐社会。构建社会主义和谐社会是一种历史过程,而我们正在这个起点上。从科学社会主义的观点看,"和谐社会"和"人的全面发展"一样,都是很高的社会境界,是长远的奋斗目标。我国处于社会主义初级阶段,我们也只能构建初级阶段的"社会主义和谐社会"。对于社会主义和谐社会的基本特征——民主法治、公平正义、诚信友爱、充满活力、安定有序、人与自然和谐相处的社会——我们也只能从现阶段的实际出发,去理解、谋划和实践。对构建"和谐社会",我们既不能超越阶段、陷于空想,又要充分利用一切有利条件,量力而行、尽力而为,充分发挥自觉的主观能动性,不断地推进、提升社会主义和谐社会的建设。

第二,构建社会主义和谐社会是社会诸因素协同作用的社会过程。历史的辩证法要求我们"把社会看作活动着和发展着的活的机体"[①]。尽管,我们所讲"和谐社会"中的"社会",是指狭义的社会,是与经济、政治、文化相并列的"四位一体"的社会。但构建和谐社会却不能仅仅着眼于这种社会因素或社会关系,而必须从全局和长远着眼,从社会的经济、政治、文化和社会诸方面,来统筹谋划。在我们社会里,人际关系的和谐,社会的和谐,是一切社会因素的有序综合,是调适

---

① 《列宁选集》第1卷,人民出版社1995年版,第55页。

各种社会因素的效应,是社会合力协同作用的结果。在促进"和谐社会"建构的这诸多因素中,经济是基础,政治是主导,制度是规范,法治是保障,文化是灵魂,和谐是目的。因此,构建和谐社会是一个社会系统工程。它必须在共产党的领导下,坚持在马克思主义世界观和科学方法论指导下,沿着中国特色社会主义道路,调动一切积极因素,在全面建设小康社会的奋斗中,按照党的十六届六中全会的战略部署,才能逐步实施、稳步推进。就构建和谐社会的思想方法而言,要看到这项工作的全面性、系统性、渐进性和长期性,要善于运用辩证思维来谋划和指导实践。

第三,构建社会主义和谐社会是化解矛盾和解决矛盾的社会过程。在唯物辩证法看来,矛盾即是事物、即是运动、即是过程,世界上"没有什么事物是不包含矛盾的,没有矛盾就没有世界"[①]。当然,社会主义社会也不例外,构建和谐社会也不例外。我们讲"和谐社会",并不是否认矛盾,而是要正视矛盾,并正确地化解矛盾、解决矛盾所达到的一种有序和良性的社会状态。在任何社会中,客观存在的各种矛盾是否认不了、抹杀不了的。而且,矛盾只有经过正确的斗争和化解,才能使之转化和解决。在社会主义制度下,主要的和大量的社会矛盾都是非对抗性的人民内部矛盾,因此应当辩证地看待、正确地处理矛盾的斗争性和同一性的关系,力求使同一性占主导地位,使社会处于和谐状态。

目前,我们在构建和谐社会中坚持唯物辩证法,就必须深入研究各种社会矛盾,重点是人民内部矛盾,并且采取正确的方法及时地解决和化解这些矛盾。当前和今后一个时期,我们面对的

---

① 《毛泽东选集》第1卷,人民出版社1991年版,第305页。

只有少量的、一定范围内的阶级斗争,因此这不是我国社会的主要矛盾。对此,我们当然要给予适度的关注和正确地对待,防止它们干扰我国的改革、建设和构建和谐社会。但是,我们面对的更大量、更经常的矛盾,则是人民内部矛盾。这是根本利益一致基础上的矛盾,但也是千头万绪、错综复杂的矛盾。要及时解决这些矛盾以促进社会和谐,就必须站在最大多数人的立场上,具体问题具体分析,采取正确的方法,对其加以化解和解决。一般地说,解决人民内部矛盾主要是分清是非的问题,是说服教育、加强沟通、加强理解和加强团结的问题。我们应当有理有据、合情合法、实事求是地解决和化解各种人民内部矛盾,而尽力不使其激化。在正常情况下,人民内部矛盾不会发生对抗,但如果疏忽大意、处理不当,也可能发生局部的、个别的对抗和冲突。我们要预防这种情况。不过,也不能采取不分是非曲直、姑息迁就的态度对待人民内部矛盾,这样也不能解决好人民内部矛盾。因此,正确地认识和处理好人民利益和人民内部矛盾问题,是构建社会主义和谐社会的基础性和关键性的工作。正确地认识和解决人民内部矛盾是一门政治学问和政治艺术。

当然,我国社会中存在大量的人民内部矛盾,要得到正确和及时的解决,就必须在坚持和维护人民群众眼前的现实利益和长远的根本利益之统一的前提下,继续推进、发展和健全社会主义民主与法制,坚持依法治国与以德治国相结合。既要有必要的具体的制度、体制、机制、舆论的规范与配合,又要有必要的、完备而有效的行业管理和社会管理为之服务。这次党的六中全会《决定》中所要求完善的"六种制度"建设,以及和谐文化建设等具体措施的设计,都体现了这种实际的配合和保证。只不过,我们国家的利益主体和权利主体都是人民,是全国人民在共产党的领导下,自己组织起来,通过坚持走中国特色社会主义道路,通过自己辛勤的劳动和工作,为自己谋发展、谋幸福。在这里,人民主体论与历史决定论、历史唯物论与历史辩证法,可以而且必须达到具体和历史的统一。

(原载《云南师范大学学报》2007年第1期)

论科学地理解科学社会主义

各国无产阶级及其政党在为科学社会主义事业奋斗,并能逐步取得胜利的一个重要的理论前提,是必须科学地理解和掌握科学社会主义。这既是推进科学社会主义的理论研究和理论创新的内在要求,更是科学社会主义的实践探索和实践创新的本质要求。多年来,特别是东欧剧变、苏联解体以来,国内外有些人把马克思主义、共产主义的理论和主张,污蔑为"乌托邦",或者把马克思的社会主义歪曲为"民主社会主义",甚至给伯恩施坦主义的继承者——社会党国际所主张的"民主社会主义",戴上"马克思主义的正统"的桂冠。其实,这种人是根本不懂和根本不信科学社会主义;而我们要真懂和真信科学社会主义,并自觉地为科学社会主义事业奋斗,就必须正本清源,从科学地理解、科学地看待科学社会主义开始。

一 必须科学地理解"科学社会主义"的概念

在马克思主义的理论语言和概念体系中,"科学社会主义"

与"科学共产主义"是同义和通用的,并且有广义和狭义之分。广义的"科学社会主义学说,也就是马克思主义"①。而狭义的即严格意义上的科学社会主义,是列宁根据马克思主义体系的内在结构,特别是以恩格斯的《反杜林论》中的三分法为依据,从而在他写的《马克思主义的三个来源和三个组成部分》的论文中,明确地使之与马克思主义的哲学、政治经济学相并列,而成为马克思主义的三个基本的组成部分之一。

笔者认为,要科学地理解科学社会主义这个概念,就应当真正弄懂弄清什么是科学社会主义、它何以成为科学社会主义、社会主义的科学性和革命性能不能统一这三个相关问题。

第一,马克思本人从其社会主义主张与空想社会主义的本质对立的意义上,高瞻远瞩地提出了"科学社会主义"的概念及其内涵。早在马克思主义创立之初,马克思就在1847年上半年写成的批判蒲鲁东的《贫困的哲学》的著作——《哲学的贫困》中,论述了社会主义从空想变为科学的历史条件和思想内涵。马克思在肯定当时的"**社会主义者和共产主义者是无产者阶级的理论家**"的前提下,指出:"在无产阶级尚未发展到足以确立为一个阶级,因而无产阶级同资产阶级的斗争尚未带政治性以前,在生产力在资产阶级本身的怀抱里尚未发展到足以使人看到解放无产阶级和建立新社会必备的物质条件以前,这些理论家不过是一些空想主义者,他们为了满足被压迫阶级的需要,想出各种各样的体系并且力求探寻一种革新的科学。但是随着历史的演进以及无产阶级斗争的日益明显,他们就不再需要在自己的头脑里找寻科学了;他们只要注意眼前发生的事情,并且把这些事情表达出来就行了。当他们还在探寻科学和只是创立体系的时候,当他

---

① 《列宁全集》第6卷,人民出版社1986年版,第251页。

们的斗争刚刚开始的时候，他们认为贫困不过是贫困，他们看不出它能够推翻旧社会的革命的破坏的一面。但是一旦看到这一面，这个由历史运动产生并且充分自觉地参与历史运动的科学就不再是空论，而是革命的科学了。"① 在这里，马克思既讲到了社会主义由空想转变为科学的阶级基础和物质条件，又讲到了实现这种转变的实践根据和理论要求。因此，他也就比较完整地为科学社会主义规定了基本的理论内涵，并且使科学社会主义这个概念呼之欲出。

我们知道，空想社会主义从1516年托马斯·莫尔写出《乌托邦》，再从1602年托·康帕内拉写出《太阳城》，直到18世纪末和19世纪前期圣西门、傅立叶和欧文的空想社会主义及其示范活动的失败，其间有300年和200多年。在他们的空想社会主义的著作中，既有对资本主义剥削制度及其弊病的深刻揭露、辛辣讽刺和精彩批判，也有他们主张用以代替资本主义剥削社会的未来新社会的许多天才而具体的描绘、设想和憧憬。他们幻想依靠像自己这类天才人物的头脑，设计出尽善尽美的社会方案，通过劝说富人发善心交出财产，并通过示范群众，以建立人人劳动、财产公有、没有家庭、没有阶级、没有剥削、没有压迫、人人平等、团结互助、和谐友爱的社会。尽管，这些主张都具有幼稚和空想的性质，然而，它们也提供了启发工人觉悟的极为宝贵的思想材料，从而成为马克思和恩格斯创立社会主义科学学说的理论来源。

但是，"批判的空想的社会主义和共产主义的意义，是同历史的发展成反比的"②。当马克思主义在19世纪40年代中期创

---

① 《马克思恩格斯选集》第1卷，人民出版社1995年版，第155页。
② 同上书，第304页。

立之后,特别是它在此后20多年间在各国工人运动中逐步得到广泛传播,并在70年代初期开始成为国际共产主义运动的指导思想的情况下,空想社会主义就开始走向反面。马克思和恩格斯认为,这时"阶级斗争越发展和越具有确定的形式,这种超乎阶级斗争的幻想,这种反对阶级斗争的幻想,就越失去任何实践意义和任何理论根据。所以,虽然这些体系的创始人在许多方面是革命的,但是他们的信徒总是组成一些反动的宗派"①。因此,马克思和恩格斯从19世纪70年代开始,就正式把自己创立的社会主义的科学理论,称为"科学社会主义",以显示出自己与空想社会主义的原则对立和本质区别。恩格斯在1872年5月至次年1月写成的《再论蒲鲁东和住宅问题》一文中,提出了"德国科学社会主义"和"德国科学社会主义精神"的用语,显然这同从中抽象出科学社会主义概念,只有一步之遥。马克思在过了一年左右,即在1874年至1875年初写成的《巴枯宁〈国家制度和无政府状态〉一书摘要》中,正式提出和制定了"科学社会主义"概念。他写道:"'**科学社会主义**',也只是为了与空想社会主义相对应时,才使用的,因为空想社会主义力图用新的幻想欺蒙人民,而不是仅仅运用自己的科学认识去探讨人民自己进行的社会运动。"② 这里讲得很清楚,其一,"科学社会主义"这个概念,"只是为了与空想社会主义相对应时"才使用的,用以表示它们之间的区别和对立。其二,它们之间存在的是一种本质的对立。因为一方面,空想社会主义在马克思主义产生以后并没有停止活动,而且仍然在用"新的幻想欺蒙人民";另一方面,

---

① 《马克思恩格斯选集》第1卷,人民出版社1995年版,第304—305页。
② 《马克思恩格斯选集》第3卷,人民出版社1995年版,第199—200、290页。

科学社会主义则是"仅仅运用自己的科学认识去探讨人民自己进行的社会运动"。所以，这是关于社会的"科学认识"与历史唯心论的"社会幻想"之间的本质对立。

第二，是恩格斯精辟和准确地阐明了社会主义是如何由空想发展为科学的。恩格斯先后在《反杜林论》、《社会主义从空想到科学的发展》和《在马克思墓前的讲话》等著作中，一再强调马克思的"两大发现"与科学社会主义形成的关系。他指出，是由于马克思的"这两个伟大的发现——唯物主义历史观和通过剩余价值揭开资本主义生产的秘密"，从而使"社会主义变成为科学"[①]。那么，我们如何理解恩格斯的这个重大论断呢？

笔者认为，这是仅就马克思主义创立和发展的内在逻辑而言的。因为，社会主义从空想发展为科学——从根本上说——是客观的社会历史条件之成熟所使然。只有在这个前提下，才有社会主义理论朝着科学发展和成熟。从理论发展的逻辑看，马克思的"两大发现"的意义极为重大：其一，马克思是由于唯物史观的发现，才揭示出社会基本矛盾运动（特别是生产力与生产关系的矛盾运动），以及由此引起的历史上阶级斗争对于社会发展和社会形态更替的决定作用，从而发现了社会发展的一般规律，阐明了社会从低级形态向高级形态更替演进的客观必然性。因此，马克思发现了唯物史观，也就是发现了社会主义必然代替资本主义的客观规律。其二，马克思是由于在唯物史观导引下创立了剩余价值学说，才揭开了资本家剥削工人的秘密，从而揭示出了无产阶级与资产阶级的阶级矛盾和阶级斗争的经济根源，阐明了这种阶级斗争必然导致无产阶级革命和无产阶级专政，进而在生产力高度发展的基础上逐步消灭阶级和进入无阶级社会的历史大趋

---

① 《马克思恩格斯选集》第1卷，人民出版社1995年版，第366页。

势。因此,马克思发现了剩余价值规律,也就是发现了肩负着历史使命的无产阶级,找到了资本主义制度的"掘墓人"。由于无产阶级是现代大工业的产物,是最伟大、最先进和最革命的阶级,因此,由这个阶级作为社会主义事业的主体力量和领导力量,社会主义和共产主义事业就有了胜利的保障。这就是说,马克思和恩格斯"为了使社会主义变为科学,就必须首先把它置于现实的基础之上"①。而马克思的"两大发现",正是基于对人类社会特别是对近现代资本主义社会的经济分析,发现了社会主义必将取代资本主义的客观规律,发现了为其彻底实现而进行斗争的社会力量。所以,社会主义才由原来那种改良主义的空想,变成为指引无产阶级谋求本阶级和人类解放的科学社会主义理论。

第三,马克思和恩格斯创立的科学社会主义,既是科学的理论,也是革命的理论,是科学性和革命性的内在的和高度的统一。从其科学性上看,马克思的科学社会主义作为"革命无产阶级的思想体系赢得了世界历史性的意义,是因为它并没有抛弃资产阶级时代最宝贵的成就,相反却吸收和改造了两千多年来人类思想和文化发展中一切有价值的东西"②;而且,它在被创立之后,还要继续从世界各国的实践、科学和文化的发展中不断吸取营养。科学社会主义永远是人类思想精华的结晶。从其革命性上看,马克思的科学社会主义不仅在理论上是对空想社会主义的革命性的改造和质的飞跃,即使社会改良的理论质变为社会革命的理论;而且,它还主张在实践上对资本主义社会进行彻底的革命和改造,即用无阶级的、无剥削的社会主义社会和共产主义社

---

① 《马克思恩格斯选集》第1卷,人民出版社1995年版,第358页。
② 《列宁选集》第4卷,人民出版社1995年版,第299页。

会取而代之。科学社会主义是最彻底的社会革命理论。对此，列宁说："这一理论对世界各国社会主义者所具有的不可遏止的吸引力，就在于它把严格的和高度的科学性（它是社会科学的最新成就）同革命性结合起来，并且不仅仅是因为学说的创始人兼有学者和革命家的品质而偶然地结合起来，而是使二者内在地和不可分割地结合在这个理论本身中。"①

二 科学社会主义的科学基础在于实践

科学社会主义之所以是科学，就在于它是对近现代资本主义社会发展规律和发展趋势的正确反映，是对无产阶级和资产阶级的阶级斗争实质和发展前景的正确反映，是对无产阶级革命规律和社会主义建设规律的正确反映。总之，它就是对社会现实的正确反映和对其发展前景的科学预见。然而，社会现实只有通过社会实践才能转化为人们的认识、才能验证这种认识的真理性。所以，我们要科学地理解科学社会主义，就要求我们科学地看待它据以产生的社会实践。

第一，科学社会主义赖以立足的社会实践，首先和大量的是整个人类已有的全部实践，即大量的是间接的实践。它们表现为人类的文明成果、表现为人类文化的积累、表现为人类的特别是它的进步思想家和理论家的理论思维能力与政治洞察能力。马克思主义及其社会主义学说的酝酿时期也是这样。用马克思的话来说，在当时，"我们是从世界本身的原理中为世界阐发新原理"，即"只是希望在批判旧世界中发现新世界"，"我指的就是**要对现存的一切进行无情的批判**，所谓无情，意义有二，即这种批判

---

① 《列宁选集》第 1 卷，人民出版社 1995 年版，第 83 页。

不怕自己所作的结论，临到触犯当权者时也不退缩"。"所以，什么也阻碍不了我们把我们的批判和政治的批判结合起来，和这些人的明确的政治立场结合起来，因而也就是把我们的批判和**实际**斗争结合起来，并把批判和实际斗争看做同一件事情。"① 这表明，科学社会主义在其产生的早期，只能在批判性的分析资本主义社会所遇到矛盾和问题之中，来构思社会主义的思想、观点和原理。它在这时的科学性主要表现为革命的批判性。

第二，科学社会主义赖以立足的革命实践，是由它所指导的各国无产阶级的社会主义运动。这种革命实践以夺取国家政权、建立无产阶级的政治统治为其直接目的。但是无产阶级领导的社会主义运动有一个重要的前提，就是工人们开始觉醒，并逐步形成一定形式的组织和联合（如组织工会和政党等），即开始从政治上组成一个阶级，以便捍卫和逐步实现本阶级的利益。因此，无产阶级需要自己的思想家、理论家和领袖。马克思和恩格斯在创立科学社会主义的时候，他们经常深入工人群众，关心体察工人群众的生活，积极参加和指导国际工人运动，是世界无产阶级的革命导师。在他们二人的指导下，国际共产主义运动在19世纪40年代蓬勃兴起，迅速发展。他们把原来只是德国的一些政治流亡者的帮会性组织的"正义者同盟"，改造成为第一个国际无产阶级政党组织即"共产主义者同盟"。他们受这个同盟的重托所起草的，并于1848年初发表的《共产党宣言》，也就成为了马克思主义及其科学社会主义诞生的最主要的标志。

科学社会主义理论与工人运动相结合的最重要的成果，是马克思和恩格斯在1864年创立了第一国际；随后在第一国际的帮助下，西欧一些国家纷纷建立了无产阶级政党，并形成了国际共

---

① 《马克思恩格斯全集》第1卷，人民出版社1956年版，第416、418页。

产主义运动的第一个高潮。尽管在事先马克思并不赞成巴黎工人搞武装起义,但是当巴黎公社革命爆发后,他和第一国际还是积极支持和指导公社战士的革命斗争。马克思和恩格斯对巴黎公社斗争及其失败经验的科学总结,丰富和充实了他们创立的科学社会主义。恩格斯在马克思逝世之后,独自承担起理论创新和指导国际工人运动的重任。在恩格斯指导下,国际共产主义运动又有所复兴。因此,恩格斯说:"社会主义现在已经不再被看作某个天才头脑的偶然发现,而被看作两个历史地产生的阶级即无产阶级和资产阶级之间斗争的必然产物"①,是对工人阶级社会主义运动的革命斗争经验的科学总结。

第三,科学社会主义赖以立足的直接的社会实践,是社会主义革命和建设的实践。科学社会主义的历史性任务是改造旧社会、建设新社会。如果说,社会主义革命的第一个任务是要破坏一个资本主义旧世界的话,那么,其后更重要、更艰巨、更伟大的任务就是要建设一个社会主义新世界。对于资产阶级革命以及一切剥削阶级的革命而言,当它们夺取了政权、确立了本阶级的统治和剥削制度之时,就是它们革命到底之日。因为它们的历史任务,无非是用一种新的剥削制度去代替一种旧的剥削制度而已。而无产阶级的社会主义革命,则与此根本不同。当无产阶级夺取了政权,并确立了自己的政治统治之时,那仅仅是无产阶级革命事业的开始,更困难、更复杂、更繁重的任务还在后头。这对于像中国这样的原来经济文化落后的国家而言,就更是如此。

我们知道,社会主义事业是前无古人的创造性的宏图伟业,其探索性和艰巨性无与伦比。因为,社会主义不仅要推翻和消灭资产阶级,而且要消灭一切阶级;不仅要消灭资本主义剥削,而

---

① 《马克思恩格斯选集》第3卷,人民出版社1995年版,第739页。

且要消灭一切剥削;不仅要消灭资本主义生产方式,而且要创造出高于资本主义的劳动生产率;不仅要消灭贫富分化,而且要消灭"三大差别"及实现人的全面发展。所以,科学社会主义的理论,既是彻底的革命理论,又是崭新的建设理论。而这种新社会的建设没有成功的先例可以遵循,没有成功的经验可资借鉴,没有固定的模式可以照搬,只能靠我们自己在实践中,一步一步地进行试验和探索。科学社会主义的生命力和理论源泉,只能来源于人民群众的社会主义实践。这种实践探索是从列宁开始的。他的体会很真切。他说过:"对俄国来说,根据书本争论社会主义纲领的时代也已经过去了,我深信已经一去不复返了。今天只能根据经验来谈论社会主义。"① 一切社会主义建设者的经验,当然只能来自于他们投身的社会主义实践。所以,列宁又说:"他们应当懂得,现在一切都**在于实践**,现在已经到了这样一个历史关头:理论在变为实践,理论由实践赋予活力,由实践来修正,由实践来检验。"② 因此应当说,科学社会主义的真理性和科学性的真正基础,是直接建立和建设社会主义的实践。从最直接的意义上说,科学社会主义是社会主义的社会现实的观念形态。

当然,这绝不意味着:科学社会主义可以从工人运动中自发地产生;也不是说,凡是以社会主义为名义的实践,都能自发地体现社会的进步要求和工人阶级的根本利益。马克思主义者坚持历史唯物论,同时也反对机械论和自发论。列宁指出,认为"纯粹工人运动本身就能够创造出而且一定会创造出一种独立的思想体系。但这是极大的错误"。他极为赞同,认为"社会主义

---

① 《列宁全集》第34卷,人民出版社1985年版,第416页。
② 《列宁选集》第3卷,人民出版社1995年版,第381页。

意识是一种从外面灌输到无产阶级的阶级斗争中去的东西,而不是一种从这个斗争中自发地产生出来的东西"的观点。他认为,"自发的工人运动就是工联主义的","只能形成工联主义的意识"。"而社会主义学说是从……有教养的人即知识分子创造的哲学理论、历史理论和经济理论中发展起来的","是革命的社会主义知识分子的思想发展的自然和必然的结果"①。

笔者认为,在社会主义制度下也是这样。因此,即使我国广大群众的收入高了、生活好了,还必须加上必要的思想教育,才有助于他们真正相信社会主义。这就是说,工人运动和社会主义建设的实践,只能为社会主义理论提供现实的材料和客观的逻辑。而要把客观的逻辑变为理论的逻辑,即变为社会主义的科学思想和理论,还需要在正确的世界观和方法论指导下的思维加工和理论创造。

在世界社会主义运动中,还有一种现象:就是有些政党和政府自称搞的是社会主义,但并不是无产阶级的社会主义,而是资产阶级的改良主义。在当今世界最突出的例子,就是一些社会民主党所搞的"民主社会主义"(在苏东剧变后,他们改称为"社会民主主义")。这种所谓的社会主义,放弃了推翻资产阶级、消灭剥削制度、消灭阶级和最后实现共产主义的政治目标;他们认同资本主义制度,只图通过议会选举,使社会民主党争取上台执政,以期在资本主义法制的范围内,对资本主义制度作出某些修补、调整和改良。当然,这样有时也能使群众得到一些实惠。民主社会主义者在表面上也在批评资本主义,但这只是小骂大帮忙。因为,民主社会主义从根本上放弃了无产阶级的历史使命,背叛了无产阶级的根本利益,是从工人运动中的机会主义,滑向

---

① 《列宁选集》第 1 卷,人民出版社 1995 年版,第 317—318、325—327 页。

了资产阶级的、小资产阶级的社会主义。对此,恩格斯批评道:"为了眼前暂时的利益而忘记根本大计,只图一时的成就而不顾后果,为了运动的现在而牺牲运动的未来,这种做法可能是出于'真诚的'的动机。但这是机会主义,始终是机会主义,而且'真诚的'机会主义也许比其他一切机会主义更危险。"①

应当说,民主社会主义有两种情况:一种是像戈尔巴乔夫那样在社会主义国家搞的民主社会主义,这是一种历史性的反动和倒退;另一种是在资本主义制度下搞的民主社会主义的改良,这对老百姓或多或少有些好处。但不能评价过高。因为,如果不致力于无产阶级的解放,而仅仅争取工人群众在资本主义制度下,"吃得好一些,待遇高一些,特有财产多一些,不会消除雇佣工人的从属关系和对他们的剥削。由于资本的积累而提高的劳动价格,实际上不过表明,雇佣工人为自己铸造的金锁链已经够长够重,容许把它略微放松一点"。② 民主社会主义与科学社会主义对立表明:科学社会主义离不开社会主义运动,但社会主义运动并不一定就是科学社会主义的。社会主义运动的革命性和科学性,也需要科学的理论来给予支撑和保障。在科学地理解和实践社会主义的时候,我们既要坚持历史唯物论,又要坚持历史辩证法。

三 科学社会主义的科学性体现为在实践运用中不断发展创新

恩格斯指出:"社会主义自从成为科学以来,就要求人们把

---

① 《马克思恩格斯全集》第22卷,人民出版社1965年版,第274页。
② 《马克思恩格斯全集》第23卷,人民出版社1975年版,第678页。

它当作科学看待，就是说，要求人们去研究它。"① 这里讲得很明白，要科学地理解和看待科学社会主义，就是要加强对它的科学研究。这当然包括对它的文本研究和学理研究，不过更重要的，是在实践运用中对它的坚持、发展和创新。科学社会主义的科学性，就在于它能指导社会主义运动和实践逐步取得进展和成功，同时它自身也会得到不断的验证、发展和创新。

科学社会主义如同整个马克思主义一样，主要是指由其基本概念、基本观点和基本原理构成的体系；而且它是关于整个世界的"主义"、是世界无产阶级的"主义"、是世界由资本主义转变到社会主义和共产主义整个历史时代的"主义"。因而，它具有普遍和长远的指导意义。当然，马克思主义及其科学社会主义的基本原理，只有同各国国情和时代特征即同具体的实践相结合，才能发挥有效的和不可替代的指导作用。列宁说："一切民族都将走向社会主义，这是不可避免的，但是一切民族的走法却不会完全一样，在民主的这种或那种形式上，在无产阶级专政的这种或那种形态上，在社会生活各方面的社会主义改造的速度上，每个民族都会有自己的特点。"② 所以，科学社会主义必须考虑各国各民族的特点、必须与之相结合。而它与各国国情、文化和实践相结合的过程，就是科学社会主义本土化和民族化的过程，也是坚持运用和发展创新科学社会主义的过程。无产阶级社会主义事业的长远和曲折发展，包含理论和实践的双重探索和创新。笔者认为，在这个过程中，应当坚持科学的态度，审慎和辩证地对待和处理好以下几种关系：

其一，科学社会主义的精神实质的同一性与形态模式的多样

---

① 《马克思恩格斯选集》第2卷，人民出版社1995年版，第636页。
② 《马克思恩格斯全集》第28卷，人民出版社1975年版，第163页。

性的关系。科学社会主义乃至整个马克思主义的精神实质，就是立足和依靠无产阶级，履行其历史使命，团结和领导广大人民，走历史必由之路，实现无产阶级解放和人类解放，达到人的自由而全面的发展。为此，无产阶级及其政党就必须领导人民，进行社会政治大革命，夺取和执掌国家政权，以社会主义的基本制度，保障实现广大人民的平等权利，保障社会主义物质文明、政治文明、精神文明、社会文明和生态文明的协调发展，从而为消灭一切阶级和阶级差别、为社会主义事业的完全胜利，并为最后进入共产主义社会，逐步创造物质的和精神的条件。显然，其中最根本的是社会物质财富的创造和共享。所以，邓小平同志说："社会主义的本质，是解放生产力，发展生产力，消灭剥削，消除两极分化，最终达到共同富裕。"[①]

但是，各国无产阶级和广大人民如何进行革命，如何夺取和执掌国家政权，如何建立和建设社会主义，如何选择和选择什么样的社会主义的体制模式，才能适合自己的国情、才有利于生产力发展和社会全面进步、才有利于社会主义本质的逐步实现，如此等等，都应当由各国无产阶级及其政党实事求是地作出自己的选择和创新。各个国家从中可发创造出切合自己国情的建设道路和发展模式，即科学社会主义的新形态。当然，其中最大的难题和科学性的要求，是既要坚持和贯彻科学社会主义的精神实质，又要寻找适合本国国情的社会主义革命、建设道路和发展模式，并使这两者达到具体和历史的统一。笔者认为，坚持在科学社会主义实践中这种统一的集中体现，就是必须坚持运用马克思主义的立场、观点和方法，去研究和探索社会主义革命、改革和建设中一切具体的矛盾与问题。

---

① 《邓小平文选》第 3 卷，人民出版社 1993 年版，第 373 页。

其二，科学社会主义真理的普遍性与其在各国实践的特殊性的关系。应该说，科学社会主义的基本观点、基本原则和基本原理都具有真理的普遍性，反映了各国社会主义革命和建设的共同本质和共同规律，故而对于各国的社会主义运动和实践，都具有现实的指导作用。但是，各国的国情和社会主义革命和建设的实践，都是个别的和具体的，都具有自己的特殊本质和特殊规律。从唯物辩证法的观点看，任何事物及其矛盾都是共性和个性、普遍性和特殊性的统一，而且共性寓于个性之中、普遍寓于特殊之中。因此，科学社会主义的基本原理必须与各国的具体实践相结合，才能具有现实性和科学性，才能胜利地推进社会主义事业。在我国，就是马克思主义必须实现中国化，就是科学社会主义必须以中国特色社会主义的形态来实现。这是我国社会主义实践的主要经验，是社会主义事业获得胜利的基本保证。

在这种理论和实践的历史性的探索中，无论中外社会主义国家，都应当警惕和防止两种情况：一种是片面地强调社会主义的普遍真理，照搬它的普遍原则，而不考虑自己国情和实践的特殊性，这容易使思想僵化，容易犯"左"的教条主义的错误。这是我们党在改革开放之前一个时期的主要教训。另一种是片面地把国情的特殊性强调到不适当的程度，从而忽视和否认科学社会主义的基本原理和基本原则。这容易犯经验主义的或右的机会主义错误。邓小平提出坚持"四项基本原则"，坚持反对资产阶级自由化，就是防止和反对这种情况。在经济体制中，邓小平一方面主张"从根本上改变束缚生产力发展的经济体制，建立起充满生机和活力的社会主义经济体制，促进生产力的发展"，包括要调整经济结构，发展多种所有制经济；另一方面，他又强调"在改革中，我们始终坚持两条根本原则，一是以公有制经济为主体,一是共同富裕"①。这是为了坚持改革的社会主义方向,所必须遵循的两条"根本原则"。

其三,科学社会主义原理体系的相对稳定性和理论内容的变动性的关系。科学社会主义的科学性和生命力,就是向实践和时间开放。理论是现实的反映。随着时代、实践和各门科学的发展,科学社会主义必须与时俱进,必须放弃那些已经过时的个别判断、个别结论和个别估计,必须在总结实践经验中不断得到充实、丰富和发展,使之适应变化了的历史条件,以保持理论的活力和获得时代气息。科学社会主义理论内容的这种变动、发展和进步是一种常态,它往往还表现为阶段性的发展。但是,只要它还是马克思主义,还是科学社会主义,那它就必须保持自己在"质"②上的规定性,还必须有相对不变的、一脉相承的东西。这就是马克思主义及其科学社会主义基本原理体系的相对稳定性。这种情况,是由认识对象的客观原因决定的。也就是说,只要由资本主义生产方式的基本矛盾运动所规定的资本主义社会还在继续,只要无产阶级还在受资产阶级的剥削,只要资本主义社会的这种社会形态不是人类的末日,即它终究要被更高级的社会形态所取代,那么科学社会主义对于资本主义必将转变为社会主义的历史总趋势,以及工人阶级和一切劳动阶级必然获得解放的历史潮流的科学分析与正确预见,就依然是颠扑不破的科学真理。所以,科学社会主义在实践中发展的"变"中,也有相对"不变"的一面。尽管它的基本原理在实践中的运用必须与实际相结合,并且也会不断地深化,但它的基本原理的体系是相对稳

---

① 《邓小平文选》第3卷,人民出版社1993年版,第370、142页。

② 黑格尔说,"质是与存在同一的直接的规定性","某物之所以是某物,乃由于其质,如失掉其质,便会停止其为某物"(见《小逻辑》,贺麟译,商务印书馆1980年版,第202页)。

定、不能违背的。

其四，上述几个方面的关系归结到一点，就是科学社会主义的坚持和发展的关系。在我们党和我国理论界早已达成了共识，就是为了使科学社会主义和整个马克思主义焕发生机和活力，必须使它切合中国实际，必须实现中国化，必须使之在指导我国社会主义改革开放和现代化建设中，不断得到发展和创新。自改革开放以来，我们党在指导思想不断与时俱进，先后创立了邓小平理论、"三个代表"重要思想，以及科学发展观，这些都是对马克思列宁主义、毛泽东思想的创造性运用、发展和创新，是指引中国特色社会主义事业发展的伟大的思想旗帜。

我们党的这种成功经验表明，对科学社会主义的坚持和发展是辩证统一的。其中，首先是坚持，是坚持它的基本原理。这种坚持是前提，不坚持就谈不上发展，甚至会走上邪路。但是，这种坚持只能在实践运用和发展创新中坚持，不发展创新就无法坚持。因为，如果不在实践运用中发展和丰富科学社会主义，就会导致理论脱离实际，就会思想僵化，就会用理论来剪裁现实，就会犯教条主义的错误，就会导致社会主义事业的停滞和失败。对于马克思主义及其科学社会主义的坚持和发展的辩证统一关系，江泽民同志曾经作出过精辟的概括，这就是他所强调的两个"坚定不移、不能含糊"："一是必须坚持马克思主义的立场、观点、方法，坚持马克思主义的基本原理。这一点，要坚定不移，不能含糊。二是一定要贯彻解放思想、实事求是的思想路线，坚持追求真理和探索真理的革命精神。这一点，也要坚定不移，不能含糊。"他认为，这两个"坚定不移、不能含糊"，是"检验我们是不是真正的马克思主义者的试金石"[①]。据此，笔者认为，

---

① 《江泽民文选》第3卷，人民出版社2006年版，第335页。

在实践中对马克思主义、对科学社会主义做到坚持与发展的辩证统一，也就是马克思主义所必经的发展道路。可以说，马克思、恩格斯只是给一种科学奠定了基础，社会主义者如果不愿意落后于实际生活，就应当在各方面把这门科学向前推进。在这个过程中，"**沿着**马克思的理论的道路前进，我们将愈来愈接近客观真理（但决不会穷尽它）；而**沿着任何其他的道路**前进，除了混乱和谬误之外，我们什么也得不到"[①]。

（原载《江西社会科学》2007年第5期）

[①] 《列宁选集》第2卷，人民出版社1995年版，第103—104页。

推进社会主义改革开放必须始终做到"三个坚定不移"

胡锦涛同志在纪念党的十一届三中全会召开30周年大会上的重要讲话,在回顾和总结改革开放伟大历程的基础上,系统和深刻地阐明了改革开放的十条基本经验及其贯彻落实的战略思路,是指导党和国家全局工作的一个纲领性文献。他在谈到其中第二条经验时指出:"必须把坚持四项基本原则同坚持改革开放结合起来,牢牢扭住经济建设这个中心,始终保持改革开放的正确方向。"[①] 从其整个讲话的精神实质来理解这条经验,笔者认为,这是要求全党全国各族人民在全面建设小康社会中,团结奋斗,勇往直前,必须始终做到"三个坚定不移",即必须坚定不移地坚持和推进改革开放、必须坚定不移地始终保持改革开放的正确方向、必须坚定不移地用科学发展观指导改革和建设,实现坚持改革开放同坚持社会主义方向的内在统一。

---

① 胡锦涛:《在纪念党的十一届三中全会召开30周年大会上的讲话》,人民出版社2008年版,第15页。

一 改革开放是新的历史条件下新的伟大革命，必须坚定不移地向前推进

邓小平倡导改革开放，是在世界社会主义运动处于低潮、和平发展已经成为时代主题、我国体制上积累的弊端已在妨碍社会主义发展的历史条件下，而作出的决定当代中国命运的关键抉择。改革开放作为新的历史条件下一场新的伟大革命，必须始终坚定不移地向前推进，从根本上说，这是我们时代提出的历史性课题，是科学社会主义中国化发展的必然要求。

第一，从世界社会主义运动发展过程及全局看，体制改革是其中一个必经的发展环节，是我们时代提出的前沿性历史课题。国际社会主义事业的开创、发展和逐步取得胜利，是需要各国工人阶级及其政党团结、带领和指导工人阶级和广大劳动人民，坚持不懈地进行奋斗，不断解决各个时代的历史性课题的长远过程。

对此，马克思、恩格斯的主要贡献，是创立马克思主义，使社会主义由空想发展为科学，开创了国际共产主义运动；列宁和斯大林的主要贡献，是根据自己时代的特征和革命实践，把马克思主义发展到列宁主义阶段，指导无产阶级革命在帝国主义统治体系的"薄弱环节"，首先获得突破，在俄国（苏联）第一次使社会主义由理论变为现实，开创了人类历史新纪元；在中国，毛泽东的主要贡献，是基于我国国情和革命实践，倡导马克思主义中国化，在主要由他创立的毛泽东思想指导下，开辟了中国特色的无产阶级革命道路，指引党和革命人民推翻三座大山，建立了新中国和开创社会主义事业。总之，从马克思到列宁，再到毛泽东，他们面临的历史性课题和主要任务，是革剥削"制度"的

命，是争取推翻剥削阶级统治、创建社会主义新制度和新事业。

新时期，邓小平面临的历史性课题和主要任务，则是在坚持社会主义基本制度的前提下，要革传统的僵化"体制"的命，即通过体制改革和体制创新，以完善其基本制度，而使社会主义重新焕发出生机和活力。这种体制性的革命是其制度性革命的继续、拓展和深入。包括中国在内的社会主义各国，如果不适时而正确地进行这场"新的伟大革命"，那么就会由于体制僵化而窒息社会主义制度的生命力，社会主义事业就可能走向停滞、萎缩和失败。所以，邓小平把改革视为"中国的第二次革命"①，胡锦涛说是"新的历史条件下新的伟大革命"。其意蕴是极为深刻和深远的。

第二，从历史唯物主义的哲学高度看，体制改革的历史必然性取决于社会主义社会的基本矛盾，目的在于进一步解放和发展生产力、促进社会全面进步。过去，我们在理论上往往强调通过革命推翻剥削制度、建立社会主义新制度，解放社会生产力，其后"我们的根本任务已经由解放生产力变为在新的生产关系下面保护和发展生产力"②。

邓小平独具慧眼。他看到，我国社会生产力的解放和发展，不仅同社会主义制度有关，而且同作为和体现这种制度的实现形式、运行机制的体制也有关。即在社会主义制度下，也有一个继续解放生产力的问题。他指出："革命是解放生产力，改革也是解放生产力。""社会主义基本制度确立以后，还要从根本上改变束缚生产力发展的经济体制，建立起充满生机和活力的社会主义经济体制，促进生产力的发展，这是改革，所以改革也是解放

---

① 《邓小平文选》第3卷，人民出版社1993年版，第113页。
② 《毛泽东文集》第7卷，人民出版社1999年版，第218页。

生产力。"① 这个科学论断，是对历史唯物主义特别是对其社会基本矛盾理论的深化和发展。理论和实践都表明，体制改革是解决社会主义社会的基本矛盾，即使生产关系更加适应生产力发展、上层建筑更加适应经济基础发展的根本方法和根本途径，是促进社会主义社会发展进步的强大动力。我国改革开放的伟大实践所取得的辉煌成就，突出地表现在经济发展上，是获得了30年年均9.8%的持续、快速和稳定增长，同时在国家政治建设、文化建设、社会建设、生态建设等方面也有显著的发展进步。这表明，我国实行改革开放是完全正确的战略决策，是发展中国特色社会主义、实现中华民族伟大复兴的必由之路。

第三，从科学社会主义理论与实践的具体和历史的统一看，只有通过改革开放的实践探索，才能找到和形成适合我国国情、自己的时代特征的社会主义道路和发展模式。科学社会主义为我们提供的是基本原理和基本原则，而不是固定和现成的发展模式。在中国这样经济文化落后的大国建设社会主义，更是史无前例的创造性的伟大事业，没有现成的经验和模式可循。因此，我们党必须解放思想、实事求是、一切从实际出发，"摸着石头过河"，探索切合中国实际的社会主义。用邓小平的话说，就是"把马克思主义普遍真理同我国的具体实际结合起来，走自己的路，建设有中国特色的社会主义"②。

30多年来，我国通过实行以经济改革——由计划经济体制转向社会主义市场经济体制——为中心的全面的体制改革，实行对外开放，开辟了中国特色社会主义道路，形成了中国特色社会主义理论体系，取得了伟大成功，创造了经济社会发展的奇迹。

---

① 《邓小平文选》第3卷，人民出版社1993年版，第370页。
② 同上书，第3页。

尽管，当代世界社会主义运动处于低潮，而在我们中国却出现了社会主义事业发展的高潮。中国特色社会主义道路越走越宽广。中国人民从自己长远和亲身经历中体会到：只有社会主义才能救中国，只有改革开放才能发展中国，发展社会主义，发展马克思主义。

改革开放既然是一场新的伟大革命，就不可能一帆风顺、不可能一蹴而就、不可能没有困难、矛盾和问题。然而，在改革开放、现代化建设中遇到和积累的矛盾与问题，是前进中的问题、发展中的问题，只能在通过总结实践经验，深化和完善改革开放，才能创造条件、逐步得到解决。我们坚信：我国实行社会主义改革开放，符合党心民意、顺应时代潮流，其方向和道路是完全正确的，成效和功绩不容否定，停顿和倒退没有出路，必须坚定不移地加以坚持和不断推进。

二 改革开放是社会主义的自我完善和发展，必须坚定不移地始终保持其正确方向

我们要坚定不移地推进改革开放，就必须坚定不移地"始终保持改革开放的正确方向"。因为体制改革（开放也是一种改革）是社会主义制度的自我完善和发展，所以始终保持改革开放的正确方向是它内在的客观逻辑和现实要求。在我国社会主义制度下，作为阶级的剥削阶级被消灭以后，阶级斗争已不再是社会的主要矛盾。但由于国内的因素和国际的影响，阶级斗争还将在一定范围内长期存在，在某种条件下还有可能激化。因此，国内外敌对势力会极力破坏和误导我国的改革开放，正在加紧实施其"西化"和"分化"我国的战略图谋。同时，由于各种复杂原因，社会上对改革开放也客观地存在着不同看法。除了在拥护

改革开放的广大人民群众、党员和干部中尚且存在着认识差异以外，还会长期面临"左"和右的两种错误思潮的干扰。目前，一方面，"左"的理论噪音和错误影响依然时有所现，必须加以警惕和防范；另一方面，右的即资产阶级自由化思潮的渗透和扩散，与西方"西化"和"分化"我国的政治图谋相互呼应，有恃无恐，不可掉以轻心。所谓"只有民主社会主义才能救中国"；所谓以西方即美国的"普世价值尺度"和"价值准则"，作为"具有普遍世界意义的价值准则，以及由这些准则所规定的基本制度"是"任何民族最终的制度进化归宿"；所谓"人间正道私有化"；所谓以"人民民主宪政"代替"人民民主专政"等论调，其目的，都是企图影响和误导中国改革开放的方向，企图反对和推翻中国共产党的领导地位、反对和颠覆中国特色社会主义制度，企图在中国复制名为美国式、实为附庸于西方的资本主义。所以，坚决而鲜明地反对、抵制和克服形形色色的"左"和右的错误思潮，坚定不移地"始终保持改革开放的正确方向"，是我们坚定不移地坚持和推进中国社会主义改革开放的重要政治前提。

其实，所谓"始终保持改革开放的正确方向"，就是在改革开放的实质和发展方向上，必须通过体制改革和体制创新，力求完善、巩固和发展社会主义基本制度，而不是怀疑、背离和抛弃社会主义基本制度。即在现阶段以市场为取向的经济体制改革中，必须坚持公有制为主体、多种所有制经济共同发展的基本经济制度，既不能搞私有化，也不能搞纯而又纯的公有制经济；在政治体制改革中，必须坚持共产党的领导和人民民主专政的国体，健全和发展社会主义民主与法制，而不能搞资本主义的议会民主和多党制；在文化体制改革中，必须以马克思主义为指导发展社会主义文化，而不能搞指导思想的多元化和文化的全盘西化；如此等等。

从根本上说，要始终保持改革开放的社会主义方向，就必须依靠党的思想理论和政治路线的正确指导，必须依靠社会主义基本制度的规范和保证。在社会主义初级阶段，始终坚持党的"一个中心、两个基本点"的基本路线不动摇，对此具有最为直接和关键性的决定作用。所以，胡锦涛把我国改革开放的第二条基本经验完整地概括为："必须把坚持四项基本原则同改革开放结合起来，牢牢扭住经济建设这个中心，始终保持改革开放的正确方向。"

坚持党的基本路线，最根本的是必须以经济建设为中心，大力发展社会生产力，为社会主义奠定物质技术基础。这是社会主义的根本任务和改革开放的根本出发点，是兴国之要，是我们党和国家兴旺发达、长治久安的根本要求，必须长期扭住不放、毫不动摇。

坚持党的基本路线，必须坚持四项基本原则，维护、完善和巩固社会主义基本制度。四项基本原则是立国之本，是我们党和国家生存发展的政治基石，是实现社会主义现代化、实现中华民族伟大复兴的政治前提和制度保证，必须始终如一、自觉坚持。

坚持党的基本路线，必须坚持改革开放，通过体制改革和对外开放，使社会主义焕发出生机和活力，加快经济发展和社会全面进步，充分体现社会主义制度的优越性。改革开放是强国之路，是我们党和国家发展进步的力量源泉，必须长期坚持、不断推进。

总之，党的"一个中心、两个基本点"的基本路线，是一个相互贯通、相互依存、不可分割的统一整体，须臾不可偏离、丝毫不可偏废，必须全面坚持、一以贯之，落实和体现在我国改革开放和现代化建设的全过程。坚持"两个基本点"的实践统一，必须始终围绕和服务于经济建设这个中心，以便为满足人民群众日益增长的物质文化需要、为社会发展进步提供经济支撑；而这"两个基本点"的内在统一，源于它们是互为条件、互为前提的。一方面，坚持四项基本原则，是坚持改革开放的政治前提和制度保证，四项基本原则能够规范改革开放的性质和发展方向；另一方面，坚持改革开放，则是坚持四项基本原则的现实根据和力量源泉，改革开放能够赋予四项基本原则以时代特征和深化其思想内涵。党的基本路线是立国、兴国、强国的重大法宝，是实现科学发展和社会和谐的政治保证，是党和国家的生命线、人民群众的幸福线。我们全党要始终坚持党的基本路线不动摇，做到思想上坚信不疑、行动上坚定不移，决不走封闭僵化的老路，也决不走改旗易帜的邪路，而是坚定不移地走中国特色社会主义道路。中国特色社会主义道路就会越走越宽广。

坚持党的正确路线的自觉性和坚定性，源于理论上的彻底和政治上的清醒。只要我们基于实践，把坚持、发展和创新马克思主义统一起来，不断推进马克思主义中国化；只要我们始终坚定而自觉地坚持党的基本理论和基本路线，就能做到不为任何风险所惧、不为任何干扰所惑，就能始终保持我国改革开放、现代化建设的社会主义方向。

三 改革开放是科学发展的内在要求，必须坚定不移地用科学发展观指导改革开放

我国经过 30 多年的改革开放，焕发了社会主义制度的生机活力，加快了社会主义现代化的进程，取得了举世瞩目的伟大成就。我国的发展面貌已经大为改观，综合国力大为增强，物质技术基础大为厚实，人民生活大为改善，国际地位大为提升。我国

已经站在一个新的发展起点上。中国改革开放走向成功，是我国社会居于时代前沿的深刻变革所致、是世界社会主义运动史上的重大事件。中国社会主义事业的发展，代表着世界历史的大潮和人类的未来。中国社会主义旗帜不倒，世界社会主义就有希望。

目前，我国正处于发展的关键时期，面临的机遇前所未有，面临的挑战也前所未有。从发展的外部条件看，和平与发展依然是我们时代的主题，对外开放与和平发展的国际环境，越来越有利于我国。但是国际环境的复杂多变，特别是近年肇始于美国、当前迅速蔓延于全球的金融危机和经济危机，从根本上看，体现了资本主义基本矛盾的尖锐性和制度的腐朽性；同时也使我国面临的国际经济形势更加严峻，造成比较严重的经济困难。从发展的内部条件看，我国经济社会发展的阶段性特征更为突出，虽然改革和发展的基本面是好的，但其中的一些深层次矛盾，不仅难以绕开而且更加突出。粗放高耗低效的发展方式难以为继；资源和人口约束、环境保护和可持续发展的形势日益严峻；城乡差距、地区差距、收入差距、贫富差距拉开得过快和过大；就业和维稳的任务不容乐观等问题，都迫切要求我国转向科学发展、和谐发展的轨道，迫切要求通过坚持和不断推进改革开放，为发展方式转变、增强发展的协调性和可持续性，提供体制和机制上的保证。所以改革开放是科学发展的内在要求，必须坚定不移地坚持用科学发展观指导改革开放和现代化建设、统领党和国家各项工作的全局。

科学发展观是立足于社会主义初级阶段的基本国情，总结我国发展实践，借鉴国外发展经验，针对我国进入新世纪新阶段呈现出的阶段性特征，而提出的重大战略思想。科学发展观继承和发展了马克思列宁主义、毛泽东思想、邓小平理论和"三个代表"重要思想，是中国特色社会主义理论体系的重要组成部分，是马克思主义中国化的最新成果，对于用好发展机遇、破解发展难题、化解社会矛盾，推进改革和发展、促进社会和谐和稳定，具有最为切近的指导意义。科学发展观把发展作为第一要义，抓住了改革和解决中国一切问题的前提和根本；坚持以人为本，注重民生，明确了以人民为发展的根本目的和依靠力量；提出全面协调可持续发展的基本要求，为经济发展方式的转变指明了正确方向；强调统筹兼顾的根本方法，为解决各种社会问题提供了方法论上的正确指导。坚持科学发展观，同坚持马克思主义基本原理和科学社会主义基本原则，同坚持中国特色社会主义的发展道路和理论体系，是完全一致的。因此，面对复杂多变的国内外形势和繁重任务，我们只有坚持用科学发展观指导改革开放和现代化建设，才能更好地坚持、贯彻落实其社会主义的发展方向。

（原载《思想理论和教育导刊》2009年第6期）

在改革开放的伟大实践中创造性运用、发展与深化历史唯物主义

中国特色社会主义的本色是科学社会主义。历史唯物主义是科学社会主义的最主要的理论支柱,当然也是中国特色社会主义的最重要的理论支柱。当年,正是因为马克思有了包括唯物史观在内的"两大发现",才使社会主义由空想发展为科学;在当代,当中国共产党把科学社会主义基本原理同我国具体实践和时代特征相结合,实行改革开放,建设中国特色社会主义的时候,同样离不开历史唯物主义的理论支撑和哲学指导。在改革开放30多年伟大历史进程中,中国共产党创造性地运用历史唯物主义,并在实践中运用中深化和发展了历史唯物主义。中国特色社会主义的伟大实践,是历史唯物主义展示其科学性和理论威力的最大历史舞台,也是历史唯物主义得到不断丰富、发展、深化和创新的最深厚的社会基础。

一 中国共产党在改革开放的伟大实践中创造性地运用历史唯物主义，使中国特色社会主义理论体系既具有现实的实践根据，又具有坚实的哲学理论基础

自党的十一届三中全会以来，我国在改革开放中不断取得巨大成就的根本原因，归结起来就是，开辟了中国特色社会主义道路，形成了中国特色社会主义理论体系。正如胡锦涛总书记在党的十七大报告中所指出的："中国特色社会主义道路之所以完全正确、之所以能够引领中国发展进步，关键在于我们既坚持了科学社会主义的基本原则，又根据我国实际和时代特征赋予其鲜明的中国特色。"① 笔者认为，中国特色社会主义在理论和实践上所始终坚持的科学社会主义的基本原则，首先和最为根本的，就是科学社会主义所赖以立足的科学世界观和方法论基础——马克思主义哲学，尤其是历史唯物主义。

在新时期，党中央历届领导集体，继承了毛泽东时代重视学用马克思主义哲学的好传统，坚持运用科学的世界观和方法论，指导全党和全国各族人民进行改革开放、建设中国特色社会主义的实践探索。30 年前那场由邓小平同志指导和支持的"实践是检验真理的唯一标准"的大讨论，为十一届三中全会恢复和确立党的"解放思想、实事求是"的思想路线，扫清了思想障碍，提供了有力的理论支持。这条思想路线本身，就体现了包括历史唯物主义在内的、整个马克思主义哲学世界观及其科学方法论的基本精神和基本要求。此后 30 年，全党全国各族人民在贯彻落

---

① 胡锦涛：《高举中国特色社会主义伟大旗帜，为夺取全面建设小康社会新胜利而奋斗》，《人民日报》2007 年 10 月 25 日。

实这条思想路线的过程中,在改革开放的实践探索中,在中国特色社会主义道路的开辟和理论体系形成的过程中,历史唯物主义发挥了不可替代的指导作用,发挥了柱石性的理论支撑作用。

邓小平同志在改革开放的实践探索中,所开辟的中国特色社会主义道路、所创立的中国特色社会主义理论,都是围绕"什么是社会主义、怎样建设社会主义"这个基本问题而展开的,是创造性地运用历史唯物主义而取得的伟大成果。

第一,首先受到邓小平重视和创造性运用的是历史唯物论,特别是它的科学的生产力理论。而历史唯物论与历史辩证法是内在统一、相辅相成的;当然,历史辩证法同样是立足于历史唯物论的基础之上的。马克思主义的唯物论认为,社会物质生产力的发展是"整个社会生活以及整个现实历史的基础"[1],就是说,是"人们所达到的生产力的总和决定着社会状况"[2]。据此,列宁还把"促进生产力的发展"视为"社会进步的最高标准"[3]。而邓小平正是从"生产力标准"的高度,来理解和阐发"什么是社会主义",并为当代中国的社会主义作出了科学的历史定位。

其一,鉴于过去我们在认识"什么是社会主义"之时,曾经有过忽视生产力而过分强调生产关系、过分强调公有制的"单一性"的偏颇,邓小平同志在关于"社会主义的本质,是解放生产力,发展生产力,消灭剥削,消除两极分化,最终达到共同富裕"的科学论断中,强调"解放生产力,发展生产力",是"消灭剥削,消除两极分化,最终达到共同富裕"的根本基础。

---

[1] 《马克思恩格斯全集》第23卷,人民出版社1975年版,第204页。
[2] 《马克思恩格斯全集》第3卷,人民出版社1960年版,第33页。
[3] 《列宁全集》第16卷,人民出版社1988年版,第209页。

这是坚持彻底的历史唯物论的典范，同时也为"社会主义的根本任务是发展生产力"①的提出、坚持、贯彻和实现，奠定了直接的理论基础。

其二，党中央和邓小平把我国现阶段所处的历史方位，确定为"社会主义初级阶段"，即"不是指任何国家进入社会主义都会经历的起始阶段，而是特指我国在生产力落后、商品经济不发达条件下建设社会主义必然要经历的特定阶段"②。这是以历史唯物论及其"生产力标准"作指导，来综合地概括我国的基本国情、科学地判定当代中国社会主义之历史方位的重大理论创新，是对科学社会主义的丰富和发展。

其三，党中央和邓小平认定在社会主义初级阶段"我国所要解决的主要矛盾，是人民日益增长的物质文化需要同落后的社会生产之间的矛盾"③。这是根据我国生产力总体发展比较落后的实际状况，而从根本上对于国情的科学把握。这为中国共产党实现从"以阶级斗争为纲"到"以经济建设为中心"的战略转变，提供了客观依据和理论支持。关于社会生产力的发展状况对社会主义本质、对我国社会目前所处历史阶段及其主要矛盾的根本性决定作用的正确认识，具有全局性、根本性、长远性的指导意义。其实，党中央和邓小平在改革开放的伟大实践中，对于历史唯物论及其生产力理论的创造性运用是多方面的，可以说，这是整个中国特色社会主义的最重要的理论基石。

第二，在中国特色社会主义理论体系所体现的历史唯物论

---

① 《邓小平文选》第3卷，人民出版社1993年版，第373、63页。
② 中共中央文献研究室编：《十一届三中全会以来党的历次全国代表大会中央全会重要文件选编》（上），中央文献出版社、人民出版社1997年版，第447页。
③ 中共中央文献研究室主编：《改革开放三十年重要文献选编》（上），人民出版社2008年版，第212页。

中，其所指的生产力是现实的、与一定的生产关系及其经济体制相结合的社会生产力。因此，它对与我国现阶段生产力发展状况相适应的生产关系、经济体制和利益结构的选择、改革和调整，同样是在创造性运用历史唯物论。这包括：其一，我国进行社会主义体制改革，坚持以经济体制改革为中心，而其他领域的改革都必须与之配套进行和为其服务，以促进生产力的发展。其二，在总体上肯定和维护社会主义基本制度、把改革作为社会主义制度的自我完善和发展的前提下，也根据我国目前生产力的发展状况而对现阶段的基本经济制度作出了必要的调整，即由单一公有制的社会经济结构，调整为"公有制为主体、多种所有制经济共同发展的基本经济制度"。为此，邓小平多次强调说："在改革中，我们始终坚持两条根本原则：一是以社会主义公有制经济为主体；一是共同富裕。"① 其三，邓小平还把"生产力标准"发展为"三个有利于"标准，即对于我国改革开放和各项政策成败得失"判断的标准，应该主要看是否有利于发展社会主义社会的生产力，是否有利于增强社会主义国家的综合国力，是否有利于提高人民的生活水平"②。其四，正是鉴于现实生产力与其生产关系的内在和历史的统一、鉴于作为社会主义生产关系及其现实形式的社会经济制度及其体制，终归要体现为一定的利益结构，所以江泽民同志在表述"三个代表"重要思想时，既突出社会生产力特别是"先进生产力"的最终决定作用，又要求中国共产党"必须始终代表中国先进生产力的发展要求，代表中国先进文化的前进方向，代表中国最广大人民的根本利益"③。

---

① 《邓小平文选》第 3 卷，人民出版社 1993 年版，第 142 页。
② 《江泽民文选》第 3 卷，人民出版社 1993 年版，第 372 页。
③ 《江泽民文选》第 3 卷，人民出版社 2006 年版，第 272 页。

中国特色社会主义理论体系通篇闪烁着历史唯物论的思想光辉，它保障着中国特色社会主义的理论和实践探索，始终被置于现实的基础之上。

第三，在中国特色社会主义理论体系所体现的历史唯物论中，它始终与历史辩证法是内在地结合在一起的。事实上，也只有在坚持社会生产力的最终决定作用的前提下，始终坚持历史唯物论和历史辩证法的统一，才是在真正坚持历史唯物主义。这主要表现在：

——坚持运用历史唯物论和历史辩证法相统一的观点，根据我国长期处于社会主义初级阶段的基本国情，制定了党在现阶段的基本路线，可以主要表述为"一个中心、两个基本点"的基本路线。在这里，"一个中心"就是"以经济建设为中心"，就是把大力发展生产力放在大于一切、重于一切的地位，这体现了历史唯物论；而坚持"两个基本点"的统一，即"坚持四项基本原则"和"坚持改革开放"的统一，则体现了坚持科学社会主义的"基本原则"对于指导社会主义实践，坚持和完善社会主义基本制度、改革社会主义体制，对于促进生产力发展、经济繁荣和社会全面进步，具有巨大的和能动的反作用。

——坚持运用社会主义社会基本矛盾的观点，来说明和论证社会主义经济体制和其他相关体制特征改革的必然性。因为"社会主义社会的基本矛盾仍然是生产关系与生产力、上层建筑与经济基础之间的矛盾"，所以"我们改革经济体制，是在坚持社会主义制度的前提下，改革生产关系和上层建筑中不适应生产力发展的一系列相互联系的环节和方面"[①]，以便进一步解放和

[①] 中共中央文献研究室编：《十一届三中全会以来党的历次全国代表大会中央全会重要文件选编》（上），中央文献出版社1997年版，第347页。

加快发展生产力。

——坚持历史辩证法关于社会各个领域相互作用、普遍联系的原理，促进经济社会的协调发展和全面进步。先是邓小平提出社会主义的"物质文明建设"和"精神文明建设"，要"坚持两手抓、两手都要硬"，要协调发展；其后，江泽民又提出要加强"社会主义政治文明建设"。这样，就发展为社会主义的"三大文明"建设和协调发展；自党的十六大以来，以胡锦涛为总书记的党中央提出中国特色社会主义的经济建设、政治建设、文化建设和社会建设"四位一体"，党的十七大又提出"生态文明建设"。实际上，以人为本的科学发展观所要求的全面协调可持续发展，是包括上述"五大文明"建设，做好"五个统筹"，即统筹城乡发展、统筹区域发展、统筹经济社会发展、统筹人与自然和谐发展、统筹国内发展和对外开放，使各方面的发展相适应，各个发展环节相协调。这种"统筹兼顾"的根本方法，体现了唯物主义的历史辩证法的根本精神和根本要求。

第四，坚持历史唯物论和历史辩证法之内在统一的最为生动的体现，就是在改革开放和社会主义现代化建设中，充分尊重人民群众的主体地位和首创精神。因为，工人阶级是我们社会主义国家的领导阶级。他们同广大人民群众，都是我国社会和社会实践的主体力量，是社会物质力量和精神力量的根本载体，是我国改革和建设的主力军。所以，党中央历来强调，在革命、改革和建设中，要全心全意地依靠工人阶级，要坚持群众观点和群众路线，要全心全意为人民服务。要坚持党的领导、人民当家做主和依法治国的统一。例如，我国农村的改革，就是根据农民的创造搞起来的，是尊重人民群众的首创精神的结果。对此，邓小平说："农村搞家庭联产承包，这个发明权是农民的。农村改革中的好多东西，都是基层创造出来，我们把它加工提高作为全国的指导。"① 其他领域的改革，原则上也是这样。

因此，我们党在科学决策和民主决策中的一项取舍原则，是要看人民群众拥护不拥护、赞成不赞成、满意不满意。在科学发展观中，"以人为本"作为其核心和实质，就要求更好地体现人民的主体地位，维护和实现人民群众的根本利益，体现历史唯物主义的本质要求。历史唯物主义在建设中国特色社会主义的成功应用中，进一步体现了它的科学性、真理性和实践力量。

二 中国共产党在把历史唯物主义创造性地运用于改革开放具体实践的经验总结中，从社会历史观高度提出的新概念、新观点和新思想丰富发展了历史唯物主义

同整个马克思主义一样，历史唯物主义是一个在实践应用中不断发展和开放的理论体系。全党全国各族人民在改革开放的实践探索中，正是因为有了马克思主义哲学特别是历史唯物主义的指导，才使中国特色社会主义的理论创新、实践应用具有科学的世界观和方法论基础，才使这种深刻的社会变革顺应时代潮流，体现了社会发展的客观规律和历史进步的大趋势。历史唯物主义指引着中国改革和建设的正确方向，而改革开放和社会主义现代化建设的伟大实践，也促进了和促进着历史唯物主义的发展。由于共产党执政规律、社会主义建设规律与社会发展规律的内在的一致性和相关性，所以我们党在运用历史唯物主义指导中国改革开放、现代化建设的具体实践中，并在总结其实践经验之时，就使其特殊经验中包含着普遍经验、中国特色社会主义理论的特殊

---

① 《邓小平文选》第3卷，人民出版社1993年版，第382页。

性中包含着普遍性。其中最高的理论升华,就是从社会历史观高度上提出的一些新概念、新观点和新思想,进一步丰富、发展和深化历史唯物主义。这主要有:

(一)"第一生产力"概念

如果说,邓小平1978年在全国科学大会提出"科学技术是生产力",所重申的是"马克思主义历来的观点"①的话,那么他在1988年提出"科学技术是第一生产力"②的论断,则不仅是一种理论创新,而且是社会历史观上的理论创新。显然,这里所讲的"第一",不是生产力的排序,而是指在现代生产力体系中,现代科学技术是一个决定性的主导因素,是现代先进生产力的根本标志。由于科学技术作为第一生产力,不是社会主义国家独有的现象,而是整个人类社会发展的必然趋势,因此它体现了社会技术形态发展的一般规律。而且,"科学技术是第一生产力"的重要论断,同时也深化了现代"生产力"概念,促使它由生产力的"二因素论"和"三因素论",进一步发展到生产力的"系统论"。与之相关的是,这还有助于我们对于当代"工人阶级"的科学内涵和阶级结构的正确定义与加深理解。"科学技术是第一生产力"这一重要论断,不仅具有重大的现实意义,而且是对于历史唯物主义的丰富、深化和发展。

(二)与社会制度相对应的"体制"概念

与社会制度相对应的"体制"问题和"体制"概念,在20世纪50年代党的文献中就已经出现。例如,毛泽东同志在1956

---

① 《邓小平文选》第2卷,人民出版社1994年版,第87页。
② 《邓小平文选》第3卷,人民出版社1993年版,第274页。

年4月25日发表的《论十大关系》中,就不仅论述了工业和其他方面的体制问题,而且还提出了"经济管理体制"和"财政体制"①的概念。但是,当时还没有把它作为一个事关社会主义制度的前途命运的全面性和关键性的问题,提到全党和全国人民的面前。"体制"和"体制改革"作为"邓小平理论"的,亦即"中国特色社会主义理论体系"中的两个关键性的概念,是从党的十一届三中全会开始的。全会决定停止使用"以阶级斗争为纲"的口号,决定"把全党工作的着重点和全国人民的注意力转移到社会主义现代化建设上来"的同时,还决定要"对经济管理体制和经营管理方法着手进行认真的改革",就是"要求多方面地改变同生产力发展不相适应的生产关系和上层建筑,改变一切不相适应的管理方式、活动方式和思想方式,因而是一场广泛、深刻的革命"②。我国社会主义体制改革的主要理论根据,是社会主义社会的基本矛盾,即生产关系与生产力之间的矛盾、上层建筑与经济基础之间的矛盾。然而,在我国社会主义的上层建筑、生产关系与生产力的发展要求基本适应的情况下,需要改革的,主要就不是社会主义的基本制度,而是原有的社会主义体制了。

所以,邓小平说:"革命是解放生产力,改革也是解放生产力。推翻帝国主义、封建主义、官僚资本主义的反动统治,使中国人民的生产力获得解放,这是革命,所以革命是解放生产力。社会主义基本制度确立以后,还要从根本上改变束缚生产力发展的经济体制,建立起充满生机和活力的社会主义经济体制,促进

---

① 参见《毛泽东文集》第7卷,人民出版社1999年版,第23—44页。
② 中共中央文献研究室编:《十一届三中全会以来党的历次全国代表大会中央全会重要文件选编》(上),中央文献出版社1997年版,第19—25页。

生产力的发展,这是改革,所以也是解放生产力。"① 这样,邓小平理论就在生产关系与生产力之间、上层建筑与经济基础之间发现了一个中介,即作为社会主义基本经济制度的实现形式和运行机制的经济体制,还有作为社会主义的根本政治制度、基本政治制度的实现形式和权力运作机制的政治体制,以及其他相关体制,等等。抓住"体制"问题进行改革创新,是使社会主义重新焕发出生机和活力的关键。应该说,任何社会制度下都存在"体制"问题。其体制设计和选择是否得当或适宜,会使得该社会的基本制度存在一个能否有效地发挥作用的问题。即是说,至少存在这样两种情况:一是,当一个社会的基本制度趋于"过时"和腐朽的时候,即便在其体制上无论怎样作改进和改良,也不能从根本上解决问题,就像当代资本主义制度一样;二是,当一种社会的基本制度是刚刚产生的新生事物的时候,虽然它的上层建筑、生产关系与生产力的发展要求是基本一致的,但是也可能因为体制性问题,而使其制度的优越性不能充分发挥出来,就像改革开放以前的社会主义中国一样。可见,"体制"是与社会的基本制度相关的一个重要的、必不可少的社会层次。因此"体制"概念具有普遍性,它能够丰富和深化我们对于社会基本矛盾的认识。

(三)小"社会"概念。在马克思主义原有话语体系中,社会是所有社会现象即包括经济、政治和文化等社会现象在内的总概括

而在科学发展观的"构建社会主义和谐社会"提法中,以及在与经济建设、政治建设、文化建设相并提的"社会建设"

---

① 《邓小平文选》第3卷,人民出版社1993年版,第370页。

这个"四位一体"①的提法中,"社会"这个概念的内涵显然要小得多。这样,就在社会有机体中明确地划分出了一个新层次,即以社会经济利益为基础的、包括社会伦理道德关系在内的人与人之间关系的新领域。由此,从理论上解决了长期没有明确解决的一个问题,就是历史唯物主义与社会学的研究对象的划界问题。从一定角度看,这两者确实都在研究现实社会,列宁还把历史唯物主义称为"科学的社会学"②。因此很容易产生两种错误倾向:一种是只要历史唯物主义,并用历史唯物主义代替社会学,从而否认社会学存在的合理性;另一种是只要社会学,否认历史唯物主义对于认识社会的指导作用。而今有了"大社会"和"小社会"这两个概念,问题就比较容易解决了。其实,历史唯物主义和社会学在研究对象上,是各有分工、并行不悖、相辅相成的。其中,历史唯物主义主要以历史和现实的"大社会"作为研究对象,以研究整个人类社会的发展过程和一般规律;而社会学主要以现实的"小社会"作为研究对象,通过对社会现象的实证性研究,为协调和解决人与人之间的关系上存在的问题,提供理论和方法上的帮助。可见,历史唯物主义所要揭示的是整个人类社会发展的普遍本质和一般规律。因此,它对于认识各种具体社会现象和社会问题,理所当然地具有指导作用;而社会学对于现实社会所作的实证性研究,也会为历史唯物主义的研究和实践应用,提供学科性的和实证性的支持。中国共产党所提出的"四位一体"的"社会"概念,具有普遍性和方法论意义,它有助于我们丰富和深化对社会有机体的认识,是对历史唯物主

---

① 中共中央宣传部理论局编:《科学发展观学习读本》,学习出版社2006年版,第68页。
② 《列宁选集》第1卷,人民出版社1995年版,第8页。

义的一个重要的理论贡献。

(四)"生态文明"概念

这是党的十七大提出的一个新概念,是我国贯彻科学发展观、坚持经济社会全面协调可持续发展的一个重要方面。这里所讲的,是现代社会中一个带普遍性的重大问题:就是人们必须同时处理好人与人之间、人与自然之间的两方面关系。实际上,这两方面的关系,是自从有了人类社会以来就一直存在的。因为,当人类一开始进行物质生产,就同时产生了人与人、人与自然的双重关系。只不过在原始社会和农业社会中,由于人与人之间的狭隘关系规定、制约着人与自然的关系;而人与自然之间的狭隘关系也规定、制约着人与人的关系。所以在当时,人们同自然界之间还能保持着一种原始的、自发的和低水平的统一和原始和谐。但是,从近代西方社会产生机器大工业,并开始实行工业化和电气化以来,特别是由于资本主义生产方式和生活方式,在日益大量地浪费资源和污染环境,就不仅在人与人之间形成了无产阶级与资产阶级的对抗性的社会关系,而且也激化了人与自然之间的矛盾和对抗,使得生态问题和可持续发展问题,日益突出和严重起来。现在,尽管西方有识之士及有关方面比较关注这个问题,而且已在采取措施使西方发达国家本身的生态问题,有所缓解和进展,但同时,它们却损人利己地把生态灾难,竭力地向发展中国家转移。全球性生态问题并没有从根本上得到缓解。由于资本主义生产方式的反生态性质,所以全球性生态问题的根本解决,即"生态文明"的全面实现,只有在共产主义制度下才是可能的。

由于我国只能在社会主义制度下实现国家的工业化、城市化和现代化,所以资源、环境和生态问题,也是一个必须面对和积极解决的重大而严峻的问题。党的十七大在提出"四位一体"的战略布局的同时,明确地提出了"生态文明"问题,并作出搞好"生态文明建设"的部署,也就是有了解决这个问题的总思路。从理论上看,我们党提出"生态文明"概念,属于哲学层次的新认识,是对于人与人、人与自然的关系认识上的一个新飞跃。这个新认识,是对狭隘的"人类中心论"的否定和扬弃,也是对于"人定胜天"论的深刻反思。也就是说,人类所具有的历史主动性和主观能动性的发挥,是有前提、有限度、有条件的。这就是,人们对于社会、对于自然界的认识和改造,必须要有一定的物质条件和精神条件,必须尊重和顺应自然、社会和思维发展的客观规律,以及各门相关科学的规律、原理和规则。否则,就会受到客观辩证法和客观规律的"报复"与"惩罚"。

对此,恩格斯曾指出过:"我们不要过分陶醉于我们人类对自然界的胜利,对于每一次这样的胜利,自然界都对我们进行报复。每一次胜利,起初确实取得了我们预期的结果,但是往后和再往后却发生完全不同的、出乎预料的影响,常常把最初的结果消除了。"恩格斯还以古时候美索不达米亚、希腊和小亚细亚等地的人们当年违背生态规律,大肆毁林开荒,后来使当地变成了不毛之地的教训,要求人们记住:"我们统治自然界,决不像征服者统治异族人那样,决不是像站在自然界之外的人似的,——相反的,我们连同我们的肉、血和头脑都是属于自然界和存在于自然之中的;我们对于自然界的全部统治力量,就在于我们比其他一切生物强,能够认识和正确运用自然规律。"[1] 笔者认为,党中央提出的"生态文明"概念,就是要在"构建社会主义和谐社会"的实践中,同时逐步建立起人与自然界之间的和谐与

---

[1] 《马克思恩格斯选集》第4卷,人民出版社1995年版,第383—384页。

可持续发展的良性关系。可以说，这是对于历史唯物主义的继承、深化和发展。因为，这是当代历史唯物主义必须不断探索和解决的一个重大问题。

总之，我们党在改革开放的伟大历史进程中所提出的、具有特定含义的"第一生产力"、"体制"、小"社会"和"生态文明"等新概念本身，就是对于历史唯物主义的新贡献和新发展。进而言之，还有由这些概念的内涵延伸和逻辑展开所包含的新观点和新思想，就在更大的广度和深度上发展和深化了历史唯物主义。当然，在邓小平理论、"三个代表"重要思想和科学发展观中，即在整个中国特色社会主义理论体系之中所包含着的对于历史唯物主义的新发展和新贡献，肯定不止这些。但是，仅此就可以表明，历史唯物主义在我国改革开放的伟大历史进程中，不仅得到了创造性的运用，而且也得到了多方面的丰富、深化和发展。

三 全党全国人民正在进行的改革开放、建设中国特色社会主义伟大实践迫切需要和正在推进历史唯物主义不断深化和发展

哲学是时代精神的精华。哲学要站在历史前列，并为人们思考时代前沿的问题提供世界观和方法论的指导，就必须与时俱进，就必须随着时代、实践和各门科学的发展而不断发展。各门实证的具体科学都是哲学的知识基础。正如恩格斯所说："甚至随着自然科学领域中每一个划时代的发现，唯物主义也必然要改变自己的形式；而自从历史也得到唯物主义的解释以后，一条新的发展道路也在这里开辟出来了。"[①]

[①] 《马克思恩格斯选集》第4卷，人民出版社1995年版，第228页。

时代、实践和各门科学的发展,正在呼唤哲学的发展。当今时代,整个世界正在发生深刻变化,新的科技革命正在迅猛发展,中国社会更是正在发生深刻变革。马克思主义产生160多年以来,它的整个科学体系和包括历史唯物主义在内的整个哲学世界观的基本原理,已经被实践反复证明是完全正确的,具有长远的指导意义,必须长期坚持而不能动摇。与此同时,当今科学技术由工业化和电气化,向自动化和信息化的划时代发展,以及经济全球化,特别是我国改革开放和社会主义现代化建设的伟大实践,迫切地需要历史唯物主义有一个更大的发展,甚至是理论形态性的发展和创新。

目前,我国哲学界关于历史唯物主义的系统理论表述,基本上还是经典的理论形态。也就是说,基本上还是完全沿用马克思、恩格斯和列宁所作出的系统和经典的表述。应该说,历史唯物主义的经典表述,依然是在理论形态上使之现代化的理论基础和理论根据。但是,如果我们仅仅拘泥于历史唯物主义已有的理论语言、逻辑结构和系统表述,那样就会落后于其他学科的发展。例如,党中央已经提出了"建设社会主义核心价值体系"问题和任务。这显然是中国特色社会主义理论体系中的一个新概念。问题的进一步思考还在于,不仅社会主义社会有社会价值问题,其他任何社会都有这个问题。因此,社会价值及其价值观问题,就应该在社会历史观中有它应有的位置。而社会价值问题,又同社会认识问题联系在一起。所以,笔者经过反复思考认为,历史唯物主义在理论形态上,的确需要而且可能现代化。我们是否可以把现代历史唯物主义,在理论形态上展开为三个组成部分或者三个理论层次。这就是历史唯物主义的社会本体论、社会认识论和社会价值论。

(一) 历史唯物主义社会本体论

这也可以称为历史唯物主义的社会本质论。笔者注意到，卢卡奇晚年写过一部专著《社会存在本体论》，其中存在轻视和否认辩证唯物主义及客观规律的偏颇。笔者这里讲的理论主张，与他有原则性的区别。笔者所讲的"历史唯物主义社会本体论"，是以辩证唯物主义作为科学的世界观和方法论基础的，是以人类社会发展的历史过程、内在本质及其客观规律作为研究对象而展开的，它包括和概述经典历史唯物主义的基本原理，是现代历史唯物主义理论形态的基础性部分。例如，社会生活在本质上是实践的原理；生产工具的创造和使用是人类产生的根本标志的原理；社会存在决定社会意识的原理；社会生产力发展是社会存在和发展的根本基础的原理；社会经济形态的发展是一种自然历史过程及其演进和更替的原理；社会基本矛盾运动和社会发展动力的原理；社会革命是历史进步的"火车头"和改革在一定条件下促进社会进步的原理；国家学说的原理；阶级社会中的阶级和阶级斗争及阶级斗争必然导致无产阶级专政的原理；社会意识及其能动作用的原理；人民群众的历史主体地位和个人作用的原理；等等，都应当是"历史唯物主义社会本体论"的基本内容。历史唯物主义社会本体论，是其社会认识论和社会价值论的理论基础和理论前提。

(二) 历史唯物主义社会认识论

在我国理论界，已经有了这样的类似观点和著作，如：早已出版的《社会认识论》，此书与笔者的主张的区别在于，他的"社会认识论"定义过宽，几乎等于整个历史唯物主义；而笔者所认为的历史唯物主义社会认识论，则只是以其社会本体论的基本原理作为认识工具,在社会实践的基础上指导人们认识和改造社会的理论。它的主要范畴概念和基本观点,应当包括:劳动人民作为历史主体和社会认识主体的理论;社会作为认识对象及其特点的理论;社会的实践是社会认识的基础、动力和标准的理论;社会本质与社会现象相互关系的理论;社会性的因果联系与自然因果联系的相互关系的理论;社会规律的客观性与人的主体能动性的理论;社会认识指导、调控和转化为社会实践和社会现实的机制的理论;个体意识、阶级意识和社会意识相互作用和相互转化的理论;社会文化传统的民族性、阶级性、历史性和社会意识形态本质的理论;社会理想信念在社会进步中的作用和发挥作用机制的理论;社会从必然王国向自由王国飞跃的理论;等等。

(三) 历史唯物主义社会价值论

社会价值论,应当在马克思主义哲学即历史唯物主义中占有一席之地。尽管马克思主义经典作家没有专门和系统地论述过哲学价值理论,但是在他们的著作中包含有丰富的一般价值的思想和意蕴,不过往往只是通过"需要"、"利益"、"理想"、"目的"、"意图"、"崇高"、"伟大"等概念曲折和间接地表达出来。马克思曾经讲过:"'价值'这个普遍的概念是从人们对待满足他们需要的外界物的关系产生的",是"这些物能使人们'满足需要'的这一属性。"① 恩格斯在论述社会"合力"的形成机制时,认为社会规律的作用,必须通过人们在认识社会环境和自己(个人或所在的群体、阶级)利害关系的基础上所形成的各种价值意识,即由各种不同的"预期的目的"和"自觉的

---

① 《马克思恩格斯选集》第19卷,人民出版社1963年版,第405页。

意图"所支配的活动,"相互干扰,彼此冲突",而在其"相互抵消"的平均数中得到实现的①。列宁论述过"决定论思想"与"评价"人们行动的关系,说"决定论思想确认人的行为的必然性,摒弃所谓意志自由的荒唐的神话,但丝毫不消灭人的理性、人的良心以及对人的行动的评价"②。由此可见,挖掘和阐发历史唯物主义社会价值论,既有社会需要又有必需的理论根据。

最近几年,哲学价值论或价值哲学的研究是一个热门,价值哲学是一门显学。但是,它往往被视为认识论的延续或一个独立的分支学科;而把它作为历史唯物主义的组成部分,则比较少见。实际上,人们由社会认识到社会实践,有一个必不可少的环节,就是作为真理性认识与实践的中介,即价值评价和价值意识——这就是社会价值论产生的客观依据。社会价值意识形成的前提,是对于各种社会事物的大体正确的认识,以及进而在这个前提下对于主体和客体关系的评价和认识。社会价值论在阐明"社会价值"本质的基础上,还应当研究社会价值客体和社会价值主体;社会的价值关系、价值事实和社会价值意识的关系;社会认识的实践标准和社会价值的评价标准;社会价值意识、社会价值目标的主体性、历史性、阶级性和能动性;社会价值意识和社会价值目标产生和发挥作用的机制与规律;革命和进步的社会价值意识与落后和反动的社会价值意识;工人阶级作为社会主体、实践(革命和建设)主体和价值主体的统一;社会主义核心价值体系及其核心价值观;作为社会终极价值目标的共产主义理想的真理性和现实性;以及由社会价值认识和价值理论向人的自觉的价值意识、自觉的价值观的转化和生成问题;等等。

---

① 《马克思恩格斯选集》第4卷,人民出版社1995年版,第247页。
② 《列宁选集》第1卷,人民出版社1995年版,第26页。

现代形态的历史唯物主义，应当是由其社会本体论、社会认识论和社会价值论组成的一个有机整体。而作为历史唯物主义基本范畴的社会实践，是历史唯物主义发展的基础和动力，是贯穿于它的三个组成部分的中轴和红线。历史唯物主义作为中国特色社会主义的最基础的理论支柱，已经在我国30多年的改革开放的伟大实践中得到了创造性的运用、丰富、深化和发展。随着时代、实践和各门科学的发展，随着我国改革开放和社会主义现代化建设的继续推进，历史唯物主义的进一步发展和深化，甚至是理论形态上的发展和创新，是一个必然的发展趋势。笔者在这里提出的一些看法，是个人思考的一孔之见，希望起到抛砖引玉的作用，以期推进历史唯物主义学科的继续发展。

（原载《北京联合大学学报》2008年第4期）

要自觉划清马克思主义同反马克思主义的界限

党的十七届四中全会《决定》要求组织党员、干部在"深入学习马克思列宁主义、毛泽东思想、邓小平理论、'三个代表'重要思想以及科学发展观,牢固树立辩证唯物主义和历史唯物主义世界观和方法论,系统掌握中国特色社会主义理论体系"的基础上,"引导党员、干部增强政治敏锐性和政治鉴别力,筑牢思想防线",自觉划清"四个界限"。这里,笔者仅就自觉划清第一个界限,即"自觉划清马克思主义同反马克思主义的界限"问题,谈谈学习体会和粗浅看法。

一 自觉划清马克思主义同反马克思主义界限的重大意义和理论前提

马克思主义是我们立党立国的根本指导思想。坚持和巩固马克思主义指导地位,把马克思主义基本原理同当代中国实际和时代特征相结合,不断推进马克思主义中国化,是中国特色社会主义事业发展的根本思想保证。当前,面对国内外意识形态领域斗争的复杂情况,为使马克思主义指导地位在我国改革开放、现代化建设中，在党员、干部的思想和行动中不断地得到贯彻和落实，就必须在马克思主义学习型政党的建设中，加强党的意识形态工作，引导党员、干部增强政治敏锐性和政治鉴别力。也就是，力求使我们党员、干部通过学习和实践马克思主义，真正懂得：什么是马克思主义？什么是非马克思主义、反马克思主义的观点和思潮？进而做到：坚定不移地学习、掌握和运用马克思主义，清醒敏锐地防范、识别和抵制反马克思主义的思潮。只有这样，我们才能够自觉而实际地划清马克思主义同反马克思主义的界限，才能够用马克思主义特别是中国特色社会主义理论体系武装全党，才能够在实践中坚持、运用和发展马克思主义。因此，教育和引导党员、干部自觉划清马克思主义同反马克思主义的界限，是党的思想理论建设中的一个重要而紧迫的问题，是建设马克思主义学习型政党的必然要求，意义非常重大。

笔者以为，一个人要能够自觉划清马克思主义同反马克思主义的界限，其理论前提是要懂得"什么是马克思主义"，并认真学习、理解和掌握马克思主义。那么，我们如何理解马克思主义呢？

关于马克思主义，有狭义和广义的两种含义和理解。狭义马克思主义，作为马克思和恩格斯的"观点和学说的体系"是无产阶级立场在其反对资产阶级斗争中的理论表现，"是无产阶级解放的条件的理论概括"[①]。广义马克思主义，还包括后来马克思主义者对它的坚持、丰富和发展。马克思和恩格斯在批判地继承前人的思想文化成果、总结工人运动经验和综合各门具体科学最新成就的基础上，创立了辩证唯物主义和历史唯物主义世界观，发现了人类社会发展的一般规律，揭示了共产主义社会（第一

---

① 《马克思恩格斯全集》第4卷，人民出版社1958年版，第312页。

阶段是社会主义社会)必将取代资本主义社会的历史趋势,是各国工人阶级及其政党领导人民认识世界、改造世界和建设社会主义社会的行动指南。马克思主义基本原理及其科学体系,具有普遍和长远的指导意义。

从其普遍性上看,马克思主义是关于整个世界的"主义"。因为,马克思主义是以整个世界和人类历史及其发展的一般规律作为研究对象的科学理论,而不是仅仅研究某个国家、某个地区和某个历史阶段的学问。它关注、研究和阐明的是整个世界和人类的前途命运,以及世界历史演进的大趋势。

马克思主义是关于各国工人阶级及其历史使命的"主义"。因为,马克思主义是工人阶级根本利益的理论表现,是无产阶级的阶级意识的思想升华和系统阐明。马克思主义及其哲学具有鲜明的实践性和阶级性,而不是超阶级的理论。"哲学把无产阶级当做自己的**物质**武器,同样,无产阶级也把哲学当做自己的**精神**武器"[①];只有这两者结合,无产阶级解放和人类解放才能够逐步实现。

马克思主义是关于世界由资本主义社会过渡到共产主义社会这个历史大时代的"主义"。因为,马克思主义揭示了社会形态更替和演进的客观必然性,找到了推动社会实现这种根本变革的内在动因(社会基本矛盾运动)和依靠力量(工人阶级),指明了社会实现"从必然王国进入自由王国的飞跃"[②]的历史趋势、基本阶段和美好前景。

因此,只要资本主义社会及其基本矛盾、阶级矛盾依然存在,只要工人阶级受剥削、受压迫的被雇用地位没有根本性改

---

① 《马克思恩格斯选集》第1卷,人民出版社1995年版,第15页。
② 《马克思恩格斯选集》第3卷,人民出版社1995年版,第634页。

变，只要工人阶级解放本阶级和解放全人类的历史使命尚未完成，只要社会主义事业还未赢得彻底胜利、共产主义社会还未最终完全取代资本主义社会，那么，马克思主义基本原理及其科学体系就不会"过时"、不会"失效"，就仍然具有其现实性、生命力，就具有普遍和长远的指导作用。

当然，马克思主义基本原理要在各国无产阶级、劳动人民争取解放的革命和建设的实践中发挥指导作用，就"随时随地都要以当时的历史条件为转移"①，就要随着时代、实践和各门科学的发展，而不断深化、丰富和发展。

对于中国共产党人来说，只有坚持把马克思主义基本原理同中国具体实践和时代特征相结合，开创和不断推进马克思主义中国化，才能够用以引导中国革命、建设和改革一步步地取得进展和胜利。毛泽东思想、邓小平理论、"三个代表"重要思想以及科学发展观，就是在这种历史性"结合"中先后产生的重大理论成果，是马克思列宁主义在中国的继承、运用和发展，是中国化的马克思主义。正如邓小平所说："真正的马克思列宁主义者必须根据现在的情况，认识、继承和发展马克思列宁主义。……不以新的思想、观点去继承、发展马克思主义，不是真正的马克思列宁主义者。"②

毫无疑问，我们必须重点学习和运用中国化的马克思主义，特别是中国特色社会主义理论体系；同时，我们必须立足于时代、实践和国情，把马克思主义、列宁主义、毛泽东思想与中国特色社会主义理论体系，如实地作为既一脉相承又与时俱进的统一的科学体系加以学习、理解和把握，才能够完整准确地掌握马

---

① 《马克思恩格斯选集》第1卷，人民出版社1995年版，第258页。
② 《邓小平文选》第3卷，人民出版社1993年版，第291—292页。

克思主义的精神实质，才能够自觉地运用其立场、观点和方法，去研究新情况、解决新问题、总结新经验，以坚持和发展中国特色社会主义事业。

二 拥护马克思主义和反对马克思主义的阶级基础与政治背景

自马克思主义产生至今的160多年间，以及可以预见的未来，全世界各国的各个阶级、阶层、政党、社会团体及其成员，对于马克思主义大体持有三种态度：拥护和信奉；无知或疑惑；反对和封杀。其中，第一种和第三种态度作为根本对立的两极，从本质上看，是各自根源于和体现了工人阶级与资产阶级（还有其他剥削阶级）在阶级利益上的根本对立，而且这两种情况在其政治家和代言人身上，表现得最为典型和突出；而持中间的第二种态度的人们，其情况则十分复杂。一些对马克思主义不知、不懂和不置可否的人们，分散在各个阶级和阶层之中。工人阶级受剥削、受压迫的阶级地位，使他们"很容易领会社会主义"；但"自发的工人运动就是工联主义的"，社会主义意识不可能从中自发产生出来。即使是工人阶级及其政党的成员，对马克思主义要有正确的认识和态度，首先必须自觉地接受思想理论的"灌输"[①]，在实践中认真学习和掌握马克思主义。

从其阶级实质看，各国无产阶级及其政党和代言人，是会拥护、信奉和实践马克思主义理论的；而资产阶级及其政党和代言人，以及其他剥削阶级的残余势力，是会反对、封杀、歪曲和篡改马克思主义的。因为，马克思主义发现了人类社会发展的一般

---

① 参见《列宁选集》第1卷，人民出版社1995年版，第317—328页。

规律，揭示了工人阶级受剥削的秘密，阐明了工人阶级的历史使命，指明了资产阶级和资本主义必然灭亡、无产阶级和社会主义必然胜利的历史总趋势。这就是，必须在各国工人阶级及其政党领导下，通过无产阶级革命和社会主义建设，彻底消灭资本主义制度和资产阶级，以及一切剥削现象和一切阶级差别，争取社会主义完全胜利，直至最终过渡到共产主义社会。因此，这就从根本上触犯了资产阶级的根本利益，维护了工人阶级和全体劳动人民的根本利益，同时也代表了整个社会进步的利益。因此，马克思主义理所当然地会受到觉醒了的无产阶级及其政党的拥护和信奉，并把它作为谋求本阶级和人类解放的思想武器；恰恰相反，资产阶级及其代言人，以及其他剥削阶级的残余势力，也势必会对马克思主义进行恶意的污蔑和本能的反抗，总是力图封杀、歪曲和消灭马克思主义。然而，马克思主义是科学真理，而真理是不怕批评和反驳的。正如列宁所说：为资产阶级辩护的所谓"科学对马克思主义连听都不愿意听，就宣布马克思主义已经被驳倒，已经被消灭"。而"马克思主义的发展、马克思主义思想在工人阶级中的传播和扎根，必然使资产阶级对马克思主义的这种攻击更加频繁，更加剧烈，而马克思主义每次被官方的科学'消灭'之后，却愈加巩固，愈加坚强，愈加生气勃勃了"①。

在当代世界，和平与发展已经成为时代的主题，我们中国实行改革开放的基本国策，建设中国特色社会主义，走科学发展、和谐发展、和平发展之路。但在全球200多个国家中仅有5个社会主义国家的情况下，当代世界在整体上仍然是资本主义占主导地位的阶级社会。在国际上存在多种复杂的矛盾中，也存在着社会主义制度与资本主义制度、无产阶级思想体系与资产阶级思想

---

① 《列宁全集》第17卷，人民出版社1988年版，第11页。

体系之间的本质区别、矛盾、竞争和较量。我们中国主张同一切国家发展友好和合作关系，也大有进展。但以美国为首的西方垄断资产阶级特别是其右翼势力，总是力图利用经济全球化和我国改革开放之机，抓紧对我国实施"西化"和"分化"的战略图谋，企图搞垮共产党，颠覆社会主义制度，遏制我国发展。"他们的目的是要建立一个完全西方附庸化的资产阶级共和国。"①

在国内，中国特色社会主义的建设事业，在30多年改革开放中已经取得了举世瞩目的伟大成就，中华民族实现伟大复兴指日可待。我国在改革开放和发展社会主义市场经济的条件下，社会经济、政治、文化发展的主流和趋势是健康的、积极的。但与之伴生和积累的一些深层次矛盾也逐渐显露出来，一些原已绝迹的社会丑恶现象，又在借尸还魂、沉渣泛起，拜金主义、享乐主义和极端利己主义现象，逐渐抬头，难以遏制。目前有两个突出问题：一是在收入分配上，我国实行反对平均主义和"吃大锅饭"的政策，是必要和正确的，但是收入差距和贫富差距，拉开得过快过大，少数人积累巨量财富的势头很猛很快。我国在短时间内，就产生了一批千万富翁和亿万富翁，也产生了大量的城乡贫民。我国的基尼系数，多年前就越过了国际公认的警戒线（0.4），甚至超过不少资本主义国家。二是一些领导干部的腐败案件，还在"前腐后继"，蔓延滋长。窝案、串案，数千万元、数亿元的大案要案，都不罕见，甚至连买官卖官、与黑恶势力勾结的案件，都时有发生，影响极坏。虽然，包括这两个问题在内种种社会问题，大都属于人民内部矛盾，谈不上都与阶级斗争有关，但会在一定程度上影响人们对中国特色社会主义的信心、对我们党的看法、对马克思主义的态度。

---

① 《邓小平文选》第3卷，人民出版社1993年版，第303页。

我国在剥削阶级作为阶级消灭以后，阶级斗争已经不是主要矛盾。党的"一个中心、两个基本点"的基本路线，要管一百年，动摇不得。我们绝不重蹈"以阶级斗争为纲"的错误。但是，由于国内的因素和国际的影响，我国的阶级斗争还将在一定范围内长期存在，在某种条件下还有可能激化。尽管马克思主义在我国意识形态领域中居于指导地位，但在思想理论上反复出现的噪音和杂音，则不可轻视。一方面，是一些思想僵化和"左"的教条主义思想观点，虽然时有所现，但日渐式微。对此仍应保持警惕。另一方面，是以资产阶级自由化为代表的右的错误思潮，因为有"洋主子"撑腰，其散布和传播，往往有恃无恐，肆无忌惮，顽固坚持。对此绝不可以掉以轻心。自改革开放以来，我国社会主义主流意识形态与资本主义、封建主义的腐朽思想文化之间、马克思主义思想观点与反马克思主义思想观点之间的矛盾、对立和较量，虽然时起时伏、时隐时现，但从来没有停止和间断过。

目前，我国意识形态领域中存在的消极思想，主要有资产阶级自由化、民主社会主义、民族虚无主义等错误思潮。其中，顽固坚持资产阶级自由化的人们，所散布的反对共产党领导、反对社会主义、反对马克思主义的言论和主张，最为露骨和典型。他们公开主张中国在经济上实行生产资料"私有化"（即所谓"人间正道私有化"）；在政治上实行资产阶级"多党制"和议会民主制（即美国式的"民主宪政"）；在思想文化上实行"全盘西化"（即所谓"回归西方文明主流"和"普世价值"）；如此等等。总之，他们就是反对走中国特色社会主义道路，要走资本主义道路。

如果说，"资产阶级自由化思潮"是主张中国实行"美式资本主义"的话，那么，"民主社会主义思潮"则是主张中国实行

"欧式资本主义"。由于一些人所鼓吹的"民主社会主义",是通过恶意歪曲马克思主义及其科学社会主义,即把马克思主义歪曲为"伯恩施坦主义"、把科学社会主义歪曲为"暴力社会主义"、把无产阶级专政即我国的人民民主专政歪曲为"极权专制"、把"中国特色社会主义"歪曲为"改良的资本主义"(即所谓"新资本主义"),所以更具有迷惑性和欺骗性。

至于"民族虚无主义思潮",它与资产阶级自由化思潮、民主社会主义思潮在政治主张上是完全一致的,他们所患的都是"艾滋病"。其思想的着眼点,只不过是通过否定自己的祖国、否定中华民族、否定我国的文化传统和革命传统,即通过贬损和丑化社会主义中国,来美化和宣扬西方的资本主义制度而已。

笔者认为,人们是拥护还是反对马克思主义绝不是偶然的,也不是无缘无故的,而是有其深刻的阶级基础和政治背景的。党中央要求我们党员、干部"自觉划清马克思主义同反马克思主义的界限",就是为了在国内外复杂的思想和政治碰撞中,增强坚持走中国特色社会主义道路的坚定性和自觉性。

三 自觉划清马克思主义同反马克思主义界限的根本标准和思想方法

我们的党员、干部要能够自觉地划清马克思主义同反马克思主义的界限,就必须在实践中认真学习和掌握马克思主义基本理论,属于运用其立场、观点和方法,不断增强识别真假马克思主义的政治敏锐性和政治鉴别力。就人们如何做到这种"自觉划清"的思维操作而言,还必须进而明确和掌握这种思想理论"划界"的根本标准、基本的思想方法。

第一,实践标准是这种"自觉划清"的根本标准。从总体上看，马克思主义基本原理及其体系，是如实地反映整个世界特别是人类社会发展的总趋势及其客观规律性的科学真理，而种种反马克思主义的思想观点，则往往是违背客观事实、逆历史潮流而动的主张或学说。故而，从认识论上说，我们要划清马克思主义同反马克思主义界限的问题，就是要分清真理与谬误的问题。所以，归根到底，社会实践是划分一切真理与谬误的根本标准，当然也是划分马克思主义与反马克思主义界限的根本标准。

不过，这个认识论标准当我们用于社会历史领域时，还应当进一步具体化为"生产力标准"和"人民利益标准"。因为"社会进步的最高标准"是"促进生产力的发展"[1]；而我们社会的进步，"不仅仅决定于生产力的发展，而且还决定于生产力是否归人民所有"[2]。所以，只有坚持生产力标准和人民利益标准的统一，亦即坚持邓小平的"三个有利于"即"是否有利于发展社会主义社会的生产力，是否有利于增强社会主义国家的综合国力，是否有利于提高人民的生活水平"的"判断标准"[3]，才是我们区分社会历史领域的是非对错、区分马克思主义与反马克思主义的界限的直接标准。因为，从本质上看，马克思主义理论和实践是有利于生产力发展、有利于人民利益实现、有利于社会进步的；而反马克思主义的观点和主张，则往往是与此根本相反、背道而驰的，是违背人民的根本利益、违背历史进步潮流的。

第二，站稳正确立场是这种"自觉划清"的根本政治前提。对于我们党员、干部来说，只有站在工人阶级的立场、站在党性的立场、站在人民大众的立场，把工人阶级解放和人类解放、把

---

[1]《列宁全集》第16卷，人民出版社1988年版，第209页。
[2]《马克思恩格斯选集》第1卷，人民出版社1995年版，第771页。
[3]《邓小平文选》第3卷，人民出版社1993年版，第372页。

广大人民的现实利益和长远利益的统一,作为自己的根本立足点和根本出发点,才能够心明眼亮地区分什么是真假马克思主义、什么是真假社会主义;才能够自觉地划清马克思主义同反马克思主义的界限。一切仅仅站在个人和小团体的狭隘私利立场的人,尤其是站在剥削者阶级立场的人,是不可能理解和接受马克思主义的,也是不可能划清马克思主义同反马克思主义的原则界限的。

第三,坚持和运用马克思主义世界观是这种"自觉划清"的方法论基础。马克思主义哲学,即辩证唯物主义、历史唯物主义的世界观和方法论,作为马克思主义体系的基础性内容,"它把伟大的认识工具给了人类,特别是给了工人阶级"①。马克思主义哲学是我们共产党人在政治上的"望远镜"和"显微镜"。只有坚持和运用马克思主义哲学的基本观点和思想方法,才有助于我们自觉地辨别思想政治上是非对错,有助于我们自觉地划清马克思主义同反马克思主义的界限。

从总体看,"实事求是"是"马克思主义的根本观点,根本方法"②,也是我们党的思想路线的集中概括,体现了辩证唯物主义、历史唯物主义的基本要求和基本精神。所谓"实事求是",就是要求我们一切从实际出发,理论和实践相结合,既唯物又辩证地认识世界、认识社会和认识周围一切事物发展的客观规律性,以指导我们的思想和行动;同时作为我们的思想武器,去识别、批驳、排除错误思想,回应一切反马克思主义的攻击、歪曲和干扰。

具体一点说,它至少包括:现代唯物主义与辩证法相统一的

---

① 《列宁选集》第2卷,人民出版社1995年版,第311页。
② 《邓小平文选》第2卷,人民出版社1994年版,第114页。

观点和思想方法;"实践第一"的观点和用社会实践检验认识的真理性的方法;全面、发展和本质地看问题的观点和矛盾分析方法;尊重客观规律性与发挥人的自觉能动性相统一的观点和思想方法;群众观点和群众路线的方法;认识阶级社会的阶级观点和阶级分析方法;坚持不断革命论与革命发展阶段论相统一的观点和思想方法;坚持革命性与科学性相统一的观点和思想方法;坚持原则的坚定性与策略的灵活性相统一的观点和思想方法;等等。

尽管,上述枚举的马克思主义哲学观点和方法,既不完全,也不在一个层次上,具有不言而喻的局限性。但这意在表明:我们必须努力学习和掌握马克思主义哲学的科学体系和精神实质,并针对实际情况,全面掌握,具体分析,综合运用。正如列宁所说:"在分析任何一个社会问题时,马克思主义理论的绝对要求,就是要把问题提到**一定的**历史范围之内"①,"马克思主义的**精髓**,马克思主义的活的灵魂:对具体情况作具体分析。"② 我们共产党人只有认真学习、准确掌握和善于运用马克思主义哲学,才能够使自己在国内外错综复杂、扑朔迷离的思想理论的撞击和较量中,力求做到高瞻远瞩、心明眼亮,见微知著、辨别真伪,从而为我们清醒而自觉地划清马克思主义同反马克思主义的界限,提供科学的世界观和方法论基础。

(原载《高校理论战线》2010年第2期)

---

① 《列宁选集》第2卷,人民出版社1995年版,第375页。
② 《列宁选集》第4卷,人民出版社1995年版,第213页。

正确理解马克思主义经典作家关于阶级和阶级斗争、无产阶级革命和无产阶级专政的思想[①]

马克思主义关于阶级和阶级斗争、无产阶级革命和无产阶级专政学说，作为以人类数千年来特别是近代以来的社会历史过程及其发展规律为认识对象、以马克思主义哲学特别是唯物史观为直接哲学前提的科学理论，在其整个体系中占有不可替代的重要地位，分别是历史唯物主义的或科学社会主义的重要组成部

[①] 这篇所谓"四个分清"（即帮助人们分清哪些是必须长期坚持的马克思主义基本原理，哪些是需要结合新的实际加以丰富发展的理论判断，哪些是必须破除的对马克思主义教条式理解，哪些是必须澄清的附加在马克思主义名下的错误观点）的理论研究报告，是由笔者作为中央马克思主义理论研究和建设工程中马克思主义经典著作基本观点研究课题组之19个专题之一的"经典作家关于阶级和阶级斗争、无产阶级革命和无产阶级专政的基本观点研究"的首席专家，而执笔撰写成的。此前，已由该课题主持单位中共中央编译局组织多名有关专家作过多人个别审读和三次集体评审，并根据其意见作了修改，最后于2010年10月22日通过中共中央编译局报送中央有关部门。课题组成员和工作人员还有：靳辉明、吴恩远、陈跃、罗文东、范强威、吴波、陈志刚、钟君、孙应帅、任洁、周晓英同志，其中多数同志参与了前期的资料收集和整理工作，并先写成和上报了"经典作家关于阶级和阶级斗争、无产阶级革命和无产阶级专政论述选编"（由笔者编定）及其"基本观点综述报告"（由笔者执笔），作为撰写本理论研究报告的准备。——笔者注

分，是一切无产阶级革命政党制定和实施其路线、纲领、战略和策略的重要理论基础。

我们这个研究报告，坚持以马克思列宁主义、毛泽东思想、邓小平理论、"三个代表"重要思想为指导，贯彻落实科学发展观，在学习、领会党中央关于正确认识马克思主义经典作家基本观点的有关指示，力求在阶级和阶级斗争、无产阶级革命和无产阶级专政问题上，帮助人们分清哪些是必须长期坚持的马克思主义基本原理；哪些是需要随着时代和实践的发展而不断丰富发展的理论判断；哪些是必须破除的对马克思主义的教条式理解；哪些是必须澄清的附加在马克思主义名下的错误观点，以利于在实践中更自觉地坚持、运用和发展马克思主义。

一 必须长期坚持的马克思主义基本原理

马克思主义关于阶级和阶级斗争、无产阶级革命和无产阶级专政学说，是马克思和恩格斯为无产阶级创立的革命和科学的理论。他们在这方面的历史性贡献，是站在历史唯物主义高度，继承和改造资产阶级学者关于阶级斗争的思想观点，科学和系统地总结各国工人运动的斗争经验，形成了关于阶级和阶级斗争的科学理论，阐明了关于无产阶级革命和无产阶级专政的完整学说。

1852年3月5日，马克思在《致约·魏德迈》的信中，在驳斥海因岑把阶级斗争说成是"共产主义者无聊的捏造"，是马克思主义者在"玩弄阶级斗争"的错误观点时，对自己在这方面的贡献，曾作出过高度概括。他写道："至于讲到我，无论是发现现代社会中有阶级存在或发现各阶级间的斗争，都不是我的功劳。在我以前很久，资产阶级历史编纂学家就已经叙述过阶级斗争的历史发展，资产阶级经济学家也已经对各个阶级作过经济上的分析。我所加上的新内容就是证明了下列几点：（1）**阶级的存在仅仅同生产发展的一定历史阶段相联系**；（2）**阶级斗争必然导致无产阶级专政**；（3）**这个专政不过是达到消灭一切阶级和进入无阶级社会**的过渡。"① 马克思主义关于阶级和阶级斗争、无产阶级革命和无产阶级专政学说的基本原理，可以说是这个概括的理论展开。我们根据自己初步的学习、研究和理解，现将体现其基本思想的基本原理②列举如下，并略作解释：

（一）关于阶级和阶级斗争学说的基本思想

1. 关于阶级产生、存在和消灭的物质经济前提的原理。马克思主义认为，"**阶级的存在仅仅同生产发展的一定历史阶段相联系**"。阶级的"这种划分是以生产的不足为基础的，它将被现代生产力的充分发展所消灭"③。这就揭示了阶级产生、存在和消灭的最根本的物质前提和历史唯物论的哲学根据，体现了客观的经济必然性。阶级首先是一个历史范畴，有一个产生、发展、更替和灭亡的历史过程，体现了社会进步。原始社会末期，由于生产工具有所改进，劳动者的产品开始有少量剩余，有了被人剥削的可能，才开始产生分工、家庭和私有制，即开始发生阶级分化，逐步形成了奴隶阶级与奴隶主阶级的对立和斗争。其后，随着生产方式和社会经济形态的发展与更替，又先后产生了封建社会中农民阶级与地主阶级、资本主义社会中无产阶级与资产阶级之间的对立和斗争。而代替资本主义社会的社会主义社会的一项

---

① 《马克思恩格斯文集》第10卷，人民出版社2009年版，第106页。
② 由于在任何理论体系中，其基本原理与非基本原理的界限都是相对的，所以我们所列举的"基本原理"即基本观点，也具有相对性和非齐一性（即不可能都在同一个理论层次上）。——笔者注
③ 《马克思恩格斯文集》第3卷，人民出版社2009年版，第563页。

历史性任务,就是逐步消灭阶级。其直接的经济基础,是消灭生产资料私有制、消灭剥削;其根本的物质基础,是"现代生产力的充分发展"。没有这种物质经济前提,就不可能消灭阶级。

2. 关于阶级本质的原理。列宁指出:"所谓阶级,就是这样一些大的集团,这些集团在历史上一定的社会生产体系中所处的地位不同,同生产资料的关系(这种关系大部分是在法律上明文规定了的)不同,在社会劳动组织中所起的作用不同,因而取得归自己支配的那份社会财富的方式和多寡也不同。所谓阶级,就是这样一些集团,由于它们在一定社会经济结构中所处的地位不同,其中一个集团能够占有另一个集团的劳动。"① 列宁根据马克思和恩格斯有关思想提出的关于"阶级"的这个定义,指明了阶级的主要内涵和本质,提供了划分阶级的科学根据和根本标准。可见,阶级主要是一个经济范畴,是阶级社会中一定生产关系的人格化。同时,阶级也是一个广泛的社会范畴,有一定的经济、政治、文化和社会的多重特征,多方面地显示其阶级面貌和发展程度。经济上"阶级划分是政治派别划分的最根本的基础,它归根结底总是决定着政治派别的划分的"②。

3. 关于阶级斗争的经济根源的原理。马克思和恩格斯认为,"阶级对立是建立在经济基础上的"③,"是一个阶级对另一个阶级的剥削"。古代的奴隶制、中世纪的农奴制、近代以来的雇佣劳动制,是"文明时代的三大时期所特有的三大奴役形式"④。资本主义社会中,因为雇佣工人创造的剩余价值被资本家无偿占

---

① 《列宁选集》第4卷,人民出版社1995年版,第11页。
② 《列宁全集》第7卷,人民出版社1986年版,第325页。
③ 《马克思恩格斯全集》第5卷,人民出版社1958年版,第533页。
④ 《马克思恩格斯文集》第4卷,人民出版社2009年版,第195页。

有，所以"**资本的利益和雇佣劳动的利益是截然对立的**"①。这种"阶级斗争……就是广大无权者、被压迫者和劳动者反对特权者、压迫者和寄生虫的斗争，雇佣工人或无产者反对私有主或资产阶级的斗争"②。阶级斗争包括经济斗争、政治斗争和思想理论斗争等形式，但实质上，"阶级同阶级的斗争就是政治斗争"③。这表明：包括工人阶级与资产阶级斗争在内的一切阶级斗争，都是根源于经济上阶级利益的根本对立，因而是客观存在、不可调和的。只有一切阶级和阶级差别完全消灭了，阶级斗争才会止息。

4. 关于无产阶级的历史地位和历史使命的原理。马克思和恩格斯指出，"在当前同资产阶级对立的一切阶级中，只有无产阶级是真正革命的阶级。其余的阶级都随着大工业的发展而日趋没落和灭亡，无产阶级却是大工业本身的产物"和"资产阶级的掘墓人"④。"这个阶级的历史使命是推翻资本主义生产方式和最后消灭阶级"⑤。"工人阶级的解放应当由工人阶级自己去争取"⑥，工人阶级只有解放了全人类才能彻底解放自己。无产阶级的历史地位和历史使命，是由它所代表的现代化生产力及其发展要求所决定的。列宁说："马克思主义理论的第一块主要的'基石'是什么呢？这就是：无产阶级是现代社会中唯一彻底革命的阶级，因此它在一切革命中都是先进的阶级。"⑦

5. 关于无产阶级及其政党领导作用的原理。马克思认为，

---

① 《马克思恩格斯文集》第1卷，人民出版社2009年版，第734页。
② 《列宁全集》第7卷，人民出版社1986年版，第169页。
③ 《马克思恩格斯文集》第1卷，人民出版社2009年版，第654页。
④ 《马克思恩格斯文集》第2卷，人民出版社2009年版，第41页。
⑤ 《马克思恩格斯文集》第5卷，人民出版社2009年版，第18页。
⑥ 《马克思恩格斯文集》第3卷，人民出版社2009年版，第226页。
⑦ 《列宁全集》第12卷，人民出版社1987年版，第284页。

无产阶级是人类解放的"心脏"①,"是革命联盟的首脑"②。无产阶级领导作用,只能通过其政党即共产党才能实现。马克思指出:"无产阶级在反对有产阶级联合力量的斗争中,只有把自身组织成为与有产阶级建立的一切旧政党不同的、相对立的政党,才能作为一个阶级来行动。"③ 只有在其政党即无产阶级先锋队领导下,才能团结、教育和组织无产阶级,使之由一个"自在的阶级"发展成"自为的阶级",才能履行和实现无产阶级的历史使命。共产党是无产阶级革命和社会主义事业的领导核心。因此,必须做到"在无产阶级和资产阶级的斗争所经历的各个发展阶段上,共产党人始终代表整个运动的利益",是其中"最坚决的、始终起推动作用的部分"④。所以,在无产阶级事业发展的一切阶段上,包括它参与和主导的民主革命、社会主义革命和建设的全过程,都必须始终保持无产阶级政党的先进性,必须始终坚持无产阶级及其政党的领导地位和领导权。这是无产阶级带领全体劳动人民不断夺取新胜利的根本保证。

6. 关于阶级斗争在阶级社会发展中的历史作用的原理。马克思和恩格斯在《共产党宣言》及恩格斯在1888年为其英文版所加的注释中指出,至今"有**文字**记载的全部历史""都是阶级斗争的历史"⑤。马克思说:"当文明一开始的时候,生产就开始建立在级别、等级和阶级的对抗上,最后建立在积累的劳动和直接的劳动的对抗上。没有对抗就没有进步。这是文明直到今天所遵循的规律。到目前为止,生产力就是由于这种阶级对抗的规律

---

① 《马克思恩格斯文集》第1卷,人民出版社2009年版,第18页。
② 《马克思恩格斯文集》第2卷,人民出版社2009年版,第168页。
③ 《马克思恩格斯文集》第3卷,人民出版社2009年版,第228页。
④ 《马克思恩格斯文集》第2卷,人民出版社2009年版,第44页。
⑤ 同上书,第31页。

而发展起来的。"① 他二人还说过,"将近40年来,我们一贯强调阶级斗争,认为它是历史的直接动力,特别是一贯强调资产阶级和无产阶级之间的阶级斗争,认为它是现代社会变革的巨大杠杆"②。应当看到,他们在论述阶级斗争史时,都作了"迄今为止"一类的限定,所指的是阶级社会的情况。阶级社会同整个人类社会一样,社会发展的基本动力都是以其生产力发展为基础的社会基本矛盾运动;有所不同的是,阶级社会的基本矛盾还表现为对抗性的阶级矛盾和阶级斗争。

7. 关于阶级观点和阶级分析的原理。马克思列宁主义创始人认为:(1)在阶级社会和阶级没有完全消灭的社会中,阶级斗争的存在是一种客观事实,不管人们是否认识和承认它,它照样在其社会经济条件的作用下合乎规律地存在和进行。"到现在为止的全部有记载的历史都是阶级斗争的历史,都是不断更替地由一些社会阶级统治和战胜另一些社会阶级的历史;"③ 而其阶级和阶级斗争学说,只不过是对阶级斗争的历史过程及其发展规律的正确反映。(2)阶级社会的"阶级关系——这是一种根本的和主要的东西,没有它,也就没有马克思主义"④;"阶级斗争的原则"是无产阶级政党的"全部学说和全部政策的基础"⑤。(3)阶级观点和阶级分析,作为马克思主义的一种基本观点和基本方法,体现了工人阶级的根本利益和阶级立场,在阶级完全消灭以前必须正确地加以坚持和运用。因为,这是我们理解和把

---

① 《马克思恩格斯全集》第4卷,人民出版社1958年版,第104页。
② 《马克思恩格斯文集》第3卷,人民出版社2009年版,第484页。
③ 《列宁选集》第1卷,人民出版社1995年版,第88页。
④ 《列宁全集》第41卷,人民出版社1986年版,第92页。
⑤ 指布尔什维克党——引者注。《列宁全集》第15卷,人民出版社1988年版,第38页。

握人类几千年文明史的"钥匙"①,为认识阶级社会的复杂现象"提供了一条指导性的线索","使我们在这种看来扑朔迷离、一团混乱的状态中发现规律性"②。马克思主义阶级分析所包括的阶层分析,能够丰富而不能代替其阶级分析。

(二) 关于无产阶级革命学说的基本思想

1. 关于无产阶级革命的社会进步作用和历史意义的原理。马克思认为**"革命是历史的火车头"**③。"一切革命的根本问题是国家政权问题。"④ 而无产阶级与资产阶级斗争的"最高表现就是全面革命"⑤。"为了把社会生产变为一个由合作的自由劳动构成的和谐的大整体,必须进行全面的社会变革,也就是社会的全面状况的变革,除非把社会的有组织力量即国家从资本家和地主手中转移到生产者手中,否则这种变革决不可能实现。"⑥ 无产阶级必须通过革命推翻资产阶级国家政权,上升为统治阶级,即建立和巩固社会主义国家政权,是无产阶级"革命的首要的基本的标志"⑦,是改造旧社会、建设新社会和实现无产阶级历史使命的根本政治前提和制度保证。

无产阶级革命是最高的政治行动,是"通往新社会的唯一大门"⑧。没有革命,就没有社会形态演进、更替和新旧社会制度的代谢。没有无产阶级革命,就没有社会主义、共产主义革命

---

① 《马克思恩格斯文集》第2卷,人民出版社2009年版,第469页。
② 《列宁专题文集 论马克思主义》,人民出版社2009年版,第15页。
③ 《马克思恩格斯文集》第2卷,人民出版社2009年版,第161页。
④ 《列宁全集》第29卷,人民出版社1985年版,第131页。
⑤ 《马克思恩格斯文集》第1卷,人民出版社2009年版,第654页。
⑥ 《马克思恩格斯全集》第21卷,人民出版社2003年版,第271页。
⑦ 《列宁选集》第3卷,人民出版社1995年版,第25页。
⑧ 《马克思恩格斯文集》第10卷,人民出版社2009年版,第578页。

事业。社会主义革命是人类历史上最伟大、深刻和彻底的革命,就在于以往一切剥削阶级革命,都是以其新的剥削制度代替旧的剥削制度,以其新的阶级压迫代替旧的阶级压迫;而社会主义革命,则是要消灭一切剥削和阶级,争取无产阶级和人类彻底解放,实现人的全面而自由发展。

2. 无产阶级革命的历史必然性的原理。马克思和恩格斯所揭示的无产阶级革命的历史必然性,取决于资本主义生产方式所固有的基本矛盾运动。近代以来,资本主义造就了大工业生产力的产生、发展和社会现代化,但也逐渐导致其基本矛盾不断激化,即"**社会化生产和资本主义占有的不相容性**"。它表现为"**个别工厂中生产的组织性和整个社会中生产的无政府状态之间的对立**";又"**表现为无产阶级和资产阶级的对立**"[①],从而产生周期性"经济危机"。这表明资本主义生产关系的外壳太狭窄了,它容不下现代社会化的生产力;它让大多数劳动者贫穷,让极少数人占有、垄断着巨量的资本和社会财富。马克思说:"资本的垄断成了与这种垄断一起并在这种垄断之下繁盛起来的生产方式的桎梏。生产资料的集中和劳动的社会化,达到了同它们的资本主义外壳不能相容的地步。这个外壳就要炸毁了。资本主义私有制的丧钟就要响了。剥夺者就要被剥夺了。"[②] 20 世纪初,列宁在"帝国主义论"中提出"垄断代替自由竞争,是帝国主义的根本经济特征,是帝国主义的**实质**"[③],"帝国主义战争是社会主义革命的前夜"[④] 等重要思想,是对帝国主义发展状况的科

---

① 《马克思恩格斯文集》第 9 卷,人民出版社 2009 年版,第 287、290、288 页。
② 《马克思恩格斯文集》第 5 卷,人民出版社 2009 年版,第 874 页。
③ 《列宁选集》第 2 卷,人民出版社 1995 年版,第 704 页。
④ 《列宁专题文集 论资本主义》,人民出版社 2009 年版,第 235 页。

学总结,也是对马克思主义的继承和发展。二战后,资本主义各国及其超国家经济组织都加强了对宏观经济的干预、调控和协调;其垄断资本的形态,也被迫发生了大量转向私有股份有限公司和跨国公司等一些变化。虽然,这对经济危机的发生和演变能够产生一定的影响和缓解,但无法根本解决资本主义所固有的各种对抗性的社会矛盾。因此,无产阶级革命的客观必然性依然存在。

3. 关于资产阶级国家由无产阶级国家代替,根据"一般规律"只能通过暴力革命,但无产阶级及其政党首先要努力争取和平地改造旧社会的原理。马克思和恩格斯认为"暴力是每一个孕育着新社会的旧社会的助产婆"①。共产党人"公开宣布:他们的目的只有用暴力推翻全部现存的社会制度才能达到"②;"工人阶级必须在战场上赢得自身解放的权利"③;必须用革命暴力推翻和打碎剥削阶级国家机器,建立无产阶级革命政权。列宁指出:"马克思和恩格斯关于暴力革命不可避免的学说是针对资产阶级国家说的。资产阶级国家由无产阶级国家(无产阶级专政)代替,**不能**通过'自行消亡',根据一般规律,只能通过暴力革命。"他强调说:"必须系统地教育群众**这样**来认识而且正是这样来认识暴力革命,这就是马克思和恩格斯**全部**学说的基础。"④ 俄国十月革命的胜利,中国和其他一些国家无产阶级革命的胜利,都验证了马克思主义关于暴力革命原理的实践性和真理性。

应当看到,马克思主义经典作家都在肯定暴力革命是"一

---

① 《马克思恩格斯文集》第5卷,人民出版社2009年版,第861页。
② 《马克思恩格斯文集》第2卷,人民出版社2009年版,第66页。
③ 《马克思恩格斯文集》第3卷,人民出版社2009年版,第618页。
④ 《列宁专题文集 论马克思主义》,人民出版社2009年版,第194页。

般规律"的同时,首先希望无产阶级及其政党应争取运用和平和合法手段,夺取政权和改造旧社会。马克思说过:"工人总有一天必须夺取政权……但是,我们从来没有断言,为了达到这一目的,到处都应该采取同样的手段。"在有些国家的特殊条件下,"工人可能用和平手段达到自己的目的"①。"凡是利用和平宣传能更快更可靠地达到这一目的地方,举行起义就是不明智的。"②列宁认为"和平过渡"是一种"例外"。他说:"在某些情况下,作为例外,例如,在某一个小国家里,在它的大邻国已经完成社会革命之后,资产阶级和平地让出政权**是可能的**……当然,更大的可能是,即使在各小国家里,不进行国内战争,社会主义也**不会**实现,因此,承认这种战争应当是国际社会民主党的**唯一纲领**,虽然对人使用暴力并不是我们的理想。"③

4. 关于无产阶级革命爆发的客观形势和革命时机的原理。无产阶级革命爆发的客观形势,是基于社会基本矛盾尖锐化形成的革命危机。马克思和恩格斯在总结1848年欧洲革命经验时说:在资本主义普遍繁荣之时,"即在资产阶级社会的生产力正以在整个资产阶级关系范围内所能达到的速度蓬勃发展的时候,也就谈不到什么真正的革命。只有在**现代生产力**和**资产阶级生产方式**这两个要素**互相矛盾**的时候,这种革命才有可能。……**新的革命,只有在新的危机之后才可能发生。但新的革命正如新的危机一样肯定会来临**"④。列宁在总结革命实践的基础上,指出:"一切革命,尤其是20世纪俄国三次革命所证实了的一条革命基本规律就是:要举行革命,单是被剥削被压迫群众认识到不能照旧

---

① 《马克思恩格斯全集》第18卷,人民出版社1964年版,第179页。
② 《马克思恩格斯全集》第17卷,人民出版社1963年版,第683页。
③ 《列宁全集》第28卷,人民出版社1990年版,第162—163页。
④ 《马克思恩格斯文集》第2卷,人民出版社2009年版,第176页。

生活下去而要求变革，还是不够的；要举行革命，还必须要剥削者也不能照旧生活和统治下去。只有'下层'不愿照旧生活而'上层'也**不能照旧**维持下去的时候，革命才能获得胜利。"①

5. 关于无产阶级社会主义革命"一国胜利"与"最终胜利"的原理。十月革命前，列宁把马克思主义同世界进入垄断资本主义阶段的时代特征相结合，阐明"经济和政治发展的不平衡是资本主义的绝对规律"，他"由此得出一个必然的结论：社会主义不能**在所有**的国家**内**同时获得胜利。它将首先在一个或几个国家内获得胜利，而其余的国家在一段时间内将仍然是资产阶级的或资产阶级以前的国家"②。即社会主义只能在世界资本主义统治体系的比较薄弱的环节，在某个经济文化较为落后和社会矛盾尖锐的国家内，首先获得突破和胜利。马克思主义认为，各国无产阶级革命的胜利，主要依靠本国人民独立自主的团结奋斗；同时各国人民在革命斗争中相互支持和配合，也是无产阶级革命获得胜利，尤其是获得最终和彻底胜利的必要条件。列宁认为"资本是一种国际的力量"，所以社会主义"要在世界范围内取得彻底的最终的胜利，单靠俄国一国是不行的，这至少需要一切先进国家或者哪怕几个先进大国的无产阶级取得胜利"③。"单靠一支先锋队还不能实现向共产主义的过渡。"④

6. 关于坚持无产阶级不断革命论与革命发展阶段论相统一的原理。无产阶级根据自己的历史使命，必须坚持不断革命论，包括：第一，无产阶级及其政党必须把自己积极参与和争取领导的民主革命进行到底，并及时转变为社会主义革命；第二，社会

---

① 《列宁选集》第4卷，人民出版社1995年版，第193页。
② 《列宁专题文集 论社会主义》，人民出版社2009年版，第4、8页。
③ 《列宁全集》第36卷，人民出版社1985年版，第36页。
④ 《列宁专题文集 论无产阶级政党》，人民出版社2009年版，第233页。

主义革命事业要在发展生产力的基础上,"同传统的所有制关系"及其"传统的观念"实行"最彻底的决裂"①,使其革命进行到底。马克思指出:"这种社会主义就是**宣布不断革命**,就是无产阶级的**阶级专政**,这种专政是达到**消灭一切阶级差别**,达到消灭这些差别所由产生的一切生产关系,达到消灭和这些生产关系相适应的一切社会关系,达到改变由这些社会关系产生出来的一切观念的必然的过渡阶段。"② "直到人类社会制度的最后形式——共产主义得到实现为止。"③ 同时,还必须坚持革命发展阶段论。社会主义革命是一个分阶段、渐进和漫长的发展过程。马克思说:"一个社会即使探索到了本身运动的自然规律……它还是既不能跳过也不能用法令取消自然的发展阶段。但是它能缩短和减轻分娩的痛苦。"④ 社会主义革命、建设和改革,都不能违背客观规律,不能超越历史发展阶段。关键在于各国共产党人应努力做到:其一,必须立足国情,真正认清和履行本国社会主义发展有哪些循序渐进和必经的发展阶段,并使"这些阶段只不过是达到首要的伟大目标的阶梯"⑤;其二,必须辩证地对待世界历史发展进程及其规律的普遍性与其国情特殊性的关系,争取体现社会主义优越性的跨越式发展。因为"世界历史发展的一般规律,不仅丝毫不排斥个别发展阶段在发展的形式或顺序上表现出特殊性,反而是以此为前提的"⑥。否则,我们或者可能犯超阶段的错误,或者认为后进国家应甘居落后、永远不能跃居

---

① 《马克思恩格斯文集》第 2 卷,人民出版社 2009 年版,第 52 页。
② 同上书,第 166 页。
③ 《马克思恩格斯全集》第 7 卷,人民出版社 1959 年版,第 605 页。
④ 《马克思恩格斯文集》第 5 卷,人民出版社 2009 年版,第 9—10 页。
⑤ 《马克思恩格斯文集》第 4 卷,人民出版社 2009 年版,第 470 页。
⑥ 《列宁专题文集 论社会主义》,人民出版社 2009 年版,第 357—358 页。

世界发展的前列。

（三）关于无产阶级专政学说的基本思想

1. 关于实行无产阶级专政的历史必然性的原理。现代社会的"阶级斗争必然导致无产阶级专政"。马克思说："在资本主义社会和共产主义社会之间，有一个从前者转变为后者的革命转变时期。同这个时期相适应的也有一个政治上的过渡时期，这个时期的国家只能是**无产阶级的革命专政**。"① 代替资本主义和向共产主义社会过渡的国家，为什么必然实行无产阶级专政？对此，马克思说："只要其他阶级特别是资本家阶级还存在，只要无产阶级还在同它们进行斗争（因为在无产阶级掌握政权后无产阶级的敌人还没有消失，旧的社会组织还没有消失），无产阶级就必须采用暴力措施，也就是政府的措施；如果无产阶级本身还是一个阶级，如果作为阶级斗争和阶级存在的基础的经济条件还没有消失，那末就必须用暴力来消灭或改造这种经济条件，并且必须用暴力来加速这一改造的过程。"② 列宁也说："向前发展，即向共产主义发展，必须经过无产阶级专政，不可能走别的道路，因为再没有其他人也没有其他道路能够**粉碎**剥削者资本家的**反抗**。"③

2. 关于无产阶级专政实质的原理。马克思和恩格斯在《共产党宣言》中指出："工人革命的第一步就是使无产阶级上升为统治阶级，争得民主。"④ 无产阶级专政的政治实质，是用以解决无产阶级同资产阶级争夺统治权的问题。列宁说："如果我们

---

① 《马克思恩格斯文集》第3卷，人民出版社2009年版，第445页。
② 《马克思恩格斯全集》第18卷，人民出版社1964年版，第694页。
③ 《列宁专题文集 论马克思主义》，人民出版社2009年版，第259页。
④ 《马克思恩格斯文集》第2卷，人民出版社2009年版，第52页。

把无产阶级专政这个原出拉丁文的、历史哲学的科学用语译成普通的话,它的意思就是:在推翻资本压迫的斗争中,在推翻这种压迫的过程中,在保持和巩固胜利的斗争中,在创建新的社会主义的社会制度的事业中,在完全消灭阶级的全部斗争中,只有一个阶级,即城市的总之是工厂的产业工人,才能够领导全体被剥削劳动群众。"① 又说:"阶级斗争学说经马克思运用到国家和社会主义革命问题上,必然导致承认无产阶级的**政治统治**,无产阶级的专政,即不与任何人分掌而直接依靠群众武装力量的政权。"② 无产阶级专政与资产阶级专政的根本区别在于:资产阶级专政主要是由少数资本家享有充分的民主,而对大多数人即工人阶级和广大劳动人民实行专政;无产阶级专政正好相反,它由无产阶级执掌国家政权,把镇压少数剥削者的反抗同广大人民内部充分发扬民主结合起来,"是**新型**民主的(对无产者和一般穷人是民主的)和**新型**专政的(对资产阶级是专政的)国家"③。"无产阶级专政的实质不仅在于暴力,而且主要不在于暴力。它的主要实质在于劳动者的先进部队、先锋队、唯一领导者即无产阶级的组织性和纪律性"④,"在于无产阶级代表着并实现着比资本主义更高类型的社会劳动组织"⑤。

  关于"无产阶级专政"概念,首先必须从其实质和科学内涵上去领会和把握,而不能仅从字面理解。从字面上看,"专政,这是一个残酷的、严峻的、血腥的、痛苦的字眼,这样的字

---

① 《列宁专题文集 论社会主义》,人民出版社2009年版,第144—145页。
② 《列宁选集》第3卷,人民出版社1995年版,第131页。
③ 《列宁专题文集 论马克思主义》,人民出版社2009年版,第207页。
④ 《列宁专题文集 论社会主义》,人民出版社2009年版,第139页。
⑤ 同上书,第144页。

眼是不能随便乱讲的"①;从内涵上看,它与无产阶级上升为统治阶级、无产阶级执掌国家的领导权、实行无产阶级政治统治等说法,基本上是同义的。实行无产阶级专政与发展人民民主是内在统一而不是对立的。它只对反抗社会主义的势力使用暴力强制。其实,任何国家都是这样维护其社会秩序的;只是国家性质的不同,其专政的性质也就不同而已。其次,从实行无产阶级专政这种国体的具体形态看,各国都可以探索切合其国情的政体形式。"无产阶级专政的特殊形式"一般是"民主共和国"②。而这种"民主的国家制度",可以采用两种基本政治形式——在无产者占据大多数的国家是"直接地",而在小农和小资产者大量存在的国家则是"间接地"——"建立无产阶级的政治统治"③。

3. 关于无产阶级专政的领导力量的原理。列宁指出:"领袖、政党、阶级、群众间的相互关系,以及无产阶级专政和无产阶级政党同工会的关系,现时在我国具体表现如下。专政是由组织在苏维埃中的无产阶级实现的,而无产阶级是由布尔什维克共产党领导的。"④ 又说:"只有工人阶级的政党,即共产党,才能团结、教育和组织无产阶级和全体劳动群众的先锋队,而只有这个先锋队才能抵制这些群众中不可避免的小资产阶级动摇性,抵制无产阶级中不可避免的种种行业狭隘性或行业偏见的传统和恶习的复发,并领导全体无产阶级的一切联合行动,也就是说在政治上领导无产阶级,并且通过无产阶级领导全体劳动群众。不这样,便不能实现无产阶级专政。"⑤ 即是说,无产阶级是这个革

---

① 《列宁选集》第3卷,人民出版社1995年版,第813页。
② 《马克思恩格斯全集》第22卷,人民出版社1965年版,第274页。
③ 《马克思恩格斯文集》第1卷,人民出版社2009年版,第685页。
④ 《列宁选集》第4卷,人民出版社1995年版,第157页。
⑤ 《列宁全集》第41卷,人民出版社1986年版,第85页。

命专政的领导阶级,包括要以工人阶级群众性组织即工会作为一种重要的组织基础。但是"无产阶级专政不可能由包括全体无产阶级的组织来实现,因为不仅在我们这样一个极落后的资本主义国家,就是在所有其他资本主义国家,无产阶级都还那样分散,那样被人鄙弃,在某些地方还受人收买(具体来说,在某些国家里被帝国主义收买),以致无产阶级专政不能直接由包括全体无产阶级的组织来实现。只有吸收了阶级的革命力量的先锋队,才能实现这种专政"①。

4. 关于无产阶级专政体系的原理。根据马克思列宁主义的观点,无产阶级专政体系包括:(1)无产阶级专政的阶级基础和领导阶级,是无产阶级及其整个无产阶级的阶级组织(工会等);(2)无产阶级专政的核心领导力量,是无产阶级政党即共产党;(3)"无产阶级专政是劳动者的先锋队——无产阶级同人数众多的非无产阶级的劳动阶层(小资产阶级、小业主、农民、知识分子等等)或同他们的大多数结成的特殊形式的阶级联盟,是反资本的联盟,是为彻底推翻资本、彻底镇压资产阶级反抗并完全粉碎其复辟企图而建立的联盟,是为最终建成并巩固社会主义而建立的联盟。"② "专政的最高原则就是维护无产阶级同农民的联盟,使无产阶级能够保持领导作用和国家政权。"③ 在现代工业化没有完成、农民群众还大量存在的国家中,实行无产阶级专政,就必须以工农联盟作为社会基础和力量主体,必须把维护工农联盟作为"最高原则"。

5. 关于无产阶级专政的历史任务的原理。根据马克思阐明

---

① 《列宁选集》第4卷,人民出版社1995年版,第369页。
② 《列宁全集》第36卷,人民出版社1985年版,第362—363页。
③ 《列宁全集》第42卷,人民出版社1987年版,第49—50页。

的无产阶级社会主义革命"必须经过长期斗争,必须经过一系列将把环境和人都加以改造的历史过程",才能实现工人阶级和人类"解放"①的观点,列宁提出:"无产阶级应当解决双重的或两位一体的任务:第一,用自己在反对资本的革命斗争中奋不顾身的英勇精神吸引全体被剥削劳动群众,吸引他们,组织他们,领导他们去推翻资产阶级和彻底镇压资产阶级的一切反抗;第二,把全体被剥削劳动群众以及小资产阶级的所有阶层引上新的经济建设道路,引上建立新的社会联系、新的劳动纪律、新的劳动组织的道路,这种劳动组织把科学和资本主义技术的最新成就同创造社会主义大生产的自觉工作者大规模的联合联结在一起。"②无产阶级专政的第一项任务是由无产阶级及其政党团结和领导人民进行革命奋斗,建立和巩固社会主义制度,"利用自己的政治统治,一步一步地夺取资产阶级的全部资本,把一切生产工具集中在国家即组织成为统治阶级的无产阶级手里"③,从而为改造旧社会、建设新社会提供根本的政治前提和制度保证;无产阶级专政的第二项历史任务,即社会主义新社会的建设任务,是比第一项任务更困难、更重要、更长期的奋斗任务。

6. 关于无产阶级政治统治巩固以后,必然要把创造高于资本主义劳动生产率的根本任务"提到首要地位"的原理。列宁说:"在任何社会主义革命中,当无产阶级夺取政权的任务解决以后,随着剥夺剥夺者及镇压他们反抗的任务大体上和基本上解决,必然要把创造高于资本主义的社会结构的根本任务提到首要地位,这个根本任务就是:提高劳动生产率,因此(并且为此)

---

① 《马克思恩格斯文集》第3卷,人民出版社2009年版,第159页。
② 《列宁专题文集 论社会主义》,人民出版社2009年版,第147页。
③ 《马克思恩格斯文集》第2卷,人民出版社2009年版,第52页。

就要有更高形式的劳动组织。"① 社会主义国家之所以必须实现这种战略转变，是由社会形态变更的经济必然性决定的。列宁指出："劳动生产率，归根到底是使新社会制度取得胜利的最重要最主要的东西。资本主义创造了在农奴制度下所没有过的劳动生产率。资本主义可以被最终战胜，而且一定会被最终战胜，因为社会主义能创造新的高得多的劳动生产率。这是很困难很长期的事业，但**这个事业已经开始**，这是最主要的。"② 对于中国这样经济文化落后的国家来说，尤其是这样。

而为实现这个任务所必需的"更高形式的劳动组织"，就是要像马克思所说的，必须"以自由的联合的劳动条件去代替劳动受奴役的经济条件"，必须以"自由的联合的劳动的社会经济规律的自发作用"，去代替"资本和地产的自然规律的自发作用"，因此"不仅需要改变分配，而且需要一种新的生产组织"，"还需要在全国范围内和国际范围内进行协调的合作"，以摆脱"目前（现代工业所造成的）有组织的劳动中存在着的各种生产社会形式"对工人剥削的"阶级性质"和"奴役"③。即必须以社会主义公有制这种"更高形式的劳动组织"，去代替资本主义私有制的"各种生产社会形式"，否则就不可能"创造新的高得多的劳动生产率"。

7. 关于无产阶级专政与阶级消灭、国家消亡的相互关联的原理。无产阶级专政和无产阶级国家，在一定的意义上是一回事，尽管已不是原来意义上的国家和专政。它真正是工人阶级和广大人民的民主国家，只对极少数人即反抗社会主义的势力实行

---

① 《列宁专题文集　论社会主义》，人民出版社2009年版，第96页。
② 同上书，第151页。
③ 《马克思恩格斯文集》第3卷，人民出版社2009年版，第198—199页。

专政。这种革命专政的历史作用,是要消灭一切剥削阶级和阶级差别,达到国家消亡。在马克思主义看来,消灭阶级的根本,就是无产阶级国家必须大力发展生产力和消灭生产资料私有制。恩格斯说:"**无产阶级将取得国家政权,并且首先把生产资料变为国家财产**。但是这样一来,它就消灭了作为无产阶级的自身,消灭了一切阶级差别和阶级对立,也消灭了作为国家的国家。"而"社会阶级的消灭是以生产高度发展的阶段为前提的"①。列宁也指出:"只要还存在生产资料的私有制(即使土地私有制已经废除,还存在农具和耕畜的私有制)和自由贸易,资本主义的经济基础也就存在。而无产阶级专政则是同这个基础进行胜利斗争的唯一手段,是消灭阶级的唯一途径。不消灭阶级,就谈不到个人的真正自由(**不是有产者**的自由),就谈不到人与人之间在社会政治关系上的真正平等(**不是有产者和无产者**、饱食者和挨饿者、剥削者和被剥削者之间的**虚伪的平等**)。无产阶级专政就是要消灭阶级。"② 所谓"消灭阶级",就是要根除资本主义复辟的一切可能性,即必须在生产力高度发展的基础上消灭一切阶级,"就是要造成使资产阶级既不能存在也不能再产生的条件"③。社会主义消灭阶级的历史过程,就是无产阶级和人类逐步获得彻底解放、社会主义事业不断取得新胜利和国家逐渐消亡,即向共产主义远大目标不断前进的过程。

8. 马克思主义关于阶级和阶级斗争、无产阶级革命和无产阶级专政学说,是相互联系、相互依存的有机整体,"只有承认阶级斗争、同时也承认无产阶级专政的人,才是马克思主义者"

---

① 《马克思恩格斯文集》第 3 卷,人民出版社 2009 年版,第 561、563 页。
② 《列宁全集》第 39 卷,人民出版社 1986 年版,第 424—425 页。
③ 《列宁专题文集 论社会主义》,人民出版社 2009 年版,第 85 页。

的原理。其根据是"贯穿《共产党宣言》的基本思想:每一历史时代的经济生产以及必然由此产生的社会结构,是该时代政治的和精神的历史的基础;因此(从原始土地公有制解体以来)全部历史都是阶级斗争的历史,即社会发展各个阶段上被剥削阶级和剥削阶级之间、被统治阶级和统治阶级之间斗争的历史;而这个斗争现在已经达到这样一个阶段,即被剥削被压迫的阶级(无产阶级),如果不同时使整个社会永远摆脱剥削、压迫和阶级斗争,就不再能使自己从剥削它压迫它的那个阶级(资产阶级)下解放出来"。而实现这种解放的根本政治前提,就是通过革命"使无产阶级上升为统治阶级"①,实行无产阶级专政,才能够建设社会主义,最终实现共产主义。所以,列宁说:"只有懂得**一个阶级**的专政不仅对一般阶级社会是必要的,不仅对推翻了资产阶级的**无产阶级**是必要的,而且对介于资本主义和'无阶级社会'即共产主义之间的整整一个**历史时期**都是必要的,——只有懂得这一点的人,才算掌握了马克思主义国家学说的实质。"又说:"只有承认阶级斗争、**同时也**承认**无产阶级专政**的人,才是马克思主义者。"他强调说:"必须用这块试金石来检验是否**真正理解**和承认马克思主义。"②

应当指出,马克思主义关于阶级和阶级斗争、无产阶级革命和无产阶级专政学说的基本思想及其基本原理(肯定不止所讲的这些,难免有遗漏),主要是根据阶级社会(尤其是资本主义社会)和无产阶级革命时期的情况,在总结国际工人运动(包括列宁对俄国十月革命及其以后几年)实践经验的基础上,所作出的理论概括和科学阐明。这些基本原理对于人们认识阶级社

---

① 《马克思恩格斯文集》第2卷,人民出版社2009年版,第9、52页。
② 《列宁专题文集 论马克思主义》,人民出版社2009年版,第206—207页。

会的更替和历史发展，对于各国无产阶级及其政党领导社会主义革命和建设，完成消灭阶级、实现工人阶级解放和人类解放的历史使命，都具有普遍和长远的指导意义。

当然，在无产阶级革命各个发展阶段上，这些基本原理的实际运用，都必须与各国国情相结合，会有不同的侧重点，并须在社会实践中不断得到验证、深化和发展。列宁认为："马克思主义的全部精神，它的整个体系，要求人们对每一个原理都要（α）历史地，（β）都要同其他原理联系起来，（γ）都要同具体的历史经验联系起来加以考察。"① 这同马克思和恩格斯一再重申《共产党宣言》中的"这些原理的实际运用……随时随地都要以当时的历史条件为转移"② 的要求，是完全一致和一脉相承的。

二 需要结合新的实际加以丰富发展的理论判断

应当科学地对待马克思主义，是其思想体系的科学性质和实践应用所要求的。众所周知，马克思、恩格斯和列宁等经典作家的基本著作所阐明和论证的，主要是由马克思主义基本原理构成的科学体系；同时，他们也有针对具体情况所作出的大量的理论判断。我们认为，所谓"基本原理"，就是指马克思主义关于某研究领域中体现其基本思想的基本观点和基本原则，是深刻反映较为重大的社会认识对象、较为长远的社会历史过程及其发展规律的正确认识，是马克思主义理论体系中基本的、相对稳定的和支柱性的构成要素。而所谓"理论判断"，则是指马克思主义经

---

① 《列宁专题文集 论马克思主义》，人民出版社2009年版，第163页。
② 《马克思恩格斯文集》第2卷，人民出版社2009年版，第5页。

典作家运用其基本原理，并针对确定的时间、地点、条件下的具体认识对象所作的个案分析、具体评价、个别论述及其预见，往往是针对性、条件性和时空依存性很强的个别结论，需要随着时代和实践的发展而不断发展。鉴于其基本原理与理论判断的区别是相对的，而且这类理论判断是大量和因时因事而异的，所以我们不可能采取一一枚举的方法予以论述，而只能结合一些典型事例，对其理论判断给予扼要说明。当然，我们要努力从中学习领会马克思主义看问题的立场、观点和方法，而不能简单照搬和套用。

（一）马克思、恩格斯在参与和指导国际无产阶级革命斗争的实践中，分析某些革命情势而作出的一些理论判断和个别结论，有其具体的针对性或一定的局限性

在马克思主义创立之初的1848年革命前后，马克思和恩格斯分析当时西欧阶级斗争的发展态势，对于无产阶级革命胜利前景的判断和估计是很乐观的。1847年10月底到11月，恩格斯在《共产主义原理》中提出："共产主义革命将不是仅仅一个国家的革命，而是将在一切文明国家里，至少在英国、美国、法国、德国同时发生的革命。"他首先寄希望于英国无产阶级，认为"在德国实现共产主义革命最慢最困难，在英国最快最容易"①。1847年11月29日，马克思和恩格斯在一次演说中谈到当时英国人民宪章运动时，认为"在所有的国家里，英国的无产阶级和资产阶级之间的对立最为尖锐。因此，英国无产者对英国资产阶级的胜利对于一切被压迫者战胜他们的压迫者具有决定意义"。他们还有过英国无产阶级"战胜统治者资本家的时刻已经

---

① 《马克思恩格斯文集》第1卷，人民出版社2009年版，第687页。

日益临近了","只要有一次重大的打击,就能对这种斗争产生决定性影响"①的估计。应该说,马克思和恩格斯作为1848年欧洲革命的积极参加者和指导者,期盼无产阶级胜利的心愿是可以理解的,但他们对革命形势的判断和估计是过于乐观了些。革命前夕,马克思和恩格斯认为在一些主要资本主义国家,至少是英国和法国的无产阶级"通过建立新的社会制度来彻底铲除（资本主义）这些弊病的手段已经具备"②；即使对处于资产阶级革命前夜的德国,也认为"德国的资产阶级革命只能是无产阶级革命的直接序幕"③。恩格斯说过,1848年法国二月革命的火焰"是无产阶级的朝霞。现在,资产阶级的统治到处都要崩溃,被推翻"④。

显然,马克思和恩格斯早年曾经寄希望于西方资本主义发达国家首先和同时爆发无产阶级革命的理论判断和政治预见,并没有变为现实,因而有其时代的局限性。他们后来根据国际共运的实践验证,实事求是地对1848年欧洲革命,对无产阶级革命（包括要有暴力革命与和平改造旧社会的两手准备）斗争的发展前景,重新作出了更冷静、更准确的分析、总结和展望,从而更正、丰富和发展了原有的理论判断。

到19世纪末20世纪初,资本主义发达国家的经济垄断代替了自由竞争,世界进入帝国主义时代。由于帝国主义列强对殖民地已大体上瓜分完毕,而后起的帝国主义又想取得与其实力相当的势力范围,于是企图通过发动战争,重新瓜分世界。由此引发

---

① 《马克思恩格斯文集》第1卷,人民出版社2009年版,第695、696—697页。
② 同上书,第683页。
③ 《马克思恩格斯文集》第2卷,人民出版社2009年版,第66页。
④ 《马克思恩格斯全集》第4卷,人民出版社1958年版,第548页。

第一、二次世界大战，造成了世界资本主义统治体系出现薄弱环节，为无产阶级革命先期在这里获得突破和胜利，形成了革命形势。列宁深入地研究自己时代资本主义垄断趋势及其经济、政治发展不平衡加剧的状况，创立了"帝国主义论"和社会主义"一国胜利论"。他指出："经济和政治发展的不平衡是资本主义的绝对规律。由此就得出结论：社会主义可能首先在少数甚至在单独一个资本主义国家内获得胜利。"① 而"不能**在所有**国家**内**同时获得胜利"②。列宁的理论创新，为包括俄国、中国等一批经济文化比较落后国家先后夺取无产阶级革命胜利，先于资本主义发达国家走上社会主义道路提供了理论依据，从而坚持、丰富和发展了马克思主义。以无产阶级革命基本原理为基础，毛泽东根据我国的特殊国情，继续进行革命理论和实践探索，开创了有别于"十月革命道路"（依靠中心城市暴动）的"以农村包围城市、最后夺取城市"的具有中国特色的革命道路，赢得了中国革命胜利。列宁和毛泽东坚持和发展了无产阶级革命学说，推进了国际共运事业。

（二）列宁从理论和实践结合上对无产阶级专政下的阶级斗争问题进行过初步探索，坚持和发展了马克思主义阶级斗争学说，也提出了一些需要继续思考、研究的问题

无产阶级专政下的阶级斗争问题，是十月革命胜利后实践向列宁等马克思主义者提出的新问题。列宁在总结斗争经验的基础上，指出："无产阶级专政不是阶级斗争的结束，而是阶级斗争

---

① 《列宁专题文集 论社会主义》，人民出版社2009年版，第4页。
② 同上书，第8页。

在新形式下的继续。"① 他把无产阶级专政视为同资本主义私有制经济"这个基础进行胜利斗争的唯一手段，是消灭阶级的唯一途径"②。他还提出了"社会主义就是消灭阶级"③的历史任务。列宁对于在无产阶级专政条件下消灭一切阶级，提出了许多重要见解和论断。例如，当社会主义制度建立后，无产阶级"同资产阶级斗争的新的更高形式便提到日程上来了，要由继续剥夺资本家这个极简单的任务转到一个更复杂和更困难得多的任务，就是要造成使资产阶级既不能存在也不能再产生的条件"。并说："这个任务是重大无比的，这个任务不完成，那就还没有社会主义。"④ 从根本上看，这就要求大力发展现代生产力，增强社会主义物质技术基础，逐步创造高于资本主义的劳动生产率。

同时，列宁还提出了防止资本主义复辟和资产阶级再产生的论断。他在写于1920年4—5月的重要著作《共产主义运动中的"左派"幼稚病》中指出：俄国十月革命胜利后，"无产阶级专政是新阶级对**更强大的**敌人，对资产阶级进行的最奋勇和最无情的战争。资产阶级的反抗，由于资产阶级被推翻（哪怕是在一个国家内）而**凶猛十倍**；资产阶级的强大不仅在于国际资本的力量，在于它的各种国际联系牢固有力，而且还在于**习惯的力量，小生产**的力量。这是因为世界上可惜还有很多很多小生产，而小生产是经常地、每日每时地、自发地和大批地**产生着**资本主义和资产阶级的。由于这一切原因，无产阶级专政是必要的"⑤。

---

① 《列宁全集》第36卷，人民出版社1985年版，第362页。
② 《列宁全集》第39卷，人民出版社1986年版，第424—425页。
③ 《列宁专题文集 论社会主义》，人民出版社2009年版，第158页。
④ 同上书，第85页。
⑤ 《列宁专题文集 论无产阶级政党》，人民出版社2009年版，第244—245页。

其中一个重要问题是：他为何说"小生产是经常地、每日每时地、自发地和大批地**产生着**资本主义和资产阶级"？我们认为，当时列宁这样讲，是正确和必要的。我们进而需要研究和回答的，是如何理解和防止小生产会自发地"产生着资本主义和资产阶级"？

我们知道，时至1920年初，俄国十月革命胜利刚刚两年多。虽然，这时列宁和布尔什维克党领导革命人民和刚建立的红军，在同白匪叛乱和西方14国列强武装干涉入侵的战斗中，已经取得了许多重大胜利，但国内战争还没有完全结束。尽管十月革命起义后，就立即颁布了全国土地国有化和剥夺资产阶级财产的法令，但直到这时俄国"社会主义的幼芽还很嫩弱，旧的经济形式还占有很大的支配地位"①。而历史表明，自从人类分化为阶级对立以来，小生产者在任何社会中都依存于占主导地位的阶级，并不是一种独立的社会经济和政治势力。因为，当时俄国苏维埃国家政权尚且立足未稳，社会主义经济"幼芽还很嫩弱"，"旧的经济形式还占有很大的支配地位"，所以当时俄国城乡小生产者中的一部分人，就可能支持和走向资本主义和资产阶级。

与此类似而又有所不同的问题是：我国在新时期改革开放中，到2008年年底已经从几千万个体工商户和其他社会阶层中，产生出657.42万户私营企业，注册资本11.74万亿元，雇工8900多万人②，私营企业主700万人以上，会不会形成一个新资产阶级？

我们认为，首先不能简单照搬列宁的上述判断，因为历史条

---

① 《列宁选集》第4卷，人民出版社1995年版，第92页。
② 见国家工商行政总局办公厅统计处《全国市场主体发展情况报告》（2009年3月20日），www.saic.gov.cn。

件不同，结果自然会有所不同。根据列宁的"阶级"定义，阶级主要是一个经济范畴。由私营企业主少数人占有大量生产资料，雇用大量工人劳动，即使在我国社会主义初级阶段，这一方面有利于生产力发展和扩大就业，依法纳税为国家作贡献；另一方面也会以利润形式，占有工人们的部分剩余劳动即剩余价值，进行私人资本积累。应该说，私营企业主具有类似资产阶级的经济特征，但不能说形成了一个新资产阶级。因为在马克思主义看来，阶级还是一个更为广泛的社会范畴，有一个从经济上到从政治上形成阶级的发展过程。例如，当马克思谈到 19 世纪前期的法国农民时指出，仅就法国农民"数百万家庭的经济生活条件……而言，他们是一个阶级"；而就"他们利益的同一性并不使他们彼此间形成共同关系，形成全国性的联系，形成政治组织，就这一点而言，他们又不是一个阶级"，即没有"在政治形成一个阶级"①。西欧资产阶级形成也有类似情况。马克思认为，资本家们在产生以后有一个时期，即仅有"财产权力"而没有开始争夺"政治权力"之时，还只是一个"阶层"，"换句话说，资产阶级在政治上还没有形成一个阶级。国家的权力还没有变成它自己的权力"②。因此，只有在经济上和政治上先后都形成阶级之时，才是一个完整的阶级。

列宁在 1921 年初规划新经济政策时，提出"利用资本主义"特别是"国家资本主义"，作为俄国大量的小生产向社会主义大生产过渡的中间环节。针对当时党内外有很多人害怕由此会产生资本主义和资产阶级的担忧时，他曾指出："只要无产阶级牢牢掌握着政权，牢牢掌握着运输业和大工业，无产阶级政权在

---

① 《马克思恩格斯文集》第 2 卷，人民出版社 2009 年版，第 566—567 页。
② 《马克思恩格斯全集》第 4 卷，人民出版社 1958 年版，第 330 页。

这方面就没有什么可以害怕的。"因为当时在俄国的"全部生产资料（除工人国家暂时有条件地自愿租让给剥削者的一部分生产资料外）既已掌握在工人阶级手里，情况就大不一样了"①。

所以，我国在社会主义初级阶段坚持公有制为主体、多种所有制经济共同发展的基本经济制度，即在毫不动摇地巩固和发展公有制经济，并以国有经济作为国民经济主导力量的前提下，毫不动摇地鼓励、支持和引导非公经济发展，有利于发展生产力和扩大就业，就不会形成一个新资产阶级。我国在改革开放中产生的私营企业主，只要他们遵纪守法，拥护社会主义，就是中国特色社会主义建设者。所以，把他们视为一个新的社会阶层比较适当。当然，我国不发生阶级分化的基本前提，就是必须真正贯彻和落实邓小平理论中的"根本原则"："在改革中，我们始终坚持两条根本原则，一是以社会主义公有制经济为主体，一是共同富裕。"这是"发展社会主义经济的总要求"②。

（三）列宁在革命实践中坚持和发展了无产阶级专政学说，其中有些分析和判断，需要结合当时的实际来理解和把握，并应在实践中不断丰富和发展

无产阶级专政学说如何付诸实践，是列宁在十月革命胜利前后思考和要探索解决的一个重要课题。仅就无产阶级专政的内涵而言，列宁曾多次讲过：（1）无产阶级专政"无非是不受任何限制的、绝对不受任何法律或规章约束而直接依靠暴力的政权"（1906年）③；（2）"无产阶级专政是一个科学的术语，这个术语

---

① 《列宁专题文集 论社会主义》，人民出版社2009年版，第233、354页。
② 《邓小平文选》第3卷，人民出版社1993年版，第142页。
③ 《列宁全集》第12卷，人民出版社1987年版，第289页。

规定了在这方面起作用的阶级以及叫做专政的那种特殊的国家政权形式,即不是依靠法律,不是依靠选举,而是直接依靠某一部分居民的武装力量的政权"(1917年6月)[1];(3)"无产阶级的革命专政是由无产阶级对资产阶级采用暴力手段来获得和维持的政权,是不受任何法律约束的政权"(1918年10—11月)[2];等等。

列宁在俄国十月革命前后,把期望和正在建立中的无产阶级专政,理解为无产阶级直接依靠人民的"武装力量"和革命"暴力",即"不是依靠法律、不是依靠选举"产生的,甚至说是"不受任何法律约束的政权"。这在当时是正确和必须的。因为,当时苏维埃国家政权尚未产生或是立足未稳,无产阶级法制体系尚未建立,当时面对的仅仅是而且也只能是剥削阶级的法制体系。而无产阶级革命正是对旧的法律秩序的否定、冲击和推翻,当然不能受原有"任何法律的约束"。而当苏维埃国家站稳脚跟以后,列宁就很重视自己国家的法制建设。所以无产阶级专政国家成立后,就必须建立和健全社会主义法制,发展社会主义民主。党和政府必须在宪法和法律的范围内活动,依法执政、依法办事和依法维护社会秩序;必须领导和支持人民依法逐步扩大政治参与,由工人阶级和人民群众参与管理国家、经济、文化和社会事务;必须实现共产党的领导、人民当家做主和依法治国的有机统一。这是党和国家领导人民进行社会主义革命、建设、改革的政治前提、力量源泉和法制保证。

---

[1] 《列宁全集》第30卷,人民出版社1985年版,第283页。
[2] 《列宁选集》第3卷,人民出版社1995年版,第594—595页。

（四）关于"全世界无产者，联合起来"的实现形式的历史性探索

在国际共运中，全世界无产者必须联合起来，实行无产阶级国际主义，才能使全世界无产阶级获得彻底解放和完全胜利。这是《共产党宣言》发出的伟大号召，也是马克思主义的基本原理之一。但对其实现形式，历代马克思主义者一直在进行理论和实践探索。在马克思和恩格斯时代，他们提出和坚持"联合的行动，至少是各文明国家的联合的行动，是无产阶级获得解放的首要条件之一"①的观点，先后倡导和指导建立"布鲁塞尔共产主义通讯委员会"（1846—1847年）、"共产主义者同盟"（1847—1852年）和"国际工人协会"即第一国际（1864—1876年）。这些国际无产阶级革命组织，是当时传播马克思主义、指导各国工人运动的政治中心。第一国际设有总委员会和各国通讯书记，指导各国支部的工作和协调联合斗争。马克思撰写的《国际工人协会共同章程》指出："既然每个国家的工人运动的成功只能靠团结和联合的力量来保证……所以，国际协会的会员应竭力使他们本国的分散的工人团体联合成由全国性中央机关为代表的全国性组织。"进而"把自身组织成为与有产阶级建立的一切旧政党不同的、相对立的政党，才能作为一个阶级来行动"②。在马克思、恩格斯指导下，从第一国际中后期开始，西欧各国先后建立了无产阶级政党（如德国社会民主工党于1869年成立），促进了国际共产主义运动。由于1871年巴黎公社失败，第一国际各国支部受到资产阶级统治当局的破坏和镇压，国际共运步入低潮，第一国际不便开展活动，被迫于1876年7月

---

① 《马克思恩格斯文集》第2卷，人民出版社2009年版，第50页。
② 《马克思恩格斯文集》第3卷，人民出版社2009年版，第228页。

宣布解散。此后马克思、恩格斯在革命低潮时期，仍以多种方式指导和协调国际无产阶级及其政党的革命斗争。

马克思1883年逝世后，恩格斯承担起整理、出版马克思遗著和指导国际共运的重任，在复杂而困难的条件下，使国际共运得到恢复和发展。1889年7月，在恩格斯指导下成立的第二国际，直到1895年8月恩格斯逝世以前，对传播马克思主义和促进国际工人阶级的联合斗争，发挥了积极作用。恩格斯逝世后，第二国际及其所属各国社会民主党迅速发生分化和纷纷变质。以伯恩施坦为代表的右倾机会主义（考茨基名为"中派"实为右派）首领在其中占据支配地位。他们公开攻击、歪曲和"修正"马克思主义，特别是在第一次世界大战中投票支持本国参与帝国主义战争，从而背叛了无产阶级和马克思主义，使第二国际蜕变为资产阶级代理人而走向破产。国际无产阶级联合斗争再次遭受严重挫折。

以列宁为代表的马克思主义者，严厉批判和战胜了第二国际和俄国党内孟什维克派的右倾机会主义，指导俄国布尔什维克党和革命人民夺取了十月革命的伟大胜利，迎来了国际共运的新高潮。列宁在总结理论斗争和实践经验的基础上，把马克思主义发展和推进到列宁主义阶段，为复兴国际共产主义运动，推进国际无产阶级的联合斗争，都作出了历史性贡献。1919年3月，在列宁倡导和指导下成立了第三国际即"共产国际"，加入共产国际的各国共产党或工人党都是它的支部。当然，这时各国无产阶级革命所面临的问题，主要还是依靠本国党在马克思列宁主义指导下，自己去探索解决。但在一定程度上，共产国际可以说是当时国际共产主义运动的指导中心。列宁不仅为共产国际撰写了"纲领"，而且亲自制定了各国党"加入共产国际的条件"[①]。共

---

① 《列宁专题文集 论无产阶级政党》，人民出版社2009年版，第270—274页。

产国际在列宁指导下，在帮助一些国家组织建立共产党，为促进国际无产阶级的联合斗争和民族解放运动，以及在反对各种机会主义的斗争中，发挥了积极作用。在二战中，由于国际共运的新发展，也由于世界历史条件的新变化，使得"共产国际"这种国际无产阶级"联合"的组织形式，已经不适合新形势下的斗争要求，完成了自己的历史使命，并于1943年6月自行宣布解散。

二战后，许多国家出现了无产阶级革命高潮，产生了一批社会主义国家，一度形成了以苏联为首的社会主义阵营。这时，已不再有指导国际共运的"中心"和组织（仅在1947—1956年存在过由苏共等九国共产党和工人党成立的"情报局"）。各国兄弟党以政治协商的形式，来沟通认识和协调行动。这包括于1957年和1960年先后在莫斯科召开的各国共产党和工人党的代表会议，分别发表了"莫斯科宣言"和"莫斯科声明"，力图统一认识，协调行动。但是，从赫鲁晓夫主政开始，苏共以"老子党"自居，推行大国沙文主义，特别是赫氏在苏共二十大所作的秘密报告，以及苏共二十二大通过的纲领和决议，都全盘否定斯大林，企图把苏共二十大到二十二大确定的错误理论和路线，强加给各国兄弟党和其他社会主义国家，由此引发了严重分歧和论战，造成了国际共运分裂、社会主义阵营解体。赫鲁晓夫的错误理论和路线，既为后来东欧剧变、苏联解体、苏共败亡埋下了祸根，也破坏了国际无产阶级的联合。我们党总结这方面的经验教训，在新时期提出了处理党际关系的"独立自主、完全平等、互相尊重、互不干涉内部事务"的"四项原则"。这是我们党处理与外国政党的党际关系的唯一正确的原则。

应当指出，这四项原则所要解决的，是在各国党际关系上的独立自主、平等交往的问题。其主旨就是要保障各国政党有权独立自主地探索解决本国的政治和发展问题。由于这"四项原则",既适用于我们党同各国兄弟党的关系,也适用于同国外其他政党和政治团体的关系,而不是专门用于解决国际无产阶级如何实现"联合"的指导原则。由于"资本的统治是国际性的",资产阶级在一个很长的时期内比无产阶级强大,"不仅在于国际资本的力量",而且在于"它的各种国际联系牢固有力"①。例如,自1717年成立至今的、神秘而庞大的近现代"共济会",作为资本"牢固有力"的各种国际联系中的一种组织形式,就是由西方少数金融资本巨头作主宰,并网罗上层"精英"为骨干,以暗中对付各国工人阶级,并在幕后掌控世界的政治秩序、经济秩序和舆论基调的权力核心。对此,马克思指出过:"资本家在他们的竞争中表现出彼此都是虚伪的兄弟,但面对整个工人阶级却结成真正的共济会团体。"② 所以,为了实现无产阶级的历史使命,"就应当以各国工人的兄弟联盟来对抗各资产阶级的兄弟联盟"③。

在当代历史条件下,既然以一个统一的"中心"去指导各国工人阶级革命斗争的做法已成为历史,那么各国工人阶级和革命人民在为社会主义事业的奋斗中,如何坚持无产阶级国际主义、如何实现一定形式的必要"联合"和相互支持呢?当然,坚持国际主义最有效的贡献,就是各国无产阶级及其政党要集中力量,首先搞好本国革命和建设。同时,各国无产阶级及其政党之间在斗争中的相互支持、相互协调,也是社会主义事业胜利的重要条件。我们社会主义国家及其执政党"应当懂得,单靠一

---

① 《列宁专题文集 论无产阶级政党》,人民出版社2009年版,第14、244—245页。
② 马克思:《资本论》第3卷,人民出版社1975年版,第211页。
③ 《马克思恩格斯文集》第1卷,人民出版社2009年版,第697页。

支先锋队还不能实现向共产主义的过渡"①。现实的情况是,国际垄断资产阶级及其国家政权之间已在反共反社会主义行动中,实行秘密和公开的、经常和紧密的协调与联合;而各国无产阶级及其政党之间,则缺少必要的协调和联合。这就容易被各个击破。所以,在新的历史条件下,迫切需要我们像马克思、恩格斯和列宁那样,从理论和实践上探索解决实现"全世界无产者,联合起来"的一切可能和必要的新思路和新形式。

三 必须破除的对马克思主义的教条式理解

马克思主义经典作家关于阶级和阶级斗争、无产阶级革命和无产阶级专政学说,都是实践性和阶级性很强的科学理论。姑且不论持敌对立场的资产阶级御用文人的恶意攻击和诋毁,就是自称为社会主义者、甚至是马克思主义理论界中的某些人,由于多种原因而程度不同地存在对这些科学理论的一些错误的、教条式理解,需要予以纠正和澄清。

(一) 阶级斗争史是否能简单地等同于人类文明史?

首先应肯定,阶级斗争在阶级社会的经济、政治和意识形态等方面存在,是一种历史的和现实的真实。马克思主义阶级观点和阶级斗争学说,是反映阶级社会实质的科学真理。我们知道,从马克思和恩格斯,到列宁和毛泽东,他们对于阶级和阶级斗争所作的重要论述,对无产阶级谋求解放都具有普遍和长远的指导作用。例如,马克思和恩格斯在《共产党宣言》及恩格斯在1888年为其英文版所加注释中,指出过:至今"有文字记载的

---

① 《列宁专题文集 论无产阶级政党》,人民出版社2009年版,第233页。

全部历史""都是阶级斗争的历史"。列宁说过:"到现在为止的全部有记载的历史都是阶级斗争的历史,都是不断更替地由一些社会阶级统治和战胜另一些阶级的历史。"① 毛泽东也曾指出:"阶级斗争,一些阶级胜利了,一些阶级消灭了。这就是历史,这就是几千年的文明史。拿这个观点解释历史的就叫做历史的唯物主义,站在这个观点的反面的是历史的唯心主义。"② 恩格斯还认为"这种阶级对立和阶级斗争构成了直到今日的全部**成文史**的内容"③。

从其实质看,所有这些基本观点都是正确的,都是从唯物史观上对于社会历史发展过程的本质反映,必须全面准确地加以领会、解释和把握。

其一,这些观点的科学性和现实性都是相对于阶级社会而言的;不能用于认识无阶级的原始社会和未来共产主义社会,也不完全适用于阶级终究会逐渐趋向消灭的社会主义社会。

其二,即使就阶级社会而论,经典作家认为人类几千年的文明史是"阶级斗争史",是就其社会关系的本质和认识社会复杂现象的"指导线索"而言的,并不是简单地说阶级关系等于全部社会关系、阶级对立和阶级斗争的内容等于全部社会内容。其实,阶级社会中还有大量社会事实及其关系,是阶级和阶级关系所不能完全包括和涵盖的。

其三,从历史观的高度看,把阶级观点视为认识阶级社会的基本观点,甚至是区别历史唯物主义与历史唯心主义的标志性观点,是有其内在逻辑和根据的。其中最根本的,就是必须联系一

---

① 《列宁专题文集 论马克思主义》,人民出版社2009年版,第52页。
② 《毛泽东选集》第4卷,人民出版社1991年版,第1487页。
③ 《马克思恩格斯文集》第4卷,人民出版社2009年版,第16页。

定的生产方式和社会基本矛盾去理解和掌握它。因为"**阶级的存在**仅仅同**生产发展的一定历史阶段**相联系",因为阶级斗争是生产关系与生产力、上层建筑与经济基础的矛盾运动人格化的具体表现。如果离开一定的生产方式和社会基本矛盾,离开历史唯物主义科学体系来看待阶级和阶级斗争,那阶级和阶级斗争就成了无源之水、无本之木。可以说,我们党和国家一度有过阶级斗争扩大化的错误和教训,是有些同志在不同程度上仅从字句上而不是从精神实质上,仅从"原则"出发而不是从实际出发,去领会和运用阶级观点和阶级斗争理论的。这是对马克思主义阶级观点和阶级斗争理论作教条式理解的认识论和方法论根源。

(二)阶级社会是否只存在阶级对立和阶级斗争,而不存在政治妥协?

应该说,阶级对立和阶级斗争是阶级社会的政治主旋律。而"一切争取解放的阶级斗争,尽管它必然地具有政治的形式(因为一切阶级斗争都是政治斗争),归根到底都是围绕着**经济**解放进行的"。因为一切剥削阶级以"鄙俗的贪欲",追求"个人的财富",最大化地占有别人的劳动成果,是阶级社会中一直起"推动作用的灵魂","这就是文明时代唯一的、具有决定意义的目的"[①]。

所以,被剥削阶级与剥削阶级在阶级利益上是根本对立的,由此引起的阶级斗争在本质上是不可调和的。然而,这绝不意味着被剥削阶级与剥削阶级之间,只有阶级对立和斗争,而没有任何让步和妥协。如果只讲阶级对立和斗争,而没有任何意义上的让步和妥协,那么一切阶级社会的生产、生活就根本无法进行,

---

[①]《马克思恩格斯文集》第4卷,人民出版社2009年版,第306、196页。

人类社会本身也无法存在。就剥削阶级国家而言，它固然是阶级矛盾不可调和的产物，是阶级压迫的暴力机构，同时也是缓和阶级冲突的政治工具。恩格斯曾指出，国家的产生和存在就是"为了使这些对立面，这些经济利益互相冲突的阶级，不致在无谓的斗争中把自己和社会消灭，就需要有一种表面上凌驾于社会之上的力量，这种力量应当缓和冲突，把冲突保持在'秩序'的范围以内"①。"只要被压迫阶级——在我们这里就是无产阶级——还没有成熟到能够自己解放自己，这个阶级的大多数人就仍将承认现存的社会秩序是唯一可行的秩序。"② 无产阶级及其政党如果拒绝一切必要的和有利的政治妥协，那就是政治上的一种"幼稚病"，是对自己阶级与资产阶级之间的利益对立、阶级斗争不可调和所作的教条式理解。

1920年，列宁在《共产主义运动中的"左派"幼稚病》一书中，对当时"共产国际"所属的各国党内相当广泛地存在的"左派"幼稚病，例如在"革命家应当不应当在反动工会里做工作"、"参加不参加资产阶级议会"和斗争中"作不作任何妥协"等问题上，都作出过深刻的分析和批评。他指出："'原则上'反对妥协，不论什么妥协都一概加以反对，这简直是难于当真对待的孩子气。"他认为，"应当善于分析每一个妥协或每一种妥协的环境和具体条件"，为了无产阶级的根本利益，我们必须实行一些必要和利大于弊的妥协；同时要反对和"善于辨别出那种**不能容许的**、蕴涵着机会主义和**叛卖行为的具体的**妥协"③。无产阶级及其政党在阶级斗争中，绝不能丧失自己的阶级立场，

---

① 《马克思恩格斯文集》第4卷，人民出版社2009年版，第189页。
② 同上书，第192页。
③ 《列宁选集》第4卷，人民出版社1995年版，第148页。

绝不能拿原则做交易，必须坚持原则的坚定性与策略的灵活性的统一。这是必需的政治智慧和政治艺术。

（三）无产阶级革命主力军是否只有无产阶级？

马克思主义一贯认为，"在当前同资产阶级对立的一切阶级中，只有无产阶级是真正革命的阶级"[①]和"唯一彻底革命的阶级"[②]，"工人阶级的解放应当是工人阶级自己的事情"[③]。这是无产阶级及其政党必须坚持革命领导权的理论根据。但这绝不意味着无产阶级要"单干"，仅以本阶级才是无产阶级革命和社会主义建设的主力军。如果这样认为，那就是错误地、教条式地理解马克思和恩格斯关于无产阶级历史使命和作为资产阶级"掘墓人"的科学论断，也是革命中存在"左"倾关门主义主张的思想根源。

其实，马克思和恩格斯倡导以实现共产主义为最终目标的革命，之所以称为"无产阶级革命"，主要是就其革命的性质、方向、目标、任务和领导力量而言的；而对革命发展的一定历史阶段上的主体力量构成，则应当进行具体分析。在马克思和恩格斯看来，在资本主义高度发达国家——如当时工人占居民大多数的英国——中，无产阶级是社会主义革命的领导阶级，又是革命的主力军。而像当时法国和德国这样刚开始资本主义工业化，农民在居民中占有相当大的比例、甚至占大多数的国家中，更需要在无产阶级及其政党领导下实行工农联盟，才能胜利地进行革命。马克思说过："德国的全部问题将取决于是否有可能由某种再版

[①] 《马克思恩格斯文集》第2卷，人民出版社2009年版，第41页。
[②] 《列宁全集》第12卷，人民出版社1987年版，第284页。
[③] 《马克思恩格斯文集》第3卷，人民出版社2009年版，第484页。

的农民战争来支持无产阶级革命。如果那样就太好了。"① 这里设想的"再版的农民战争"中，无产阶级和农民阶级都应是革命的主力军。其后，列宁在农民人口占多数的俄国领导十月社会主义革命和以后的国家建设中，更为重视无产阶级领导的工农联盟。认为"这个联盟是苏维埃政权的主要力量和支柱"②。他把维护工农联盟视为无产阶级专政的"最高原则"③。托洛茨基及所谓"第四国际"的一个突出的"左"倾错误，就是反对马克思、恩格斯和列宁的工农联盟主张，认为只有工人阶级革命，农民阶级不革命，要对广大农民进行所谓"不断革命"。在中国新民主主义革命中，农民阶级的主力军作用更为突出。毛泽东说过，"中国共产党的武装斗争，就是在无产阶级领导之下的农民战争"，"实质上即是农民战争"，农民是"中国革命主力军"④。我国社会主义革命、建设和改革的主力军，同样是广大工农群众。

（四）无产阶级革命任务是否仅仅在于夺取国家政权和建立社会主义新制度？

马克思主义的确认为，"一切革命的根本问题是国家政权问题"。"工人革命的第一步是使无产阶级上升为统治阶级，争得民主"，即推翻剥削阶级统治，建立无产阶级政权；进而"无产阶级将利用自己的政治统治，一步一步地夺取资产阶级的全部资

---

① 《马克思恩格斯文集》第10卷，人民出版社2009年版，第131页。
② 《列宁全集》第36卷，人民出版社1985年版，第225页。
③ 《列宁全集》第42卷，人民出版社1987年版，第49页。
④ 我国"新民主主义革命"，在性质上既是"新式的特殊的资产阶级民主主义革命"，同时"是世界无产阶级社会主义革命的一部分，它是坚决反对帝国主义即国际资本主义的"。——引者注。引文见《毛泽东选集》第2卷，人民出版社1991年版，第609、605、635、647页。

本,把一切生产工具集中在国家即组织成为统治阶级的无产阶级手里,并且尽可能快地增加生产力的总量"①。只有这样,才能逐步达到"无产阶级的目的",即"建成社会主义,消灭社会的阶级划分,使社会全体成员成为劳动者,消灭一切人剥削人现象的基础"②,为最终实现共产主义创造条件。

目前,我国理论界流行的观点是:无产阶级及其政党领导革命人民夺取政权,建立了社会主义新制度以后,无产阶级革命就已经基本完成,其后的任务就是搞社会主义建设,提高人民群众生活水平。因此,把我们党由无产阶级"革命党"改称为马克思主义"执政党"。必须肯定,建立和巩固无产阶级的国家政权,是社会主义建设的根本政治前提,发展生产力是社会主义的根本任务。工人阶级执政党在建立和大体巩固了社会主义基本制度以后,必须把逐步创造高于资本主义劳动生产率的任务提到首要地位。但是,工人阶级执政党及其领导的国家,在理论和实践上不能把社会主义的革命与建设、把工人阶级的革命党与执政党,人为地割裂开来和对立起来。必须按照马克思的不断革命论和革命发展阶段论相统一的要求,把无产阶级革命进行到底,直到完全消灭生产资料私有制、消灭剥削和消灭阶级,最终实现共产主义。马克思主义所讲的"消灭阶级",不仅要在"现代生产力充分发展"的基础上,完全消灭资产阶级和其他剥削阶级及其私有观念,而且还要完全消灭包括工农等劳动阶级在内的一切阶级差别;同时,还要使工人阶级政党和政治国家达到消亡,完全实现共产主义。可见,要把无产阶级革命进行到底,还是很艰难、很复杂和很长远的历史过程。

---

① 《马克思恩格斯文集》第2卷,人民出版社2009年版,第52页。
② 《列宁专题文集 论社会主义》,人民出版社2009年版,第139页。

(五) 无产阶级专政是否与发展社会主义民主不相容?

在无产阶级专政学说中,民主和专政本来就是相互关联、相互依存的。马克思和恩格斯在《共产党宣言》中最初阐述无产阶级专政思想时,就把建立无产阶级"政治统治"和"争得民主",密切而相关地提出来。后来,列宁把十月革命胜利后建立的苏维埃国家,明确地规定"是**新型**民主的(对无产者和一般穷人是民主的)和**新型**专政的(对资产阶级是专政的)"内在统一的"国家"①。关于无产阶级专政(在我国是人民民主专政)的含义,毛泽东讲得最为清楚明白。他说:"对人民内部的民主方面和对反动派的专政方面,互相结合起来,就是人民民主专政。"②

然而,我们且不说资产阶级政客及其御用文人,总是把社会主义国家污蔑为"极权"、"专制"统治,就是有些自称为马克思主义的信奉者,也往往有意或无意地把无产阶级专政与人民民主完全对立起来、人为地割裂开来。例如,考茨基就在《无产阶级专政》一书中,以马克思主义权威自居,一方面大谈所谓"纯粹民主",说没有这种民主就没有社会主义;另一方面又说"无产阶级专政是一种在无产阶级占压倒多数的情况下从纯粹民主中必然产生出来的状态",而不是一种国体和政体,否则"只能说无产阶级政党的专政",会造成"无产阶级的一部分对另一部分的专政"③。问题的严重性还在于,不仅考茨基这样看,而且像卢森堡这样的马克思主义者也不甚理解无产阶级专政与其民

---

① 《列宁专题文集 论马克思主义》,人民出版社2009年版,第207页。
② 《毛泽东选集》第4卷,人民出版社1991年版,第1475页。
③ [德]卡尔·考茨基:《无产阶级专政》,何疆、王禹译,生活·读书·新知三联书店1963年内部版,第25—26页。

主的内在统一，而给予否定和批评。以至于现在国外大多数共产党的纲领中，都只讲通过普选争取上台执政，纷纷放弃了争取未来实行无产阶级专政的政治目标（如日共用"人民民主执政"代替"无产阶级专政"）。即使在我们社会主义国家中，人们一般都仅仅乐于讲发展社会主义民主，而回避讲坚持人民民主专政，而一讲到"专政"，似乎就理不直气不壮。由此足见对"无产阶级专政"作教条式、形而上学曲解的影响之大之深，亟须予以澄清和纠正。

（六）社会主义改造基本完成以后阶级斗争是否还是社会的主要矛盾，社会主义社会是否始终存在阶级和阶级斗争？

党的十一届三中全会实行最根本的战略转变，就是果断地停止使用"以阶级斗争为纲"这个"过时"的错误口号，把全党工作的着重点和全国人民的注意力转移到社会主义现代化建设上来。而毛泽东于1962年在党的八届十中全会上对于"以阶级斗争为纲"主要内容的表述是：社会主义社会是一个相当长的历史阶段。在社会主义这个历史阶段中，还存在着阶级、阶级矛盾和阶级斗争，存在着社会主义同资本主义两条道路的斗争，存在着资本主义复辟的危险性。因此，他要求全党牢牢抓住这个主要矛盾，对阶级斗争必须年年讲，月月讲，天天讲。显然，这就涉及"社会主义改造基本完成以后阶级斗争是否还是社会的主要矛盾"、"社会主义社会是否始终存在阶级和阶级斗争"的问题。

我们知道，马克思和恩格斯科学地揭示了通过无产阶级专政，而消灭阶级和阶级斗争的历史必然性。由于受历史条件限制，他们很少具体谈论无产阶级专政下的阶级斗争问题。列宁在俄国十月革命胜利后，从理论和实践上比较系统地论述过无产阶级专政时代的阶级斗争问题。他认为:"从资本主义过渡到共产主义是一整个历史时代。只要这个时代没有结束,剥削者就必然存在着复辟希望,并把这种**希望**变为复辟**尝试**。"① 他指出,资产阶级在一个国家被推翻以后的很长时期内,其力量比该国无产阶级还要强大得多,还会拼死反抗,企图复辟资本主义,所以必须实行无产阶级专政。"在无产阶级专政下,剥削者阶级,即地主和资本家阶级,还没有消失,也不可能一下子消失。剥削者已被击溃,可是还没有被消灭。他们还有国际的基础,即国际资本,他们是国际资本的一个分支。他们还部分地保留着某些生产资料,还有金钱,还有广泛的社会联系。正是由于他们遭到失败,他们反抗的劲头增长了千百倍。"列宁认为无产阶级专政时期"是衰亡着的资本主义与生长着的共产主义彼此斗争的时期"②,"无产阶级专政是无产阶级同资产阶级进行阶级斗争的最坚决最革命的形式"③。他还指出:"当无产阶级夺取政权的任务解决以后,随着剥夺剥夺者及镇压他们反抗的任务大体上和基本上解决,必然要把创造高于资本主义的社会结构的根本任务提到首要地位,这个根本任务就是:提高劳动生产率,因此(并且为此)就要有更高形式的劳动组织。"④ 应当说,列宁的这些论述切合当时情况、是正确的,其中有些基本观点具有长远的指导意义。

但应当指出,列宁生前,刚建立的苏联尚未实行农业集体化,还存在着富农和大量个体小生产者,社会主义基本经济制度尚未完全建立起来。所以,关于生产资料所有制的社会主义改造

---

① 《列宁选集》第3卷,人民出版社1995年版,第612页。
② 《列宁专题文集 论社会主义》,人民出版社2009年版,第161、154页。
③ 《列宁选集》第4卷,人民出版社1995年版,第240页。
④ 《列宁专题文集 论社会主义》,人民出版社2009年版,第96页。

基本完成以后，即社会主义制度下的阶级斗争问题，还须继续进行实践上和理论上的探索。

毛泽东在继续探索中，既有成功的经验也有失误的教训。我国生产资料所有制的社会主义改造在1956年基本完成。1957年2月，毛泽东在《关于正确处理人民内部矛盾的问题》中，曾正确指出，"现在的情况是：革命时期的大规模的急风暴雨式的群众阶级斗争基本结束，但是阶级斗争还没有完全结束"，"我们的根本任务已经由解放生产力变为在新的生产关系下面保护和发展生产力"①。但后来，毛泽东过分地看重国内外阶级斗争情况的新变化，故此在1957年10月9日在党的八届三中全会闭幕式上的讲话中，改而认为"无产阶级和资产阶级的矛盾，社会主义道路和资本主义道路的矛盾，毫无疑问，这是当前我国社会的主要矛盾"。这就改变了党的"八大"对"我们国内主要矛盾"的正确判断，——"人民对于经济文化迅速发展的需要同当前经济文化不能满足人民需要的状况之间的矛盾"②——脱离了中国实际，是对马克思主义阶级斗争学说的教条式的理解。

党的十一届六中全会通过的《关于建国以来党的若干历史问题的决议》，系统地总结了建国以来党的历史经验，正确地评价了毛泽东同志和毛泽东思想的历史地位，为我们党纠正他晚年的包括阶级斗争等问题在内的教条主义错误，作出了科学论断，指明了正确方向。其一，即使把"无产阶级专政的整个历史时代"与"社会主义社会这个历史阶段"作同义理解，那么在剥削阶级作为阶级消灭以后，阶级斗争已经不是社会的主要矛盾。

---

① 《毛泽东文集》第7卷，人民出版社1999年版，第216、218页。
② 逄先知、金冲及主编：《毛泽东传1949—1976》（上），中央文献出版社2003年版，第536、720页。

由于国内的因素和国际的影响，阶级斗争还将在一定范围内长期存在，在某种条件下还可能激化。但在"无产阶级专政的整个历史时代"的阶级斗争总趋向，终究会逐渐趋向缓和、弱化和消灭，不可能始终存在于社会主义社会。其二，社会主义社会要消灭阶级，就必须坚持无产阶级专政，进行必要的阶级斗争；但更根本的是，阶级、剥削和一切私有制经济只能"被现代生产力的充分发展所消灭"。因此，社会主义改造基本完成以后，必须及时地把发展生产力、逐步创造高于资本主义的劳动生产率，作为根本任务"提到首要地位"。

四　必须澄清的附加在马克思主义名下的错误观点

国内外思想理论界，附加在马克思主义名下的错误观点有很多。我们把目前比较盛行而危害较大的错误观点，主要归结为：

（一）有些人以附加在马克思、恩格斯名下的抽象的人道主义和人性论观点，来否定和反对马克思主义阶级观点、无产阶级专政的理论和实践

马克思主义当然包含但不能归结为人道主义。1932年，德国右翼社会民主党人朗兹胡特和迈尔，在为马克思《1844年经济学哲学手稿》第一次全文发表所加的《导言》中，声称发现了早期的"人道主义者马克思"，用以反对成熟时期的"唯物主义者马克思"。从此，在西方"马克思学"带动下，世界各地先后兴起以附加在马克思、恩格斯名下的抽象的人道主义和人性论观点，来诋毁和反对历史唯物主义及其阶级观点的错误思潮，力图把马克思主义人道主义化。这是当年赫鲁晓夫提出"全民国家"、"全民党"和戈尔巴乔夫提出"人道的民主的社会主义"

等错误的理论和路线的哲学基础,是东欧剧变、苏联解体的思想祸根。

20世纪80年代初,这股错误思潮也传入我国。其代表人物王若水在《我的马克思主义观》中宣称,在他心目中"马克思列宁主义,科学社会主义,毛泽东思想……一齐破了产"。他声言:"马克思的经济学说基本过时了,他的共产主义仍然是乌托邦。"马克思主义剩下他能接受的,只有被他称为"实践唯人主义"的"人道主义"(humanism)。王若水就是以所谓"实践唯人主义",来批评马克思主义的阶级观点、无产阶级专政的理论和实践。他说,"马克思恩格斯的本意是要解放全人类,但他们过分强调了阶级斗争的作用,又误认为一切问题的根源在私有制";说无产阶级和资产阶级"这两大阶级的斗争将决定人类的未来"。王若水断言"历史的发展否定了马克思的预言"。他进而一方面称赞"资产阶级是同现代大工业和市场经济相联系的","代表一种新的生产力,因此它是进步的阶级";另一方面则却说"工人阶级也不一定走在社会前列,更谈不上领导社会潮流"。他宣称"无产阶级专政就是共产党专政,而党又由少数领袖来代表,这样共产党的专政又变成领袖专政了"。并说:"无产阶级专政的一个大问题就是无法防止党和领袖的异化。……马克思主义本来是批判'救世主'思想的,但在马克思的理论中,无产阶级实际上代替了救世主的地位,成为救世阶级。到了列宁,这个救世阶级又为共产党所代表,成为救世党;党又掌握在领袖手中,于是领袖实际上成为新的救世主。"① 王若水这样以"马克思主义"名义反对马克思主义,是很有代表

---

① 王若水:《我的马克思主义观》(1995),http//www.360doc.com.cn/showWeb/0/0/1848928.aspx。

性的，也引起了一些人共鸣。

我们主张和提倡社会主义人道主义，而反对王若水等人错误地把马克思主义人道主义化。因为，所谓"人道化的马克思主义"，是从根本上背离了马克思主义及其科学社会主义，实质上类似于戈尔巴乔夫的"人道的民主的社会主义"。

（二）有些人以固守科学社会主义"基本原理"为借口，说苏联、中国等经济文化落后国家先于西方发达国家走上社会主义道路，是"违反"和"证伪"了马克思主义

首先这样说的，是第二国际后期的右倾机会主义首领，如伯恩施坦、考茨基和普列汉诺夫等人就公开反对十月革命，反对俄国（苏联）走社会主义道路。他们认为，按照科学社会主义原理，社会主义应当是资本主义高度发达的产物，而当时俄国资本主义和生产力都不发达，缺乏社会主义的客观经济前提。1923年，列宁撰写《论我国革命》对此给予了有力的反驳和批评。[①]苏东剧变后，这种说法在国内外又时兴起来。认为苏联解体和剧变的根本原因，是俄国当年不具备建设社会主义的客观条件，说十月革命只是列宁和布尔什维克搞的一次"冒险"和"政变"。有人说马克思要搞的是"资本主义以后的社会主义"，而苏联和中国搞的却是"资本主义以前的社会主义"。认为苏东剧变和"退回资本主义"，是融入"世界文明主流"和回归"普世价值"的社会进步。说苏联、中国等落后国家先于西方发达国家搞社会主义革命，是"违反"和"证伪了马克思主义"。

王若水等人就持有这种观点。他说："在俄国这样一个落后的国家搞社会主义革命，过去说是列宁对马克思主义的发展，不

---

① 《列宁专题文集 论社会主义》，人民出版社2009年版，第356—360页。

对，这是对马克思主义的违反。生产关系要适合生产力的水平，这是马克思主义的一条基本原理。列宁批评第二国际执行机会主义路线，其实他自己就在搞机会主义。"说中国搞社会主义，就更是"不适合中国的经济水平"①。所有这些都是附加在马克思主义名下的"庸俗生产力论"观点，根本违背了历史唯物论和历史辩证法，是反对无产阶级革命的谬论。

显然，这些人犯错误主要是立场问题。而从方法论上看，则是他们脱离世界大局，孤立地看待当年俄、中等经济文化比较落后国家的无产阶级革命。马克思和恩格斯曾指出："按照我们的观点，一切历史冲突都根源于生产力和交往形式之间的矛盾。此外，不一定非要等到这种矛盾在某一国家发展到极端尖锐的地步，才导致这个国家内发生冲突。由广泛的国际交往所引起的同工业比较发达的国家的竞争，就足以使工业比较不发达的国家内产生类似的矛盾（例如，英国工业的竞争使德国潜在的无产阶级显露出来了）。"②

20世纪初，一些发达资本主义国家已经进入垄断资本主义即帝国主义阶段。帝国主义在随后不到40年内，就发动了祸害人类的两次世界大战。这足见其生产社会化与资本主义私有制的不相容性所造成的社会基本矛盾，以及由垄断代替自由竞争所形成的帝国主义之间的矛盾之严重和尖锐，并由此决定着"世界历史发展的总的路线"和"总的进程"。试问：如果没有帝国主义侵略和战争，会有俄国和中国无产阶级革命的先后发生与胜利吗？尽管当年俄、中等国的资本主义经济文化都比较落后，但作

---

① 王若水：《我的马克思主义观》（1995），http//www.360doc.com.cn/showWeb/0/0/1848928.aspx。
② 《马克思恩格斯文集》第1卷，人民出版社2009年版，第567—568页。

为世界资本主义统治体系的组成部分和"比较薄弱的"① 环节，才造成国内社会矛盾极其尖锐。革命在旧统治体系的"比较薄弱的"环节首先获得"突破"和胜利，是历史上一种常见现象。列宁说："世界历史发展的一般规律，不仅丝毫不排斥个别发展阶段在发展形式或顺序上表现出的特殊性，反而是以此为前提的。"② 只有坚持历史唯物论与历史辩证法的统一，坚持社会形态演进和更替规律的普遍性与其实现形式的特殊性的统一，才能够坚持和贯彻科学社会主义的基本原理。

（三）有些人声称马克思和恩格斯是"和平长入社会主义的首创者"，以此为自己复活伯恩施坦主义和推销"民主社会主义"辩护，是完全错误和没有任何根据的

众所周知，马克思和恩格斯关于无产阶级必须准备走暴力革命道路的基本观点，是一贯和明确的。他们基于对资产阶级本性及其国家镇压职能的深刻认识，始终认为"无产阶级不通过暴力革命就不可能夺取自己的政治统治，即通往新社会的唯一大门"③。同时，他们终身都抱有"和平"改造旧社会的真诚意愿。但是，他们总是告诫无产阶级要始终保持清醒头脑，做好"两手准备"。正因为这样，伯恩施坦才断言"在过高估计革命暴力对于现代社会的社会主义改造的创造力这一点上，马克思主义从来没有完全摆脱布朗基主义的见解"，还说"《共产党宣言》的革命的运动纲领是彻头彻尾布朗基主义的"④。而现在有些人却

---

① 《列宁全集》第60卷，人民出版社1990年版，第317页。
② 《列宁专题文集 论社会主义》，人民出版社2009年版，第357—358页。
③ 《马克思恩格斯文集》第10卷，人民出版社2009年版，第578页。
④ ［德］爱德华·伯恩施坦：《社会主义的前提和社会民主党的任务》，殷叙彝等译，生活·读书·新知三联书店1965年内部版，第78、81页。

指鹿为马，反而把"和平长入社会主义的首创者"①的帽子，张冠李戴在马克思和恩格斯的头上。其实，马克思和恩格斯正是"和平长入社会主义论"的最早的反对者。由于伯恩施坦等人的这种"和平长入论"的哲学基础是"庸俗生产力论"，以为只要生产力发展了，资本主义就会自然而然地"和平长入社会主义"。所以，这种主张的实质是资产阶级改良主义和阶级调和主义，是要反对和取消无产阶级革命。当这个论调一露头，就受到马克思和恩格斯的严厉批评。他二人先是在《通告信》中鲜明而尖锐地批评伯恩施坦等"苏黎世三人团"的阶级调和论，公开宣布"我们决不能和那些想把这个阶级斗争从运动中勾销的人们一道走"②；后是恩格斯从正面批评"和平长入社会主义论"。他在《1891年社会民主党纲领草案批判》中写道："现在有人因害怕反社会党人法重新恢复……就忽然要党承认在德国的现行法律秩序下，可以通过和平方式实现党的一切要求。他们力图使自己和党相信'现代的社会正在长入社会主义'。"恩格斯强调"这样的政策归根结底只能把党引入迷途"，"使党突然在决定性的时刻束手无策"③。恩格斯反对"和平长入社会主义论"的立场，是非常鲜明、一贯和坚定的。

我们也看到，恩格斯紧接着的确说过："可以设想"某些国家在极为特殊的条件下，"旧社会可能和平地长入新社会"。应当指出，恩格斯"可以设想"的是"和平长入新社会"，而不是"和平长入社会主义"。即使这样，恩格斯仍强调要有一系列极严格、极特殊的政治前提，包括这个国家：(1)"人民代议制机

---

① 谢韬：《民主社会主义模式与中国前途》，《炎黄春秋》2007年第2期。
② 《马克思恩格斯文集》第3卷，人民出版社2009年版，第484页。
③ 《马克思恩格斯全集》第22卷，人民出版社1965年版，第273页。

关把一切权力集中在自己手里";(2)人民代议制机关已经"取得大多数人民的支持";(3)该国已具有必须是完全体现广大人民的根本利益和政治意愿的宪法及其法制体系;(4)人民代议制机关"只要取得大多数人民的支持就能够按照宪法随意办事"①;等等。显然,在当时、现在和将来完全具备这些政治前提的国家和机遇,是极为罕见的。可以认为,恩格斯在这里附带提到的"可以设想",是体现其原则的坚定性与策略的灵活性的辩证统一。这样既能使无产阶级有利于争取政治上的主动,又表达了共产党人历来抱有的"和平"改造旧社会的真诚愿望。当然他更知道,这种"可以设想"在绝大多数国家里,通常并不具有可能性和实践性,因而一般是不现实的。

(四)马克思和恩格斯逝世以后,打着发展马克思主义旗号反对和歪曲无产阶级专政的,有"左"和右的两种错误主张

伯恩施坦等人从右倾机会主义方面,公开反对无产阶级专政理论。他说过:"坚持无产阶级专政这一词句究竟有什么意思呢?这一词句今天已经如此过时,以致只有把专政一词的实际意义去掉并赋予它随便什么削弱了的意义,才能使这一词句和现实相一致。"他把无产阶级专政贬斥为"属于较低下的文化"的"政治上的返祖现象"②。可以说,所有的机会主义者在理论和实践上,都无不反对一切无产阶级专政的社会主义国家,反对新中

---

① 恩格斯这里"可以设想"的有严格条件的"和平长入新社会",同伯恩施坦讲的"和平长入社会主义",是有原则区别的。因为前者可能是一种介于资本主义和社会主义之间的"过渡性社会"。——引者注。见《马克思恩格斯全集》第22卷,人民出版社1965年版,第273页。

② [德]爱德华·伯恩施坦:《社会主义的前提和社会民主党的任务》,殷叙彝等译,生活·读书·新知三联书店1965年内部版,第195页。

国实行社会主义制度。第二国际的伯恩施坦、考茨基等人曾经把列宁和布尔什维克党建立的苏维埃国家政权，说成是反对"纯粹民主"所谓"灾变"和"恐怖"，考茨基为此发表了《恐怖主义与共产主义》等著述。列宁曾撰写了《无产阶级革命和叛徒考茨基》等论著，驳斥他们反对无产阶级革命和无产阶级专政的错误观点。第二国际机会主义首领们的这些主张，后来被赫鲁晓夫等人所继承和延续。1961年苏联赫鲁晓夫领导集团在苏共二十二大上，提出了一个违背马克思主义国家学说和无产阶级专政理论的"全民国家"和"全民党"的《苏联共产党纲领》。其中写道："苏联作为社会主义国家进入了自己发展的新时期。国家变为社会主义劳动者的全民组织的过程开始了。无产阶级民主日益变为全民的社会主义民主。""从国内发展的任务来看，无产阶级专政在苏联已经不再是必要的了。作为无产阶级专政而产生的国家，在新的阶段即现阶段上已变为全民的国家，变为表达全体人民的利益和意志的机构。"①

在无产阶级专政的历史任务还没有完成之前，就宣布"全民国家"和"全民党"，是完全错误和根本违背马克思主义的。因为，马克思把社会主义和无产阶级专政的历史任务规定为：在大力发展生产力的基础上，通过"不断革命"，逐步"达到**消灭一切阶级差别**，达到消灭这些差别所由产生的一切生产关系，达到消灭和这些生产关系相适应的一切社会关系，达到改变由这些社会关系产生出来的一切观念的必然的过渡阶段"②。没有实现这"四个达到"，就不能放弃无产阶级专政。

---

① 《苏联共产党第二十二次代表大会主要文件》，人民出版社1961年版，第244—245页。

② 《马克思恩格斯文集》第2卷，人民出版社2009年版，第166页。

而且，按照马克思主义国家和政党学说，所谓"全民国家"和"全民党"本身就是一个政治悖论。马克思和恩格斯认为，国家是阶级矛盾不可调和的产物，是剥削阶级的统治工具。而政党则是阶级的一翼，是其阶级利益和政治主张的代表。尽管无产阶级国家已不是原来意义上的剥削阶级国家，而是劳动人民自己的国家。但世界上根本就不可能有"全民国家"和"全民党"。只要仍然存在任何国家和政党，就只能是某个"阶级的"而不是"全民的"；一旦成为"全民国家"和"全民党"，那就意味着它们已经完成了自己的历史使命而自行消亡了，社会也就不再存在国家和政党。当今中国也有所谓"马克思主义理论家"，竟出书著文公然宣称伯恩施坦主义是"马克思主义正统"，是"真正的马克思主义"，提出"只有民主社会主义才能救中国"；反而把列宁在苏联、毛泽东在中国建立的社会主义，说成是"暴力社会主义"，把中国特色社会主义归结为"民主社会主义"①等极端错误的观点。这些颠倒是非、指鹿为马的说法，是在公开反对科学社会主义和无产阶级专政，是在反对和歪曲中国特色社会主义道路和理论体系。

当然，也有人从"左"的方面，即打着无产阶级专政旗号曲解和破坏无产阶级专政。例如在"十年动乱"中，"四人帮"肆虐时，有一种所谓"无产阶级专政下继续革命"理论；有一个所谓"实行全面的无产阶级专政"，即"无产阶级在上层建筑其中包括在各个文化领域的专政"的口号。前者是"文化大革命"的所谓指导思想，后者还被张春桥写成长文鼓吹过。其实，这些都是错误和"左"的主张。

我们知道，所谓"无产阶级专政下继续革命"理论，被解

---

① 谢韬：《民主社会主义模式与中国前途》，《炎黄春秋》2007年第2期。

释为在无产阶级专政下搞"一个阶级推翻另一个阶级的政治大革命"。这显然是一个悖论。因为，既然"革命"是在无产阶级专政条件下进行的，那就是说，无产阶级是正在掌握着国家政权的统治阶级，剥削阶级已被推翻，那么还有哪个阶级需要推翻！难道要推翻的是已经掌握着国家政权的无产阶级自己吗？所以，所谓"无产阶级专政下继续革命"云云，是不能成立的。

再说所谓"实行全面的无产阶级专政"，即"无产阶级在上层建筑其中包括在各个文化领域的专政"。这同样是"左"的主张。因为马克思关于无产阶级专政的历史性任务的"四个达到"告诉我们：对前三个"达到"，即对"一切阶级差别"及其"所由产生的一切生产关系"，以及同后者"相适应的一切社会关系"，讲的都是"消灭"；而对后一个"达到"即对"由这些社会关系产生出来的一切观念"，讲的却是"改变"。可见，无产阶级专政对旧的社会存在与对旧的社会观念的改造方式，是严格加以区别的。由于人们思想是"自由"的，所以对其头脑中即精神世界中的问题，是不能采取"左"的、"专政"和强制的办法加以"消灭"的。

马克思主义认为，改造剥削阶级旧思想、旧观念的办法和途径有二：其一，必须从物质根源上消灭这些思想观念所由产生的物质社会关系，即观念的物质基础。因为剥削阶级旧的思想文化，不过是其物质关系在观念上的表现，所以只有把这些"物质关系"消灭了，它们在观念上的反映，才会迟早消失。其二，"批判的武器当然不能代替武器的批判，物质的力量只能用物质力量来摧毁"[①]；同样地，观念的东西也只能由观念的东西去直接克服。当我们发展社会主义先进思想文化，去批评和克服剥削

---

① 《马克思恩格斯文集》第 1 卷，人民出版社 2009 年版，第 11 页。

阶级的腐朽没落的思想文化影响时，要努力做到以理服人、以情感人、以美育人，就能逐步促进新旧思想文化的新陈代谢。因此，当年"四人帮"在思想文化领域中所搞的"全面专政"，根本不是无产阶级专政，甚至也不是一般的资产阶级专政，而是打着马克思主义旗号的资产阶级法西斯专政。

（五）有些人以曲解历史唯物主义生产力论为借口，而错误地宣扬"告别革命论"

20世纪90年代，我国思想界有些人由所谓"政治激进主义"转向所谓"文化保守主义"，进而提出了"告别革命"的错误主张。如有人说，他赞成马克思的历史唯物主义，只赞成它是"吃饭哲学"。认为生产力发展了，社会自然就会进步；而革命只有破坏作用，只会阻碍生产力发展和社会进步。因此，他提出了所谓"告别革命论"。声称"辛亥革命未必必然和未必必要"，说"辛亥革命带给中国的，倒必然是社会、政治、经济、文化各方面一大堆无序的混乱、破坏和各种权力、地盘、财产的争夺、掠取"①。认为清王朝这个政治形式，完全可以改良和利用。如果像日本明治维新那样不搞革命、坚持改良，中国早就现代化了。说从谭嗣同到孙中山，再到共产党，由搞政治激进主义到搞暴力革命，给中国造成了"很深的灾难"。有一本名为《告别革命》的书说："我国二十世纪就是革命和政治压倒一切、排斥一切、渗透一切、甚至主宰一切的世纪。"断言"二十世纪的革命方式确实给中国很深的灾难"，"革命激情有余，理性不足"。"所谓'激情'，就是指激进地激烈地要求推翻、摧毁现存事物、

---

① 见李泽厚《世纪新梦》，安徽文艺出版社1998年版，第142—143、150—151页。

体制和秩序的革命情绪和感情。"因此，他们提出"要改良，要进化，不要革命"，"为了十二亿人要吃饭，不论是何种名义，都不能再'革'了"①。

这种反对一切革命的"告别革命论"，不仅在政治学上而且在哲学上，都同样是站不住脚的。历史唯物主义认为，社会生产力的发展，是一切社会进步的根本基础。但是，任何社会都不存在离开其生产关系的现实生产力。而当一个社会形态的生产关系已经成为生产力发展的桎梏时，如果没有生产关系的革命、更替和进步，就会严重束缚生产力发展和社会进步，就没有新旧社会形态的更替和飞跃。可以说，"告别革命论"不仅根本违背马克思主义，而且连资产阶级革命民主主义也算不上。因为他们反对历史上的一切革命，尤其是反对中国近代以来包括我们党领导的新民主主义革命和社会主义革命。这是在为被推翻了的剥削阶级及其旧社会制度辩护和招魂。

五 坚持和运用马克思主义基本原理，探索解决当今世界的新情况和新问题

马克思主义关于阶级和阶级斗争、无产阶级革命和无产阶级专政学说，都是马克思主义科学体系的重要组成部分，是无产阶级和革命人民认识和改造旧世界、开创和建设新社会的锐利思想武器。其基本思想和基本原理，普遍地适用于各国无产阶级争取解放和消灭阶级的革命斗争，当然这些基本原理的实际运用，随时随地都要以当时的历史条件为转移。而其真理

---

① 李泽厚、刘再复：《告别革命：回望二十世纪中国》，香港天地图书公司1995年版，第66、67、70、71、329、322页。

性，已经得到并将继续得到国际共运及多国革命实践的反复检验和证实。

二战后，资本主义世界已经和正在发生深刻变化。到20世纪80年代末90年代初，苏联解体和东欧剧变，使世界社会主义运动步入低潮，也促使中国、越南等社会主义国家坚持解放思想、推进理论创新、实行体制改革（革新）和对外开放，谋求社会主义事业的振兴、巩固和发展。当代经济全球化、世界多极化、新科技革命迅速发展所带来的历史条件变化，使各国无产阶级的革命斗争，面临很多新情况和新问题，需要运用马克思主义的立场、观点和方法，去探索解决，并在实践运用中进一步坚持、验证和发展马克思主义。

（一）应当深入研究各国工人阶级的新变化，促进工人阶级的新觉醒

工人阶级作为资产阶级的"掘墓人"，承担着领导无产阶级革命和社会主义建设的历史使命，是最终实现共产主义事业的最重要的社会支柱和主体力量。一个国家工人阶级的发展状况，是其社会主义革命事业最主要的决定性因素。当今世界工人阶级的发展状况和态势，在很大程度上决定着人类的未来。最近几十年，除了一些最落后的发展中国家以外，多数国家的特别是发达资本主义国家的工人阶级，已经和正在发生许多深刻的新变化。

首先，是工人阶级阶级结构的变化。由于发达国家产业结构的现代化，即第一、二产业比重下降，第三产业即服务业的比重上升，因而蓝领工人迅速减少，白领工人迅猛增加。1900—1997年，美国第三产业就业人员占就业总数的比重，由37.9%上升到81.2%；而第一、二产业的就业人员，却由1900年的62%下

降到1990年的31%。其中主要从事脑力劳动的职工由1950年的36.7%，上升到1996年的58%。目前，农民在美国从事经济活动的人口中仅占2%—3%。① 美国蓝领工人，1900年为1200万人，1968年为2750万人，1980年为3110万人；而同期白领工人，大体分别为550万人、3560万人、4830万人。美国白领人数在1956年第一次超过蓝领工人；到1980年，白领工人对蓝领工人在数量上大约处于5∶3的优势。② 其他资本主义发达国家，大体上也是这样。英国在30年前约有30万煤矿工人，20年前还有20万人，而现在参加全国工会的煤矿工人只有3000人。③ 当前，发达资本主义国家的蓝领工人占20%—40%；白领工人占60%—80%。

其次，随着各国教育发展和白领工人增加，工人阶级的科学文化素质也普遍有很大提高。他们中很多人受过高等教育，在高科技企业、在办公室、在电脑前，从事科技开发、信息加工和业务管理等脑力劳动；文化水平不高的体力劳动者越来越少。

再次，大多数白领工人具有中等和中等偏低的收入和生活水平。他们中不少人有房有车、有一些积蓄和福利保障，一部分人还持有少量股票。因此，这些人中的富裕者最为关注的，是经济繁荣、工作稳定、收入增加和生活改善，不希望社会发生大变动。

资本主义各国学者对工人阶级变化的看法和认识，众说纷纭、缺乏共识。主要看法有：一是工人的"阶级意识危机和衰

---

① 徐崇温：《当代资本主义的新变化》，重庆出版社2005年版，第539页。
② ［美］丹尼尔·贝尔：《后工业社会的来临——对社会预测的一项探索》，高铦等译，商务印书馆1984年版，第150、152页。
③ 何秉孟、姜辉：《阶级结构与第三条道路——与英国学者对话实录》，社会科学文献出版社2005年版，第50页。

落论",其代表人物是"西方马克思主义"者列菲弗尔和哈贝马斯等人。他们认为"阶级意识或革命的阶级意识,今天在工人阶级的核心部分中都看不见了";在消费主义时尚中,"工人阶级产生了一心追求物质享受的需要和意识,丧失其历史方向是不足为奇的"①。二是"新小资产阶级论",其中最有影响的是希腊籍法国哲学家普兰查斯等人。他们以生产性和非生产性劳动,作为区分工人阶级和小资产阶级的标准,认为绝大多数专业技术人员和管理人员变成了"新小资产阶级",传统工人阶级日益失去原有的社会地位和作用。三是"新阶级论",由马勒和高兹等人所提出。这种观点不是从工人受雇佣受剥削的本质视角,而只是从白领(有知识技术)的职业特点,来定义这个据说已在社会和经济上占主导地位的"新阶级",以便靠它去克服由官僚管理机构造成的劳动异化。高兹由此得出所谓"告别工人阶级"和"去工人阶级化"的结论。四是工人阶级"一体化论",这种观点为马尔库塞等人所提出。认为当代西方工人阶级在其社会存在、生产和生活及思想意识等方面,已被资产阶级融合和同化,即所谓"一体化"了。说这个阶级"直接(经济)利益取代了它的真正(历史)利益"②,"在客观上,从'自在'来说,劳工仍然是革命阶级;在主观上,从'自为'来说,它并不是革命阶级"③。五是工人阶级"中产阶级化论"④,这是西方社会学、政治学、未来学和媒体中的盛行说法,在我国也有很大影

---

① 列菲弗尔:《现代世界中的日常生活》,1971年纽约英文版,第68、109页。
② 马尔库塞:《苏联的马克思主义》,1958年纽约英文版,第23页。
③ 马尔库塞:《论解放》,1969年波士顿英文版,第16页。
④ 20世纪五六十年代,在西方理论界曾经进行过工人阶级"中产阶级化"的讨论(见[英]戴维·李、布赖恩·特纳主编《关于阶级的冲突》,姜辉译,重庆出版社2005年版,第182页)。

响。作为其理论基础的,是贝尔的所谓"中轴原理",即以"职业",而不是以"财产关系"作为"划分阶级与阶层的最重要的决定因素"即"中轴";认为"后工业社会"中日益增多的白领人群,"是一个以知识而不是以财产为基础的专业阶级"即"中产阶级",是"正在兴起中的新社会的主要阶级"和"最高阶级"[1];如此等等。

所有这些思想观点,虽然能够为我们深入研究当代工人阶级新变化,提供了一些实证材料和思考借鉴。但其中在西方最有影响的,却是非马克思主义的,甚至是反马克思主义的观点和理论。如所谓"中产阶级化论",就是把本应属于工人阶级的大批主要从事脑力劳动的知识分子、科技工作者、中下层管理人员等具有中等和中低收入的职工,人为地从工人阶级中分割出来,称为所谓"中产阶级"。其企图是否定马克思主义关于资本主义社会日益分化为两大对立阶级——工人阶级和资产阶级的结论,即借口体力劳动者日益减少,来证明工人阶级"衰落"和马克思主义"破产"[2]。美国学者 M. 杰克曼、R. 杰克曼据此声称:"具有讽刺意味的是,尽管有关阶级两分法的观念来自于马克思主义有关阶级与革命之间的联系,却并没有什么当代阶级理论家公开地将革命纳入其模式。即使在新马克思主义者中间,对马克思的阶级模式所作的修改也不过是减少革命的可能性。"[3] 国内有人附和道:马克思和恩格斯当年认为,"资本主义发展下去,

---

[1] [美]丹尼尔·贝尔:《后工业社会的来临——对社会预测的一项探索》,高铦等译,商务印书馆1984年版,第23、411页。

[2] 王若水:《我的马克思主义观》(1995),http//www.360doc.com.cn/showWeb/0/0/1848928.aspx。

[3] [美] M. 杰克曼、R. 杰克曼:《当代西方的阶级观与美国的现实》。转引自蔡声宁、王枚编《当代发达资本主义国家的阶级问题》,河北人民出版社1987年版,第62页。

社会将迅速两极分化，好像一个葫芦形，中间最细，两个头，一大一小，一头是人数很少的大资产阶级，另一头是广大的无产阶级，这两大阶级的斗争将决定人类的未来。历史的发展否定了马克思的预言。拿现在美国来说，出现了一个庞大的中产阶级，整个社会像一个橄榄形，两头小，中间大，这样的社会结构是比较稳定的"。由此他断言："共产主义仍然是乌托邦。"① 显然，这是站在错误立场得出的错误看法。

所以，从理论和实际的结合上深入研究当代工人阶级的新变化，是坚持和发展马克思主义阶级观点和阶级斗争学说的一个紧迫而重要的课题。2007年，越南共产党党内开展了一场关于工人阶级问题的大讨论，其成果形成了由越共十届六中全会通过的"建设强大工人阶级的战略"（2008年1月28日）。看来，我们国家更应该加强工人阶级的深入研究。在研究中，必须吃透两头：一头是要加强研究各国工人阶级实际发生的新变化；另一头是要全面领会和善于运用马克思主义有关理论，并使这两者达到内在的结合、统一和发展。

必须指出，马克思和恩格斯从来没有把"无产阶级"即"工人阶级"，仅仅局限于"蓝领"的体力劳动者。马克思在《资本论》中把工人劳动力的支出，看做是劳动过程中"运用的体力和智力的总和"，提出了包括科技人员在内的"总体工人"概念。认为脑力劳动与体力劳动分离以后，"总体工人的各个成员较直接地或较间接地作用于劳动对象"，其中以脑力劳动为主的科技人员"为了从事生产劳动，现在不一定要亲自动手；只

---

① 王若水：《我的马克思主义观》（1995），http//www.360doc.com.cn/showWeb/0/0/1848928.aspx。

要成为总体工人的一个器官,完成他所属的某一种职能就够了"①。并说:"资本主义生产方式的特点,恰恰在于它把各种不同的劳动,因而也把脑力劳动和体力劳动,或者说,把以脑力劳动为主或体力劳动为主的各种劳动分离开来,分配给不同的人。……这一分离也丝毫不妨碍:这些人中的每一个人对资本的关系是雇佣劳动者的关系,是在这个特定意义上的**生产工人**的关系。"②恩格斯还期望"大学生们意识到":"从他们行列中产生出这样一种脑力劳动无产阶级,他们负有使命同自己从事体力劳动的工人兄弟在一个队伍里肩并肩地在即将来临的革命中发挥重要作用。"③从这样的视角和理论高度,我们完全能够深入研究和科学阐明当代工人阶级新变化的实质,以促进国际工人阶级的新觉醒。

(二) 关于怎样看待当前资本主义国家许多马克思主义政党的路线和政策调整问题

苏联解体、东欧剧变,给世界社会主义运动造成了历史性曲折和严重挫折。这场剧变,使社会主义国家由原来15国减少为5国;国土面积缩小70%,由占世界陆地面积的24%减少到7.5%;人口减少21%,由原来的16亿人减少到当时的12.7亿人,即由占世界人口总数的32%减少到23.5%。苏东9国和蒙古国,就这样迅速而公开地演变为资本主义国家。各国工人阶级及其政党,由此受到很大的政治冲击和社会压力。世界各国马克思主义政党,由原来约180个减少到130个左右;党员(中共党

---

① 《马克思恩格斯文集》第5卷,人民出版社2009年版,第582页。
② 《马克思恩格斯全集》第26卷(Ⅰ),人民出版社1972年版,第444页。
③ 《马克思恩格斯文集》第4卷,人民出版社2009年版,第446页。

员除外）由4400多万人减少到1000多万人，约损失3000万人。从那时以来，除了少数共产党和工人党自行解散、发生分裂或更名易帜演变为社民党以外，大多数党都经受了政治上的冲击、考验和锻炼，从而稳住了阵脚，保存了骨干，并逐步有所恢复和发展，但同时也收缩了阵地和调整了斗争政策。

苏联地区，苏共在20世纪90年代初被"自行解散"和"禁止"活动以后，经过共产党人不懈努力和抗争，在俄罗斯恢复形成了俄罗斯共产党和其他六七个党员人数较多的共产党；独联体其他国家还有乌克兰共产党、摩尔多瓦共产党人党等十七八个共产党；在东欧各国，有捷克—摩拉维亚共产党、阿尔巴尼亚共产党等四五个影响较大的共产党。在整个前苏东地区，党员较多、影响较大的共产党和工人党约有30个，党员近200万人。在资本主义发达地域，西欧有法共、葡共、希共、意共、意重建共等10多个共产党，有党员100多万人；日共有党员36万人；北美、北欧和大洋洲，历来是资产阶级右翼政党或社会民主党势力最强的地方，这里虽有美共、新共和澳共等20多个共产党，但党员人数仅有三四万人。在亚非拉发展中国家，在全国非执政的共产党有印共、印共（马）、尼共（毛）、菲共和南非共等马克思主义政党共约60个，有党员200多万人。资本主义各国共产党人，在苏东剧变之后，都结合实际调整了路线和政策，以探索适合本国社会主义革命和发展道路。其中，除了希共、菲共、印共（马列）等少数坚持传统和激进革命主张的党以外，大多数共产党和工人党都作出了引人注目的纲领、路线、政策和策略调整。这些包括：

——在党的指导思想上，大多数党宣布要坚持以发展的、创造性的马克思列宁主义，作为指导思想或指导思想的理论基础，并普遍强调必须使之与本国本民族的一切进步思想和优秀传统相结合。法共等几个党则只提以"马克思主义"、不提以"列宁主义"为指导；日共仅提以"科学社会主义"为指导。

——在党的阶级属性和作用上，虽然大多数党仍然保留共产党、工人党的名称，有些还称为是原共产党和工人党的"继承者"，但一般不再宣布自己是工人阶级政党，不再称为"工人阶级先锋队"，而是称为"人民的党"，或是代表广大人民利益的党；在政治结盟和政治实践中，强调"平等"和"合作"，而不提共产党发挥"领导"作用。

——在党的主要斗争和活动方式上，大多数党在纲领中都宣布承认本国宪法及其法制体系，认同资本主义统治秩序，放弃暴力革命，参与议会选举，以和平和合法的斗争方式，来维护人民的利益，争取社会进步。

——在党的组织原则上，大多数党主要是强调党内民主、自由和多样性，而否定和放弃以"民主集中制"作为党的根本组织原则。

——在党的奋斗目标上，大多数党都主张"和平过渡"到社会主义。其政治纲领，一般都只提争取建立"人民民主政权"或"劳动人民政权"，而不提争取建立"无产阶级专政"。日共提出用"人民民主执政"代替"无产阶级专政"；西欧的一些党，如法共用"新共产主义"代替原来主张的"欧洲共产主义"和"法国式社会主义"，认为这种"新共产主义"不应理解为一种社会"制度"，而看做是向着更公正、更人道的社会迈进的历史"进程"，不是要"代替资本主义"，而是要"超越资本主义"；如此等等。

应该说，各国资本主义在总体上处在和平发展，世界社会主义运动处于低潮和不存在革命形势的时期，这些国家大多数共产党和工人党所作出的相应的路线、政策和策略调整，是必要的、可以理解的。只有这样,才能使党适应环境条件的变化,才能稳住阵脚、教育群众、积蓄力量、开拓阵地,以图复兴。我们认同和支持这些国家的共产党人根据国情和历史条件的变化,充分利用资本主义民主,维护劳动人民合法权益,反对和减轻资产阶级剥削与压迫,争取社会进步,探索当代资本主义各国实现社会主义的革命道路。毫无疑问,这种探索是艰难而曲折的,必须容许暂时失败和付出一定的代价。同时,各国共产党更需要不断总结实践经验、不断完善自己的理论、路线和政策,以利于独立自主地探索、选择一条适合自己国情的正确的革命和发展道路。

我们认为,在研究当前世界社会主义运动时,必须根据实践标准和维护工人阶级根本利益的原则立场,进行长期观察和分析其发展趋势,以认清资本主义各国党的这些变化,是一种阶段性的战略退却和策略调整,抑或是一种政治立场和政治信念上的转向。有学者认为:"十月革命胜利后和二次大战结束以后,曾出现过社会党'共产党化'的倾向。80—90年代以来,特别是苏东剧变以来,形势却反转过来,出现了共产党'社会党化'的倾向。"① 在对待马克思主义态度上,我们既要反对教条主义的僵化,也要反对机会主义的背弃。所以,看一个马克思主义政党是否坚持工人阶级立场和发挥领导作用,是否坚持无产阶级革命的正确道路,是否坚持社会主义、共产主义的长远奋斗目标等根本问题,不仅要看其宣言,更要看其行动,要接受社会实践的反复检验。因此,马克思主义政党根据现实条件进行路线、政策和策略调整,在任何时候,都应当是有分寸、有原则、有底线的。必须把应当长期坚持的基本理论和政治目标,与当前的具体政策

---

① 肖枫主编:《社会主义向何处去:冷战后世界社会主义运动大扫描》,当代世界出版社1999年版,第100页。

和策略上的变化作出相对区分：政策上要调整到位，策略上要退够，但在基本理论和重大原则问题上，必须是清醒、一贯和坚定的。工人阶级绝不能为了一碗"红豆汤"，而出卖自己的"长子继承权"。

(三) 关于通过议会道路"和平过渡"到社会主义社会的可能性问题

目前，世界资本主义各国共产党，除了印共（纳派）、哥共、菲共等少数共产党从理论和实践上仍然坚持暴力革命道路外，大多数共产党都公开宣布放弃武装斗争，走议会道路，争取"和平过渡"到社会主义。从当前缺乏革命形势的历史条件看，如果这是一种战略退却和策略调整，那是必要和正确的；而如果是唯一的革命道路选择，那就不符合马克思主义，可能会造成严重后果。当然，每个党都有权独立地作出政治决策，但最终都要靠实践作出历史性的验证。

然而，马克思主义者根据已有的基本事实作出理论上的正确分析、判断和预见，还是必要和有益的。它有助于克服盲目性和不走大的弯路。对此的理论思考，可以归结为两大问题：其一，今后资产阶级国家会不会仍然用暴力镇压无产阶级革命？其二，当代资本主义国家能否"和平过渡"到社会主义？理论和经验都告诉我们，对前一个问题的回答应是肯定的；对后一个问题的回答一般应是否定的。这是因为：

第一，资本主义各国即便是"民主共和国"，都从未弱化而是在不断强化其国家机器和镇压职能。现在资本主义各国特别是西方发达国家的国防经费，年年猛增，军事实力和装备日益现代化，都武装到牙齿了。这些干什么用？名曰"国防"，声称用于防范和应对外来"威胁"和"侵略"。但就西方少数发达国家而言，不是别人在威胁和侵略它们，而是它们在威胁和侵略别人。冷战后，尽管两极对立的格局已经终结，但以美国为首的西方国家却大搞双边和多边军事结盟，争夺绝对的军事优势，变本加厉地推行霸权主义和强权政治，欺凌发展中国家，围堵社会主义国家。

应该说，其军事力量更直接的是为了镇压劳动人民的革命和反抗，以维护垄断资产阶级的根本利益和统治秩序。资产阶级共和国通常具有自由、民主、平等、文明的表象。但到关键时刻，它们会毫不留情地镇压和屠杀革命，即便是搞"和平过渡"，照样也不放过。这方面最惨痛的教训是印尼共和智共。20世纪60年代前期，以艾地为首的印尼共与苏加诺总统当局合作，以"纳沙贡"形式搞统一战线，希望印尼"和平过渡"到社会主义。1965年，以苏哈托将军为代表的反共势力制造"9·30"事件，疯狂镇压、屠杀了上百万共产党员和革命人民，"和平过渡"化为泡影。1970年，智共和智利社会党等左翼势力结成六党联盟，在大选中获胜，也想向社会主义"和平过渡"。但到1973年9月，皮诺切特将军发动军事政变，杀害了民选总统阿连德，镇压进步人士，实行军事专制统治，"和平过渡"之路被完全堵死。据报道，这两起屠杀革命人民的军事政变，都或明或暗地得到美国等西方反共势力的鼓动和支持。可见，工人阶级的即使是和平和合法的斗争，一旦可能触及资产阶级的根本利益，往往就会被反革命暴力所扼杀。

第二，资本主义"和平长入社会主义"的机会极其罕见，按照"一般规律"是不可能的。在当今经济全球化和世界多极化的历史条件下，与此有关的有三种情况，需要具体分析：

其一，在当代某些民主共和国中，共产党或工人党通过同左翼结成统一阵线，在议会选举中，也可能成为一个参政党，或者在本国局部区域内参政或执政。目前，南非共与"非国大"在合作参政；法国原海外殖民地留尼汪（省）共产党、尼泊尔共产党（毛）等都正与本国或本地的左翼力量合作，而成为参政党。还有，印共（马）在印度西孟邦通过选举执政，自1977年至今已有33年；印共（马）还在印度喀拉拉邦和特里普拉邦通过选举间或地执政。

其二，在当今全球战略格局中，也有某个小国共产党或工人党的领导人，在特定的条件下，能够以合法与和平的方式，通过选举一时争得国家元首或政府首脑的职位。例如，摩尔多瓦共产党人党领导人沃罗宁，在20世纪初通过选举担任过摩尔多瓦两届总统；2008年2月24日，塞浦路斯共产党人季·赫里斯托菲亚斯，通过选举当选该国总统；2008年4月，尼共（毛）由武装斗争转向议会斗争后，通过选举已经成为该国拥有议席最多的政党，其领导人普拉昌达已在废除君主制后曾短暂地担任过尼泊尔政府第一位总理。

其三，社会党国际所属的一些社会民主党或社会党，在北欧、西欧和其他地区一些国家中，通过选举，长期和间或地争得了执政地位，实行一些福利政策，声称追求"价值社会主义"，而不搞"制度社会主义"，等等。

在上述三种情况下，这些资本主义国家都只能或多或少地增添一些"新社会因素"，而一般都不可能"和平过渡"到社会主义。就前两种情况看，都存在一种难以逾越的"政治合法性"悖论。在资本主义制度和法制构架下，某国共产党或其领导人通过选举，也许暂时能够争得执政党地位，或国家元首或政府首脑的职位。其政治前提是：他（它）们必须公开承认和努力维护现行资本主义制度；必须公开宣誓忠于现行资本主义宪法及其法制体系，并依法行使其职权来兑现这种庄严的政治承诺。也就是说，在资本主义制度规范和多种权力制约下，即使是一时争得了执政地位的共产党或其领导人，通常只能对其社会作出若干改良，很难执行比较全面的社会主义政策，更不可能变革社会基本制度而使该国该地区走上社会主义道路。否则，他们就只能按照该国资本主义法定的民主程序，而"合法"地下台。更何况，这些资产阶级国家还有其军队、警察、法庭、监狱等暴力机器，作为政治和军事后盾。就第三种情况而言，各国社会民主党早已演变为资产阶级改良主义政党。它们作为资本主义"床边的医生"，在执政中实行某些福利政策，只能暂时缓和阶级矛盾，为群众谋得一些眼前的实惠，而不可能解决资本主义的根本矛盾，不可能使工人阶级和广大劳动人民摆脱受剥削受压迫的阶级地位，当然更不可能"和平长入社会主义"。

（四）关于世界社会主义运动如何走出低潮和迎接革命高潮问题

自从马克思主义问世以来，由于历史条件和阶级力量对比的变化，国际共产主义运动曲折发展，其间高潮和低潮交替出现，是符合规律性的社会现象。1848年欧洲革命成果被资产阶级夺走、1871年巴黎公社失败，特别是第二国际变质以后，都先后出现过革命低潮。在两次世界大战中及其以后一段时间，出现过前所未有的无产阶级革命高潮。但在东欧剧变、苏联解体以后，世界社会主义运动又步入低潮。共产党人既要正视这个现实，相应地调整党的路线、政策和策略，认真总结经验、吸取教训、积蓄力量，为尽快走出低潮和迎接高潮创造条件。当代各国工人阶级及其政党，应当以列宁为榜样，结合目前的历史条件，团结奋斗，争取世界社会主义运动尽快走出低潮。

第一，深入总结革命步入低潮的原因和经验教训，坚持和发展马克思主义,用以武装和组织共产党人,教育和唤醒革命群众,是革命走出低潮的重要的政治理论前提。19世纪末20世纪初,列宁开始走上政治舞台时,正处于恩格斯逝世后第二国际机会主义蔓延滋长、大行其道的逆境。当时,参加第二国际的绝大多数社会民主党(只有俄国布尔什维克、保加利亚党的紧密派和塞尔维亚党除外)及其大多数领导人,如伯恩施坦、福尔马尔、考茨基和普列汉诺夫(只有列宁和倍倍尔等极少数领袖人物除外)等人,以右派或"中派"面目出现,"修正"马克思主义,坚持社会沙文主义立场,支持帝国主义战争,完全背叛了工人阶级和马克思主义,葬送了此前曾一度向好的革命形势,使第二国际走向破产。

列宁和布尔什维克党虽是后起之秀,却是反对第二国际机会主义的中流砥柱,发挥了引领时代潮流的作用。列宁认为,当时国际共产主义运动处于低潮的客观原因,是这期间(1872—1904年)整个资本主义处于"和平"发展的时期,世界"进入了为未来变革的时代作'和平'准备的阶段"①。因此,"机会主义不是偶然现象,不是个别人物的罪孽、过错和叛变,而是整个历史时代的社会产物"②。列宁站在时代前列,从哲学、政治经济学和科学社会主义诸方面,剖析、清算和批判各种机会主义思潮,总结革命经验,把马克思主义发展到列宁主义阶段,积蓄和组织革命力量,奠定了迎接革命高潮的理论和组织基础。如果听任机会主义思潮泛滥,就会延误革命高潮的到来。所以,我们只有像列宁那样,把革命低潮看做是总结经验,坚持、发展和传播马克思主义的契机,才有利于促进世界社会主义运动走出

---

① 《列宁专题文集 论马克思主义》,人民出版社2009年版,第63页。
② 《列宁选集》第2卷,人民出版社1995年版,第494页。

低潮。

第二，巩固和发展已有的社会主义成果和阵地，是世界社会主义运动走出低潮的现实基础。当今世界社会主义运动面对不利的客观条件，是资产阶级的特别是西方垄断资产阶级及其国家，拥有空前雄厚的经济科技实力、空前强大的军事机器和现代化的舆论手段，用以不断强化对本国尤其是对广大发展中国家劳动人民的剥削、掠夺和统治；而我们所具备的有利的历史条件，则是160多年以来世界资本主义统治体系的内在矛盾在日益深化，各国工人阶级及其政党已经取得了不少社会主义成果和阵地。这包括马克思主义日益广泛的传播和发展；工人阶级不断发展壮大和处于新的觉醒之中；各国工人阶级政党在曲折奋斗中经受了锻炼和考验；尤其是苏东剧变后，中国和越南等五国仍然在改革（革新）开放的实践探索中，坚持、巩固和发展科学社会主义事业；等等。只要中国等社会主义国家在现代化建设中，坚持把马克思主义基本原理同本国实践和时代特征相结合，在改革开放的实践探索中，成功地闯出一条具有本国特色的社会主义发展道路，并逐步创造出高于资本主义的劳动生产率。那么由此产生的示范效应和吸引力，就是不可估量的。当然，世界社会主义运动何时和如何走出低潮，只能是各种社会历史条件相互作用的产物。而其中一个关键性的因素，就是现有社会主义国家的巩固、振兴和发展。我们深信，当今世界较之于列宁时代，从一定意义说，确实具有走出革命低潮的更多有利条件；问题在于当代各国共产党人如何认识和加以运用，以达到推进无产阶级革命事业之目的。

第三，各国工人阶级及其共产党人要及时捕捉和善于利用历史机遇，促进革命高潮尽快到来。我们深知，无产阶级革命是否发生和获得胜利，在总体趋势上是由历史条件和客观规律决定的，并且表现为一个个最佳的历史转折点，即一定的革命时机。然而能否及时捕捉和善于利用好革命机遇，还要靠人的主观能动性，要靠各国工人阶级及其政党的路线正确、组织坚强和战略眼光。例如十月革命前的俄国，资本主义并不发达，工人与农民相比人数也不多，无产阶级革命的客观条件不很充分。起义前夕，布尔什维克党及其掌握的革命力量也不够强大：直到1917年10月，党员才由同年2月的2.3万人迅速发展到35万人，只有受其影响和掌握的一部分士兵和工人武装。这与占据国家政权的资产阶级临时政府相比，力量对比悬殊。但列宁深刻地洞察到：当时深陷在第一次世界大战中的俄国，给人民造成了"毫无出路的处境十倍地增强了工农的力量"而处于"革命边缘"[1]；这时临时政府又把军队主力调往前线，使彼得堡等地兵力空虚。由于列宁及时抓住了革命良机，力排众议，果断地发动和领导武装起义，才夺取了十月革命的胜利。

  同样地，在半殖民地半封建社会的旧中国，无产阶级革命的客观条件更是不够充分。在抗日战争胜利后，我们党领导的武装力量与国民党军队相比，无论是数量上还是装备上都处于劣势。但是，由于党中央和毛主席高瞻远瞩、雄才大略，敏锐地抓住了革命机遇，使我党我军在解放战争中，由被动变主动、由弱变强，及时组织战略决战，才创造了军事奇迹，赢得了中国革命的胜利。正是由于俄、中等国革命的先后胜利，才迎来了当年的革命高潮。

  相反地，二战中，外国一些兄弟党也曾拥有可观的人民军事力量，但无所作为。如法共、意共在反法西斯斗争中所领导的游击队曾分别达到55万人和16.9万人，是该国游击队的主力。但

---

[1] 《列宁专题文集 论社会主义》，人民出版社2009年版，第358页。

这些党在战后都放弃了武装力量,仅仅暂时换得几个无关紧要的内阁职位。至今它们依然只能是在野党。

看来,世界社会主义运动何时能够走出低潮,固然要取决于天下大势的演进;同时,各国工人阶级及其政党能否因势利导,及时捕捉和善于利用历史机遇,也是革命走出低潮的重要因素。这体现了历史发展的必然性与偶然性、客观规律性与主观能动性的内在统一。

(五) 关于马克思主义阶级观点和阶级分析方法的现实性和适用性问题

对马克思主义的阶级观点和阶级分析方法,由于人们的立场不同而使国内外思想界的看法,历来是根本对立的。资产阶级御用学者总是诋毁马克思主义阶级观点,认为它毫无可取之处,必欲灭之而后快。马克思主义创立之初,德国的海因岑"不仅否认阶级斗争,甚至否认阶级存在",竟说阶级是"共产主义者的无聊捏造",讥笑马克思主义者在"玩弄阶级斗争",因而受到马克思及其战友和学生魏德迈的有力反击。① 马克思主义刚传入中国之时,胡适指责阶级斗争学说是"无中生有"。说它"无形之中养成一种阶级的仇恨心",使有产阶级与无产阶级视对方为"仇敌"和"敌人","使社会上本来应该互助而且可以互助的两种大势力,成为两座对垒的敌营,使许多建设的救济方法成为不可能,使历史上演出许多本不须有的惨剧"②。160多年以来,各国剥削阶级的特别是西方资产阶级的剥削掠夺史和各国工人阶级

---

① 《马克思恩格斯全集》第 28 卷,人民出版社 1973 年版,第 504—509 页。
② 胡适:《四论问题与主义——论输入学理的方法》,《每周评论》第 37 号(1919 年 8 月 31 日)。

革命斗争史，以铁的事实否定了这类反对马克思主义阶级观点的错误言论。马克思主义在实践中不断得到证实和发展。

现在，我们需要思考和回答的一个重要问题是：马克思主义阶级观点和阶级分析方法在当代世界是否继续适用和有效？在西方思想界，对此影响比较大的看法大体有三种：其一，是以《后工业社会的来临》作者、美国芝加哥大学学者丹尼尔·贝尔等人为代表的"过时论"。他对马克思在《共产党宣言》和《资本论》中，用所谓"以财产关系为中轴"决定阶级和社会结构的观点描述"工业社会"，给予了言不由衷的肯定。但他认为，当代西方社会即后工业社会的"中轴"，不再是生产资料所有制，而是"理论知识处于中心地位"；"职业"是"划分社会阶级与阶层的最重要的决定性因素"；"知识阶级是新社会的最高阶级"、是"后工业社会的中心"，"现代社会的主要问题不是阶级矛盾"[1]。英国坎特伯雷大学教授雷·帕尔也持类似观点。他断言马克思主义的阶级分析已经"过时"，说"尤其是作为一种概念的阶级在社会学中不再具有任何作用"[2]。其二，是以英国学者戈德索普和马歇尔等人为代表的"修正论"。他们承认自己的"阶级分析"与马克思主义有"一定程度上的"联系，但却"与马克思主义社会学的阶级分析迥然不同"。并声称其"阶级分析"既不包括马克思主义"历史理论"和"剥削理论"，也不包括"以阶级为基础的行动理论"和"政治行动理论"[3]。虽然他们名曰"阶级分析"，但实际上只是类似于韦伯的所谓"阶层

---

[1] [美] 丹尼尔·贝尔：《后工业社会的来临——对社会预测的一项探索》，高铦等译，商务印书馆1984年版，第17、23、54、409—411页。

[2] [英] 戴维·李、布赖恩·特纳主编：《关于阶级的冲突》，姜辉译，重庆出版社2005年版，第112页。

[3] 同上书，第124—135页。

分析",不是真正的"阶级分析"。其三,是西方有一批左派学者仍然在坚持和运用马克思主义阶级观点和阶级分析。例如,德国左翼学者沃尔夫冈·豪格,就认为马克思在《共产党宣言》和其他著作中包括阶级问题在内的一些观点"至今没有丧失其现实性"。"今天,人们惊叹他的分析如此适用于当前的社会现象"——"仿佛马克思当年有一架时间机器,可以让他飞到当代,描述今天发生的事情"①。

我们坚持和赞同第三种观点,马克思主义阶级观点和阶级分析方法仍然具有现实性,并适用于当今的总体世界。应当承认,马克思主义产生以来的160多年,世界已经和正在发生深刻变化。一方面,是资本主义本身的变化,它已由自由资本主义发展到私人垄断资本主义,再发展到私人垄断与国家垄断、国际垄断相结合的新垄断资本主义;另一方面,是出现了少量的社会主义国家,世界开始了由资本主义向社会主义过渡的历史进程。综合地看,当今世界是新生而弱小的社会主义制度与没落而强大的资本主义制度、少数富裕的资本主义发达国家与大量比较落后的发展中国家相并存的世界。二战后,尽管资本主义企业组织、阶级结构和剥削方式发生了许多变化,但是资本主义生产方式的基本矛盾、基本的阶级关系和工人阶级受剥削受压迫的基本状况,并没有发生实质性变化。因此,当今世界(除5个社会主义国家外)在总体上还是阶级社会。马克思主义的阶级观点和阶级分析方法仍然具有现实性,并没有过时。当然,我们在运用阶级观点观察当今世界时,必须坚持具体问题具体分析,并在实践运用中继续加以验证和发展。这些应当成为各国马克思主义者和共产

---

① 《125年过去了——马克思仍是最重要的资本主义的批评者》,德国之声电台网站2008年3月14日文章。

党人的共识。

现在，我们需要探索和回答的另一个问题，是马克思主义阶级观点和阶级分析方法在我国社会主义初级阶段的现实性和适用性问题。对一般共产党人而言，承认阶级观点和阶级分析方法对于认识阶级社会、认识革命战争实践的重要性，已有基本共识。但对于无产阶级专政条件下的阶级斗争问题，例如对我国社会主义初级阶段的阶级斗争的看法问题，应该说，还有一个重新探索并须经社会实践重新和反复验证，以统一认识的过程。现在必须肯定的是，我们党在这种探索中已经取得了理论和实践上的重大进展：（1）党的十一届三中全会果断地停止使用"以阶级斗争为纲"这个"过时"的口号、纠正阶级斗争扩大化的错误，实现了党的工作中心转向经济建设的伟大战略转变，使我国进入了社会主义改革开放的新时期。（2）邓小平对我国现阶段的阶级斗争问题已有明确论述。他认为："社会主义社会中的阶级斗争是一个客观存在，不应该缩小，也不应该夸大。实践证明，无论缩小或者夸大，两者都要犯严重的错误。"不过，这种同剥削阶级残余的阶级斗争，"不同于过去历史上的阶级对阶级的斗争（他们不可能形成一个公开的完整的阶级），但仍然是一种特殊形式的阶级斗争，或者说是历史上的阶级斗争在社会主义条件下的特殊形式的遗留"①。（3）党的十一届六中全会通过的《关于建国以来党的若干历史问题的决议》，对我国现阶段阶级斗争问题作出了科学论断："在剥削阶级作为阶级消灭以后，阶级斗争已经不是主要矛盾。由于国内的因素和国际的影响，阶级斗争还将在一定范围内长期存在，在某种条件下还有可能激化。既要反对把阶级斗争扩大化的观点，又要反对认为阶级斗争已经熄灭的

---

① 《邓小平文选》第2卷，人民出版社1994年版，第182、169页。

观点。"① 大量事实证明，所有这些观点和论断切合我国社会主义初级阶段的实际，是完全正确的，也是我们继续探索和研究这个问题必须遵循的理论前提。

唯物辩证法要求我们，在反对一种主要错误倾向的同时，要防止它可能掩盖着的另一种错误倾向。在社会主义初级阶段，全党全国各族人民必须坚持"一个中心、两个基本点"的基本路线，不能重犯"以阶级斗争为纲"和阶级斗争扩大化的错误，但不能从一个极端跳到另一个极端。在新时期，当党和国家的工作转向"以经济建设为中心"以后，党内外有些人对当今世界在总体上仍然是阶级社会不以为然，对我国一定范围内长期存在的阶级斗争现象熟视无睹，把马克思主义阶级观点和阶级分析方法，弃之如敝屣。当前，我国政治思想的主流是好的，马克思主义居于指导地位。但是，我国理论界有些人持有的淡化政治、淡化意识形态、淡化马克思主义的看法，仍颇有影响。有极少数人正在宣扬历史虚无主义、国粹主义、民主社会主义和资产阶级自由化思潮，特别是后二者合流，崇拜西方资本主义，把美国资本主义民主制及其核心价值观，说成是超阶级的"普世价值"，公开要求我国实行"私有化"、"西方化"和"美国化"。我们应看到，目前"左"倾教条主义思想仍未绝迹，应当保持警惕；同时也必须正视的，是资产阶级自由化和民主社会主义思潮，正有恃无恐地在蔓延滋长。而在我国理论界，坚持马克思主义原则立场，旗帜鲜明地反对资产阶级自由化的声音却很微弱。这是不正常的，也是很危险的。

相反地，西方垄断资产阶级代表人物的政治敏感性，却比我

---

① 中共中央文献研究室编：《十一届三中全会以来党的历次全国代表大会中央全会重要文件选编》（上），中央文献出版社1997年版，第211页。

们强得多。例如美国当年驻苏大使小杰克·F. 马特洛克，就认为"阶级斗争理论是列宁主义者的国家结构演进观所依据的中心概念"。当他观察到戈尔巴乔夫等苏共领导人在内政外交上发表了超阶级的言论后，即写道："这是《共产党宣言》以及《资本论》中的马克思主义吗？当然不是。"他认定："如果苏联领导人真的愿意抛弃这个观念，那么他们是否继续称他们的指导思想为'马克思主义'也就无关紧要了。这已是一个在别样的社会里实行的别样的'马克思主义'。这个别样的社会则是我们大家都能认可的社会。"① 尽管当今中国与那时苏联的情况有很大的不同，但在道理上是相通的。这引人深思、发人深省！

马克思主义阶级观点和阶级分析方法，是共产党人认识阶级社会复杂现象的"钥匙"和"指导线索"，也是我们探索解决我国现阶段一定范围内长期存在的阶级斗争问题的重要理论基础。由于我国现阶段的主要矛盾不是阶级斗争，而是人民日益增长的物质文化需要同落后的社会生产之间的矛盾，所以为巩固和发展中国特色社会主义事业，就必须把发展生产力作为根本任务，并在这个基础上赢得社会的全面进步和人的全面发展。但在这个过程中，我国一定范围内长期存在的阶级斗争，同样是不以人的意志为转移的。我们对于国内外敌对势力企图西化、分化和遏制我国发展的政治图谋，对于"台独"、"藏独"、"疆独"等危害祖国主权统一和领土完整的分裂势力和分裂活动，对于危害国家安全和社会稳定、危害国家和人民根本利益等严重的违法犯罪（包括严重的刑事犯罪）行为，对于少数党员领导干部以权谋私、行贿受贿、贪赃枉法、腐化堕落等严重的腐败犯罪行为，对

---

① ［美］小杰克·F. 马特洛克：《苏联解体亲历记》（上），吴乃华等译，世界知识出版社1996年版，第162、165、169页。

于内外勾结、危害地方的黑恶势力的违法犯罪行为，对于顽固坚持资产阶级自由化立场，公开散布反对四项基本原则的错误思潮等严重违法违纪行为，我们必须进行坚决和持久不懈的斗争，以维护国家和人民的根本利益。斗争的目的是教育人民，维护和发展中国特色社会主义事业。

显然，所有这些斗争并不能都归结为阶级斗争，但它们在一定程度上都带有阶级斗争的因素或受其影响。如果我们抛弃阶级观点来看待这些矛盾和斗争，即仅仅停留在"就事论事"的表象层面，就可能缺乏清醒的政治意识、大局意识和战略意识，就可能在错综复杂的国内外的政治较量中，容易迷茫动摇、是非难辨、误入歧途。例如，西方敌对势力为什么总是要"西化"、"分化"和"妖魔化"中国？这不仅是其国家利益所使然，而且更是他们的阶级本性和阶级偏见所致。又如，西方敌对势力为什么总是支持我国一些民族败类搞"台独"、"藏独"和"疆独"等分裂祖国的破坏活动？这根本不是所谓"民族问题"、"宗教问题"和"人权问题"，而是当年帝国主义列强为侵略和分裂中国所人为制造的遗留问题，是西方敌对势力仍企图干涉中国内政的问题，是国内外一定范围内的阶级斗争的具体表现。再如，改革开放以来，我们党内为何会有一批批领导干部"前腐后继"地腐败堕落，而难以遏制？有些人仅仅用体制问题和"寻租理论"来解释。这不能说没有一定的道理（特别是体制问题），但都未能真正触及问题的本质。"从本质上说，腐败现象是剥削阶级和剥削制度的产物"，"这些消极腐败现象是资产阶级和其他剥削阶级思想作风在党内的反映"[①]。如果不这样以阶级观点和

---

① 中共中央文献研究室编：《江泽民论有中国特色社会主义（专题摘编）》，中央文献出版社2002年版，第433、425页。

阶级分析来看待这些问题，我们能够明确认清这些问题的发生原因、变化趋势、斗争前景和党风廉政建设的规律吗？

江泽民同志指出："我们纠正过去一度发生的'以阶级斗争为纲'的错误是完全正确的，但这不等于阶级斗争已不存在了。只要阶级斗争还在一定范围内存在，我们就不能丢弃马克思主义的阶级和阶级分析的观点和方法。这种观点和方法始终是我们观察社会主义同各种敌对势力斗争的复杂政治现象的一把钥匙。"①

因此，我们共产党人和马克思主义理论工作者，必须看到国际上重大政治斗争所包含的阶级性和尖锐性，必须看到全中国完全消灭阶级及阶级意识的长期性和复杂性，必须始终坚持和正确运用马克思主义阶级观点和阶级分析方法这把理论"钥匙"。所谓"始终坚持"，就是必须坚定不移、一以贯之，直至阶级完全消灭；所谓"正确运用"，就是必须根据现阶段我国国情和当代世界的历史条件，实事求是地探索它的适用范围、分寸和方式，并服从和服务于社会主义现代化建设。

鉴于和平与发展仍然是当代的主题，鉴于目前我国改革开放的环境条件，我们在坚持和实践党的基本理论、基本路线和基本纲领的过程中，要求我们在正确坚持和运用马克思主义阶级观点和阶级分析方法的时候，宜于探索采取一些必须的和实事求是的做法——如采取相对而适度的"事理有别"、"上下有别"和"内外有别"等办法——来加以贯彻落实。也就是说，对于我国一定范围内长期存在的阶级斗争问题，对于马克思主义阶级观点和阶级分析方法的坚持与运用，在理论上必须一贯、自觉和彻底。我国党政内部特别是中高级以上的领导干部，应在认真学用马克思列宁主义、毛泽东思想和中国特色社会主义体系的基本著

---

① 《江泽民文选》第3卷，人民出版社2006年版，第83页。

作和基本观点的基础上，对此必须持有明确而坚定、毫不含糊的立场和态度；而在具体问题的对待和处理上，可以具体分析和务实解决，坚持依法执政和依法办事。对于一般公民和广大群众，只要求他们遵纪守法、遵守社会公德和家庭美德，以维护正常的生产、工作、生活和社会秩序；在加强必要的、持久的而有效的思想教育、文化陶冶和社会导向的前提下，通常不提出更高的规范性要求。总之，这就需要我们党和国家在治国理政的方略上，坚持和达到理论上的科学性和彻底性、原则上的坚定性和策略上的灵活性的辩证统一。

（2010年10月22日通过马克思主义经典著作基本观点研究课题组主持和组织专家评审认可，并由主持单位中共中央编译局上报中央有关部门）

关于"普世价值"的追问和思考

最近几年,"价值哲学"和价值观研究,在我国是一门显学和热门话题。原来,国内学术界并不太看重它。20世纪30年代,张东荪先生曾经撰写和出版过一本《价值哲学》,社会反应冷淡,影响不大。在马克思主义著作中,也没有正面和系统地论述过哲学价值问题。它被看做是一个不言自明的问题,不是马克思主义要解决的紧迫和核心的理论问题。应该说,哲学价值论研究还是有意义、有理论发展空间的,应当不断地推进和深化。从2007年年底到现在,我国思想理论界讨论的一个与此有关的热点问题,就是所谓"普世价值"。笔者认为,一些人提出和宣扬的所谓"普世价值",就是一个思想陷阱,必须追问明白和值得深思。

一 所谓"普世价值"的所指是什么?

从字义上看,"普世价值"的"能指"很广,但"所指"却是特定、专有、别有用心的含义。从一般意义看,它可以是"价值哲学"中的一个理论问题,似乎仅仅是一个需要探讨的学术问题。其实不然，从 2007 年年底开始，一些人提出和宣扬这个问题，所指的就是一种特定的意识形态、一种事关中国社会发展方向、事关中国政治体制改革方向的一种有害的政治主张。从其本质看，现在有些人所讲的"普世价值"，就是把西方的特别是美国意识形态中的资产阶级核心价值观中性化、普遍化、神圣化、绝对化为一种超阶级、超时代、超越历史条件的所谓"普世价值"。以白纸黑字为据，他们是这样说的：

（一）有些人崇拜和迷信西方资产阶级的核心价值观和基本制度，说资本主义制度是人类社会"最终的制度进化归宿"

有人说，"民主、法治、自由、人权、平等、博爱，是人类社会共同追求的普世价值"，"没有必要去区分是姓'资'还是姓'社'"。认为西方"民主一经产生，就具备了普世意义，从英国、美国推行民主以来，全世界 2/3 的地区都实行了民主，可见其普世的程度"①。还有人说，资产阶级的"自由、民主、平等和博爱"等意识形态，是"人类文明的核心，是人类在长期进化发展中形成的具有普遍世界意义的价值准则，以及由这些准则所规定的基本制度"，是"最高文明境界"，是"任何民族最终的制度进化归宿"②。有人甚至说，"西方是人类的西方，不是西方人的西方；西方的观念，不仅是西方的，也是全人类的观念"。这些人都把西方资本主义经济制度、政治制度及其意识形态，称为"世界文明的主流"或"人类文明的主流"，公然为"全盘西化论"③ 翻案。有学者说："1980

---

① 《改革内参》2007 年 7 月 1 日；《老干部内参》2007 年第 20 期。
② 《南方周末》2007 年 10 月 25 日。
③ www.book.sina.com，2008—03—20。

年代之前，抵制普世民主的手法主要是所谓阶级论，今天这种强词夺理的说法已经不值一驳。后来又捏造一个'全盘西化论'，现在进入第三阶段，要撇开普世民主，自己另搞一套，所谓'协商民主'。"说这是"用'中国特殊论'抵制民主进中国"①。

其实，在当今世界，社会制度及其民主，都是具体的、有阶级性的。只有社会主义制度及其民主，或者资产阶级制度及其民主。这些人宣扬抽象的、超阶级的、超时代的所谓"制度归宿"和"民主"，都是虚伪的欺人之谈，是在中国为资本主义制度和资产阶级民主招魂。

（二）有些人认为中国走社会主义道路是"离开甚至背离了人类近代文明主流"，改革开放是向资本主义的"价值回归"

如有人说："中国实行改革开放，必须融入人类文明主流，承认民主、科学和法治，是普世价值，同世界文明接轨。"② 又有人说："经过30年的改革开放，中国已经重新融入世界文明，人权、法治、公平、正义、自由、平等、博爱等普世价值，日渐成为我们文明中的核心价值。"③ 还有人说，"无论是经济、政治还是社会、文化的理论创新，我们都必须以普世价值为尺度"，主张用这个"价值尺度"和"价值准则"④ 来改造中国。这些说法，显然都是对我国社会主义改革开放的歪曲，并企图误导之。

---

① 见《南方都市报》2007年12月30日。
② 见《炎黄春秋》2008年第4期。
③ 见《改革内参》2008年4月20日。
④ 见《南方周末》2008年3月27日。

(三) 有些人断言我们党提倡"解放思想",就是要"确立普世价值",并把党中央提出的"以人为本",曲解和归结为"普世价值"

有位教授说,"解放思想应该有个核心目标,这个核心目标就是价值体系,解放思想就是要确立普世价值"。他还说:"以人为本是个纲,要贯彻这个纲,就需要民主、自由、人权等一整套普世价值,就是需要价值观的转变。普世价值不能确立起来,就不会是以人为本。所以价值观问题是决定中国命运的一个基础性问题。"① 于是,一些人筹划出版《大家西学》丛书,来宣扬"普世价值"。有位负责人说,丛书的主旨是:"人类的普世价值,中国的观念读本。"②

(四) 有些人大谈"普世价值",名曰谈"学术"、实则是在做政治文章,即公开主张中国实行资本主义制度

一是他们张扬"普世价值",就是企图通过所谓"解放思想","要从'用生产资料公有制来界定社会主义'这个观念中解放出来","要从公有制主体的错误观念中解放出来"。有人说:"在所有制结构上,2007 年中国非公经济占 GDP 的比重超过 60%,非公经济事实上成为主体,而我们的基本经济制度、我们的宪法仍规定公有制为主体。"有些人对现在经济改革之所以不满意,说"就是因为这种理论束缚,因为基本经济制度没有创新。"这种所谓"基本经济制度创新",就是要抛弃我国现行的"公有制为主体、多种所有制经济共同发展的基本经济制度",让私有制经济成为我国的经济主体,实现私有化;并且用

---

① 见《南方周末》2008 年 3 月 27 日。
② 见 www.book.sina.com,2008—3—20。

"人的本性都是自私的",来论证私有化必要性。二是他们张扬的"普世价值",主要锁定在"政治体制改革的目标"上,美其名曰"民主宪政"。说"新一轮的政治改革,总的目标当然是宪政。宪政就是民主、法治加人权,就是这三者的结合"①。他们认为,当今中国社会主义政治制度,即"上层建筑已不适应经济基础",是"集权制度"和"病态社会",应改变为与"普世价值"相适应的、附庸于西方资产阶级"现代民主制度"②。他们甚至公然要中国共产党"放弃列宁'无产阶级先锋队'的提法",说"'先锋队'理论已经完全不能适用于在宪法和法律范围内活动的群众性的现代政党","中国共产党要获得新生,也必然要走国民党走过的宪政之路"③。

(五)还有一个典型实例,就是有些人所搞的《零八宪章》中更为露骨的所谓"普世价值"

《零八宪章》宣称以西方"普世价值"作为理论基础,认定"自由、平等、人权是人类共同的普世价值",说"自由是普世价值的核心之所在",人权是"每个人与生俱来就享有的权利",每个人的"人格、尊严、自由都是平等的","民主宪政"就是"保障公民的基本自由和权利的原则"。主张按照这些"普世价值",来设计中国的未来,断言"21世纪中国走向何方",就是"认同普世价值、融入主流文明"。而《零八宪章》中所列的政治主张,就是公开反对共产党的领导、反对人民民主专政、反对社会主义制度,要在中国仿效西方资产阶级宪政,西化和分化中

---

① 见《南方周末》2008年3月27日。
② 见《炎黄春秋》2008年第1期。
③ 见《领导者》2008年第2期。

国，主张建立所谓"中华联邦共和国"。这样，《零八宪章》就最为清楚明白地表达了一些人宣扬"普世价值"的图谋和实质。

显然，上述所谓"普世价值"的含义，既是指西方资产阶级核心价值观，也是指西方资本主义制度，是这两者的总称和统一。其实质就在于，他们不是在讲人类思想文化中共有的价值因素的继承问题，而是在宣扬西方资本主义意识形态及其核心价值观，以及它的社会载体即西方资产阶级的社会制度，特别是美国式的资本主义多党制（两党制）和议会民主制，并把它说成是"任何民族最终的制度进化归宿"、是"最高的文明境界"。其意图是很明确的，就是要以这种"普世价值"作为"价值尺度"和"政治准则"，来"设计"中国的"基本制度"，来曲解中国正在实行的"解放思想"和"改革开放"，公开地主张中国从经济、政治、文化上都"融入人类文明主流"，实行资本主义制度，走上附庸于西方资本主义的道路。并美其名曰中国"应该走向以瑞典为代表的民主社会主义道路"[①]。

二 "普世价值"的历史根源和政治背景

有些人说，近年来提倡和宣扬"普世价值"，是由于2008年宣传汶川大地震的"抗震救灾精神"、宣传北京奥运会的"奥运精神"，而引发和扩展开来的。其实根本不是这样。

早在2005年，有位教授所发表的《中西文化论争的内涵和意义》一文认为，"以中国签署联合国两个人权公约和参加WTO为标志，中西文化论争在理论上已经终结，中国政府承认现代文明的普世价值"。"目前许多东方国家仍在泥淖中打滚，说到底，

---

① 见《中国民主要碎步前进》，www. stnn. cc，2008—4—5。

就是冲不破传统的桎梏，不愿勇敢地接受普世性的文化（民主、法治、宪政等等）"，"不应以多元文化为藉口，抗拒普世性的文化价值"，"任何国家和地区的现代化的成败的关键，都与是否接受这些普世性的核心价值息息相关"①。2007年2月，有人在题为《民主社会主义模式与中国前途》的文中，就赞赏瑞典民主社会主义经验"具有普世价值，是对于人类文明的伟大贡献"，"为我们在改革开放中坚持社会主义方向，走民主社会主义道路，提供了成功的范例"②。

笔者认为，这些人由此宣扬的"普世价值"，在理论上和政治上都是站不住脚的。这既是同中国特色社会主义、同马克思主义较量的一种新话语和新策略，也是剥削阶级一种惯用的意识形态手法。这同宣传"抗震救灾精神"和"奥运精神"，不仅不是一回事，而且还具有其久远的历史根源和现实的政治背景。

第一，在几千年的阶级社会中，一切占统治地位的剥削阶级思想和学说，即剥削阶级国家的主流意识形态，往往都是以普世的或以"普遍性的形式"出现。对此，马克思和恩格斯说："统治阶级的思想在每一时代都是占统治地位的思想。这就是说，一个阶级是社会上占统治地位的物质力量，同时也是社会上占统治地位的精神力量。支配着物质生产资料的阶级，同时也支配着精神生产资料，因此，那些没有精神生产资料的人的思想，一般的是隶属于这个阶级的。"但由于统治阶级在社会人口中是极少数，他们总要以其思想理论来为自己的剥削制度辩护，以论证其统治地位的合法性，就"不得不把自己的利益说成是社会全体成员的共同利益，就是说，这在思想观念上的表达就是：赋予自

---

① 见《炎黄春秋》2005年第2期。
② 见《炎黄春秋》2007年第2期。

己的思想以普遍性的形式,把它描绘成唯一合乎理性的、有普遍意义的思想"①。也就是,他们往往把自己这个剥削阶级、这个统治集团、这个在国家中占支配地位的思想、观念和文化,说成是代表全民的超阶级、超时代、唯一正确和永恒不变的神圣意识。这在中外思想史上,都历来如此,概莫能外。如果说,这种情况对于处于革命时期的剥削阶级来说,多少有一些现实性和进步意义的话,那么,当这个剥削阶级在取得了统治地位以后,就主要是一种统治策略、一种思想欺骗。在中国封建社会中,地主阶级思想家们就把其思想政治道统,说成是人人必须认同和遵守的、永世长存的"天道"和"天理",宣称"天不变,道亦不变","存天理,灭人欲"。如果有人敢于违背和反抗这种"天道"和"天理",就会大开杀戒。这不就是把封建主义伦理纲常及其核心价值观,说成是"普世价值"吗?

第二,一些世界性宗教教义也往往把自己的宗教教条说成是"普世的"。我们从基督教《圣经》中,就能读到:"耶稣说过,他到世上来是宣布普世的恩年",说"耶和华的慈爱……从亘古到永远;他的恩义也归于子子孙孙"。在欧洲中世纪,基督教中还有个"普世主义"教派,主张要拯救一切罪恶的灵魂。佛教教义,也称"慈悲为怀,普度众生",认为人人都有"真如佛性",都能够成佛。即使是罪大恶极者,可以"放下屠刀,立地成佛"。据说有个地藏菩萨,自称:"我不入地狱,谁入地狱?"他立誓要拯救一切罪恶鬼魂都出地狱,都渡到西方极乐世界以后,他才出地狱。这不也是在宣传佛教的"普世性"吗?

然而,作为宗教幻想的"普世主义",能成为宣扬现实社会之"普世价值"的理论根据,能成为我国改革开放的价值追

---

① 《马克思恩格斯选集》第1卷,人民出版社1995年版,第98、100页。

求吗？

第三，从现实背景看，"普世价值"也是当代西方的舶来品，是呼应西方资产阶级战略家"西化"和"分化"中国的政治图谋的错误主张。据了解，这至少有两个来源和途径：一是"普世伦理"的启示和联想。在苏东剧变、两德统一后不久，先是西方天主教神学家孔汉思（Hans Kung），在1993年召开的芝加哥世界宗教会议上，起草和通过了《全球伦理宣言》；1995年，德国前总理勃兰特领导一个委员会撰写了名为《天涯若比邻》的研究报告，提倡"全球公民伦理"（"global civic ethics"）。同年，联合国秘书长也呼吁建设"全球公民伦理"（"global civic ethics"）。联合国教科文组织据此提出了"普世伦理计划"。为贯彻这个"计划"，在该组织支持下，多次在世界一些城市包括在我国北京先后召开过宣传"普世伦理"的国际学术会议。原想通过这些讨论和呼吁，促成联合国大会通过一个关于提倡"普世伦理"的宣言，但终因与会政治家、哲学家和宗教神学家们思想分歧，争论激烈，无果而终。然而，大概是国内一些人，就由"普世伦理"价值的启示，联想到"普世价值"。二是在苏东剧变前后，以日裔美国学者福山为代表的西方新保守主义战略家们提出并大肆宣传"历史终结论"。他本人就在《美国国家利益》杂志（1989年夏季号）上发表题为《历史的终结》的文章。说苏东国家剧变和退回到资本主义，表明"我们正在见证的不仅是冷战的结束，也不是战后历史这一特殊时期的消逝，而是一种历史的终结"，即"人类思想演进的终点和作为人类最后的政府形式的西方自由民主的普遍化"。这就是美国历届总统宣布要向全球推广"美国价值观"的学术表达。

如果说，西方宗教界和思想界要向全球推广"普世伦理"，为国内一些人提出和张扬"普世价值"提供了思想形式的话，那么福山等美国垄断资产阶级战略家们提出和宣扬"人类思想进化史"将终结于西方的特别是美国式的"自由民主的政府形式",则是我国一些人提出和张扬"普世价值"的思想内容和政治实质。可以说,这就是国内有些人提出和张扬"普世价值"的思想来源和政治背景。

三 思想文化的历史继承性与剥削阶级核心价值观的本质区别

首先应该看到,我们生活的当今世界(除了几个社会主义国家以外),在总体上还是一种阶级社会。而在任何阶级社会中,根本不可能存在超阶级、超时代、普世和统一的,并为一切人所认同的价值体系和核心价值观。当今世界的价值观既是多元的,也是有阶级性的。但其核心价值观大体上只有两种:资产阶级核心价值观和无产阶级核心价值观。我们把后者称为"社会主义核心价值体系"。

同时也应承认,在人类历史发展的进程中,属于全人类共有的精神文化财富还是有的。这主要是指一些非意识形态的,诸如自然科学、语言文字、形式逻辑、山水画、无标题音乐,以及其他精神文明中反映人类社会生活若干共性方面的社会意识、思想文化的因素。它们为全社会所共有和认同,或关系到所有的人,因而具有一定意义上的普世性价值因素。在社会现实中、在国内外的各种社会联系和社会交往中,基于一定的利益共同点,为维护世界和平、维持正常的社会和国际秩序所需要,在过去和当今世界不同的国家、阶级和社会集团之间达成一定范围和一定程度的价值共识,还是必要和可能的。不过,即使以正式和权威性的文书形式,达成这类价值共识和政治承若,不同的国家、阶级和社会集团也会对其有不同理解、不同态度和不同对待。

质言之，人类自从进入阶级社会以来，直至阶级完全消灭，凡是反映一定社会的经济基础、利益结构和社会关系的经济、政治、文学、哲学和道德等社会意识形态中的核心内容和本质属性，都具有阶级性、时代性和社会形态的质的规定性。同时在人类历史上，包括阶级社会的思想文化中，即使是作为意识形态的思想文化之间，毫无疑问，都有一定的历史继承性，每个民族都有自己优秀的文化传统。但这种文化继承，必须按照该社会经济基础的性质和该社会发展的基本要求，而加以必要的文化改造、整合和创新，使之融入一种新质的文化和意识形态。即是说，在阶级社会的历史发展中，封建社会对于奴隶社会的、资本主义社会对于封建社会的，特别是社会主义社会对于资本主义及以往一切剥削阶级社会的思想文化，既有一定的历史继承性，同时在新旧社会形态中占统治地位思想文化之间，又具有性质上的本质区别。一方面，新社会应当继承、改造和吸收旧社会的一切合理和有价值的思想文化成分，作为建设新社会思想文化的一部分思想资料，这体现了历史继承性、过程性和连续性；另一方面，新旧社会形态在思想文化上的新陈代谢和本质区别，是由新的生产关系和新的统治阶级的根本利益所决定的；同时，这也是时代进步的要求，因而具有阶级性和时代性。

所以从根本上看，在阶级社会或存在阶级斗争的社会之间，都根本不存在，也不可能存在包括其社会伦理和政治意识在内的超阶级、超时代、普世的和统一共同的核心价值观。如果说，奴隶社会、封建社会和资本主义社会，都是剥削阶级统治的、是以私有观念作为其意识形态的核心，因此它们在思想文化上会有较多的共同语言、有较多较为基本的价值观上认同的话，那么，社会主义社会同资产阶级社会，以及同一切剥削阶级社会之间在思想文化及其核心价值观上的区别，更具有根本性和质的差异性。

马克思主义认为，在包括社会主义思想文化在内的、一切社会的意识形态体系中，都是由其一定的历史观和真理观决定其核心价值观的。我国正在建设的"社会主义核心价值体系"，也就是社会主义核心价值观。这种核心价值观，是社会主义公有制的基本经济关系的要求和反映，是以马克思主义为指导的，特别是以其真理观和唯物史观作为理论基础的价值观念的体系。这种核心价值观，同以历史唯心主义占主导地位的剥削阶级核心价值观，特别是资产阶级核心价值观之间，具有根本性、实质性和不容混淆的区别。

例如，在我国儒家思想、孔孟之道中，忠孝概念和忠孝思想，占有十分重要的地位。所谓忠孝为人"立身之本"，就是这个意思。对于"忠"和"孝"是必须继承的，但是在继承中也有扬弃，在意义上有原则区别。

资本主义社会或资产阶级的核心价值观，用法国启蒙思想家的话来说，主要是"自由、平等、博爱"等思想观念。现在，有人适应美国等西方资产阶级的战略要求，又有所增加，说"民主、法治、自由、人权、平等、博爱，是人类社会共同追求的普世价值"。这是欺人之谈。

先说其中的"人权"和"民主"。我们知道，最近一些年，美国当局一直在向第三世界，特别是向社会主义国家推行"人权战略"和"民主战略"，其目的是美国推行霸权主义和强权政治。这同我国实行和发展社会主义的人权、民主和法制，不是一回事。这个问题，从马克思和恩格斯，到列宁和斯大林，到毛泽东和邓小平，都讲得很清楚，认为只有具体的、一定阶级所理解和实行的人权和民主制度，没有抽象的民主和人权。邓小平谈到"人权"时说："这就要问，什么是人权？首先一条，是多少人的人权？是少数人的人权，还是多数人的人权，全国人民的人权？西方的所谓'人权'和我们讲的人权，本质上是两回事，观点不同。"他又指出："西方一些国家拿什么人权、什么社会主义制度不合理不合法等做幌子，实际上是要损害我们的国权。搞强权政治的国家根本没有资格讲人权，他们伤害了世界上多少人的人权！从鸦片战争侵略中国开始，他们伤害了中国多少人的人权！"①

马克思主义谈到"民主"时，历来批评超阶级、普世的民主，即所谓"纯粹民主"。列宁在批评考茨基时指出："如果不是嘲弄理智和历史，那就很明显：只要有不同的阶级存在，就不能说'纯粹民主'，而只能说阶级的民主……'纯粹民主'是自由主义者用来愚弄工人的谎话。历史上有代替封建制度的资产阶级民主，也有代替资产阶级民主的无产阶级民主。"②邓小平也指出："资本主义社会讲的民主是资产阶级的民主，实际上是垄断资产阶级的民主，无非是多党竞选、三权分立、两院制。我们的制度是人民代表大会制度，共产党领导下的人民民主制度，不能搞西方那一套。"③我国一些讲"普世价值"的人，不是声称拥护邓小平理论吗？为什么却对此视而不见呢？

至于讲到从法国启蒙思想家开始所提倡的"自由、平等、博爱"观念，作为新兴资产阶级的政治理念和核心价值观，曾经在反对封建神学的思想禁锢中，发挥过思想解放和历史进步作用。恩格斯针对资产阶级在革命胜利后按照这些政治理性所建立的国家，指出："现在我们知道，这个理性的王国不过是资产阶级的理想化的王国；永恒的正义在资产阶级的司法中得到实现；

---

① 《邓小平文选》第3卷，人民出版社1993年版，第125、348页。
② 《列宁选集》第3卷，人民出版社1995年版，第600—601页。
③ 《邓小平文选》第3卷，人民出版社1993年版，第240页。

平等归结为法律面前的资产阶级平等；被宣布为最主要的人权之一的是资产阶级所有权；而理性的国家、卢梭的社会契约在实践中表现为而且也只能表现为资产阶级的民主共和国。"因为在资产阶级国家中，所谓"自由"只是资本家剥削工人、发财致富的自由；只是工人们出卖劳动力而受剥削、受压迫的自由。所谓"平等"，也是在资产阶级法律面前形式上的平等、在金钱面前的平等；而一旦回到社会现实中，广大受雇用的工人群众同少数大资本家之间，是没有实际平等可言的。"无产阶级的平等要求的实际内容就是消灭阶级的要求。任何超出这个范围的平等要求，都必然要流于荒谬。"①

以"自由、平等、博爱"等思想为主要内容的资产阶级核心价值观，还有中国以儒家伦理思想为代表的封建地主阶级的核心价值观，即国内一些人所讲的"普世价值"中最重要的理论基础，就是地主、资产阶级的抽象的人性论和人道主义。而作为其哲学根据的"人性自私"论和"天赋人权"论，在当今就是资本主义经济关系的反映，属于唯心主义历史观。有人却说："自由、平等、民主、法治是普遍人性的体现，自然也属于普世价值。"②须知，在阶级社会和存在阶级差别的社会中，回避人们的阶级性，而大讲所谓普世的"人性"和"人类之爱"，这是资产阶级的偏见和谎言。

四 所谓"普世价值"在学理上也不能自圆其说

有些人对于从根本上否认"普世的价值"的存在，感到不

---

① 《马克思恩格斯选集》第3卷，人民出版社1995年版，第356、448页。
② 见《炎黄春秋》2009年第4期。

可理解，认为不符合逻辑。他们往往离开"普世价值"的特定含义和具体所指，总是力图从事物的共性与个性关系上，从思想文化的历史继承性上，以及从某些真理（例如马克思主义真理）的普遍性上等方面，来论证"普世价值"的存在，为"普世价值"论辩护。持有这类观点的有些学者，其态度也许是真诚和善良的，但却是天真和牵强附会的。即使不考虑其政治意图而仅从学理上看，也同样是错误的、是不能自圆其说的。

第一，所谓"普世价值"提法和内容本身，就是自相矛盾、不能自圆其说的。有些人既然把西方的"民主、法治、自由、人权、平等、博爱"，说成是"人类社会共同追求的普世价值"，那么就应当是任何时代、任何地方、任何人，都人人赞成、人人维护和人人共享的"普世价值"。然而，他们却说"从英国、美国推行民主以来，全世界三分之二的地区都实行了民主"。这至少是说，英国和美国的资产阶级民主产生已有二三百年之久，世界上还有三分之一的地区，没有实行民主。更何况，他们说目前还有一个拥有13亿人口的中国，正在撇开"普世民主"，自己另搞一套，在用"协商民主"、用"中国特殊论"，在"抵制民主进中国"。一个不被13亿中国人民和其他第三世界广大人民赞同的民主，能够算作是"普世民主"吗？其实，何止是13亿人不赞同美式民主的"普世价值"！法国前外长韦德里纳和战略关系研究所所长博尼法斯，在近年出版的《全球地图册》一书中，就谈到这个情况。当有人质疑韦德里纳先生是否思想"过于偏激"而放弃了人权、自由和民主等"普世价值"时，他回答说："我一直坚信和捍卫这些价值。但我不无伤感地告诉您，西方10亿人口在全球60亿人口中只占少数，我们认定的'普世价值'未必真的就是

'普世'的，现在我们没有理由也没有能力强迫别人接受我们的价值观。"至于西方10亿人是否都赞同、都具有西方资本主义的"普世价值"，同样是一个问号。"普世价值"不普世，是个悖论和谬论。

第二，从事物共性与个性的辩证关系看，只能证伪而不能证实"普世价值"。其一，任何事物都是具体的。根据同类事物的共性只能寓于个性之中，共性只是对同类事物的思维抽象，而不能离开该事物及其个性而独立存在的哲学原理，在总体上还是阶级社会的当今世界的不同阶级、阶层、政党、群体及其个人的形形色色价值观中，可能存在某些共同因素或某种范围、某种程度的价值共识，但根本不存在所谓"普世价值"，即没有人类共有和统一的核心价值观。其二，事物的分类及其共性是有层次性的。而作为其反映的语词和概念的内涵和外延是成反比的，其外延越大则内涵越贫乏，即必须舍弃的事物质的规定性就越多。例如，哲学上的"物质"和"意识"范畴，就舍弃了大千世界之万事万物在性质上的种种区别，仅仅包含着物质第一性、意识第二性的本体论意义。又如，社会主义各国的民主观念、民主制度和民主体制之间的共性，在性质上，就不同于资本主义各国的民主观念、民主制度和民主体制之间的共性，形式上的共性多于实质上的共性。其三，事物的共性的存在，往往是以事物之间的异质性和独立性为前提的。如果离开了不同时代、不同阶级的意识形态及其核心价值观之间的个性、差异和本质区别，光讲它们之间的共性和历史继承性，而否认其阶级性和阶级实质，是片面和错误的，是一种谬误和诡辩。

再就马克思主义基本原理而言，它们是适用于世界各国的普遍真理，但马克思主义只是国际无产阶级的思想体系和科学世观，具有鲜明的阶级性。在世界完全消灭阶级以前，它只能受到各国工人阶级和其他劳动阶级拥护和认同，而往往会受到剥削阶级及其政治代理人反对、歪曲和围剿。因此，也不能说它具有"普世价值"。

第三，从思想文化观念发展的历史继承性和历史进步性的辩证关系看，只能证伪而不能证实"普世价值"。在人类历史上，任何一种新的价值观念形成，当然具有一定的历史继承性。当今中国建设社会主义核心价值体系，其中包含着对中华民族优秀思想文化的继承、弘扬和发展。但在这种历史性的继承中，必须伴随有符合历史辩证法的批判、扬弃和改造，即抛弃旧思想文化中的封建主义糟粕，而把其中优秀、合理的思想文化因素，改造成为有利于中国社会主义经济和整个社会主义事业发展，与当今时代精神相适应、属于社会主义性质的思想文化的有机组成部分，而不能简单搬用古代和外国的不同社会形态、不同性质的思想文化体系及其核心价值观。历史虚无主义是错误的，国粹主义也是不现实的。中国和整个世界，都是由原始社会思想文化，到奴隶社会思想文化，到封建社会思想文化，再到资本主义思想文化，直至社会主义思想文化的发展和转变。这都是社会文明的进步，其间既有历史性的联系和继承，又有新陈代谢和质变性的飞跃，是连续性和阶段性的统一。根本就不存在一个贯穿古今、为整个人类所共有和统一的价值观念的体系。

第四，从思想文化发展的时代性、民族性与阶级性的辩证关系看，只能证伪而不能证实"普世价值"。如同人类历史上任何新兴社会和新兴阶级构建其核心价值观一样，当今中国构建社会主义核心价值体系，当然必须与时俱进，应当具有时代气息和时代精神；当然应当具有中华民族的特点和特色。但它同时也具有工人阶级的阶级性和先进性，是适应社会主义经济基础的上层建筑，是社会主义意识形态的重要组成部分。因此，它必须以马克思主义为指导，必须以社会主义实践为基础，必须是中国工人阶级和全国人民根本利益的正确反映。在阶级社会和存在阶级斗争的社会中，任何进步的核心价值观，都是追求社会美好前景的一种革命的社会意识。因此，它必须是以客观的社会价值关系即价值事实作为现实根据，以其先进性和真理性的认识作为理论前提，以一定的革命阶级及其社会进步力量作为主体的系统化、理论化的一种阶级意识。在近代社会，资产阶级以"自由、平等、博爱"等作为主要内容的核心价值观，在资本主义革命时期，具有反对封建主义的性质，曾经发挥过历史进步作用。但在无产阶级的社会主义价值观产生后，特别是在社会主义国家中，再宣扬和推销资产阶级核心价值观，就是一种历史倒退和反动，更不能称之为所谓"普世价值"。

第五，我们之所以说没有所谓"普世价值"、没有全人类统一的普世价值观，是因为没有这样统一的价值主体。前已指出，所谓"普世价值"的内容，既是西方资产阶级的核心价值观，又是作为其价值事实的资本主义经济和政治制度。这样的"普世价值"要是能够成立，就必须有一个在世界历史和现实中都存在、认同和共享这种"普世价值"的统一的价值主体。然而，自从人类在原始社会末期产生奴隶主和奴隶的阶级的社会分裂以来，由奴隶社会到封建社会，到资本主义社会，再到社会主义社会消灭阶级以前，都没有也不可能形成全人类统一的"普世价值"的价值主体。

在世界历史和当代现实中，已经发生过和正在发生着的奴隶主阶级对奴隶的人身占有和经济剥削，地主阶级对于农民阶级、资本家阶级对于工人阶级的剥削和压迫，他们讲的是什么"普世价值"？即使是在剥削阶级及其政治集团之间、在各种宗教和各个教派之间，往往也难以形成统一的"普世价值"的价值主体。远的不讲，仅就两次世界大战，以及战后主要是美国以种种堂皇的理由发动的大大小小成百次局部战争而言，都是西方资产阶级，特别是西方垄断资产阶级的政治代理人发动和进行的。他们在打击对手、屠杀人民群众之时，何曾讲过什么"普世价值"？从鸦片战争到我国解放前，帝国主义列强对于中国人民的掠夺和屠杀，特别是日本帝国主义对于中国人民掠夺和屠杀，何曾讲过什么"普世价值"？直到今天，美国等西方国家的统治当局，哪里会以"普世价值"为"尺度"和"准则"，来对待中国人民和中国特色社会主义事业？在当今世界，我们国家既要努力维护世界和平、发展和进步事业，不断推进对外开放和国际合作。与此同时，我们对于西方敌对势力企图西化和分化中国的战略图谋，应当时刻保持清醒和警惕。

笔者认为，我国思想理论界之所以会在"普世价值"这类问题上，争论不休、缺乏应有共识，一个根本原因，就是许多理论工作者在改革开放的新时期，在停止使用"以阶级斗争为纲"口号的同时，走向另一个极端，即完全抛弃了马克思主义阶级观点和阶级分析方法。应当看到，当代世界总体上还是阶级社会；在我国社会主义初级阶段，在剥削阶级作为阶级消灭以后，阶级斗争已经不是主要矛盾。但由于国内的因素和国际的影响，阶级斗争还将在一定范围内长期存在，在某种条件下还有可能激化。所以，马克思主义的阶级观点和阶级分析方法，并没有过时和失效。对此，江泽民曾经指出："我们纠正过去一度发生的'以阶级斗争为纲'的错误是完全正确的，但是这不等于阶级斗争已不存在了。只要阶级斗争还在一定范围内存在，我们就不能丢弃马克思主义的阶级和阶级分析的观点和方法。这种观点和方法始终是我们观察社会主义同各种敌对势力斗争的复杂政治现象的一把钥匙。"① 因此，我们必须在坚持和贯彻党在现阶段的"一个中心、两个基本点"的基本路线的前提下，坚持准确地领会、掌握和运用马克思主义阶级观点和阶级分析方法，才能够对于国内外重大的政治问题，有一个正确的和实事求是的看法，以利于推进中国特色社会主义事业。否则，我们就是在自我解除思想理论武装，就难以澄清思想理论上的种种谬误和混乱，难以用社会主义核心价值体系有效地引领各种社会思潮。

［原载赵智奎、贾可卿主编《马克思主义中国化研究报告》，社会科学文献出版社 2010 年版；《重庆邮电大学学报》（社会科学版）2011 年第 4 期］

---

① 《江泽民文选》第 3 卷，人民出版社 2006 年版，第 83 页。

唯物史观及其社会形态理论在当代的重大意义

历史唯物主义即唯物主义历史观,在马克思主义的三个基本组成部分——哲学、政治经济学和科学社会主义中,具有特殊的重要地位。总称为"辩证唯物主义"的马克思主义哲学,是整个马克思主义的世界观和方法论基础,而使其"对自然界的认识推广到对人类社会的认识"[①]的唯物主义历史观,则是科学社会主义最切近、最重要的哲学根据。马克思正是因为有了这"两大发现"——唯物史观和剩余价值理论——才使社会主义从空想发展到科学。在当代中国和世界,坚持、运用和发展唯物主义历史观及其社会形态理论,是坚持和推进社会主义事业极为重要的理论前提。

一 历史唯物主义是科学思想中的最大成果

马克思和恩格斯在160多年前创立的马克思主义的核心观点,是科学社会主义。"科学共产主义"与"科学社会主义"是

---

① 《列宁选集》第2卷,人民出版社1995年版,第311页。

同义语。科学共产主义作为理论体系、革命运动和社会制度的统一，是人类文明史的特别是无产阶级反对资产阶级剥削的阶级斗争的产物。"共产主义作为理论，是无产阶级的立场在这个斗争中的理论表现，是无产阶级解放的条件的理论概括。"① 马克思和恩格斯关于共产主义社会（第一阶段是社会主义社会）必然取代资本主义社会，无产阶级必然战胜资产阶级并进而消灭包括自己在内的一切阶级的科学论证，亦即无产阶级解放的理论阐明和革命道路的发现，所揭示的是人类社会发展的客观规律和历史总趋势。只有当马克思发现了唯物史观，即"自从历史也得到唯物主义的解释以后，一条新的发展道路也在这里开辟出来了"②。这条新的发展道路，就是劳动阶级摆脱经济剥削和政治压迫之路，就是无产阶级解放和人类解放之路。

由此可见，历史唯物主义在整个马克思主义科学体系之中，具有何等重要的地位！而我们必须真正学习领会和运用发展历史唯物主义，而不容贬低、肢解、歪曲乃至抛弃历史唯物主义，又具有何等的重要性！

（一）创立历史唯物主义是哲学上的一场伟大革命

马克思主义这一革命无产阶级的思想体系，赢得了世界历史性的意义，是因为它没有抛弃资产阶级时代最宝贵的成就，相反地，却积极地吸收和改造了两千多年来人类思想和文化中一切有价值东西，是第一个为无产阶级辩护，并阐明其历史地位和人类社会发展前景的科学理论。如果说，马克思主义的创立是人类认识史上的一场伟大革命的话，那么在其中发挥主导作用的则是其

---

① 《马克思恩格斯文集》第1卷，人民出版社2009年版，第672页。
② 《马克思恩格斯文集》第4卷，人民出版社2009年版，第281—282页。

哲学上的革命。其中,关键之中的关键,是社会历史观上的革命。

在人类文明史上,一切处于革命、上升和进步的历史地位的阶级,都不同程度地能够发现、接受和赞同世界观和(以对自然界的认识为主)认识论上的唯物主义,以及辩证法上的比较系统的观点和学说。但是,几千年来,没有任何一个剥削阶级,哪怕是处于革命、上升和进步时期的剥削阶级,能够发现、接受和赞同社会历史观上的唯物主义,即体现历史发展规律的比较系统的观点和学说。人类的历史活动,当然历来是有动机、有目的、有意识和有激情的。但在一个相当长的时期内,人类社会的阶级分化、革命、改良和历史的发展进步,往往是直受其盲目的历史必然性的支配,是直接受个人及其所在的家庭、集体和阶级的利益驱使,而决定其取舍和行动的。用哲学的话语说,是人类长期处于"必然王国"之中。这一方面,是由于在主观上受剥削阶级的社会地位的局限,因为剥削阶级及其思想家,即使再开明和进步,毕竟属于剥削阶级,所以都不可能真正承认社会生产力的基础性地位,特别是劳动阶级的主体地位;另一方面,则是由于在客观上受社会历史条件的局限,因为在无产阶级出现以前,在历史上还没有出现一个能够主宰自己历史命运的劳动阶级,以及自觉地代表这个劳动阶级的思想家、理论家和政治家。

因此,在马克思发现唯物史观以前,唯心史观作为剥削阶级思想内核的理论和学说,一直在人类文明史上占据统治地位。其中至多是,有些开明的政治家、思想家和学者在其历史现象的描述、历史资料的积累和唯心主义社会历史理论的叙述中,或者在他们的政治主张中,可能夹杂有一些零星的、偶然的、并非一贯的、往往还是自相矛盾的唯物主义意识,或唯物主义的思想萌芽。直到当今世界,凡是马克思主义没有普及的地方,情况大体依然如故。因此可以说，马克思发现唯物主义历史观，即创立历史唯物主义，是人类认识史上的一个根本性转变、是哲学上的一场伟大革命。

对此，列宁曾经指出："发现唯物主义历史观，或者更确切地说，把唯物主义贯彻和推广运用于社会现象领域，消除了以往的历史理论的两个主要缺点。第一，以往的历史理论至多只是考察了人们历史活动的思想动机，而没有研究产生这些动机的原因，没有探索社会关系体系发展的客观规律性，没有把物质生产的发展程度看做这些关系的根源；第二，以往的理论从来忽视居民**群众**的活动，只有历史唯物主义才第一次使我们能以自然科学的精确性去研究群众生活的社会条件以及这些条件的变更。马克思以前的'社会学'和历史学，**至多**是积累了零星收集来的未加分析的事实，描述了历史过程的个别方面。马克思主义则指出了对各种社会经济形态的产生、发展和衰落过程进行全面而周密的研究的途径，因为它考察了所有各种矛盾的趋向的**总和**，把这些趋向归结为可以准确测定的、社会**各阶级**的生活和生产的条件，排除了选择某种'主导'思想或解释这种思想时的主观主义和武断态度，揭示了物质生产力的状况是所有一切思想和各种不同趋向的**根源**。"① 我们说，历史唯物主义的创立是人类认识史上，特别是哲学发展史上的一场伟大革命，就是指，现代哲学对于社会历史的理解和解释的范式和思维构架，发生了根本性和革命性的转变和进步，使之更符合历史的本质，更贴近历史的真实，更接近于或者更有利于描述历史的本来面目。

社会历史观上的这场革命，是人类认识发展历程中的一次意义深远的飞跃。毛泽东论述过发生这个认识飞跃的社会背景和意

---

① 《列宁专题文集 论马克思主义》，人民出版社 2009 年版，第 14—15 页。

义。他写道:"马克思主义者认为人类社会的生产活动,是一步又一步地由低级向高级发展,因此,人们的认识,不论对于自然界方面,对于社会方面,也都是一步又一步地由低级向高级发展,即由浅入深,由片面到更多的方面。在很长的历史时期内,大家对于社会的历史只能限于片面的了解,这一方面是由于剥削阶级的偏见经常歪曲社会的历史,另一方面,则由于生产规模的狭小,限制了人们的眼界。人们能够对于社会历史的发展作全面的历史的了解,把对于社会的认识变成了科学,这只是到了伴随巨大生产力——大工业而出现近代无产阶级的时候,这就是马克思主义的科学。"① 显然,毛泽东这里讲的"把对于社会的认识变成了科学",首先是指历史唯物主义。

可以认为,历史唯物主义革命的实质,就是把所谓历史哲学的前科学的唯心主义认识,提升为历史唯物主义的科学认识。而实现这种根本性和革命性转变的社会历史条件,主要有:

其一,从农业自然经济的个体小生产和家庭手工业,转向机器大工业生产和商品经济,是人类"把对于社会的认识变成了科学",即产生历史唯物主义的物质技术基础和经济前提。农业社会、个体小生产和自给自足的自然经济,限制了人类认识眼界,从而使人类无法窥视自然界的秘密,更无法认识和解开人类社会的"历史之谜"。只有从近代开始的"**工业**的历史和工业的已经生成的**对象性的存在**",作为"**一本打开了的关于人的本质力量的书**"②,促进了近现代以来包括能量守恒和转化定律、细胞学说、生物进化论等重大科学发现在内的实证的自然科学产生和发展;加之,随着生产力和商品经济的发展,世界市场的形

---

① 《毛泽东选集》第 1 卷,人民出版社 1991 年版,第 283—284 页。
② 《马克思恩格斯文集》第 1 卷,人民出版社 2009 年版,第 192 页。

成，"人们的**普遍**交往才能建立起来"，才使得"人们**的世界历史性的**而不是地域性的存在同时已经是经验的存在了"①。只有在这种社会经济和自然科学发展的背景下，人类才能够在综合已有的自然科学和社会科学成就的前提下，形成产生唯物辩证的世界观、自然观和社会历史观的认识论基础。

其二，在资本主义社会中，基于其基本矛盾的无产阶级与资产阶级之间的阶级矛盾、阶级斗争及其历史发展，必然导致无产阶级专政，其历史结局是以无产阶级的解放来实现人类的解放。无产阶级在埋葬资产阶级、谋求解放的斗争中，需要自己阶级的哲学，需要真实地认识世界特别是认识社会发展规律的哲学。"这个解放的**头脑**是**哲学**，它的**心脏**是**无产阶级**。"所以，"哲学把无产阶级当做自己的**物质**武器，同样，无产阶级也把哲学当做自己的**精神**武器"②。马克思主义哲学，同一切真正的哲学一样，它不是能够依附于任何物质载体的精神"幽灵"，而必须是以自己时代最先进、最具革命彻底性的阶级，即以无产阶级为主体的时代精神的精华。没有现代无产阶级及其斗争的需要，就不可能产生它的最强大的精神武器——历史唯物主义。

其三，马克思主义哲学特别是历史唯物主义的产生，是无产阶级革命导师、思想家和哲学家的伟大的理论创造。近现代大工业促进各门实证科学的发展，资本主义社会中无产阶级反抗资产阶级剥削的斗争需要，以及这种"阶级对立简单化"③，使得各种社会现象与作为历史"动因"的经济必然性之间的、曾经是"混乱而隐蔽"的联系，"在我们今天这个时期，这种联系已经

---

① 《马克思恩格斯文集》第1卷，人民出版社2009年版，第538页。
② 同上书，第17—18页。
③ 《马克思恩格斯文集》第2卷，人民出版社2009年版，第32页。

简化了，以致人们有可能揭开这个谜了"①。但是，要把揭开这个"历史之谜"可能性，变为创立历史唯物主义的实际行动，则需要有坚定地站在无产阶级立场上、进行浩繁的和创造性的理论工作的开山鼻祖、哲学大师和理论巨匠。而这个历史重任，就主要落在了一个名叫卡尔·马克思的这位无产阶级伟大革命导师、"千年第一思想家"的肩上。

列宁在《青年团的任务》中，谈到马克思学说的创造性和巨大魅力时，指出："如果你们要问，为什么马克思的学说能够掌握最革命阶级的千百万人的心灵，那你们只能得到一个回答：这是因为马克思依靠了人类在资本主义制度下所获得的全部知识的坚固基础；马克思研究了人类社会发展的规律，认识到资本主义的发展必然导致共产主义，而主要的是他完全依据对资本主义社会所作的最确切、最缜密和最深刻的研究，借助于充分掌握以往的科学所提供的全部知识而证实了这个结论，凡是人类社会所创造的一切，他都有批判地重新加以探讨，任何一点也没有忽略过去。凡是人类思想所建树的一切，他都放在工人运动中检验过，重新加以探讨，加以批判，从而得出了那些被资产阶级狭隘性所限制或被资产阶级偏见束缚住的人所不能得出的结论。"② 正因为这样，人类认识史上的一场伟大革命，即马克思主义哲学及其历史唯物主义的问世，也就水到渠成，应运而生了。

（二）历史唯物主义是严整和科学的社会历史观

关于马克思主义哲学的内部结构和理论体系的如何表述，包

---

① 《马克思恩格斯文集》第4卷，人民出版社2009年版，第304页。
② 《列宁专题文集　论无产阶级政党》，人民出版社2009年版，第280—281页。

括辩证唯物主义世界观孰有孰无、它与唯物史观在产生上孰先孰后等问题，至今还是理论上正在继续探讨的学术问题。但是，凡是严肃和郑重的马克思主义学者，谁也不否认也没有根据否认马克思主义哲学是一个严整的科学体系；而基于其科学世界观的唯物史观即历史唯物主义，同样是严整和科学的社会历史观。

马克思主义发展史告诉我们：从理论发展的内在逻辑看，马克思是首先有唯物辩证的世界观（后被狄慈根、普列汉诺夫、列宁称为"辩证唯物主义"），而后才有唯物辩证的社会历史观，通常简称为"唯物史观"、"唯物主义历史观"或"历史唯物主义"；而从实际的理论表述看，马克思重点论述的是唯物主义历史观，而把重点阐发唯物辩证的世界观和自然观的理论重任，交给他的合作者和战友恩格斯来承担。在马克思和恩格斯的哲学创新和哲学成就中，历史唯物主义的分量最重大、最要紧、最关键。对此列宁强调说："马克思加深和发展了哲学唯物主义，而且把它贯彻到底，把它对自然界的认识推广到对**人类社会**的认识。马克思的**历史唯物主义**是科学思想中的最大成果。过去在历史观和政治观方面占支配地位的那种的混乱和随意性，被一种极其完整严密的科学理论所代替，这种科学理论说明，由于生产力的发展，如何从一种社会生活结构中发展出另一种更高级的结构，例如从农奴制中生长出资本主义。"①

马克思本人对于历史唯物主义科学体系的主要原理，曾在《〈政治经济学批判〉序言》中作过简明、扼要和精辟的概括。他是以用于指导自己的政治经济学研究的"总的结果"的理论概括，而作出的表述：

---

① 《列宁专题文集 论马克思主义》，人民出版社2009年版，第68页。

人们在自己生活的社会生产中发生一定的、必然的、不以他们的意志为转移的关系，即同他们的物质生产力的一定发展阶段相适合的生产关系。这些生产关系的总和构成社会的经济结构，即有法律的和政治的上层建筑竖立其上并有一定的社会意识形式与之相适应的现实基础。物质生活的生产方式制约着整个社会生活、政治生活和精神生活的过程。不是人们的意识决定人们的存在，相反，是人们的社会存在决定人们的意识。社会的物质生产力发展到一定阶段，便同它们一直在其中运动的现存生产关系或财产关系（这只是生产关系的法律用语）发生矛盾。于是这些关系便由生产力的发展形式变成生产力的桎梏。那时社会革命的时代就到来了。随着经济基础的变更，全部庞大的上层建筑也或慢或快地发生变革。在考察这些变革时，必须时刻把下面两者区别开来：一种是生产的经济条件方面所发生的物质的、可以用自然科学的精确性指明的变革，一种是人们借以意识到这个冲突并力求把它克服的那些法律的、政治的、宗教的、艺术的或哲学的，简言之，意识形态的形式。我们判断一个人不能以他对自己的看法为根据，同样，我们判断这样一个变革时代也不能以它的意识为根据；相反，这个意识必须从物质生活的矛盾中，从社会生产力和生产关系之间的现存冲突中去解释。无论哪一个社会形态，在它所能容纳的全部生产力发挥出来以前，是决不会灭亡的；而新的更高的生产关系，在它的物质存在条件在旧社会的胎里成熟以前，是绝不会出现的。所以人类始终只提出自己能够解决的任务，因为只要仔细观察就可以发现，任务本身，只有在解决它的物质条件已经存在或者至少是在生成过程中的时候，才会产生。

> 大体说来，亚细亚的、古希腊罗马的、封建的和现代资产阶级的生产方式可以看做是经济的社会形态演进的几个时代。资产阶级的生产关系是社会生产过程的最后一个对抗形式，这里所说的对抗，不是指个人的对抗，而是指从个人的社会生活条件中生长出来的对抗；但是，在资产阶级社会胞胎里发展的生产力，同时又创造着解决这种对抗的物质条件。因此，人类社会的史前时期就以这种社会形态而告终。①

在这里，马克思仅用相当于795个汉字的本国文字（德文），就言简意赅地阐述了历史唯物主义科学体系的主要原理，阐明了人类社会发展的一般规律。为了便于学习、理解和掌握马克思在这里所阐述的历史唯物主义科学体系的主要原理，我们对其要点试图作以下简要的归纳：

（1）马克思在这里重点提出和解决的是社会历史观的基本问题，即"社会意识"与"社会存在"的关系问题。这是世界观上的哲学基本问题——思维与存在、物质与意识的关系问题——在社会历史观中的应用和体现，因而是一切历史观的中轴。一切社会历史观都必须围绕它展开，都由对它的不同回答，而决定自己是属于唯物史观还是唯心史观。马克思认为"不是人们的意识决定人们的存在，相反，是人们的社会存在决定人们的意识"，并且使之贯穿于自己的全部社会历史理论之中。所以，才有马克思的历史唯物主义的创立，以及整个马克思主义科学体系的产生、运用和发展。

（2）进而，马克思把"社会存在"规定为以处于一定发展阶段的"物质生产力"为根本基础的，并同必须与之相适合的

---

① 《马克思恩格斯文集》第2卷，人民出版社2009年版，第591—592页。

生产关系相结合、相统一而构成的"物质生活的生产方式"，"制约着整个社会生活、政治生活和精神生活的过程"，即决定社会形态的性质和社会的基本面貌。

（3）据此，马克思进一步阐明了以"物质生产力"为根本动力的生产关系与生产力、上层建筑与经济基础之间既唯物又辩证的矛盾关系及其矛盾运动的基本过程。指出，当社会生产力发展到使其生产关系"由生产力的发展形式变成生产力的桎梏"之时，"社会革命的时代就到来了"。这样，马克思就揭示了一切社会革命的最深刻的根源，就在于经济的必然性，在于生产力发展到一定阶段所引起的生产关系变革，以便使新质的、更高级的生产关系取代已经变成"生产力的桎梏"的旧生产关系，从而使之与生产力的发展要求相适应，重新成为"生产力的发展形式"。

（4）马克思在论述社会变革之时，最为关注的是"经济基础的变更"，即占支配地位的生产关系的变更，在社会革命中具有实质性的意义。只有"经济基础的变更"，才既有利于促进生产力的发展和社会物质生活条件的提高，又有利于推动整个上层建筑的变革和进步。正如马克思所说："随着经济基础的变更，全部庞大的上层建筑也或慢或快地发生变革。"其中，既包括政治上层建筑变革，也包括观念形态的上层建筑（如法律的、政治的、宗教的、艺术的或哲学的等意识形态）的变革。而只有基于和有利于生产力发展的新经济基础和新上层建筑的统一，才是完整意义上的社会革命，才能够实现社会形态的更替和演进。

（5）马克思在论述社会变革之时，更是注重社会的种种冲突和变革的经济根源与"物质条件"。他认为，一切政治的和思想意识的冲突和变化，都"必须从物质生活的矛盾中，从社会生产力和生产关系之间的现存冲突中去解释"。一切社会变革任务的提出和解决都需要有必需的社会物质条件。因为"人类始终只提出自己能够解决的任务",甚至"任务本身,只有在解决它的物质条件已经存在或者至少是在生成过程中的时候,才会产生"。否则,就往往是空想,并会归于失败。

（6）由此,马克思提出了关于"两个决不会"的论断,即"无论哪一个社会形态,在它所能容纳的全部生产力发挥出来以前,是决不会灭亡的;而新的更高的生产关系,在它的物质存在条件在旧社会的胞胎里成熟以前,是决不会出现的"。从人类历史的总体过程看,这个论断是正确的,而且突出的是社会形态更替中的历史唯物论的基本原理。需要指出的是,我们应当从历史唯物论同历史辩证法的统一中,去领会和坚持这条原理,以理解和指导具体的社会变革。

（7）马克思在简明扼要地阐明历史唯物主义原理的基础上,根据已有的认识材料,而对人类社会形态更替和演进的总过程,作出了总结和概括。这就是:"大体说来,亚细亚的、古希腊罗马的、封建的和现代资产阶级的生产方式可以看做是经济的社会形态演进的几个时代。"关于这个重要论断,我们认为,应当全面准确地加以理解和把握。至少包括以下几点:

——所谓"大体说来",就意味着,所指的是对整个人类历史的总体过程的典型概括,所勾勒是大轮廓、所揭示的是一般规律,并不是每个国家和民族都能够简单地对号入座的。

——文中把"亚细亚的"生产方式,列为人类社会形态之首,其意无非是以当时已知在印度、俄国、西欧等一些地方尚存的原始土地公有制的残余为线索,而推论出的由原始公有制向私有制、由无阶级社会向有阶级社会的过渡形态。这从马克思自己在作出这个论断的两年前所写的《政治经济学批判（1857—

1858年手稿)》中关于"亚细亚的所有制形式"①的研究,以及恩格斯在1888年为《共产党宣言》中一个论断——"至今一切社会的历史都是阶级斗争史的历史"——所加的关于他和马克思两人对于原始社会认识过程的"注释"②中即可看出。

——所谓"古希腊罗马的"生产方式,是相对于欧洲中世纪的封建主义生产方式而言的,显然是指奴隶制的生产方式。

——在这个论断及其前后的大段引文中,马克思所用的"生产方式"、"经济的社会形态"(亦曰"社会经济形态")和"社会形态"这三个语词或概念,是已经可以同义使用的。文中关于"亚细亚的、古希腊罗马的、封建的和现代资产阶级的生产方式"等四个"经济的社会形态演进"的论断,可以视为历史唯物主义的"五形态"理论的雏形。

(8) 马克思关于"资产阶级的生产关系是社会生产过程的最后一个对抗形式……人类社会的史前时期就以这种社会形态而告终"的一段论述,是从历史唯物主义高度,对资本主义社会形态及其历史地位的理论勾勒,是前述历史唯物主义原理的应用和深化。所谓社会生产关系的"最后一个对抗形式",就意味着,在论述此前的社会生产关系之时,因为顾及整个人类历史上除了有"对抗形式",还有非"对抗形式",所以从一般的共性的论述中,被抽象掉了。其实,自从奴隶制取代原始公有制以后的一切剥削制度的,即所谓"文明时代"的生产关系,都具有对抗性。也就是说,其社会基本矛盾都会体现为阶级矛盾和阶级斗争。因此,马克思和恩格斯的《共产党宣言》认为,至今

---

① 参见《马克思恩格斯文集》第8卷,人民出版社2009年版,第123—138页。
② 《马克思恩格斯文集》第2卷,人民出版社2009年版,第31页注释2。

"有文字记载的全部历史""都是阶级斗争的历史"①。他们还把一切以私有制生产关系占支配地位的社会各个发展阶段,都称为人类的"史前时期"。当无产阶级革命消灭了作为人类"最后一个对抗形式"的资产阶级的生产关系,建立了没有生产资料私有制、没有剥削、没有阶级的共产主义制度,就既是人类史前时期的终结,也是真正人类历史的开始。

质言之,马克思、恩格斯创立和阐发的历史唯物主义,是无与伦比的哲学贡献。其所以是人类认识史上的一场伟大革命、是"科学思想中的最大成果",就在于它不是停留于社会表象,不是停留于社会现象和事件的记录、描述和肤浅的评价,而是从种种社会现象入门,走向历史的深处,揭示出社会本质的真实;就在于它不仅提出了反映社会历史各个本质层次的一系列基本概念、基本范畴、基本命题的体系(如社会存在和社会意识、生产方式和社会形态、生产力和生产关系、经济基础和上层建筑、社会基本矛盾和阶级矛盾等),而且使人类史的哲学思维发生了根本性、革命性的范式转换,即由"唯心史观"转向了"唯物史观"。

这样,就从社会认识的深层本质上,恢复了历史的本来面目。即它把在人类历史认识领域中一直占据了支配地位的唯心史观驳倒了、推翻了和战胜了。被剥削阶级"颠倒"了几千年的历史,由马克思创立的唯物史观"顺了过来"。从而,使一切剥削阶级及其思想家们把人类史所仅仅归结的某种思想史、文化史、宗教史、少数"英雄"和"精英"史,如实地回归为人类物质生产发展的历史,社会物质文明、政治文明和精神文明进步的历史,劳动阶级作为历史主体创造财富、反抗剥削和谋求解放

---

① 《马克思恩格斯文集》第2卷,人民出版社2009年版,第31页。

的历史，社会形态更替和演进的历史。由此使无产阶级及其思想家、使一切共产党人，"在劳动发展史中找到了理解全部社会史的锁匙"①，找到了观察和改造社会的"伟大的认识工具"②。

历史唯物主义在马克思主义及其哲学中的极其重要的地位，是同马克思主义的创立史密切相关的。我们知道"马克思在1844—1847年离开黑格尔走向费尔巴哈，又**超过**费尔巴哈走向历史（和辩证）唯物主义"③。马克思主义哲学创立的第一步，是先继承、吸收和改造黑格尔唯心主义辩证法的"内核"；第二步是在继承、吸收和改造费尔巴哈哲学的"下层"即其唯物主义世界观、认识论的"合理内核"的基础上，注重建构自己哲学的"上层"，而"走向历史（和辩证）唯物主义"的。所以吸收和改造费尔巴哈哲学，是马克思和恩格斯创立和阐发历史唯物主义体系的直接出发点。

对此，列宁指出："马克思和恩格斯的学说是从费尔巴哈那里产生出来的，是在与庸才们的斗争中发展起来的，自然他们所特别注意的是修盖好唯物主义哲学的上层，也就是说，他们所特别注意的不是唯物主义认识论，而是唯物主义历史观。因此，马克思和恩格斯在他们的著作中特别强调的是**辩证**唯物主义，而不是辩证**唯物主义**，特别坚持的是**历史**唯物主义，而不是历史**唯物主义**。"④ 这就是说，马克思和恩格斯在哲学世界观上的理论重点，是与唯物主义结合在一起的辩证法，而不是与辩证法结合在一起的唯物主义；而在其世界观与其历史观相比较，他们更加注

---

① 《马克思恩格斯文集》第4卷，人民出版社2009年版，第313页。
② 《列宁专题文集 论马克思主义》，人民出版社2009年版，第68页。
③ 《列宁全集》第55卷，人民出版社1990年版，第293页。
④ 《列宁专题文集 论辩证唯物主义和历史唯物主义》，人民出版社2009年版，第115—116页。

重唯物辩证的历史观,而不是他们的辩证唯物主义的世界观和认识论。

同样,马克思和恩格斯在阐发历史唯物主义,即阐发历史唯物论和历史辩证法相统一的历史观的时候,也有一个理论的重点论和理论的全面性的关系问题。

首先,在马克思主义社会历史观的概念定型上,是突出历史唯物论,而不是历史辩证法,并且这两者的关系也不是半斤八两、平分秋色。因此,这个学说被定名为"历史唯物主义"或"唯物主义历史观",而没有一般地、标准地被定名为"唯物(主义)辩证(法)的历史观"。其所以如此,并不是说历史唯物论重要,而历史辩证法不重要;而是其哲学斗争史和哲学发展史的产物。

其次,马克思和恩格斯创立和阐发历史唯物主义的早期,出于同长期占统治地位的唯心史观斗争的现实需要,他们理论论述的着重点,是反复地强调历史唯物论的理论侧面。例如,马克思关于"两个决不会"的论断,即"无论哪一个社会形态,在它所能容纳的全部生产力发挥出来以前,是决不会灭亡的;而新的更高的生产关系,在它的物质存在条件在旧社会的胞胎里成熟以前,是决不会出现的",是从整个世界历史发展高度和视野上,来表达历史唯物论的原理的,因此是根本性的和正确的,也是适用于世界历史的一切社会形态存在和更替的总体性论断。但是,这条表达历史唯物论的原理,并未涉及历史辩证法的内容。所以,对它不能作绝对的、机械的和形而上学的理解。因为,某一个国家和民族的社会形态的存在、发展和变更,固然要根源于自身的生产力状况、根源于自身的经济原因、根源于自身的社会基本矛盾运动。但是,全世界各个国家和民族的社会形态发展、更替和演进,既遵循共同的规律,也具有各自的特殊性。特别是人类进入文明时代以后，在众多的国家和民族中，社会形态的新陈代谢孰先孰后发生？何时何地发生？以及如何发生？是由包括以经济原因为基础的多种社会历史条件、多种内外社会矛盾和多种主客观原因，同时而综合地发挥作用的产物，并不是简单而直接地由生产力的发展状况、由单一的经济原因决定的。在历史上，一些生产力和经济文化相对落后的国家和民族，在一定社会历史条件下，率先发生社会革命和社会形态更替的情况，并不鲜见。当然，这种情况的发生，也离不开当时社会形态发展、更替和演进的时代潮流和国际的大背景。

恩格斯晚年在谈到这个问题时，坦诚地说："青年们有时过分看重经济方面，这有一部分是马克思和我应当负责的。我们在反驳我们的论敌时，常常不得不强调被他们否认的主要原则，并且不是始终都有时间、地点和机会来给其他参与相互作用的因素以应有的重视。但是，只要问题一关系到描述某个历史时期，即关系到实际的应用，那情况就不同了，这里就不容许有任何错误了。可惜人们往往认为，只要掌握了主要原理——而且还并不总是掌握得正确，那就算已经充分地理解了新理论并且立刻就能够应用它了。"他又说："此外，只有一点没有谈到，这一点在马克思和我的著作中通常也强调得不够，在这方面我们大家都有同样的过错。这就是说，我们大家首先是把重点放在从基本经济事实中**引出**政治的、法的和其他意识形态的观念以及以这些观念为中介的行动，而且**必须这样做**。但是我们这样做的时候为了内容方面而忽略了形式方面，即这些观念等等是由什么样的方式和方法产生的。"①

因此，恩格斯晚年一再反对机械地、形而上学地照搬和套用

---

① 《马克思恩格斯文集》第10卷，人民出版社2009年版，第593—594、657页。

历史唯物主义的原理,而坚持历史唯物论与历史辩证法的统一,以经济为基础的多种社会因素的相互作用,来理解和运用唯物史观。他强调说:"根据唯物史观,历史过程中的决定性因素**归根到底**是现实的生活的生产和再生产。无论马克思或我都从来没有肯定过比这更多的东西。如果有人在这里加以歪曲,说经济因素是**唯一**决定性的因素,那么他就是把这个命题变成毫无内容的、抽象的、荒诞无稽的空话。经济是基础,但是对历史斗争的进程发生影响并且在很多情况下主要是决定着这一斗争**形式**的,还有上层建筑的各种因素:阶级斗争的各种政治形式及其成果——由胜利了的阶级在获胜以后确立的宪法等等,各种法的形式以及所有这些实际斗争在参加者头脑中的反映,政治的、法律的和哲学的理论,宗教的观点以及它们向教义体系的进一步发展。这里表现出这一切因素间的相互作用,而在这种相互作用中归根到底是经济运动作为必然的东西通过无穷无尽的偶然事件……向前发展。否则把理论应用于任何历史时期,就会比解一个简单的一次方程式更容易了。"①

历史唯物主义作为一种严整和科学的社会历史观,揭示了人类社会发展的一般规律,是历史唯物论和历史辩证法、科学性和革命性的内在统一。因此,它既是整个马克思主义的一个基本的组成部分,同时也是这个科学体系的最重要的哲学基础。历史唯物主义具有普遍和长远的适用性和指导作用,但它在实际应用中,则必须与具体国情和一定的历史条件相结合,才能够在实践中发挥指导作用,并由此得到深化和发展。

---

① 《马克思恩格斯文集》第10卷,人民出版社2009年版,第591—592页。

(三) 历史唯物主义是科学社会主义的理论基石

历史唯物主义是关于整个人类社会的科学历史观。所以，它理所当然地是科学社会主义的理论基石、是其最切近的哲学基础。

笔者以为，历史唯物主义，亦即唯物主义历史观作为科学社会主义的理论基石，作为它的最切近的哲学基础，至少体现在以下三个方面：

第一，马克思是由于有了包括唯物主义历史观在内的"两大发现"，才使社会主义从空想发展到科学的。恩格斯先后在《反杜林论》、《社会主义从科学到科学的发展》和《在马克思墓前的讲话》等著作中，都反复阐明过这条真理。他指出："这两个伟大的发现——唯物主义历史观和通过剩余价值揭开资本主义生产的秘密，都应当归功于**马克思**。由于这两个发现，社会主义变成了科学，现在我们首先需要做的是对这门科学的一切细节和联系作进一步的探讨。"① 笔者认为，社会主义由此从空想发展到科学，应当有两方面的社会历史条件：一是现实基础，二是逻辑根据。

其实，马克思早在 1847 年上半年所著的《哲学的贫困》中，就论及了社会主义从 19 世纪前期的空想社会主义，之所以能够发展到科学社会主义的阶级基础，即社会现实的依据。马克思在肯定当时的"**社会主义者和共产主义者**是无产阶级的理论家"的同时，指出："在无产阶级尚未发展到足以确立为一个阶级，因而无产阶级同资产阶级的斗争尚未带政治性以前，在生产力在资产阶级本身的怀抱里尚未发展到足以使人看到解放无产阶

---

① 《马克思恩格斯文集》第 9 卷，人民出版社 2009 年版，第 30 页。

级和建立新社会必备的物质条件以前,这些理论家不过是一些空想主义者,他们为了满足被压迫阶级的需要,想出各种各样的体系并且力求探寻一种革新的科学。但是随着历史的演进以及无产阶级斗争的日益明显,他们就不再需要在自己的头脑里找寻科学了;他们只要注意眼前发生的事情,并且把这些事情表达出来就行了。当他们还在探寻科学和只是创立体系的时候,当他们的斗争才开始的时候,他们认为贫困不过是贫困,他们看不出它能够推翻旧社会的革命的破坏的一面。但是一旦看到了这一面,这个由历史运动产生并且充分自觉地参与历史运动的科学就不再是空论,而是革命的科学了。"[1] 因此,社会主义从空想发展到科学的现实依据,是资本主义生产力发展到使无产阶级看到了新社会的曙光;而其阶级基础,则是无产阶级在阶级斗争中的觉醒,是由仅具有经济性的工人运动,发展到带政治性的社会主义运动的理论表现。

但是,现代科学社会主义学说,"是完全不依赖于工人运动的自发增长而产生的,它的产生是革命的社会主义知识分子的思想发展的自然和必然的结果",是从他们立足现实,继承前人而"创造的哲学理论、历史理论和经济理论中发展起来的"[2]。

所以笔者认为,马克思的"两大发现"同社会主义从空想发展为科学的内在联系,是仅就马克思主义学说体系创立和发展的理论逻辑而言的。理论逻辑是认识对象的客观逻辑的反映。从理论建构的逻辑看,马克思的"两大发现"的意义极为重大:其一,马克思是由于唯物史观的发现,才揭示出社会基本矛盾运动(特别是生产力与生产关系的矛盾运动),以及由此引起的历

---

[1] 《马克思恩格斯文集》第1卷,人民出版社2009年版,第616页。
[2] 《列宁专题文集 论无产阶级政党》,人民出版社2009年版,第76—77页。

史上的阶级斗争对于社会发展、社会形态更替和演进的推动作用，从而发现了社会发展的一般规律，阐明了从低级社会形态向高级社会形态发展和更替的客观必然性。因此，马克思创立了唯物史观，就是从社会形态更替的一般规律的高度上，揭示了社会主义社会必然取代资本主义社会的历史前景。其二，马克思是在唯物史观的导引下所创立的剩余价值学说中，才发现了资本家剥削工人的秘密，从而揭示出了无产阶级与资产阶级之间的阶级矛盾、阶级斗争的经济根源，阐明了这种阶级斗争必然导致无产阶级革命和无产阶级专政，进而在生产力高度发展的基础上逐步消灭私有制、消灭剥削、消灭阶级，并进入无阶级社会的历史大趋势。因此，马克思发现了剩余价值规律，也就是发现了肩负着消灭阶级、解放本阶级和全人类历史使命的无产阶级，找到了资本主义制度的"掘墓人"。

无产阶级作为近现代大工业的产物，是最伟大、最先进和最具革命彻底性的阶级。因此，由这个阶级作为社会主义事业的主体力量和领导力量，就使社会主义和共产主义事业，有了依靠力量和胜利的保障。这就是说，马克思和恩格斯"为了使社会主义变为科学，就必须首先把它置于现实的基础之上"[①]，同时也置于科学的理论逻辑的基础之上。而马克思的"两大发现"，是在唯物史观所揭示历史发展的"一般规律"，同剩余价值理论所揭示的资本主义社会必然灭亡的"特殊规律"的辩证统一中，奠定了科学社会主义之坚实的理论基础。

第二，科学社会主义理论体系及其每一条基本原理，都是根据于和立足于唯物主义历史观的基础之上的。众所周知，马克思和恩格斯撰写的《共产党宣言》是马克思主义诞生的主要标志，

---

① 《马克思恩格斯文集》第9卷，人民出版社2009年版，第22页。

是典型的和专门阐发科学社会主义基本原理的最权威的经典著作。历史唯物主义,是《共产党宣言》的最切近的哲学基础;而构成《共产党宣言》"核心的基本思想",就是历史唯物主义,以及用以分析资本主义社会及其阶级斗争的历史命运的基本结论。对此,恩格斯在《〈共产党宣言〉1888年英文版序言》中曾作出过精辟的概括。他指出:"虽然《宣言》是我们两个人共同的作品,但我认为自己有责任指出,构成《宣言》核心的基本思想是属于马克思的。这个思想就是:每一历史时代主要的经济生产方式和交换方式以及必然由此产生的社会结构,是该时代政治的和精神的历史所赖以确立的基础,并且只有从这一基础出发,这一历史才能得到说明;因此人类的全部历史(从土地公有的原始氏族社会解体以来)都是阶级斗争的历史,即剥削阶级和被剥削阶级之间、统治阶级和被压迫阶级之间斗争的历史;这个阶级斗争的历史包括有一系列发展阶段,现在已经达到这样一个阶段,即被剥削被压迫的阶级(无产阶级),如果不同时使整个社会一劳永逸地摆脱一切剥削、压迫以及阶级差别和阶级斗争,就不能使自己从进行剥削和统治的那个阶级(资产阶级)的奴役下解放出来。"这就是指,《共产党宣言》中根据历史唯物主义分析资本主义社会基本矛盾的运动,即生产社会化同资本主义私有制矛盾的激化,而得出的基本结论,也就是,科学社会主义的基本结论是:"资产阶级的灭亡和无产阶级的胜利是同样不可避免的。"①

第三,科学社会主义的实践既依赖于历史唯物主义的指导,又是历史唯物主义深化和发展的现实源泉。科学社会主义是学说、运动和制度的统一。把马克思主义的一种学说,变为国际共

---

① 《马克思恩格斯文集》第2卷,人民出版社2009年版,第14、43页。

产主义运动，进而通过社会政治大革命，使社会主义由理想变为社会现实，就必须依靠工人阶级及其政党领导革命人民进行推翻剥削制度、建设社会主义新社会的实践。既然，社会主义从空想发展到科学必须依靠历史唯物主义来奠基，那么，科学社会主义的实践也必须依靠历史唯物主义的指导。历史唯物主义就是在指导社会主义革命和建设的实践中，进一步得到验证、深化和发展的。

历史唯物主义发挥这种指导作用，主要是作为工人阶级政党指导思想的核心内容、作为在革命事业发展的各个阶段上制定和实施其政治路线、基本纲领、基本政策、基本方针的理论基础，而得到贯彻和实现的。

应该明确，唯物史观离不开它的世界观，有什么样的历史观首先就要有什么样的世界观。唯物主义历史观发挥作用，是同其世界观和方法论，即同辩证唯物主义是密切相关、不可分离的。但是，它作为现代唯物主义"把对自然界的认识推广到对人类社会的认识"、作为现代"科学思想中的最大成果"，对于无产阶级和革命人民认识和运用社会发展规律，对于改造旧社会和建设新社会，都具有更为切近的指导意义。

所以，早在1927年1月27日，即在筹建我们党的时候，毛泽东在致蔡和森的信中，就指出，"唯物史观是吾党哲学的根据。"[①] 其后，我们党像其他一切卓有成就的无产阶级政党一样，都主要是依靠唯物主义历史观同本国国情相结合，用以指导各个革命时期的实践，才取得革命、建设和改革的胜利，同时也使历史唯物主义及其整个马克思主义哲学，不断地得到进一步的验证、深化和发展。这包括：这些政党运用历史唯物主义的基本原

---

① 《毛泽东文集》第1卷，人民出版社1993年版，第4页。

理、基本观点和阶级分析方法,来分析和确定自己时代的性质和趋势、世界格局和国际战略,本国的社会性质、发展方向、革命和建设的发展道路等大政方针问题,即在领导革命人民向夺取和执掌政权,并向建设具有本国特色的社会主义社会、最终实现共产主义社会前进的各个发展阶段上,用以分析和确定其奋斗目标、阶级关系变动、社会矛盾演化、社会力量分化组合等基本情况和战略应对,也就是确定和实施其正确的基本路线和基本纲领。这些政党才能够由此带领人民在坚持无产阶级专政的条件下,在不断解放生产力、发展社会生产力的基础上,逐步达到消灭私有制、消灭剥削、消灭阶级,促使国家和政党消亡,实现世界大同。即在争取无产阶级彻底解放的同时,实现人类解放和人的全面而自由的发展。

二 历史唯物主义社会形态理论是对人类历史总体的科学概括

历史唯物主义对世界历史的把握,是着眼于人类历史的整体、着眼于世界历史发展的一般规律。因此,历史唯物主义从社会形态更替和演进的高度来认识和把握历史,是对于人类历史总体的科学概括。其社会形态理论,体现了历史唯物主义的基本思想、总体性的历史视野和长远的历史展望。只有在正确掌握历史唯物主义社会形态理论的基础上,才能够更为深刻地认识现实和具体的社会状况及其发展趋势。

(一)社会经济形态的发展是一种自然历史过程

历史唯物主义提出"社会形态"概念,表明马克思对于社会历史的认识已经深入到社会本质的层次、深入到对于社会发展规律的把握。在历史唯物主义的理论视野中,"社会形态"的本质内涵,是多维度和多层次的,而且有时候同大的"历史时代",是同义的或者是相关的。

第一,在历史唯物主义的理论视野中,关于历史发展的包容度最大最广的社会划分,就是作为所谓"文化阶段"(不是指狭义的作为精神现象的"文化",而是相当于马克思所讲"**人化的自然界**"中的"**人化**"① 水平)的"社会文化时代"。社会文化时代的区分,内含着社会生产水平、社会分化和社会结合水平以及表现为社会发展总体水平的统一。这是由美国学者摩尔根在1877 年出版《古代社会》一书中首先提出的,进而由恩格斯根据马克思的遗愿,并通过阐发马克思在《摩尔根〈古代社会〉一书摘要》中的批注,而在 1884 年写成的《家庭、私有制和国家的起源》中提出的一种社会文化形态划分。被恩格斯称为人类"文化阶段"所划分的"蒙昧时代"、"野蛮时代"和"文明时代"的"三个主要时代"②,可称作是"社会文化时代"。

恩格斯对于"蒙昧时代"、"野蛮时代"和"文明时代",都做过科学阐述。但是,他更注重对"文明时代"的本质揭示。他指出:只有当人类会制造和使用金属工具,劳动产品有了剩余,有了商品货币交换,出现了私有制、阶级剥削和政治国家以后,社会才进入"文明时代"。这种"文明时代的基础是一个阶级对另一个阶级的剥削"。古希腊罗马时代世界的奴隶制、中世纪的农奴制和近代的雇佣劳动制,"就是文明时代三大时期所特有的三大奴役形式;公开的而且近来是隐蔽的奴役制始终伴随文明时代"③。

---

① 《马克思恩格斯文集》第 1 卷,人民出版社 2009 年版,第 191 页。
② 同上书,第 32—34、177—184 页。
③ 《马克思恩格斯文集》第 1 卷,人民出版社 2009 年版,第 195—196 页。

第二，在历史唯物主义的理论视野中，关于历史发展的最为基础的划分是社会"经济时代"，即社会技术形态。这种以社会生产力发展的为主要标志，用以表征人类开发利用自然力水平，以及相应的劳动方式和劳动效能的，就是生产力的技术形态，也称为社会技术形态。即马克思所说的："各种经济时代的区别，不在于生产什么，而在于怎样生产，用什么劳动资料生产。"① 根据这一点，才有旧石器时代、新石器时代、青铜时代、铁器时代、蒸汽时代、电气化时代，以及现在的所谓"信息时代"或"核能时代"或"后工业化时代"等区分。在这个意义上，以及从这个视角研究问题，还是有其必要性和一定意义的。但不应忘记，这仅仅是社会的一个基础层次。

在这里，以一定的技术形态出现的"劳动资料不仅是人类劳动力发展的测量器，而且是劳动借以进行的社会关系的指示器"②。这就是说，社会技术形态是最为基础的，它内含的是人类认识和改造自然界的能力，其正面所表征的是人与自然的关系；但由它所体现生产力的水平，决定和制约着人与人的关系，是以生产关系为核心的社会关系。同时，人与自然、人与人的关系是相互依存和相互制约。如果以为以人与自然的关系，即以社会技术形态作为唯一的视角、唯一的理论范式，例如有些中外学者仅仅把人类历史划分为渔猎社会、农业社会（文明）、工业社会（文明）、后工业社会或信息社会（现代文明）等，那么，就会有意和无意地在回避社会生产关系在性质上的区别，回避阶级社会的剥削和被剥削关系，即回避社会的阶级矛盾和阶级斗争，那就背离了马克思主义而成为资产阶级偏见。

---

① 《马克思恩格斯文集》第 5 卷，人民出版社 2009 年版，第 210 页。
② 同上。

第三,在历史唯物主义的理论视野中,关于历史发展阶段最本质的划分,就是"社会经济形态",或简称为"社会形态"。这是以一定的生产方式,或以基于生产力的生产关系总和为基础所确定的社会之质的规定性,即是关于社会本质区别的一种发展阶段的历史划分。以物质的社会关系即以占支配地位的生产关系(核心是生产资料的所有制关系)为主要标准,可以把人类社会依次地划分为原始公有制社会、奴隶制社会、封建制社会、资本主义社会和未来共产主义社会(第一阶段是社会主义社会)。这种社会经济形态的划分,即"五种社会经济形态"学说,是由马克思和恩格斯首先提出,而由列宁和斯大林加以明确和完善的。

列宁对此指出:社会形态的这种划分,"第一次把社会学提高到科学水平"。因为"唯物主义提供了一个完全客观的标准,它把**生产关系**划为社会结构,并使人有可能把主观主义者认为不能应用到社会学上来的重复性的这个一般科学标准,应用到这些关系上来"。这样"一分析物质的社会关系(即不通过人们的意识而形成的社会关系:人们在交换产品时彼此发生生产关系,甚至都没有意识到这里存在着社会生产关系),立刻就有可能看出重复性和常规性,把各国制度概括为**社会形态**这个基本概念"①。这里讲的所谓"重复性和常规性",就是社会形态发展的规律性。只有坚持在社会技术形态划分的基础上,进行"社会经济形态"即"社会形态"的划分,才是历史唯物主义的科学观点和学说,才能够把握社会发展的一般规

---

① 列宁这里所讲的"社会学",不是我们今天所讲的社会学,而是"历史唯物主义"的同义语,他还把历史唯物主义称为**科学的社会学**(均见《列宁专题文集 论辩证唯物主义和历史唯物主义》,人民出版社2009年版,第160—161页)。

律性。

第四，在历史唯物主义的理论视野中，关于历史发展最高抽象的划分，就是以人的发展水平为尺度所划分的社会发展形态。这是马克思在《政治经济学（1857—1858年草稿）》中，即后来《资本论》的最初草稿中提出的，但没有写进《资本论》的见解。他指出："人的依赖关系（起初完全是自然发生的），是最初的社会形态，在这种形态下，人的生产能力只是在狭窄的范围内和孤立的地点上发展着。以**物**的依赖性为基础的人的独立性，是第二大形态，在这种形态下，才形成普遍的社会物质变换，全面的关系，多方面的需求以及全面能力的体系。建立在个人全面发展和他们共同的社会生产能力成为他们的社会财富这一基础上的自由个性，是第三个阶段。"[1] 这种"社会形态"划分，当然是有意义的，也是一种最高抽象的社会发展阶段划分。因为，它直接地把基于物质生产力的产品交换和依赖关系，以人与物的关系同人本身发展的状况联系起来，即抽象掉了其他一切社会关系的中介，凸显了人的社会发展目的本身，从而给予人们以思想启迪。——如果我们不忘记，这仅仅是马克思主义者看问题的一个维度的话。

显然，这是马克思主义者看待人类历史的一个维度，既有其高度的抽象性，也有其局限性。因为，仅就"人的依赖关系"的"社会形态"而言，就大体包括了原始共产主义社会、奴隶制社会和封建主义社会等三个社会性质极为不同、社会文明发展水平差别很大的社会经济形态；而"以**物**的依赖性为基础的人的独立性"作为第二大社会形态，马克思原本主要是仅指资本主义社会。但是，目前在一些社会主义国家中，仍然必须搞一个

---

[1] 《马克思恩格斯全集》第46卷（上），人民出版社1979年版，第104页。

长时期的社会主义市场经济,而不能马上搞社会主义产品经济的历史条件下,因此它又在一定程度上涵盖了社会主义初级阶段。大概是因为前者,马克思才没有把它写入《资本论》。而因为后者,我们也不能完全离开"社会经济形态"的本质规定性,把我们中国特色社会主义国家(社会)与资本主义国家(社会)完全等同起来,而简单地归结为"以**物**的依赖性为基础"的"社会形态"。这样做的后果,是不言自明的。

其实,马克思主义者最为看重的,是以基于一定生产力发展水平的以占支配地位的生产关系,特别是以生产资料所有制关系为主要尺度所作出的"社会经济形态"划分。马克思甚至把"社会"视为"生产关系的总和"。他指出:"**社会生产关系,是随着物质生产资料、生产力的变化和发展而变化和改变的。生产关系总合起来就构成所谓社会关系,构成所谓社会,并且构成一个处于一定历史发展阶段上的社会**,具有独特的特征的社会。**古典古代**社会、**封建**社会和**资产阶级**社会都是这样生产关系的总和,而其中每一个生产关系的总和同时又标志着人类历史发展中的一个特殊阶段。"① 这种具有"独特的特征的社会",主要就是经济特征的社会,就是"经济的社会形态",亦即"社会经济形态"。这是一种最为本质的社会形态的划分。马克思说:"我的观点是把经济的社会形态的发展理解为一种自然史的过程。"② 这个重要论断,体现了马克思主义社会形态理论的核心和真谛,是历史唯物主义的基本思想。我们要正确地理解这个重要论断,也就要求我们应当弄清马克思是如何得出这个基本思想的理论逻辑的。

---

① 《马克思恩格斯文集》第1卷,人民出版社2009年版,第724页。
② 《马克思恩格斯文集》第5卷,人民出版社2009年版,第10页。

列宁在谈到马克思是如何得出"社会经济形态发展的自然历史过程这一基本思想"时,精辟地指出:"马克思究竟是怎样得出这个基本思想的呢?他做到这一点所用的方法,就是从社会生活的各个领域中划分出经济领域,从一切社会关系中划分出**生产关系**,即决定其余一切关系的基本的原始的关系。"① 突出生产关系在一切社会关系中的基础地位,并以生产关系的性质和变更作为主要标准或尺度,来划分社会经济形态。因此,人类历史就依次被划分为原始公有制社会、奴隶制社会、封建主义社会、资本主义社会和未来共产主义社会(第一阶段是社会主义社会)。

这样:其一是抓住了社会关系的根本问题,即从社会有机体的表层,深入到了社会经济结构的深层,从思想的社会关系、政治的社会关系,以及其他的社会关系中,找到了它们都以物质的社会关系为根源,从而立体地、多层次地和动态地把握社会有机体;其二是抓准了社会文明时代的特别是阶级社会的关键问题,即几个阶级社会(奴隶制社会、封建主义社会、资本主义社会)问题的关键,是由生产关系所直接决定的各个阶级之间的,尤其是剥削阶级与被剥削阶级、统治阶级与被压迫阶级之间经济利益的根本对立,并相应地产生了体现和解决社会基本矛盾的阶级矛盾和阶级斗争,直接推动了几千年文明时代的发展和进步;其三是抓到了人类社会发展的客观规律性,即社会形态更替和演进具有其"重复性和常规性"。例如,古今中外东西方社会,无论是各自处在"地域史"的时期,还是进入了"世界历史"的时期,尽管各自有其社会发展阶段、发展顺序和发展模式上的一定的特

---

① 《列宁专题文集 论辩证唯物主义和历史唯物主义》,人民出版社 2009 年版,第 158—159 页。

殊性，但是，它们也都大体上按照"五形态"的演进顺序，让世界历史走过了并且正在走着"共同的道路"。只不过，有些地区（民族和国家）在发展历程和发展形态上，表现得要典型一些；而另一些地区（民族和国家），因为种种历史原因，而具有较多和较大的特殊性而已。

当然，社会经济形态是社会有机体的最为本质的层次，而不是最为根本的层次，最根本的是社会生产力。所以列宁说，马克思"之所以第一次使**科学的**社会学出现成为可能，还由于只有把社会关系归结于生产关系，把生产关系归结于生产力的水平，才能有可靠的根据把社会形态的发展看做自然历史过程。不言而喻，没有这种观点，也就不会有社会科学"①。生产力决定生产关系，并且要求生产关系与之相适应，社会生产力和整个社会文明才能够发展进步。"促进生产力的发展"是"社会进步的最高标准"②和根本基础；社会经济形态的更替和演进，必须以社会技术形态的革命性进步作为物质前提。所以，我们同样不能离开生产力来讲生产关系，离开社会技术形态来讲社会经济形态。社会经济形态是一种自然历史过程，根源于生产力发展是一种自然历史过程。从个体手工劳动到机器大工业，从蒸汽时代到电气化时代，再到信息化时代，是资本主义社会为社会主义社会的出现和胜利所创造的物质前提。社会生产力的发展和现代化，是我国社会主义事业赖以立足和巩固的物质技术基础。

---

① 《列宁专题文集 论辩证唯物主义和历史唯物主义》，人民出版社2009年版，第161页。
② 见《列宁全集》第16卷，人民出版社1988年版，第209页。

（二）世界历史发展的"五形态"说和"三形态"说的本质一致性和视角特征

马克思主义关于世界历史发展的"五形态"说和"三形态"说，都是经典作家从不同角度，对于人类历史总体过程的阶段性划分和总体性的理论概括。因此，它们既具有本质上的一致性，又具有各自的视角特征、各自的解释力。必须统一地深入钻研、领会和把握，并力求实事求是地加以运用、深化和发展。

但是，一个时期以来，国内外有些学者，尽管出于不同的动机，但都在贬低和否定马克思主义关于社会历史发展的"五形态"说，或者把"五形态"说和"三形态"说对立起来，并用"三形态"说来贬低和否定"五形态"说，作为一种时尚和"创新"而加以宣扬。

一方面的情况是，自从马克思主义问世以来，西方思想界就用尽一切心思，在宣称一百次"驳倒"马克思主义以后，还要进行第一百零一次讨伐。从 20 世纪后半期至今，资产阶级御用文人和学者，因为要为资本主义辩护、要反对科学社会主义，就以战后资本主义发展到了"后工业社会"为由，变本加厉地反对马克思主义的社会形态理论。

例如，美国社会学教授丹尼尔·贝尔以其所谓"中轴原理"，来歪曲和反对马克思主义的社会形态学说。他在 1973 年出版的《后工业社会的来临》一书中写道："封建主义、资本主义这些名词，都是马克思主义结构内以财产关系为中轴的概念顺序。**前工业社会、工业社会和后工业社会这些名词，是以生产和生产使用的各种知识为中轴的概念顺序。**以中轴为基础，我们可以突出相同点和不同点。因此，以财产为中轴，美国和苏联之间就存在矛盾的关系，一个是资本主义社会，一个是（中央集权的）社会主义社会。以生产和技术为中轴，苏联和美国就都是工业社会……这样，人们在解释社会变化时，就可以避免片面决定论，如经济决定论，或者是技术决定论，然而又能够在一个既定的概念内挑出一个首要的逻辑。"① 而实际情况，恰恰相反，有片面性和错误的反倒是贝尔教授本人。他以"各种知识"而不是以"财产关系"（准确地说是"生产关系"）作为"中轴"、作为"首要的逻辑"，而反对和回避用"生产关系"、"社会经济形态"和"社会阶级关系"，仅仅用"前工业社会、工业社会和后工业社会"这种类似"社会技术形态"的用语，用以对包括"资本主义社会"和"社会主义社会"在内的人类社会，来做历史性概括，来"解释"人类社会的发展变化。这不只是片面的"技术决定论"，而且是历史唯心论。显然，这是一种资产阶级偏见。还有，诸如奈比斯特的"信息社会"论、托夫勒的"三次浪潮"论、布热津斯基的"技术社会"论等说法，都同样具有片面性和倾向性，都是在为资本主义制度作辩护。

另一方面的情况是，国内学术界在改革开放的历史条件下，学术研讨日趋活跃，对外交往日益频繁，哲学社会科学也获得空前繁荣和发展。同时，在世界社会主义运动处于低潮时期，容易产生和存在一种偏向，就是对西方学术著作和学术思想，由以往过分的"批判"和"拒斥"，变为简单的引进和介绍，甚至是无原则的照搬、迷信和崇拜。这是资产阶级自由化思潮产生和发生影响、马克思主义指导地位面临挑战的大背景；也是产生思想噪声、杂音和理论混乱的根本原因。

于是，有些人因背离和抛弃马克思主义的立场、观点和方法，而自觉或不自觉地受到西方资产阶级学术范式及其各种错误

---

① 丹尼尔·贝尔：《后工业社会的来临——对社会预测的一项探索》，商务印书馆1984年版，第17页。

思潮的影响。一些人往往以反对所谓"思想僵化"、"简单化"和"教条化"为名,在"理论探索"和"学术争鸣"中,也纷纷贬低和否定历史唯物主义的社会形态学说,特别是社会发展的"五形态"说。有的人重新挑起早在20世纪30年代,就已被完全批驳倒且有定论的,即当年由一些托派人物提出的我国古代"不存在奴隶社会"、马克思的"五形态"说不适合中国国情的论争。有学者指出:这种"新的动态,就是要摆脱'五种社会形态'的固有模式,重新审视中国是否存在过'奴隶社会'"①;还有人不顾史学常识,借以炒作"封建主义"中的"封建"的语源学考证,搞逆向思维、作负面文章。其实,所谓"'封建'名实争论,表面上是对'封建'概念的不同理解,实质是承不承认封建生产方式的普遍性、承不承认马克思主义社会经济形态学说的正确性、承不承认历史规律存在的问题。否定论者否定的不是'封建'之名,而是'封建'之实"②。而这两种论调的目的却只有一个,就是否定历史唯物主义的"五种社会经济形态"学说,断言马克思主义的"五阶段公式中,机械地用一个'原始共产主义→奴隶制度→封建制度'的抽象公式来概括这一过程。与客观实际相比,这个公式不仅过于简单化,而且也有重大错误"③。

还有一种理论偏见,就是贬低"五形态"说,认为它作为"我国原有的社会发展基本理论体系","却无力承担起"解释我国改革开放的"历史重任",说它并不"真正符合和完整体现马克思主义经典作家的原意"。因为"在它的五种社会形态的划分

---

① 孙家洲:《"古史分期"与"百家争鸣"》,《炎黄春秋》2007年第5期。
② 李根蟠:《如何科学理解马克思主义封建观》,《光明日报》2008年2月17日。
③ 何新:《论中国历史和国民意识》,时事出版社2002年版,第69页。

中，在它关于社会主义社会中生产关系对生产力、上层建筑对经济基础基本适应、只需要完善的论断中,无法找到我国当前进行如此重大的社会变革的必要性",认为只有"马克思关于社会发展的三大形态的理论,为我们的工作提供了一个极为重要的基点"①。有的人还提出,是斯大林于1938年在《苏联共产党(布)历史简明教程》的《辩证唯物主义和历史唯物主义》一节中,才明确提出:"'历史上有五种基本类型的生产关系:原始公有制的、奴隶占有制的、封建制的、资本主义制的、社会主义制的。'在这里,斯大林以五种生产关系代替了五种生产方式的提法。大概从此以后,五种生产方式的单线发展图式,就被马克思主义史学界解释为关于世界历史演进的规律。"还断言,这些都"是后来的马克思主义研究者附加上去的,并不符合创始人的原意"②。

其实,人类社会历史发展的"五形态"说,正是由马克思和恩格斯提出,而由列宁和斯大林加以明确和完善的理论学说。

马克思和恩格斯是在早期（1845年年底至1846年5月）共著的《德意志意识形态》中,首先从考察人类生产力、分工和交往形式发展中,考察了生产关系特别是所有制的历史发展。认为"第一种所有制形式是部落（Stamm）所有制"③、"第二种所有制形式是古典古代的公社所有制和国家所有制"、"第三种所有制形式是封建的或等级的所有制",书中进而集中论述的,是

---

① 陈峰:《社会形态的两重划分与我国当前变革的实质》,《理论纵横》（哲学篇）,河北人民出版社1988年版,第92—93页。
② 罗荣渠:《论一元多线历史发展观》,《理论纵横》（哲学篇）,河北人民出版社1988年版,第62—63页。
③ 部落（Stamm）,在19世纪中叶,这个术语词含义比现在广泛。它是指渊源于共同祖先的人们的共同体,包含近代所谓"氏族"和"部落"的意义。见《马克思恩格斯文集》第1卷,人民出版社2009年版,第521页及第808页注释187。

现存的资产阶级社会,以及通过共产主义革命去"推翻一切旧的生产关系和交往关系的基础"上,即在消灭其私有制以后必将建立起来的"共产主义"①社会。

马克思在1847年上半年所作一次题为《雇佣劳动与资本》的讲演中,再次从其"生产关系总和"的意义上,把"**古典古代**社会、**封建**社会和**资产阶级**社会",看做是"标志着人类历史发展中的一个特殊阶段"。

随后,马克思于1859年曾在《〈政治经济学批判〉序言》中,再次根据已有的历史资料,而对人类社会经济形态发展作出了更为完整的概括,即前文已引过的一个重要论断:"大体说来,亚细亚的、古希腊罗马的、封建的和现代资产阶级的生产方式可以看做是经济的社会形态演进的几个时代。"可以说,到这时为止,马克思和恩格斯对于奴隶制的历史产生,以及此前的原始社会的认识,还是没有完全解决。

而且,直至美国学者摩尔根在1877年出版《古代社会》,以及哈克斯特豪森发现了俄国的土地公有制,毛勒证明了这种公有制是一切**条顿族**的历史起源的社会基础之时,才使得恩格斯能够在1884年写成的《家庭、私有制和国家的起源》一书中,科学地第一次证明了原始公有制社会的存在,并阐明了它向奴隶制的演变过程,从而在实际内容上形成了人类历史由原始公有制解体以后,演进到"文明时代三大时期所特有的三大奴役形式":"古希腊罗马时代世界所固有的""奴隶制"、"中世纪的农奴制和近代的雇佣劳动制",以及必将取代"雇佣劳动制"的、使

---

① 《马克思恩格斯文集》第1卷,人民出版社2009年版,第521—522、539、574页。

"原始公有制"在"更高形式上的复活"①的未来共产主义的社会形态。这就是马克思主义经典作家阐明人类历史发展"五形态"说的思想脉络，以及由此作出的完整理论概括。

继之，在1919年7月11日，列宁在一次《论国家》的讲演中，根据恩格斯的《家庭、私有制和国家的起源》中关于人类"社会经济形态"演进的观点，进而明确提出："世界各国所有人类社会数千年来的发展，都向我们表明了它如下的一般规律、常规和秩序：起初是无阶级的社会——父权制原始社会，即没有贵族的原始社会；然后是以奴隶制为基础的社会，即奴隶占有制社会。整个现代的文明的欧洲都经过了这个阶段，奴隶制在两千年前占有完全的统治地位。世界上其余各洲的绝大多数民族也都经历过这个阶段。在最不发达的民族中，现在还有奴隶制的遗迹，例如在非洲现时还可以找到奴隶制的设施。""在历史上继这种形式之后的是另一种形式，即农奴制。""后来，在农奴制内部，随着商业的发展和世界市场的出现，随着货币流通的发展，产生了一个新阶级，即资本家阶级。……农奴制被资本主义所代替。"接着，列宁详细而深刻地论述了"社会主义革命在全世界已经开始"，并将最终建立"消灭一切剥削"的"国家"②和社会，以取代资本主义国家和社会。

至于，谈到斯大林在1938年所作的关于人类"历史上的五种基本类型的生产关系"的理论概括，应该说，是符合马克思、恩格斯和列宁有关"五种社会经济形态"说之原意的。因为，即使是马克思本人，既从"社会生产方式"的意义上，也从基于社会生产力的"生产关系总和"的意义上，赋予"社会

---

① 《马克思恩格斯文集》第4卷，人民出版社2009年版，第195、198页。
② 《列宁选集》第4卷，人民出版社1995年版，第28—29、36、40页。

经济形态"应有的内涵。

既然,马克思主义关于人类历史发展的"五形态"说,首先是符合马克思和恩格斯的,同时也是符合列宁的有关论述和思想之原意的,那么,它同马克思所提出的"三形态"说,就应当是而且也的确是具有本质上的一致性的。尽管所谓"五形态"说,被赋予其内涵是"一定的生产方式",即一定生产关系与其生产力的统一,或者是基于其生产力状况的"生产关系总和",但在"三形态"说中,同样也要以其一定生产力发展水平为基础,即是由生产力发展的一定水平决定着劳动成果的占有方式、交换方式和人的发展状况。也就是说,如果没有分工和生产力的较大发展,人类社会就不可能由"人的依赖关系"的"社会形态",发展到"**物的依赖关系**"的"社会形态";进而,也只有在现代生产力高度发展,并且消灭了旧式分工的基础上,才能够由"**物的依赖关系**"的"社会形态",发展到实现"自由个性"的"社会形态"。

同时还应看到,即使是在"三形态"说中,虽然在前两大"社会形态"——"人的依赖关系"的"社会形态"和"**物的依赖关系**"的"社会形态"中,都包含有不止一种性质的生产关系,但仍或明或暗地包含有人与人之间的不平等关系,乃至阶级关系的含义。

先就"人的依赖关系"的"社会形态"而言,就有一个谁依赖谁的问题。这种"依赖","起初完全是自然发生的",是受到当时生存条件决定和制约的一种原始的、狭隘的和"不平等"的关系;所谓"依赖"就意味着,在阶级社会(奴隶制、农奴制)中,还有一个少数人剥削和支配多数人的问题。

再就"**物的依赖关系**"的"社会形态"而言,它同"人的依赖关系"的社会相比,当然是一种历史性进步。因为它毕竟在近现代生产力发展的基础上，"才形成普遍的社会物质变换，全面的关系，多方面的需求以及全面能力的体系"，从而为社会发展到第三大"社会形态"（"人的自由个性"阶段）创造了物质前提。但是，所谓"**物的依赖关系**"的社会，马克思主要就是指在发达的商品经济，特别是资本主义雇佣劳动条件下的"**商品拜物教**"的形式，即"这只是人们自己的一定的社会关系，但它在人们面前采取了物与物的关系的虚幻形式"，包括以"工资与劳动"（实际是工资与工人劳动力价值）相交换的"虚幻的用语"，即"在雇佣劳动下，货币关系掩盖了雇佣工人的无代价劳动"①，掩盖了资本家阶级对工人阶级的剥削。

最后就人类未来的"自由个性"的"社会形态"而言，其生产关系的规定性，就讲得更为明确了。因为这种"自由个性"，是必须"建立在个人全面发展和他们共同的社会生产能力成为他们的社会财富这一基础上的"。这里，既必须以作为社会主体的"个人全面发展"作为社会前提，又必须以"他们共同的社会生产能力成为他们的社会财富"，即以社会财富的共同生产、共同占有和共同享用作为物质前提。在这里，包含着人类最理想的生产关系之含义。显然，它就是指共产主义的"社会经济形态"。因此，"五形态"说和"三形态"说是相通的，具有内在的和本质上的一致性。我们不能当把它们对立起来。

当然，人类历史发展的"五形态"说和"三形态"说，也具有各自的视角特征。其中，"五形态"说的着眼点，是以基于生产力的一定的生产关系（核心是其所有制关系）作为划分"社会经济形态"的标准。因此，它们内含着社会基本矛盾，以

---

① 《马克思恩格斯文集》第5卷，人民出版社2009年版，第89—90、616、619页。

及在阶级社会中的阶级关系，是对于社会进步和社会性质的深层本质的科学揭示。它偏重说明"社会形态"发展、更替和演进的内在必然性和动力体系。其不足之处，是仅仅科学地阐明了人类发展和解放的经济必然性，虽然包含着但没有从正面上把人的发展作为直接的理论概括。而"三形态"说，则是从劳动及其产品占有、交换和使用的视角着眼，高度抽象地揭示了人的发展过程和状况。即从"人的依赖关系"，发展到"**物的依赖关系**"，直至"自由个性"的实现过程。而且，这"三大社会形态"，也大体上对应着三大经济类型，即自然经济、商品经济和产品经济。其不足之处是，这种"三大社会形态"的划分，既高度抽象又过于简略，特别是前两种社会形态——"人的依赖关系"的"社会形态"包容着原始公有制、奴隶占有制、封建农奴制等三种在社会性质上根本不同的社会经济形态；而"**物的依赖关系**"的"社会形态"，也无法明确区分"资本主义社会"与我国这样还必须发展商品—市场经济的"社会主义社会"。像这样，在把两种和两种以上其性质根本不同的社会，归纳为一种"社会形态"的情况下，如果不联系"五形态"说来把握它，就容易引起理论上误会和混淆。

实际上，在我国社会主义初级阶段，既必须以人的全面发展作为社会目的，又必须在坚持公有制为主体的前提下，放手发展私有经济和商品—市场经济。显然，这就夹杂着两种社会形态的经济内容，存在较大的内在矛盾和实践难度。故而，我国现阶段的社会主义社会，作为共产主义社会形态"第一阶段"中的"初级阶段"，既不能简单地说它是"**物的依赖关系**"的"社会形态"，也不能简单地视为以"自由个性"为特征的"社会形态"。

因此，我们可以认为，人类历史的"五形态"说和"三形态"说,是各有所长和各有所专。它们是各有其视角特征和特定含义,也是相容相通、相辅相成的。

(三) 社会形态发展和更替的共同规律性和表现形式的特殊性

国内外学术界关于"社会形态"划分的种种不同主张和对立中,最为尖锐的问题即焦点和实质性的问题,是承不承认唯物主义历史观、承不承认人类历史发展的客观规律性、承不承认社会主义社会取代资本主义的历史必然性问题。

在西方资产阶级思想界,一些政治家、学者和教授对此作出否定回答,甚至诋毁、歪曲和批驳马克思主义及其唯物主义历史观是历来如此,不足为怪的。这是一种常态。其中,使用政治话语的,比较容易识别;而使用学术话语的,则具有一定的迷惑性和欺骗性。例如,像美籍日裔的政治性人物福山,前几年宣扬"历史终结论",声称人类社会的历史已经"终结"于当代资本主义的社会形态,"终结"于西方的、美国式的"自由市场经济"和"政治民主"的论调,是不值一驳的。而像英国哲学家卡尔·波普在其《历史决定论的贫困》、《开放社会及其敌人》之类的"学术著作"中,所论述和宣扬的历史唯心论和非决定论的思想观点,反对马克思主义,特别是反对包括唯物辩证的决定论在内的唯物主义历史观的思想观点,在我国思想理论界则具有较大的市场和影响。书中的关键问题,是否认一切历史规律的存在。他说自己之所以反对马克思的历史决定论,是因为"它假定历史预测是社会科学的主要目的,并且假定通过发现隐藏在历史演变下面的……'规律'或'倾向'来达到这个目的"。他认为,即使社会现象之间存在因果联系,"我们也不能提出普遍规律,不能用普通名词来描述这种因果联系"。因为,在社会历史中不存在"进化规律"[1]。对此,笔者曾发表过一篇题为《"偏见比无知离真理更远"——评波普〈历史决定论的贫困〉》一文[2]加以评论,这里不再作具体分析。这里要指出的,是他对我国一些学者的影响。

近一个时期,否定马克思的唯物主义历史观、否定人类历史"五形态"说、否定历史发展的客观规律,而像卡尔·波普一样坚持历史唯心主义思想观点的人和作品,并不鲜见。有代表性的是某专业名刊,曾经在2000年第2期以"社会形态与历史规律的再认识"为题,组织过一次笔谈。其中,不乏启发性的见解,但也有一些观点相当出格。例如,有学者否认马克思主义社会形态学说,认为马克思的"这一提法只是对西方发展历程的一番描述性的说明,并无意以此作为一种所谓不以人的意志为转移的普遍必然性的规律"。说"只是斯大林在《联共(布)党史》的《辩证唯物主义和历史唯物主义》一节中把它系统化并传入中国后,它就由第一种意义上的规律日益转化为第二种意义上的规律,即与自然规律一样的规律"。并断言"历史终究是人的思想和意志所创造的。规律也是人们认识的产物,而认识是不断发展和不断变化的,所以大概也没有万世不变的永恒不变的规律"[3]。还有学者宣称:历史唯物主义"以所谓生产力决定生产关系的这个'规律'来说,在人类历史实际进程中根本就不存在,找不出任何一条历史事实来支持这个规律的存在,因此它纯

---

[1] 卡尔·波普:《历史决定论的贫困》,华夏出版社1987年版,第2、9、83页。

[2] 李崇富:《"偏见比无知离真理更远"——评波普〈历史决定论的贫困〉》,《光明日报》1991年9月2日。

[3] 参见《历史研究》2000年第2期。

粹是一种思辨的思维活动"①。

有的学者,进而反对以马克思关于人类历史发展的"五形态"说为指导,来研究和划分我国历史发展阶段。说这是"长期困扰中国古史研究的框子,必须放弃这种套改中国历史的做法"。有的人甚至说:"当年郭沫若等老一辈马克思主义史学家从宣传马克思主义的普遍适用性出发,论证中国同资本主义发祥地的西欧同样经历了由氏族社会、奴隶社会、封建社会到资本主义社会的发展过程。但我们也应该看到,老一辈的史学家毕竟是初次涉足马克思主义,当时许多主要的马恩著作尚未介绍到中国来,因而他们对马克思的历史观的理解难免带有主观性和片面性。"② 总之一句话,这些人就是在轻率地、不负责任地质疑唯物主义历史观,质疑马克思主义五种社会形态学说,质疑社会历史发展存在共同规律。不论其主观愿望如何,实际上就是对西方相应攻击的一种呼应,无助于我国历史研究的深入。

应当指出,借口社会历史活动中有人的意识和目的参与,而否认人类社会发展中存在客观规律,是一切历史唯心主义理论和学说的共同思路和辩护伎俩。而关于社会规律和自然规律的同异问题,即人的社会实践的能动性和目的性同历史规律的客观性问题,早就由恩格斯深刻地加以阐明了。

他指出,在承认和努力发现"那些作为支配规律在人类社会的历史上起作用的一般运动规律"之时,我们必须看到:"社会发展史却有一点是和自然发展史根本不相同的。在自然界中(如果我们把人对自然界的反作用撇开不谈)全是没有意识、盲目的动力,这些动力彼此发生作用,而一般规律就表现在这些动

---

① 参见《历史研究》2001 年第 4 期。
② 参见《历史研究》2000 年第 2 期。

力的相互作用中。……最终结果中,都没有任何事情是作为预期的自觉的目的发生的。相反,在社会历史领域内进行活动的,是具有意识的、经过思虑或凭激情行动的、追求某种目的的人;任何事情的发生都不是没有自觉的意图,没有预期的目的的。但是……它丝毫不能改变这样一个事实:历史进程是受内在的一般规律支配的。因为在这一领域内,尽管各个人都有自觉预期的目的,总的说来在表面上好像也是偶然性在支配着。人们所预期的东西很少如愿以偿,许多预期的目的在大多数场合都互相干扰,彼此冲突……这样,无数的单个愿望和单个行动的冲突,在历史领域内造成了一种同没有意识的自然界中占统治地位的状况完全相似的状况。行动的目的是预期的,但是行动实际产生的结果并不是预期的。"并且从表面上看,社会上人们的种种行动似乎都是"由偶然性支配着的",但"这种偶然性始终是受内部的隐蔽着的规律支配的,而问题只是在于发现这些规律"①。因此,包括人类历史发展的"五形态"说在内的历史规律,尽管它们都离不开人类有意识参与的社会实践,都具有不同于自然规律的特点,但都是在社会历史过程中已经发挥过,并且正在继续发挥支配作用的客观规律。

其实,不管人们承认与否,人类社会历史总体过程大体上就是按照"五种社会经济形态"的共同规律、共同道路和共同顺序向前发展、更替和演进的。这既是历史过程本身的客观逻辑和经济必然性,也是一种客观事实、是一种不可逆转的历史总趋势。

从历史发展的内在逻辑看,随着原始社会中生产工具的改进、剩余劳动的出现和第一次社会分工的发生,通过原始公有制

---

① 《马克思恩格斯文集》第 4 卷,人民出版社 2009 年版,第 301—302 页。

的解体，而产生家庭、私有制和国家，是势在必然的。既然当时劳动生产率已经达到在维持劳动者基本需要以外，还开始能够多少提供一点剩余产品，故而氏族的一些强势人物和其他自由民，就会自发地采取多种手段，包括绑架和收留其他氏族人员、争夺和不再屠杀全部战俘，以及穷人被迫出卖自己或子女等途径，而占有尽可能多劳动者本身，即形成奴隶占有制，以直接占有他人的剩余劳动，就是一种必然的、合乎逻辑的历史性演进。

在奴隶制下，铁器工具和畜力的生产应用，进一步提高了农业劳动生产率，使得小农家庭耕作大量出现和发生分化，加上奴隶阶级的觉醒和反抗，奴隶占有制就难以维持。在这种情况下，由对劳动者本身的占有，变为主要是通过大量兼并和占有土地，并以收取大量地租（从劳役地租，到实物地租，再到货币地租）的形式，而占有他人的剩余劳动，同时也使奴隶制变为封建农奴制。用这种弱化人身占有，并对劳动者多少减轻一些经济剥削的封建制度，以取代奴隶占有制，可以说，是当时唯一可能和合乎逻辑的，并能被剥削阶级和劳动阶级双双接受的历史性选择。

同样，在封建制度发展的后期，由于西欧商品经济的发展、新航路开通和美洲大陆的"发现"，促使近代机器大工业的出现和世界市场的形成，由此导致了资本家阶级的出现；同时通过"羊吃人"的"圈地运动"，形成了由大量的失地农民和被贩卖的"黑奴"等失去了生产资料、只有以劳动力谋生者所构成的无产阶级。随后，通过资产阶级革命，资产阶级以资本主义社会取代封建社会，也是一种不以人的意志为转移的历史必然。至于资本主义社会必将让位于社会主义、共产主义社会的历史必然性，已经被马克思主义科学地加以揭示、充分地加以阐明了，在这里不予赘述。

以上所阐述的，是人类历史总体发展上典型的、占主导地位的五种"社会经济形态"发展、更替和演进的客观的必然逻辑。

从人类几百万年的特别是几千年东西方文明史本身的事实看,五种"社会经济形态"的一次次的发展、更替和演进,也是世界性的历史潮流和客观的历史事实。——至少已经走过的世界历史进程大体上是如此,未来也必将沿着这种共同的历史总趋势一直走下去。

我们知道,人类历史是由上百万年的"地域性"历史,发展到近代才走向"世界历史性"[①]的。即使是在古代东方与西方没有交往,至少是在交往不多的情况下,都是以大体相同的社会技术形态——旧石器时代、新石器时代、青铜器时代、铁器时代……为支撑,而经历了原始公有制、奴隶占有制、封建农奴制,以及后来资本主义的社会形态,等等。其间,有所不同的是,古希腊、古罗马的奴隶制要发达一些,封建社会要短暂一些,资本主义社会代替封建社会要早和典型一些;而东方(以中国为例)社会,其奴隶制不太发达和典型,而封建制度则较为早熟、漫长、发达和繁荣。但是,东方社会在由封建社会自发而缓慢地向资本主义社会转变的历史进程中,都被西方的殖民侵略所干扰、延缓或被打断了。印度在 1947 年独立前大约 300 年间,主要是英国的殖民地。中国在 1840 年鸦片战争以后,也逐渐变成一个半殖民地半封建社会,直至 1949 年新民主主义革命胜利和新中国成立,才开始继苏联之后,率先走上了社会主义道路。所以,我国没有经过资本主义充分发展的社会阶段。与此相类似,2500 年前生活在北欧的日耳曼人,在公元 476 年灭亡了西罗马帝国以后,没有经历过典型的奴隶制社会,就由氏族社会后期而跳跃到中世纪封建社会。

---

① 《马克思恩格斯文集》第 1 卷,人民出版社 2009 年版,第 538 页。

应该说，一个新的社会形态的产生，往往不是直接地从原先充分发达的旧社会形态脱胎而出的（因其历史惰性太大），而是从旧的社会形态统治的薄弱环节中，首先获得突破和胜利的。当然，这必须有一个旧的社会形态已经趋于衰败、新的社会形态的问世已经成为历史潮流的大背景。试想当年，如果北欧日耳曼人不是在罗马帝国的奴隶制已经趋于腐朽没落的历史条件下，他们是不会跃过奴隶制而实行封建庄园制的。而中国近代如果没有西方列强入侵和掠夺，也会缓慢地走上资本主义道路。我们中国之所以能够越过资本主义充分发展阶段，而由半殖民地半封建社会跨入社会主义社会，也是以世界资本主义制度趋于衰落为时代背景的。

因此，东西方社会都是比较典型地体现了人类历史发展的"五种社会经济形态"的共同规律和共同道路。这是人类社会历史发展的一条主线，但这不能归结为所谓的"单线论"和"单因素论"[①]。因为它并不排斥，而是承认人类历史演进的多样性。不过，这是同社会形态发展、更替和演进的共同规律性和表现形式的特殊性的统一，是历史进化的"共性论"和"主线论"与其实现形式"多样性"的统一。也就是列宁所说的："世界历史发展的一般规律，不仅丝毫不排斥个别发展阶段在发展的形式或顺序上表现出特殊性，反而是以此为前提的。"[②]

由于各自独特的历史原因，有不少地区和民族，他们的历史发展没有赶上历史的主潮，而比较滞后。例如，近代西方殖民者没有入侵之前，尽管在南北美洲有过印加文明，中东和北非有过

[①] 罗荣渠：《论一元多线历史发展观》，《理论纵横》（哲学篇），河北人民出版社1988年版，第62—80页。

[②] 《列宁专题文集 论社会主义》，人民出版社2009年版，第357—358页。

古埃及文明、两河流域及其巴比伦文明。但是，直至近代，南北美洲、非洲和大洋洲，仍有不少民族还处于原始公有制解体后的氏族和部落时期。世界各地土著民族或者少数民族，甚至还具有原始社会的遗迹。因此，西欧殖民入侵者，声称哥伦布"发现"美洲新大陆以后，就在大量捕杀当地社会进化滞后的印第安人，以及从非洲大量捕捉和向美洲等地贩卖"黑奴"。这既是"血与火"的资本主义发家史和罪恶史，同时也客观上为这些地区带来了近代资本主义文明，从而跨越了封建主义社会形态。

即使在俄国和印度（包括殖民地时期）近代封建制度下，甚至在资本主义工商业已有一定发展的时期，仍然大量存在作为原始公社残余的土地公有制。在19世纪中期，俄国在封建农奴制下村社的公有土地还占60%以上。这就是1881年马克思曾设想过，但却未曾实现的俄国农村村社，在某种条件下，"有可能不通过资本主义制度的卡夫丁峡谷"[①] 的历史背景。

至于我国，有些学者借口古代存在的是所谓"国有制"，而否认中国历史上封建主义社会形态的存在，是根本违背历史事实的。其实，自从公元前356—350年，战国时的秦国实行"商鞅变法"，"开阡陌封疆"、废除井田制、承认土地私有和自由买卖以来，我国封建土地私有制度就是一直延续了两千多年的一种主要经济制度。历代封建王朝之所以衰败、灭亡和更替，土地被大地主过分兼并和集中，大多数农民失去土地，常常是一个主要原因。只是在经过一场社会大动乱、人口急剧锐减、土地大量荒芜的情况下，某些新王朝才强化国家主权，重新分配土地，实行有限的"均田制"，例如北魏和唐初的"均田制"。这种情况，并不能否认封建王朝的土地私有制是一种常态、是一种占支配地位

---

① 《马克思恩格斯文集》第3卷，人民出版社2009年版，第575页。

的所有制形式。所谓"溥天之下,莫非王土"云云,仅仅是一种国家主权的宣示,而不是所谓土地的"国有制"。

总之,在人类历史上,相对于五种"社会经济形态"表现其特殊性的,大体存在三种情况:

其一是,人类社会历史的发展进步,不是整齐划一的。有的地区和民族大体上沿着五种"社会经济形态"的顺序,走在历史前列,成为历史发展和时代的大潮。而某些地区和民族,由于其特殊的地理环境和社会交往的封闭性,使其社会文明发展没有跟上时代的大潮,而长时期地停滞在某种大大落后于时代的社会形态上。近代以前美洲和大洋洲,以及非洲的大部分地区和民族,没有来得及从奴隶制中发展出典型的封建社会。西方殖民者的入侵,以一度成为殖民地的代价和屈辱,改变了这种情况,从而在客观上有限地加快了当地的社会进步。

其二是,以我国为代表的东方地区和一些民族,曾经从原始公有制社会,依序(通过不太发达的奴隶制)发展到和长期停滞于封建社会。尽管我们中国有过无比辉煌和繁盛的封建文明史,但在近代没有从中率先发展出典型的资本主义社会。以至当代中国超越了资本主义的充分发展,而由半殖民地半封建社会,直接走上社会主义道路,犹如当年北欧日耳曼人跨越奴隶社会、近代西方侵占的许多殖民地跨越封建社会,而直接地分别进入封建社会、资本主义和类似资本主义的社会一样。不过,这种"跨越"是有其历史条件的。这就是,被"跨越"的社会形态已经没落腐朽,而新进入的社会形态已经成为世界新时代的曙光。

其三是,世界上任何一个社会经济形态的存在和发展,都不是纯粹、完全和同一模式的。在由一种社会生产关系占支配地位的同时,还存在多种不同的生产关系。其中,既有旧的生产关系的残余,也有新的生产关系的萌芽。例如,从奴隶社会到封建社会,再到资本主义社会,甚至我国社会主义初级阶段,都程度不同地存在个体经济和小商品生产,它们分别依存于当时占支配地位的生产关系。再如在私有制经济的社会,也会有一些所谓"国有"和"集体"经济。所以,"在一切社会形式中都有一种一定的生产决定其他一切生产的地位和影响,因而它的关系也决定其他一切关系的地位和影响。这是一种普照的光,它掩盖了一切其他色彩,改变着它们的特点"①。这种"普照之光",就是占支配地位的那种生产方式,包括以其所有制为核心的生产关系,并由它决定社会经济形态的性质。这就意味着,在一些有代表性的地区和民族的历史发展中,那些基本的、占支配地位的生产方式及其生产关系存在、更替和演进,体现了遵循五种"社会经济形态"发展的共同规律和共同道路;而其实现形式的多样性,以及同依附它的种种社会经济形式、种种社会关系的结合,则表现为与众不同的特殊性。这种情况在古今东西方社会,都是如此。

国内外有些学者,以东方社会(或其他地区和民族)的特殊性,来否认人类历史发展五种"社会经济形态"的主导地位和共同规律,是缺乏充分根据的,也是站不住脚的。而我们既要像列宁那样看到"东方那些人口无比众多、社会情况无比复杂的国家里,今后的革命无疑会比俄国革命带有更多的特殊性",进而应当深入研究和充分尊重这些特殊性,而不能在理论和实践上简单照搬马克思主义词句。但又必须承认"这些特殊性当然符合世界发展的总的路线",即"世界历史发展的一般规律"②,

---

① 《马克思恩格斯文集》第 8 卷,人民出版社 2009 年版,第 31 页。
② 《列宁专题文集 论社会主义》,人民出版社 2009 年版,第 359、357—358 页。

坚持和发展包括其五种"社会经济形态"说在内的马克思主义、历史唯物主义的基本原理。

三 历史唯物主义及其社会形态理论的现实意义

历史唯物主义及其社会形态理论，所揭示的是人类社会发展的一般规律，适用于整个人类社会的历史发展。如果说，马克思因为有了包括唯物主义历史观在内的"两个伟大发现"，才使社会主义从空想发展到科学的话，那么，中国特色社会主义作为科学社会主义在我国的运用和发展，也必须把历史唯物主义作为自己的最根本、最切近的理论基础。

(一) 历史唯物主义是中国特色社会主义事业的理论基础

中国特色社会主义，是科学社会主义在当代中国的新形态。胡锦涛在党的十七大报告中指出："中国特色社会主义道路之所以完全正确、之所以能够引领中国社会发展进步，关键在于我们既坚持了科学社会主义的基本原则，又根据我国实际和时代特征赋予其鲜明的中国特色。"[①] 笔者认为，中国特色社会主义所坚持的"科学社会主义的基本原则"中，最为根本的，就是体现历史唯物主义所揭示的社会发展一般规律的基本原理。

从总体看，社会主义理论和社会主义社会——无论中国特色的社会主义，还是具有其他国家特色的社会主义社会——所属的共产主义思想体系和社会形态，之所以能够指导和实际取代资本主义的社会形态，就是以包括"五形态"说在内的历史唯物主

---

① 中共中央文献研究室编：《改革开放三十年重要文献选编》（下），中央文献出版社2008年版，第1717页。

义基本原理,作为根本理论基础的。正如邓小平所说:"马克思主义是科学。它运用历史唯物主义揭示了人类社会发展的规律。封建社会代替奴隶社会,资本主义代替封建主义,社会主义经历一个长过程发展后必然代替资本主义。这是社会历史发展不可逆转的总趋势,但道路是曲折的。"① 而我们新中国所走的发展道路,就是由历史唯物主义所指明的科学社会主义道路。不过,我国又不能照搬科学社会主义理论,必须使之同我国实际和时代特征相结合,以赋予其鲜明的中国特色。我们所讲的"中国特色社会主义",必须以历史唯物主义作为根本理论基础,是科学社会主义真理的普遍性同中国国情和实践的特殊性的统一。其实践经验的科学总结,就是中国特色社会主义理论体系。

中国特色社会主义理论体系,是以毛泽东时代的理论和实践探索为前提,而在改革开放和现代化建设的实践中,不断推进马克思主义中国化所取得的最新理论成果,是包括邓小平理论、"三个代表"重要思想以及科学发展观在内的理论创新的总和,并且表现为新时期党的基本理论、基本路线、基本纲领和基本经验。中国特色社会主义理论体系,是立足于马克思主义哲学世界观和方法论,特别是历史唯物主义的理论基础之上的马克思主义中国化,是对马克思列宁主义、毛泽东思想的坚持、运用和发展。其中,历史唯物主义即唯物主义历史观,是中国特色社会主义理论体系的最切近的、最根本的哲学根据和理论基础。这里,我们择其要者而略论之:

——社会主义本质论。即邓小平提出的"社会主义的本质,是解放生产力,发展生产力,消灭剥削,消除两极分化,最终达

---

① 《邓小平文选》第 3 卷,人民出版社 1993 年版,第 382—383 页。

到共同富裕"①。从哲学高度看,这五句话包含着三层意思:把"解放生产力,发展生产力"置于社会主义本质之首而加以强调,这坚持了"物质生产的发展,即对整个社会生活从而整个现实历史的基础"②的历史唯物论;而把"消灭剥削,消除两极分化"作为社会主义的本质的重要内容、作为解放和发展生产力的制度保证,则体现了对于社会主义生产关系和分配关系的能动作用的重视,从而坚持了历史辩证法;至于把"最终达到共同富裕"作为社会主义的根本目的,则是既蕴含着经济利益和物质生活的基础性,也包含着人民主体论的能动性,是历史唯物论和历史辩证法的统一。

——社会主义初级阶段论。这是集中了全党的智慧,从1981年党的十一届六中全会《决议》开始提出,到1987年十三大报告、1997年十五大报告加以系统阐明的中国特色社会主义的一个特有的阶段,一种特有的理论。其基本含义是:"第一,我国社会已经是社会主义社会。我们必须坚持而不能离开社会主义。第二,我国的社会主义社会还处在初级阶段。"党的十三大报告指出:"社会主义初级阶段,是一个什么样的历史阶段呢?它不是泛指任何国家进入社会主义都会经历的起始阶段,而是特指我国在生产力落后、商品经济不发达条件下建设社会主义必然要经历的特定阶段。"③显而易见,社会主义初级阶段立论的根据,是在我国"生产力落后、商品经济不发达"的历史条件,从哲学上看,就是坚持历史唯物主义。正因为这样,我国在现阶段所实行的社会制度,就必须是也只能是不完全不成熟的社会主

---

① 《邓小平文选》第3卷,人民出版社1993年版,第373页。
② 《马克思恩格斯文集》第5卷,人民出版社2009年版,第211页。
③ 中共中央文献研究室编:《改革开放三十年重要文献选编》(上),中央文献出版社2008年版,第474—476页。

义制度：在经济上，实行以公有制为主体、多种所有制经济共同发展的基本经济制度，而不能实行私有化和单一的公有制；在政治上，实行工人阶级领导（通过共产党）的、以工农联盟为基础的人民民主专政和人民代表大会制度，是切合我国实际的社会主义国体和政体，而不能搞资产阶级多党制和议会制；在思想文化上，在马克思主义指导下，发展面向现代化、面向世界、面向未来的，民族的科学的大众的社会主义文化，在建设高度物质文明的同时，建设高度的社会主义精神文明，而不能实行"全盘西化"。

——社会主义体制改革论。邓小平倡导的社会主义体制改革，是我国的"第二次革命"，是开辟中国特色社会主义道路的关键性抉择。其根本性的理论根据，是毛泽东阐明的社会主义社会基本矛盾理论，即"在社会主义社会中，基本的矛盾仍然是生产关系和生产力之间的矛盾，上层建筑和经济基础之间的矛盾。"其性质是"非对抗性的"，但存在着"又相适应又相矛盾"的情况。这种"又相适应又相矛盾"的情况，既表明了社会主义制度有利于社会生产力发展、有利于人民利益实现的优越性，又决定了其"又相矛盾"的一面，"可以经过社会主义制度本身，不断地得到解决"①。邓小平的理论创新和贡献，是在社会制度的基础上，在介于生产关系和生产力、上层建筑和经济基础之间的矛盾中，划分出了一个"体制"层次，并且通过全面的体制改革，达到生产力的进一步解放。他强调指出："革命是解放生产力，改革也是解放生产力。……社会主义基本制度确立以后，还要从根本上改变束缚生产力发展的经济体制，建立起充满生机和活力的社会主义经济体制，促进生产力的发展，这是改

---

① 《毛泽东文集》第 7 卷，人民出版社 1999 年版，第 213—215 页。

革,所以改革也是解放生产力。"① 应当指出,我国社会主义体制改革,是包括以经济体制改革为中心的、与它配套进行政治体制、文化体制和其他相关体制改革在内的全面改革,是社会主义制度的自我完善和发展。这就表明,社会主义体制改革,是源于和服务于社会生产力的发展要求;而在社会主义制度下,一经建立起富有生命力的体制,就会成为生产力发展和社会进步的重要动力。

因此,社会主义体制改革理论,既坚持了社会生产力发展的历史唯物论;也体现了社会主义生产关系及其经济体制,对于生产力发展和社会进步的能动作用,体现了历史唯物论与历史辩证法的内在统一。历史唯物主义,是我国进行社会主义体制改革的根本理论基础。

——社会主义市场经济理论。在经典科学社会主义理论中,历来主张社会主义社会不存在商品货币关系,当然也就不会搞"社会主义市场经济"。而中国特色社会主义理论体系所主张的"社会主义市场经济",就是让社会主义基本制度同市场经济结合起来。这是科学社会主义发展史上的一个伟大创举。其理论根据仍然是历史唯物主义。因为,马克思所阐明的未来共产主义社会第一阶段,即我们现在所讲的社会主义社会,是以资本主义生产力充分发展、商品—市场经济高度发达,作为自己既有的社会前提和经济技术基础的。如果,在全世界大多数这样发达的资本主义国家,都走上社会主义道路的情况下,当然可以消灭商品货币关系,即在其"以生产资料公有制为基础的社会中,生产者不交换自己的产品;用在产品上的劳动,在这里也不表现为这些产品的价值……个人的劳动不再经过迂回曲折的道路,而是直接

---

① 《邓小平文选》第 3 卷,人民出版社 1993 年版,第 370 页。

作为总劳动的组成部分存在着"。劳动者"从社会领得一张凭证，证明他提供了多少劳动（扣除他为公共基金而进行的劳动），他根据这张凭证从社会储存中领得一份耗费同等劳动量的消费资料"①。所以，马克思对未来社会经济特征的预见，是有其历史唯物主义根据的、是合乎逻辑的、科学的。一切社会主义国家都势必要向这个方向前进和发展。

然而，在像中国这样生产力水平不高、商品经济不够发达，没有经历过资本主义充分发展阶段，即在半殖民地半封建社会的历史起点上，走上社会主义道路的国家，就不应该也不可能从主要是自然经济的发展阶段，企图超越商品经济充分发展，一下子跨到产品经济的发展阶段。因为实践证明，"商品经济的充分发展，是社会经济发展的不可逾越的阶段"②。所以，邓小平认为计划经济和市场经济，都是发展生产力的"手段"即"方法"③。"计划多一点还是市场多一点，不是社会主义与资本主义的本质区别。"④"社会主义也可以搞市场经济。"⑤邓小平这些全新的观点，既符合历史唯物论，更使全党解放了思想、打开了眼界，进而在理论和实践探索中，创立了社会主义市场经济理论。

——党在现阶段的"一个中心、两个基本点"的基本路线。上述四个方面的理论创新，可以说是在改革开放的实践中，结合我国实际，坚持和运用历史唯物主义理论，而为中国特色社会主

---

① 《马克思恩格斯文集》第3卷，人民出版社2009年版，第433—435页。
② 中共中央文献研究室编：《改革开放三十年重要文献选编》（上），中央文献出版社2008年版，第350页。
③ 《邓小平文选》第2卷，人民出版社1994年版，第148页。
④ 《邓小平文选》第3卷，人民出版社1993年版，第373页。
⑤ 《邓小平文选》第2卷，人民出版社1994年版，第236页。

义理论体系奠定基础的理论支柱。而党的基本理论和社会实践之间,有一个中介环节,就是党在社会主义初级阶段的基本路线。其完整的表述是:"领导和团结全国各族人民,以经济建设为中心,坚持四项基本原则,坚持改革开放,自力更生,艰苦创业,为把我国建设成为富强民主文明和谐的社会主义现代化国家而奋斗。"① 通常简称为"一个中心、两个基本点"的基本路线。党在现阶段的"基本路线"即"政治路线",规定了党在这个阶段上的总任务、总方针和总政策,是中国特色社会主义理论体系的综合运用,是全党全国各族人民行动的总纲领。党的这条基本路线规定和指引着党和国家发展的政治方向,是党和国家的生命线,是人民幸福线。从其要点看:

——关于"以经济建设为中心"。全党全国工作的着重点和注意力,由"以阶级斗争为纲"转向"以经济建设为中心",是新时期所实现的意义深远的、根本性的战略转变。其理论基础,是十一届三中全会以来,我们党基于我国社会主义改造基本完成以后对社会"主要矛盾"——不再是阶级斗争,而"是人民日益增长的物质文化需要同落后的社会生产之间的矛盾"②——的正确认定,作为其理论根据的。它坚持和实践的是社会主义根本任务论,即社会主义社会要取得完全胜利,就必须大力发展社会生产力、必须逐步创造出"高于资本主义的劳动生产率",以便为社会主义社会的巩固和发展奠定雄厚的物质技术基础。这体现了历史唯物主义的基本观点。

——关于"坚持四项基本原则"。这既是我们党的一贯政治

---

① 中共中央文献研究室编:《改革开放三十年重要文献选编》(下),中央文献出版社2008年版,第1745页。
② 中共中央文献研究室编:《改革开放三十年重要文献选编》(上),中央文献出版社2008年版,第212—213页。

观点，也是邓小平针对改革开放之初，资产阶级自由化刚刚露头的情况，所作出的新的理论概括。对此，他指出："我们要在中国实现四个现代化，必须在思想政治上坚持四项基本原则。这是实现四个现代化的根本前提。这四项是：第一，必须坚持社会主义道路；第二，必须坚持无产阶级专政；第三，必须坚持共产党的领导；第四，必须坚持马列主义、毛泽东思想。"① 四项基本原则，是我们立党立国之本，是全党全国人民团结奋斗的根本的共同政治基础。这"四个坚持"，从社会主义的基本制度、国体和政体、共产党的领导地位和指导思想等方面，规定了我国社会的社会主义性质、引领着我国改革开放和现代化建设的正确方向。四项基本原则，是我们坚持、捍卫和发展中国特色社会主义事业的伟大法宝，是抵制和战胜一切反马克思主义、反科学社会主义思潮的强大理论武器。四项基本原则之所以能够发挥强大的政治威力，其基础是要靠社会主义改革开放、现代化建设的经济成就，同时也显示了社会主义基本政治原则的巨大能动作用。

——关于"坚持改革开放"。这是我们的强国之路，是我国新时期最鲜明的特征。社会主义体制改革，对内是通过探索社会主义制度的具体实现形式，即力求找到适合生产力发展和社会全面进步的发展道路、体制模式和运行机制，来完善和充实社会主义制度，使其焕发出生机和活力。而对外开放，则是内政改革的继续，是对外关系方面的改革。邓小平倡导的对外开放，是以毛泽东时代在内政外交上所取得的成就作为历史前提的，是在经济全球化的条件下构建的一种更为自觉、主动、普遍和有效的对外交往格局和国际发展战略。其目的，就是通过积极奉行独立自主的和平外交政策，走和平发展之路，"让中国走向世界"和"让

---

① 《邓小平文选》第 2 卷，人民出版社 1994 年版，第 164—165 页。

世界了解中国", 以便充分利用国内外两个市场、国内外两种资源, 从而加快我国生产力发展和社会全面进步。我国作为一个后发的社会主义大国, 面临西方发达国家在经济、科技、军事和文化等方面占优势的压力, 所以不能关门搞建设。如果对外封闭, 就是自甘落后。故此, 邓小平说: "社会主义要赢得与资本主义相比较的优势, 就必须大胆吸收和借鉴人类社会创造的一切文明成果, 吸收和借鉴当今世界各国包括资本主义发达国家的一切反映现代社会化生产规律的先进经营方式、管理方法。"① 这是有战略远见、求真务实、符合历史唯物主义的重要论断。

因此, 这两个基本点, 服务于经济建设这项中心工作, 同时它们本身也是相辅相成、互补互促、缺一不可的, 应当统一于社会主义现代化建设的全过程。把两个基本点, 人为地割裂开来、对立起来, 认为"四个坚持"会妨碍改革开放, 是完全错误的、是站不住脚的。

必须指出, 党的基本理论和基本路线同历史唯物主义的内在联系, 绝不止已经论及的内容, 难免挂一漏万。质言之, 在中国特色社会主义的理论和实践中受到重视, 并引以为据的, 首先是历史唯物论, 是马克思主义生产力理论。这表现在它以"生产力标准"和"三个有利于"标准为依据, 并贯穿于"社会主义本质论"、"社会主义根本任务论"、"社会主义初级阶段论"、"社会主义市场经济论"、"社会主义小康社会论"等思想观点之中。同时, 中国特色社会主义理论也重视生产关系对生产力、上层建筑对经济基础的能动反作用, 重视历史辩证法。这表现在它坚持通过改革开放为主要途径、为重要动力, 来完善社会主义生产关系, 并通过创新其体制, 以促进生产力的发展; 以"坚持

---

① 《邓小平文选》第3卷, 人民出版社1993年版, 第373页。

四项基本原则",来规范和保证改革和现代化建设的社会主义方向;以发展高度物质文明为基础,来推进社会主义政治文明和精神文明的发展;并提出党必须实践"三个代表",来促进社会全面进步;提出"科学发展观",来引导整个社会主义现代化建设,实现科学发展、和谐发展、和平发展和全面协调可持续发展;提出社会主义核心价值体系,来引领各种社会思潮;如此等等,都体现了中国特色社会主义理论体系中历史唯物论和历史辩证法的有机结合与内在统一。

毋庸讳言,在改革和建设的实际工作中,一些党员干部在学习、掌握和运用中国特色社会主义理论体系中,并不能准确地领会、掌握和坚持历史唯物论和历史辩证法的内在统一。例如,在物质文明建设和精神文明建设中,难以纠正的"一手软一手硬"的情况、重经济轻文化、重生产指标轻思想政治工作、重自然科学轻社会科学、重利益实惠轻理想信念,以至于在一些人中比较普遍地出现了 GDP 崇拜、金钱崇拜、权力崇拜等偏颇。而这些扭曲的思想情结,恰恰都是违背了中国特色社会主义理论、违背了历史唯物主义的,是"庸俗生产力论"、"经济决定论"和"工艺技术决定论"的表现。只有从历史唯物主义,即坚持历史唯物论和历史辩证法内在统一认识高度,来领会和运用中国特色社会主义理论,才能够从理论和实践的结合上,真正掌握其精神实质。

(二) 马克思社会形态理论与落后国家建设社会主义的理论根据

自从 1917 年俄国十月革命胜利以来,特别是 20 年前苏东剧变和倒退为资本主义以来,国内外思想界有些人就对苏联和其后一些经济文化比较落后的国家,先于资本主义发达国家走上社会主义道路,提出了所谓"唯物主义"的责难。从考茨基到普列汉诺夫，从伯恩施坦主义到孟什维克主义，从西方思想界到国内资产阶级自由化思潮，都批评说：按照历史唯物主义及其社会形态理论，按照马克思的经典科学社会主义，社会主义革命先期发生和率先进入社会主义社会的，应当是西方发达的资本主义国家；而一些经济文化落后的东方国家率先走上社会主义道路，是违背了历史唯物主义，是"证伪了马克思主义"（金观涛语）。这些都是别有用心、似是而非而的错误观点和谬论，但却振振有词、颇有迷惑性。

其实，讲这种话的基调都是典型的机械唯物论。因为，这些人要么是根本就不相信，甚至历来就反对马克思主义，要么是背叛了马克思主义。所以，他们当然不懂得马克思的历史唯物论和历史辩证法，当然不懂得社会形态理论中规律的普遍性及其实现形式的特殊性的辩证联结。从历史唯物主义社会形态理论看，人类社会历史的总体过程，大体上是按照"五种社会经济形态"的共同规律、共同道路和共同顺序向前发展、更替和演进的。其必然归宿，是共产主义社会形态（社会主义社会是其第一阶段）。而这指的只是历史过程本身典型的客观逻辑和一般的经济必然性，只是人类历史发展的总方向和总趋势。就其规律发挥作用的普遍性而言，在整个地球上，既不可能从原始公有制社会都越过奴隶社会，直接进入封建社会；也不可能由奴隶社会都越过封建社会，而直接进入资本主义社会；同样，更不可能由封建社会都越过资本主义社会，而直接进入共产主义社会。而且，在"五种社会经济形态"向前发展并依序更替和演进中，总是在前一个社会形态已经"繁荣至极"，并且发生衰落的历史条件下，下一个更高级的社会形态才能够继之在它的废墟上，或者在地球上其他与之有关的，并且具有特殊社会条件的地方产生。在从原始社会及其解体以来成百万年的人类史特别是近万年的人类文明史上，这"五种社会经济形态"都曾经先后依序出现过，或者正存在着，或者正产生着。凡是具有世界历史常识的人，都应当了解和承认这一点。

而就其规律实现形式的特殊性而言，我们在承认人类社会按"五种社会经济形态"的共同规律、共同道路和共同顺序向前发展、更替和演进的同时，并不否认地球上某个地区、某个民族和某个国家在其社会形态更替中，由于一定社会历史条件而存在的某些特殊性、某些滞后、空缺和"跨越"的状况。

通观人类社会历史发展，常常会出现的现象是：当前一个社会形态高度发达和成熟的，甚至已经开始趋于衰落的国家，根据它们已为新的社会形态创造了历史前提，似乎应当走在社会形态更替的前列。但是，由于历史的惯性和惰性，由于旧社会统治机构的完备和统治阶级的垂死挣扎，而使得比它们落后并受它的影响的，从而社会矛盾更为尖锐、激化和社会条件比较特殊的国家，却有可能会走在社会形态变革的前列，而它们自己反而丧失了社会形态更替的先机。例如，从古代到近代，我国的封建社会和封建文明很成熟、很发达，却没有率先发展出资本主义社会；而封建制度和封建文明不太发达的西欧，以及根本没有经历封建社会的美国，却能够从中发展出发达的资本主义制度和工业文明。又如，资本主义制度很成熟、其工业文明很发达的西欧，只是首先从中产生了社会主义思想，而没有首先从中产生社会主义社会；反而是资本主义经济文化比较落后的苏联和东欧以及更为落后的中国和越南，却先后成为世界资本主义统治的"薄弱环节"，而先后相继地走上了社会主义道路。至于苏联和东欧等一些国家，在 20 年前的政治剧变中又倒退回资本主义社会，就更是显示了社会形态更替的特殊性、复杂性和曲折性。

当年，列宁曾经在《论我国革命》一文中，针对苏汉诺夫等孟什维克主义者,借口"俄国生产力还没有发展到可以实行社会主义的高度"、"我们还没有实行社会主义的客观经济前提",而散布俄国不要搞社会主义的革命和建设的谬论,强调指出:"世界历史发展的一般规律,不仅丝毫不排斥个别发展阶段在发展的形式或顺序上表现出特殊性,反而是以此为前提的。"列宁还尖锐地对其批评道:"你们说,为了建设社会主义就需要文明。好极了。那么,我们为什么不能首先在我国为这种文明创造前提,如驱逐地主,驱逐俄国资本家,然后开始走向社会主义呢?你们在哪些书本上读到过,通常的历史顺序是不容许或不可能有这类改变的呢?"他还深入分析说,俄国是个介于西方文明国家和整个东方各国之间的国家,"所以俄国能够表现出而且势必表现出某些特殊性,这些特殊性当然符合世界发展的总路线,但却使俄国革命有别于以前西欧各国的革命,而且这些特殊性到了东方国家又会产生某些局部的新东西"。即"在东方那些人口无比众多、社会情况无比复杂的国家里,今后的革命无疑会比俄国革命带有更多的特殊性"[①]。因此,那种一谈到"五种社会经济形态"理论,就要求整个世界的一切国家,都应当整齐划一、无一例外地经历五种社会形态的更替和演进,或者断言这种更替和演进的发生,是仅仅由其生产力发展水平而直接决定的看法,是一种形而上学的、机械论和"庸俗生产力论"的错误观点。

进而言之,中国等一些落后的东方国家能够率先走上社会主义道路的理论根据,具体来说,还在于其社会基本矛盾运动的特殊性,以及同国际矛盾的关联性。

一般说来,社会主义社会取代资本主义社会的"经济上的

[①] 《列宁专题文集 论论社会主义》,人民出版社 2009 年版,第 357—358、359—360 页。

必然性"①，存在于资本主义社会的基本矛盾运动之中。毫无疑问，资本主义经济比较发达的国家中，其基本矛盾运动的对抗性，特别是生产社会化和资本主义私有制的不相容性，通常表现得总是要剧烈和深刻一些。这就是为什么从 1825 年英国发生第一次经济危机以来，历次周期性的经济危机，特别是发生于 1929—1933 年的严重经济危机，以及从 2007 年至今，由美国次贷危机开始，蔓延于全世界的严重国际金融危机和经济危机，都是根源于甚至是直接发端于欧美发达资本主义国家的根本原因。

既然这样，那为什么在资本主义还未获得充分发展的苏联、中国和越南等东方国家，却能够率先发生社会主义革命，并走上社会主义道路呢？难道这也具有由其社会基本矛盾决定的历史必然性，难道这不违背历史唯物主义吗？不。因为，存在于现实社会生活中的历史唯物论和历史辩证法，是相互结合地共同发挥作用的。因为，历史唯物主义并不是孤立地考察现代某个国家的历史发展，而是从资本和竞争的国际关系关联的总体上，来考察那些引起社会主义革命的社会矛盾运动。马克思和恩格斯在《德意志意识形态》一书中，对此就曾指出："按照我们的观点，一切历史冲突都根源于生产力和交往形式之间的矛盾。此外，不一定非要等到这种矛盾在某一个国家发展到极端尖锐的地步，才导致这个国家内发生冲突。由于广泛的国际交往所引起的同工业比较发达的国家的竞争，就足以使工业比较不发达的国家内产生类似的矛盾（例如，英国的工业竞争使德国潜在的无产阶级显露出来了）。"②

20 世纪初期和中期，无产阶级社会主义革命之所以能够先

---

① 《马克思恩格斯全集》第 2 卷，人民出版社 1957 年版，第 617 页。
② 《马克思恩格斯文集》第 1 卷，人民出版社 2009 年版，第 567—568 页。

后在俄国、中国等一些经济文化比较落后的国家里获得初步胜利,并开始进行社会主义建设,是因为世界资本主义已经发展到垄断资本主义阶段,是因为帝国主义各国之间发展得不平衡和彼此剧烈冲突,从而在三四十年间先后爆发了第一次、第二次世界大战。由此形成了世界资本主义统治体系的"薄弱环节",而且世界战争造成的"毫无出路的处境十倍地增强了工农的力量",促成了这些国家的革命形势"发展到有条件实现像马克思这样的'马克思主义者'在1856年谈到普鲁士时曾作为一种可能的前途提出来的'农民战争'同工人运动的联合"①。即由这些国家的工人阶级及其政党领导革命人民,通过艰苦卓绝的奋斗,夺取了革命胜利,并率先一度或者仍然在坚持先于西方资本主义发达国家致力于社会主义建设事业。

这些国家的社会主义实践,再次证明了马克思主义关于不同发展水平的资本主义社会基本矛盾运动的特殊性和关联性的理论,同时也使这些经济文化比较落后国家率先实现社会形态的更替,率先争得本国社会主义事业的胜利,能够得到历史唯物主义的理论指导和支持。

(三) 历史唯物主义社会形态理论与世界社会主义事业胜利的必然性和曲折性

人类社会经济形态从低级阶段向高级阶段发展、更替和演进,是一种自然历史过程。人类历史发展已经先后经历过原始公有制社会、奴隶制社会、封建制社会,以及目前多数国家所处的资本主义社会,还有中国等少数国家正在建设的社会主义社会(属于共产主义社会第一阶段)。这五种社会经济形态,作为世

---

① 《列宁专题文集 论社会主义》,人民出版社2009年版,第358页。

界历史发展的主流，既是人类社会历史已经历过的，并正在经历着的客观过程，也是历史唯物主义所揭示的社会形态发展的一般规律。

历史有自己的规律，历史走着自己的路。马克思在《〈资本论〉第一版序言》中说过："一个社会即使探索到了本身运动的自然规律——本书的最终目的就是揭示现代社会的经济运动的规律——，它还是既不能跳过也不能用法令取消自然的发展阶段。但是它能缩短和减轻分娩的痛苦。"①一个社会形态的内部发展是如此，人类社会形态更替和演进的总体过程就更是如此。马克思发现的唯物主义历史观，科学地揭示了包括资本主义在内的一切社会经济形态，在各自社会条件下存在的历史正当性和历史暂时性；而由他阐明的剩余价值理论，则进一步论证了社会主义社会取代资本主义社会的历史必然性。美国日裔学者弗·福山——工人阶级哲学家约·狄慈根曾称这类人为资产阶级"有学位的奴仆"——因苏东剧变而得意忘形，居然不知天高地厚地宣称资本主义已经"终结"了人类历史。一个资产阶级御用文人，根本不懂得人类几千年的文明史，就妄想停止地球转动，冻结人类历史，想让人类社会不再发展进步，即企图阻挡资本主义必然衰亡、社会主义必然胜利的历史大趋势，是太狂妄、太无知、太自不量力了！

第一，马克思主义的社会形态理论作为历史唯物主义的基本思想，尊重历史辩证法、尊重符合客观规律的历史发展，承认资本主义社会形态在一定社会条件下的历史正当性和历史进步性。

从近代开始，西方资产阶级以"文艺复兴"运动，为自己走上和主宰世界历史舞台拉开了序幕。随后，这个新兴的剥削阶

---

① 《马克思恩格斯文集》第5卷，人民出版社2009年版，第9—10页。

级，就通过"圈地运动"、"发现"美洲大陆、全球性的殖民扩张、贩卖"黑奴"以及大量屠杀殖民地土著民等极不人道、极为疯狂的种种作为，以"铁血"手段和"炮舰外交"，进行资本的原始积累，从而开拓了世界市场，刺激了资本主义商品——市场经济的产生和发展。资产阶级还以其政治革命，夺取和执掌国家政权，在西方和其他许多国家中，先后建立并巩固了自己的政治统治，以政治革命带来了工业革命。即以大工业机器生产取代农业个体劳动和封建庄园经济，大大地提高了社会生产力。马克思和恩格斯在《共产党宣言》中就充分肯定说："资产阶级在历史上曾经起过非常革命的作用。""在它的不到一百年的阶级统治中所创造的生产力，比过去一切世代创造的全部生产力还要多，还要大。"① 从那时以来，世界历史的脚步又走过了160多年。资产阶级所统治的资本主义世界，大约在100年前，就早已由自由资本主义演变为私人垄断资本主义，列宁称之为"帝国主义"。此后，帝国主义国家之间加剧了殖民地争夺和其他利益争夺，从而在20世纪前50年，先后发动了两次世界大战。苏联、东欧和中国等一批社会主义国家，也分别从帝国主义战争所造成的革命危机中先后诞生，以及由于国际共产主义运动的大发展，而促成和推动了亚非拉民族解放运动的勃兴，并从其殖民统治体系的瓦解中，产生了一大批主权独立的发展中国家。由此，使得一些发达资本主义国家在国际竞争中，比较注重科学技术研究、开发、应用和抢占科技的战略制高点。由此形成的科学技术进步和产业革命，已经使经济发达国家的社会技术形态，先后由18—19世纪的蒸汽化时代，发展到20世纪前半期的电气化时代，再发展到20世纪后半期以及21世纪的信息化时代。

---

① 《马克思恩格斯文集》第2卷，人民出版社2009年版，第33、36页。

马克思的唯物主义历史观，总是以科学态度、以"促进生产力的发展"作为"社会进步的最高标准"①，来认识、评价和对待包括资本主义在内的整个人类社会的历史。尽管资本主义社会是以雇佣剥削制度取代封建剥削制度，尽管资本主义发家史，就是被剥削和被统治的广大劳动人民和民族被侵略、被掠夺的血泪史，尽管由于资本主义经济政治发展不平衡的"绝对规律"，曾经导致了两次血腥的世界大战以及其他一系列的局部侵略战争，包括美国正在伊拉克、阿富汗等国进行的战争等，都充分暴露了资本主义生产方式及其阶级矛盾的对抗性和深刻性，暴露了资本主义大国之间利益矛盾、霸权争夺的复杂性和尖锐性。但从世界近现代史的总体看，资产阶级统治的资本主义社会，乃是人类社会发展史上一个必经的不可逾越的历史阶段。它是一种高于和优于封建主义的、独立的社会经济形态，从而使人类由个体劳动和农业文明，发展到城市化和现代工业文明。这是历史性的巨大飞跃和社会历史进步，从而为新的更高级社会形态——共产主义社会（第一阶段是社会主义社会）出世，创造了物质技术前提。

因此，资本主义社会取代封建社会，并作为一个新的社会形态在一个历史时期内存在和发展，是有其客观必然性和历史正当性的。它由此为社会的发展进步作出了历史性的贡献，因而当然享有它应当占有的历史地位。

第二，如同一切剥削阶级社会形态一样，资本主义生产方式所固有的对抗性的基本矛盾，即生产力的社会化同资本主义私有制之间的不相容性，决定了资本主义社会形态的历史暂时性，决定了它被社会主义、共产主义社会形态取代的历史必然性。

---

① 见《列宁全集》第16卷，人民出版社1988年版，第209页。

资本主义社会如同一切其他社会形态一样，有一个发生、发展和衰亡的历史过程。随着资本主义生产方式，在"一切有决定意义的生产部门和一切在经济上起决定作用的国家里占统治地位"，为其所固有的基本矛盾是一种对抗性矛盾，即"**社会化生产和资本主义占有之间的不相容性，也必然越加鲜明地表现出来**"，并且"**表现为无产阶级和资产阶级的对立**"，"**表现为个别工厂中生产的组织性和整个社会中生产的无政府状态之间的对立**"①。马克思和恩格斯形象而深刻地指出，资产阶级的生产关系和交换关系，资产阶级的所有制关系，"这个曾经仿佛用法术创造了如此庞大的生产资料和交换手段的现代资产阶级社会，现在像一个魔法师一样不能再支配自己用法术呼唤出来的魔鬼了"②。这个"魔鬼"作怪的主要形式，就是周期性发生的经济危机。从1825年英国发生第一次经济危机以来，每过8—10年，就要发生一次荒唐的"社会瘟疫"，即"生产过剩"的周期性经济危机，直到2007年由美国次贷危机引发的国际金融危机……"这是什么缘故呢？因为社会上文明过度，生活资料太多，工业和商业太发达。社会所拥有的生产力已经不能再促进资产阶级文明和资产阶级所有制关系的发展；相反，生产力已经强大到这种关系所不能适应的地步，它已经受到这种关系的阻碍；而它一着手克服这种障碍，就使整个资产阶级社会陷入混乱，就使资产阶级所有制受到威胁。资产阶级的关系已经太狭窄了，再容纳不了它本身所造成的财富了。"③

那么，各国资产阶级用什么办法来克服危机呢？其一是不得

---

① 《马克思恩格斯文集》第3卷，人民出版社2009年版，第551、554页。
② 《马克思恩格斯文集》第2卷，人民出版社2009年版，第37页。
③ 同上。

不大量毁灭生产力和大量的物质财富，让社会生产力被束缚在狭小资本主义生产关系的框框之中；其二是加剧争夺国内外市场和资源，抓紧高新技术的开发和垄断，加重对国内外劳动人民剥削，以至于不惜发动侵略战争，发生于20世纪前50年的两次世界大战，就是帝国主义之间利益争夺的产物；其三是被迫在资本主义制度可容许的范围内，进行一些可能的社会改良，并在工人阶级反剥削、求解放的斗争压力下，也被迫作出一些让步，以维护其剥削和统治。尽管，自20世纪30年代开始，美国被迫实施"罗斯福新政"，随后西方国家也都普遍实行所谓"凯恩斯革命"，包括加强国家经济干预，并用西方国家私人资本"社会化"，即组建由私人财团垄断的巨型跨国股份公司，取代私人资本垄断组织，以加强对外扩张、加强对第三世界各国的剥削和掠夺，并且对内实行"福利制度"等所谓"改革"，从而在一定程度上、一定范围内暂时缓和了资本主义生产关系与生产力、工人阶级与资产阶级的矛盾，使战后西方发达资本主义国家有过较快的发展。

与此同时，西方发达国家又由私人垄断资本主义，演变为以私人垄断为基础、资本主义国家垄断为主导和以国际垄断为扩张形式的"金融垄断资本主义"。但是，资本主义各国的社会基本矛盾和阶级矛盾、资本主义世界统治体系的矛盾，特别是以美国为首的发达资本主义国家同广大发展中国家的矛盾，不仅不可能从根本上得到解决、更不可能消失，而且日趋深刻化和复杂化，有些矛盾甚至越来越尖锐。对此，即使是一些有远见的西方学者也认为，资本主义制度已经"病入膏肓"，而"不可救药"了！

因此可以说，近200年西方资本主义发展史，既是"现代生产力反抗现代生产关系、反抗作为资产阶级及其统治的存在条件的所有制关系的历史"①,也是无产阶级反抗资产阶级剥削的阶级斗争的历史,还是资本主义生产方式在这些经济和政治的冲击下,不断地在资本主义制度可容许的范围内拼命挣扎、改良有所成效、社会有所发展进步,但却使其矛盾越来越深刻、改良的社会空间越来越狭小,直至走向衰亡的历史。

按照现代社会化生产力发展的客观要求,以生产资料的社会共同占有的公有制,来代替资本主义私人所有制,才能够从根本上解决资本主义生产方式本身所无法解决的基本矛盾。即以共产主义社会(其第一阶段是社会主义社会)取代资本主义社会的社会形态更替、发展和演进,是历史发展的必然趋势和空前伟大的社会进步,也是无产阶级和整个人类获得解放、人人得到全面而自由发展的根本途径和唯一正确的历史性选择。沿着这种人类历史发展的大潮,在两次世界战争空隙中先后诞生了一批社会主义国家。尽管在 20 多年前的苏东剧变中,包括苏东地区在内一些社会主义国家,暂时发生逆转,倒退为资本主义社会。但这只是人类历史发展主流中的一股逆流,是社会历史大趋势中的一段暂时的曲折。苏联解体了,其社会主义实践的探索暂时失败了。然而,1917 年俄国十月革命的伟大胜利及其划时代意义,则是永存的历史丰碑。它开辟了世界由资本主义社会形态开始向社会主义、共产主义社会形态过渡的人类历史新纪元。

第三,当今世界的战略态势,特别是无产阶级与资产阶级、社会主义制度与资本主义制度的力量对比,决定了实现以社会主义制度完全取代资本主义制度的社会形态更替和历史性飞跃,是一个长期而艰难的奋斗和发展过程。

在 20 世纪 90 年代初,正当苏东剧变、世界社会主义运动步

---

① 《马克思恩格斯文集》第 2 卷,人民出版社 2009 年版,第 37 页。

入低潮，西方垄断资产阶级反共反社会主义势力及其战略家们，弹冠相庆、得意忘形，声言马克思主义"过时"和"失败"了、"社会主义破产"和"消失"了，世界进入了"后马克思主义"、"后共产主义时代"之际，在一般人看来，似乎历史失去了清醒的路标和方向，似乎资本主义的倒行逆施，可以改变我们时代的潮流。

对此，邓小平高瞻远瞩地指出："我坚信，世界上赞成马克思主义的人会多起来的，因为马克思主义是科学。它运用历史唯物主义揭示了人类社会发展的规律。封建社会代替奴隶制社会，资本主义代替封建主义，社会主义经历一个长过程发展后必然代替资本主义。这是社会历史发展的不可逆转的总趋势，但道路是曲折的。资本主义代替封建主义的几百年间，发生过多少次王朝复辟？所以，从一定意义上说，某种暂时复辟也是难以完全避免的规律性现象。一些国家出现严重曲折，社会主义好像被削弱了，但人民经受锻炼，从中吸取教训，将促使社会主义向着更加健康的方向发展。因此，不要惊慌失措，不要认为马克思主义就消失了，没用了，失败了。哪有这回事！"①

这是邓小平站在历史唯物主义高度，对世界社会主义运动前景的科学展望。一切马克思主义者所确立的社会主义坚定信念、共产主义远大理想，是立足于无产阶级立场，被置于马克思主义科学理论，特别是历史唯物主义所揭示的社会发展规律的基础之上的。包括资本主义在内的一切社会形态，之所以具有历史正当性和历史暂时性，社会主义取代资本主义和最终实现共产主义，之所以是"社会历史发展的不可逆转的总趋势"，这些都是由社会发展的客观规律所支配和决定的，是一种由人类社会实践总和构

---

① 《邓小平文选》第3卷，人民出版社1993年版，第382—383页。

成的一种自然历史过程。它是不以任何人的意志为转移的、是任何反动势力所无法阻挡的社会历史进程。人类历史在走自己的路。共产党人致力于社会主义、共产主义事业，就是在认识、把握和运用社会发展规律前提下的一种历史自觉和自由，就是在自觉地走历史必由之路，也是自觉而能动地在创造社会进步的历史。这是高于以往一切革命者、社会改造者和建设者的认识和实践境界。

在历史唯物主义看来，社会主义必将完全取代资本主义，既根源于其历史的必然性和进步性，也是依靠其社会的正义性和无私性，是其历史必然性和社会正义性的高度统一。我们知道，社会主义取代资本主义的经济基础，是在有利于生产力获得更大发展的前提下，用生产资料公有制取代资本主义私有制。用马克思的话说，这是"人民群众剥夺少数掠夺者"①。也就是，通过无产阶级及其政党领导的社会主义革命，消灭生产资料私有制、消灭剥削和消灭一切阶级，把劳动阶级创造的劳动成果、社会由此积累的财富，从原来的"掠夺者"即资本家阶级的手中，归还给劳动者即工人阶级，并且工人阶级还据此把索回的自己的劳动成果，即把一切生产资料奉献给全社会，让人人共同占有、平等占有、共同劳动、共享劳动成果。——在社会主义社会以"劳动"为尺度，进而在共产主义社会以"需要"为尺度，来分配社会的生活消费品，让人类"建立在个人全面发展和他们共同的社会生产能力成为他们的社会财富这一基础上的自由个性"，得到充分的保障和发展。

这就是说，无产阶级革命事业奋斗目标的正义性和无私性，就在于它的阶级利益与人类社会进步的利益，是方向相同、紧密相关、完全一致的。因为，无产阶级所争取的不仅是本阶级的解

---

① 《马克思恩格斯文集》第5卷，人民出版社2009年版，第874—875页。

放，而且是全人类的解放。因为无产阶级如果不解放全人类，那就不能实现自己阶级的彻底解放。也就是，要使整个人类从资本主义剥削制度下，按"丛林原则"进行的"你死我活"的阶级斗争中，即从人类生活的各个国家和民族、阶级和阶层及其政党之间的，以及其他种种利益集团之间的经济竞争、政治斗争、军事战争和思想文化争斗，直至由社会极端势力残暴地对群众进行的屠杀、种族灭绝等永无休止的人类"内讧"中，一劳永逸地解放出来。只有这样，"个体的生存斗争停止了。于是，人在一定的意义上，才最终地摆脱了动物界，从动物的生存条件进入真正人的生存条件。人们周围的、至今统治着人们的生活条件，现在受人们的支配和控制，人们第一次成为自然界的自觉的和真正的主人，因为他们已经成为自身社会结合的主人了。……这是人类从必然王国进入自由王国的飞跃"①。无产阶级正在进行的社会主义和共产主义事业，是多么伟大而美好、公正而无私、崇高而神圣的事业啊！

然而，站在资产阶级和其他剥削阶级立场的人们，不仅不认同，而且还在拼死反对马克思主义科学理论、拼死反对中国和其他国家的社会主义正义事业。并且，由于当今世界的战略态势，亦即无产阶级与资产阶级、社会主义制度与资本主义制度、广大发展中国家与少数资本主义发达国家之间的力量对比，决定了社会主义完全取代资本主义的长期性、艰巨性和曲折性。由于资本主义已有几百年的历史积累，由于战后西方资本主义新的发展变化，也由于先期走上社会主义道路的是一些基础差、底子薄的落后国家，而且社会主义制度作为新生事物，仅有90多年的历史，还需要有一个经验积累和完善成熟的发展过程。因此，资本主义

---

① 《马克思恩格斯文集》第3卷，人民出版社2009年版，第564—565页。

世界统治体系暂时占有较大的、短时间内难以扭转的经济、科技、军事和舆论实力上的优势。特别是在苏东剧变、世界社会主义运动步入低潮以后，西方资本主义少数发达国家暂时获得了一些所谓"制度性红利"，而资本主义各国的马克思列宁主义影响、工人阶级政党组织，以及马克思主义指导下的革命运动，都受到了空前未有的冲击，世界各国人民都处在新的觉醒之中。尽管中国、越南和其他几个尚存的社会主义国家顶住了这股历史逆流，因势利导地倡导和不断推进对内的体制改革（革新）、对外的开放，即借以达到社会主义制度的自我完善和发展，使之焕发出生机和活力，从而在世界社会主义低潮中，出现了局部的社会主义建设"高潮"。但是，所有社会主义国家都同样地面临以美国为首的西方发达资本主义国家在经济、科技、军事和舆论实力上占优势的压力。包括西方发达国家在内的世界社会主义运动、世界社会主义和共产主义事业，所面临的是实力雄厚、老练狡猾和具有精致的政治包装的对手，是空前伟大而曲折艰难的事业。所以，社会主义国家的富强，需要长期的艰苦奋斗；世界社会主义运动走出低潮，也需要长期的艰苦奋斗；社会主义要创造出比资本主义"新的高得多的劳动生产率"而取得完全胜利，就更"是很困难很长期的事业"①，更需要长期的艰苦奋斗。

为此，邓小平就中国的情况指出："我们搞社会主义才几十年，还处在初级阶段。巩固和发展社会主义制度，还需要很长的历史阶段，需要我们几代人、十几代人，甚至几十代人坚持不懈地努力奋斗，决不能掉以轻心。"② 邓小平这一重要论断的主旨，是要求全党要脚踏实地、循序渐进地作长期艰苦奋斗的思想准

---

① 《列宁专题文集（论社会主义）》，人民出版社2009年版，第151页。
② 《邓小平文选》第3卷，人民出版社1993年版，第379—380页。

备，而不是要我们把共产主义事业推向无限遥远的未来。因为只要我们坚持走社会主义道路，即使是从坚持初级阶段的社会主义起步，但它毕竟也是共产主义社会形态的第一级台阶。据此，我们既要从我国国情出发，长期脚踏实地建设好初级阶段的中国特色社会主义，又要不忘共产主义的长远目标，坚定地一步一步地趋近而不是偏离这个大目标。因此，就不能不依靠历史唯物主义来看待世界、看待中国的社会主义前景。

从历史唯物主义的高度看，社会主义社会必然代替资本主义社会，"这是社会历史发展的不可逆转的总趋势"，是人类社会形态更替和演进的不可移易、不可抗拒的客观规律。由此确立我们的战略思想，确立共产党人坚定不移的社会主义信念、远大而崇高的共产主义理想。

从其革命和建设的具体实践看，我们切不可把社会主义估计易了、估计短了，把共产主义估计低了、估计近了，由此确立我们的策略思想，确立共产党人脚踏实地、长期艰苦奋斗的求真务实的科学态度。

我们应当把社会主义事业发展的方向性和目标的坚定性，同社会主义实践中策略的灵活性、态度的务实性和过程的长期性，有机地结合和统一起来。这就是马克思主义世界观和方法论，特别是历史唯物主义能够为我们提供的"伟大的认识工具"[①]、高瞻远瞩的思想境界和战无不胜的理论武器。

（原载《马克思主义若干重大问题研究》，
社会科学文献出版社 2011 年版）

[①] 《列宁专题文集（论马克思主义）》，人民出版社 2009 年版，第 68 页。

著者编后话

俗话说：文如其人。为使这本书能如实地大体上反映和展示我的心路历程，其中所收入的，除了主要是我在中国社会科学院研究生院（1981年至1983年）、马克思列宁主义毛泽东思想研究所（1997年至2005年）和马克思主义研究院（2006年至现在）工作期间发表的部分著作以外，还少量地收入了我在中共上海市委党校和清华大学工作期间（1984年至1996年）所发表的论文。后者在文字篇幅上仅占全书五分之一左右，这大概还算符合我们院里关于这批学者文选的收文规定。

自从1978年我考入中国社会科学院哲学所及研究生院当研究生，师从赵凤岐、夏甄陶两先生深造，而在1981年毕业以后，专职致力于马克思主义哲学、科学社会主义及其中国化的理论研究和教学工作以来的三十多年间，谈不上有多大的理论贡献，没有写出称得上有文化积累意义的理论著作及其学术成果，而值得流传于当代和后世。尽管如此，当我院决定为部分资深学者出一批文选时，我也忝在其列。如果说，这期间我们的一些论著中，因为论及马克思主义的一些基本理论问题和重要的社会现实问题，而多少有一些新意的话，那也是散见于平时发表的一些议论之中，而且往往是受到长者启迪、领导关心和同仁切磋的结果。这次，我从历年发表论文和理论文章中，选出较有代表性的31篇，编成这本40万字左右的集子，而出版面世。这本书在篇幅上，大约只有先期出版的《李崇富选集》的三分之一左右（其中原未收入的文章3篇，约7.5万字），意在使它约略精粹一些。为让读者便于了解和批评，请允许我在这里介绍一点自己的有关情况和心意。

我于69年前，出生于湖北省鄂州市一个贫寒的农家。新中国成立后，当地搞了土地改革，我家分得了田地和耕牛以后，我才在9岁时开始发蒙上学，可算是"小器晚成"。所以，我能够从小学读到中学，能够在"文化大革命"前考入中国人民大学哲学系读本科，能够在新时期考入中国社会科学院研究生院当第一届研究生进行学习深造，直至成长为一名马克思主义理论工作者，并在马克思主义理论教学、科学研究及其组织管理等方面的工作中，多少做了一点有益的工作。这应该主要归功于党和人民的教育培养，当然，也应该感谢父母、妻子和全家，以及乡亲、师长、单位领导和同事们的鼓励、支持与帮助。我的成长和理论工作，是同中国社会主义事业及其改革开放的伟大实践，命运与共、密切相关的。而这本书，更为简要地从一个侧面勾勒出我的成长过程和思想发展的轨迹。兹对选编的主要考虑和大体情况，说明如下：

其一，从我开始成为一名专职的理论工作者至今，已发表和出版的理论著作（包括个人专著和合作专著中本人撰写部分、论文、理论文章、理论研究报告、社会调研报告、学术综述等著作；而不含由我执笔的已发、已报的工作文件，不含由我主编改定但我不算主笔人的著作、教材和理论读本，不含自己的译作和主持选编的学术文献资料），大约有320万字。本书收入的是已发表的260多篇论文、理论文章中的部分作品。其中有一篇是由我执笔写成、已经上报的属于实施中央马克思主义理论研究和建设工程之课题的作品，而且征得主持单位同意公开发表的"理论研究报告"。国外境外报刊发表的文章没有收入。

其二，这本书只按发表的时间顺序，而没有按分支学科作分类编排，即没有按思想内容上的逻辑联系编排，以使读者更易于了解我的学术思想发展和研究重点转移的思维进路。

其三，这本书所列入的每篇文章，都按原文收入，特别是学术争鸣的论文，在观点和论述上力求一字不改；仅对发现了的错漏字和标点做了订正，以便让读者看到当年文章的原貌。

其四，这本书收入的有四篇原是有合作者（含集体）署名的论文或理论研究报告，尽管这都是由我单独执笔写成的，但也都作了相应的注明；凡是由其他学者主撰的合作文章，都一律没有收入。

其五，这本书中有几篇文章，发表时因出于非功利的考虑，采用的是我的笔名（如李征、李黎、黎平石等）；这次收入时都作了注明。其中，有几篇文章是在没有一稿多投的情况下，也曾被多家报刊、文集先后全文或压缩采用和转载过（有的自发采用和转载的报刊、书籍多到6至8家）。这次收入文集时，一般只注明一家报刊的出处。

这本书在选编和出版的过程中，得到了中国社会科学院领导及有关部门的关心和支持，得到了中国社会科学出版社社长兼总编赵剑英、责任编辑田文等同志的鼓励、支持和帮助；同时也得到了我的助手钟君博士和迟方旭、隋萌同学的热心协助，他们帮助我辛勤地下载、收集和输入了部分文字材料。在此，一并致以诚挚的谢意！由于时间的关系和思想理论水平的局限，这本书的编选及其文章中，肯定有不妥和不足之处，敬请有关领导、同行专家和读者给予批评指正。

作者　李崇富
2012 年 6 月 24 日　于北京太阳宫寓所